거인의 어깨에서
존재와 참을 묻다

거인의 어깨에서
존재과 참을 묻다

벤진 리드 지음

헤시오도스에서 가브리엘까지
60 거인의 사유를 깊이 있게 만나다

ON THE SHOULDERS OF GIANTS: ASKING ABOUT EXISTENCE AND KNOWLEDGE

자이언톡

· 발행인의 말 ·

거인의 어깨 너머,
디지털 불멸의 지혜를 향하여

2022년 11월 30일 … 오픈AI에서는 ChatGPT를 베타 형식으로 일반 사용자에게 공개하였다. 그 당시 나는 내가 창업하였던 디지털 휴먼 기업 클레온Klleon의 본사를 미국으로 옮기기 위한 작업으로 샌프란시스코만 건너편, 산호세의 낯선 거리를 헤매고 있었다. 실리콘밸리의 심장부에서 마주한 ChatGPT는 나에게 커다란 충격과 함께 깊은 영감을 안겨주었다. 생각했던 것보다 훨씬 빠른 속도로, 인간의 지능을 닮아가는 범용 인공지능(AGI)이 우리의 삶 속으로 파고들고 있었던 것이다.

범용 인공지능은 마치 인류가 쌓아 올린 모든 지식과 지혜를 집어삼키는 거대한 블랙홀처럼 느껴졌다. 어떻게 질문을 던지는가에 따라 그 블랙홀은 놀랍도록 정교하고 심오한 답을 내놓기도 하였고, 때로는 맥락을 벗어난 터무니없는 거짓이나 편견을 쏟아내기도 하였다. 그 무한한 가능성과 명백한 위험성 앞에서, 나는 클레온의 핵심 기술인 디지털 휴먼 '클론klone'과 범용 인공지능의 결합을 떠올렸다. 어쩌면 우리는 이 기술을 통해 소크라테스에서 아인슈타인까지, 공자에서 마리 퀴리까지, 인류 역사를 수놓았던 위대한 사유와 행동의 거인들을 디지털 세상 속에서 생생하게 되살려내고, 그들의 지혜와 직접 대화할 수 있지 않을까? 하는 담대한 상상이었다.

프로젝트 이름을 '자이언톡Giantalk'으로 명명하고, 이 가능성을 현실로 만들기 위한 여정을 시작했다. 내부적으로 팀을 꾸려 기술적, 내용적 타당성을 검토한 결과, 이 꿈을 상용화 수준으로 구현하기까지는 최소 5년 이상의 시간과 막대한 자금이 필요할 것으로 예측되었다. 무엇보다도, 위대한 거인들의 사상과 삶을 깊이 있게 이해하고 디지털 휴먼으로 재현하기 위한 방대하고도 신뢰할 수 있는 인문학적 콘텐츠 구축이 선행되어야 했다. 기술만으로는 영혼 없는 껍데기를 만들 뿐, 진정한 지혜의 부활은 불가능하기 때문이다.

우리는 '자이언톡'이라는 이름 아래, 이 꿈의 씨앗을 뿌리고 지식의 토양을 다지기 위한 첫걸음으로 출판사를 설립하게 되었다. 인류 지성의 위대한 유산을 체계적으로 정리하고 대중과 공유하는 동시에, 미래의 디지털 휴먼 메타버스를 위한 핵심 콘텐츠를 확보하기 위함이다. 철학, 실천, 문학과 예술, 학문, 역사 분야에 걸친 방대한 시리즈를 기획하였고, 그 대장정의 서막을 여는 것이 바로 이 '철학 3부작', 『거인의 어깨에서 존재와 참을 묻다』, 『거인의 어깨에서 사회와 힘을 묻다』, 『거인의 어깨에서 인간과 삶을 묻다』이다.

왜 철학에서 시작하는가? 존재와 참, 사회와 힘, 인간과 삶에 대한 근본적인 물음이야말로 인류 사유의 뿌리이자 줄기이며, 우리가 마주한 현재와 미래의 복잡한 문제들을 헤쳐 나갈 지혜의 원천이라고 믿기 때문이다. 우리는 동서고금의 철학자, 종교가, 과학자 등 179명의 사상가들을 엄선하여, 그들의 핵심적인 사유와 생애를 깊이 있게 탐구하고 현대적인 의미를 조명하고자 노력했다.

  이 책들의 집필 과정은 그 자체로 새로운 시대의 실험이었다. 각 분야의 인간 전문가들과 나를 포함한 기획팀, 그리고 쳇지피티, 제미니, 딥시크 등 다양한 인공지능 모델들이 하나의 팀처럼 협업했다. 인공지능은 방대한 자료 조사와 초기 논점 정리에서 놀라운 효율성을 보여주었다. 하지만 인공지능이 쏟아내는 정보의 파편들을 꿰어 의미 있는 맥락을 만들고, 사상의 깊이를 탐색하며, 비판적 시각으로 오류를 걸러내고, 최종적으로 독자들이 이해하기 쉬운 언어로 재구성하는 것은 여전히 인간 전문가들의 몫이었다. 이 과정은 인공지능이라는 거대한 지식의 블랙홀에서 빛나는 성찰의 조각들을 길어 올리고, 그것들을 조심스럽게 엮어 독자들에게 전달하는 여정이었고 인공지능과 인간의 지적 협력의 모범적 사례였다.

  독자 여러분들이 이 책들을 통해 인류 지성사를 빛낸 거인들의 어깨 위에서, 시공을 초월한 그들의 사유와 마주하는 지적 희열을 경험할 수 있기를 기대한다. 그리고 조만간 이 책 속의 거인들이 우리의 디지털 휴먼 기술과 인공지능을 통해 여러분 앞에 생생한 모습으로 다가와 직접 대화를 건넬 그날도 기대해 주길 바란다.

  이 방대하고 의미 있는 여정에 기꺼이 동참해주신 인간 저자 및 연구자분들, 그리고 보이지 않는 곳에서 묵묵히 데이터를 처리하고 가능성을 열어준 인공지능을 포함한 '자이언톡' 집필팀 모두에게 깊은 감사의 말씀을 전한다. 우리의 이 작은 노력이 과거의 지혜와 미래의 기술을 잇는 다리가 되어, 독자 여러분의 삶과 사유를 더욱 풍요롭게 만들 수 있기를 소망한다.

기획자 겸 발행인 진승혁 드림

· 머리말 ·

언제나 어느 곳에서나
우리에게 필요한 것은 사유의 힘

　인간은 신을 창조하여 세계를 이해하려고 했고, 주의깊은 관찰로 자연 속의 이치를 탐구해 왔다. 인간은 이성에 무한한 권능을 부여하여 세상을 알 수 있다고 확신하였으며, 때로는 순간적 통찰로 거대한 우주의 본질을 꿰뚫을 수 있다고 믿기도 하였다. 감각에 기초해야 한다고 주장하기도 하였고, 감각을 환영이라고 하여 그 너머를 통찰할 수 있는 수단을 찾고자 하기도 하였다. 수학과 논리가 진리로 이끌 것으로 믿기도 하였고, 언어와 구조의 한계 속에서만 알 수 있다고 주장하기도 하였다. 세상은 우리의 의식이 만들어낸 것이라고 하기도 하였고, 존재하는 것은 오직 물질이요…관념은 허상에 불과하다고 믿기도 하였다.
　사유는 종래 실체에 도달할 수 없음을 20세기를 거치면서 인류는 확인할 수 있게 되었다. 인식 행위와 존재는 얽혀 있고, 근본적인 진리는 불가능함을 이제는 안다. 사유는 본질적으로 한계가 있고, 정반대처럼 보이는 사유들이 일정한 진실을 내포하고 있음을 우리는 깨닫는다. 존재를 향한 인류의 사유는 축적되는 듯 보이지만, 또한 축적되지 않는다. 고대의 사유가 오늘의 문제에서 호출되면서 우리가 앞으로 나아가는데 도움을 준다. 이 것이 우리가 존재와 참에 대한 인류의 오랜 역사를 살펴보는 이유이다.

이 책은 『거인의 어깨에서 묻다』라는 제목의 철학 3부작 중 하나로 '가장 근본적인 주제인 '존재와 참'의 문제를 다루고 있다. 헤시오도스의 신화와 복희의 주역의 시대로부터 시작해서 고대의 원초적 유물론과 관념론과 회의론, 불교와 유교와 힌두교의 공과 일자, 그리고 언어, 실천, 생성, 실증, 주체, 구조, 해체에서 21세기의 인식론과 존재론의 최전선까지 총 20개 장의 생각덩어리로 인류의 사유의 여정을 살펴본다.

각 장은 일정한 역사적 흐름을 따라 구성되기도 하였지만, 무엇보다도 인류의 사유 속에서 주로 '존재와 참'에 관련한 '본질적 질문들'을 중심으로 구성되었다. 상세하게 정리하면 쉬워진다. 철학적 사유가 어렵게 느껴지는 이유는 대체로 해당 철학적 사유를 쉽게 설명한다고 피상적으로 표면적으로 다루기 때문이다. 철학을 어렵지 않으면서도 깊이 있게 사유하는 방식은 가능하다. 이 책은 그 가능성을 현실화하고자 한다.

사유는 진리의 빛이다

우리는 존재한다. 하지만 그 존재를 자각하는 순간부터, 우리는 단순한 자연물 이상의 존재가 된다. 인식은 존재를 구성하고, 존재는 인식을 통해 스스로를 드러낸다. 우리가 세계를 인식하는 방식, 즉 '앎'의 과정은 결코 순수하거나 중립적이지 않다. 시대의 정신, 언어의 틀, 문화적 배경, 심지어 기술의 발전 속에서 끊임없이 재구성된다.

21세기 지금 우리는 무엇이 실재이고 무엇이 가상인지 그 경계마저 흐릿

해지는 시대를 빠르게 지나고 있다. 정보는 폭발적으로 넘쳐나지만 진실은 파편화되고, 디지털 기술은 우리가 세계를 인식하는 방식 자체를 근본적으로 바꾸고 있다. 문제는 이 변화무쌍한 인식의 흐름 속에서 우리가 수동적으로 휩쓸릴 것인가, 아니면 능동적으로 사유하며 스스로의 인식 지평을 넓혀갈 것인가 하는 것이다.

특히 오늘날처럼 인공지능이 생성한 이미지와 텍스트가 넘쳐나고, 알고리즘이 만들어낸 필터 버블 속에서 각자의 현실이 파편화되는 시대에는 더욱 그렇다. 보이는 것은 쉽게 조작되고, 믿음의 근거는 끊임없이 의심받는다. 무엇이 진짜 경험이고 무엇이 매개된 환상인지 분간하기 어려운 상황 속에서, 우리는 무엇을 기준으로 판단하고 행동해야 하는가?

시대를 관통해 존재와 참을 고민한 인류 역사 속 거인들의 사유를 통해, 보다 넓고 깊은 시야를 가질 수 있을 것이다. 단순히 무엇이 맞고 틀린가를 넘어, 어떻게 알 수 있는가와 존재한다는 것은 무엇인가라는 근본 질문으로 돌아가는 힘을 기르는 것. 그것이야말로 흔들리는 실재 속에서 주체적으로 사유하는 첫걸음이 아닐까?

이 책은 시대를 살아내는 힘을 더해주기 위해, 인류가 도달했던 가장 깊은 우물물을 퍼올리기 위한 시도이다. 이 책을 통해 독자들은 존재와 참에 대한 인류의 가장 치열했던 사유의 진수성찬에서 한 숟가락씩을 맛볼 수 있을 것이다. 비록 허기는 채울 수 없겠으나, 최소한 어떤 맛들인지는 느껴볼 수 있을 것이고, 그 맛을 잘 기억했다가 각자가 좋아하는 음식들을 온전하게 만날 수 있기를 기대해본다.

간행사

유희(遊戲, Play)로서의 '생각'

호이징가(1872~1945)의 '호모 루덴스'에 따르면 '놀이'는 인간 문화의 본질적 요소이다. 인류 역사에서 가장 즐거운 놀이는 '생각'을 가지고 노는 것이었다. '생각'을 읽고, '생각'을 토론하고, '생각'으로 논쟁하고, '생각'을 쓰는 일은 생각보다 즐거운 일이다. 니체(1844~1900)는 '유희적 사유' 개념을 통해 진리를 너무 무겁게 받아들이지 말고, 다양한 시각에서 탐색하고 실험해야 한다고 주장하였다.

이 책은 거인들의 생애나 생각, 업적 등을 평면적으로 다루는 것이 아니고, 일련의 생각덩어리 속에 거인들의 사유를 배치하여 사유와 사유가 충돌하고 사유와 사유가 조화하면서 쉽고 재미있으면서 오래도록 기억될 수 있도록 구성되어 있다. 각 생각덩어리에는 2~7명의 사상가들이 배치되고, 독자들에게는 마치 역사적 천재들과 카페에서 수다를 나누는 듯한 경험을 선사한다.

디지털 시대의 자극적이고 현란하지만 감각적이고 단편적인 콘텐츠를 잠시 밀어두고, 진정한 유희로서의 '생각'을 즐겨 보길 바란다.

멀리 가기 위한 지도와 나침반

몇 권의 책을 읽었다고 인생의 긴 여정에 필요한 '삶의 근육'이 완전해질 수는 없다. 우리는 끊임없이 앞으로 가야한다. 더 깊게 생각해야 하고, 더 넓게 봐야 하고, 더 멀리 가야한다.

우리에게 필요한 지식과 지혜는 이미 상상하기 어려울 정도로 방대하고 깊이있게 쌓여있고 바로 우리의 손이 닿은 곳에 존재한다. 인류의 모든 지혜와 지식과 정보가 인터넷과 인공지능에 저장되어 있다. 우리에게 필요한 것은 우리 스스로에게 '무엇'이 필요한지에 대한 자각 뿐이다.

이 책은 우리가 스스로의 삶에 '무엇'이 필요한지를 몰라 방황할 때나 혹은 그 '무엇'을 적극적으로 찾고자 할 때, 그 '무엇'이 '무엇'인지를 알려주는 지도와 나침반이 될 수 있다.

교양은 사치가 아니라 생존의 도구

무엇보다도 이 책은 빠르고 효율적으로 21세기 교양의 탄탄한 토대를 만들어줄 것이다. 인류 역사의 사유 중에서도 '존재와 참', '사회와 힘', '인간과 삶'은 가장 본질적이고 기초적인 사유이다. 그 위에서 인류는 학문과 실용 지식을 만들어왔다.

살아가면서 글을 쓰거나, 대화를 하거나, 언어를 통해 설득해야 할 때 이 책은 친근하면서도 강력한 무기가 되어 줄 것이다.

혼돈의 시대에 길을 잃은 이들에게는 나침반과 지도가 되어 줄 것이고, 교양을 갈구하지만 어디서 시작할지 모르는 이들에게는 거인들의 사유가 체계적인 로드맵을 제시한다.

지적 허영을 넘어서 진정한 성찰을 원하는 이들에게 이 책은 우리는 어떻게 무엇을 생각해야 하는가라는 질문으로 실마리를 제공한다.

이 책은 인류의 거대한 생각의 숲으로 들어갈 수 있는 열쇠가 될 것이다. 거인들이 남긴 발자국을 따라 생각의 숲을 거닐다 보면, 어느새 자신만의 길을 개척하고 있을 것이고, 스스로가 거인이 되어 있음을 알게 될 것이다.

자이언톡 팀을 대표하여 벤진 리드

차례

간행사 ǀ 거인의 어깨 너머, 디지털 불멸의 지혜를 향하여	• 4
머리말 ǀ 언제나 어느 곳에서나 우리에게 필요한 것은 사유의 힘	• 7
일러두기	• 16

제1장 신과 자연 : 칠흑같은 밤을 비추다 • 17
    01 헤시오도스 ǀ 세계의 탄생과 움직임은 신들의 의지인가? • 18
    02 아케나톤 ǀ 아텐은 모든 존재의 근원과 절대적 실재인가? • 27
    03 복희 ǀ 만물의 생성과 변화를 어떻게 알 수 있는가? • 33

제2장 물질의 근원 : 눈에 보이는 세계 • 41
    04 탈레스 ǀ 이 세상의 아르케는 무엇인가? • 42
    05 데모크리토스 ǀ 세상은 원자로 구성되어 있는가? • 47
    06 에피쿠로스 ǀ 움직임은 클리나멘으로부터 시작되는가? • 51

제3장 본질과 초월 : 보이지 않는 질서 • 55
    07 파르메니데스&헤라클레이토스 ǀ 존재와 무는 무엇인가? • 56
    08 플라톤 ǀ 참된 실재는 감각 세계 너머에 존재하는가? • 63
    09 아리스토텔레스 ǀ 본질이 실체와 떨어져 존재할 수 있는가? • 69

제4장 상대주의와 회의주의 : 앎의 근거 • 77
    10 프로타고로스 ǀ 만물의 척도는 인간인가? • 78
    11 고르기아스 ǀ 진리는 알 수 있고 전달될 수 있는가? • 84
    12 피론&엠피리쿠스 ǀ 판단을 중지하면 평온해지는가? • 88

제5장 관계와 연기 : 공과 일자 · 95

    13 나가르주나 | 실재는 공인가? · 96

    14 혜능 | 깨달음은 어떻게 이루어지는가? · 102

    15 샹카라 | 브라만과 아트만은 하나인가? · 108

    16 주자 | 이와 기의 관계는 무엇인가? · 113

제6장 신앙과 이성 : 진리를 향한 또 다른 길 · 121

    17 플로티노스 | 모든 존재의 궁극적 원천은 존재하는가? · 122

    18 아우구스티누스 | 신과 시간은 어떻게 인간을 규정하는가? · 130

    19 이븐 시나 | 우연적 존재는 어떻게 존재할 수 있는가? · 137

    20 오컴 | 진리를 위해서 불필요한 가정이 필요한가? · 144

제7장 과학의 탄생 : 세계를 이해하는 새로운 도구 · 151

    21 갈릴레이 | 관찰은 진리를 어떻게 드러내는가? · 152

    22 뉴턴 | 움직임은 어떻게 가능한가? · 157

제8장 근대 철학의 입구 : 이성과 경험을 향한 두 길 · 163

    23 베이컨 | 관찰은 참됨을 어떻게 담보하는가? · 164

    24 데카르트 | 확실한 지식은 어떻게 가능한가? · 171

    25 스피노자 | 세상은 신이자 자연인가? · 177

제9장 존재와 인식 : 그 한계로 치닫다 · 185

    26 라이프니츠 | 모나드는 세계를 반영하는가? · 186

    27 버클리 | 존재한다는 것은 지각된다는 것인가? · 193

    28 칸트 | 우리는 세계를 어떻게 인식하는가? · 197

제10장 철학과 실천: 생각은 현실을 깨운다 · 209
    29 헤겔 | 철학은 현실에 어떤 답을 해야 하는가? · 210
    30 마르크스 | 철학은 세상을 바꾸는가? · 218

제11장 흐름과 생성: 고정된 세계를 넘어 · 227
    31 셸링: 어떻게 존재는 무로부터 스스로를 드러내는가? · 228
    32 베르그송: 생명은 시간 속에서 어떻게 도약하는가? · 234
    33 화이트헤드: 존재는 흐르는 것인가? · 239

제12장 생각의 실험: 진리는 움직인다 · 247
    34 퍼스: 진리는 공동체가 도달한 것인가? · 248
    35 제임스: 작동되는 것이 곧 진리인가? · 256
    36 로티: 진리는 연대 속에서 만들어지는가? · 262

제13장 언어와 세계: 말이 닿는 곳 · 269
    37 러셀 | 고유명과 기술적 표현은 참과 거짓을 구별하는가? · 270
    38 비트겐슈타인 | 언어와 사고의 관계는? · 279

제14장 절대의 균열: 상대성, 그리고 불확정성 · 287
    39 아인슈타인 | 시간은 공간과 어떤 관계인가? · 288
    40 하이젠베르크 | 위치와 운동량은 동시에 측정할 수 없는가? · 294
    41 괴델 | 체계는 무모순성을 스스로 증명할 수 있는가? · 300

제15장 진리의 기준: 검증, 반증, 패러다임 · 307
    42 카르납 | 철학은 언어를 분석해야 하는가? · 308
    43 포퍼 | 반증 가능성은 과학적 사고를 어떻게 지탱하는가? · 314
    44 쿤 | 패러다임은 어떻게 변화하는가? · 322

제16장 주체: 의식, 실존, 몸 · 327

    45 후설 | 순수한 의식경험은 어떻게 가능한가? · 328

    46 하이데거 | 존재는 어떻게 파악될 수 있는가? · 340

    47 메를로-퐁티 | 우리는 몸으로 현실을 구성하는가? · 351

제17장 언어와 구조: 의미의 숲 · 359

    48 소쉬르 | 언어는 존재를 반영하는가? 존재를 구성하는가? · 360

    49 레비스트로스 | 존재와 인식은 구조의 산물인가? · 366

    50 가다머 | 이해는 어떻게 가능한가? · 372

    51 바르트 | 해석에 한계가 존재하는가? · 379

제18장 세계의 해체: 차이, 흔들림, 차연 · 385

    52 들뢰즈 | 반복은 어떻게 차이를 만들고 변화를 가져오는가 · 386

    53 리오타르 | 절대적 진리와 생각하는 나는 존재하는가? · 392

    54 데리다 | 의미의 구조가 바뀌면 세계도 변화하는가? · 399

제19장 앎의 균열: 진리란 무엇인가? · 407

    55 게티어 | 정당화된 참인 믿음은 항상 지식으로 되는가? · 408

    56 콰인 | 철학은 과학의 바깥에 있을 수 있는가? · 416

    57 네이글 | 박쥐로서의 느낌을 관찰자가 알 수 있는가? · 424

제20장 존재의 최전선: 실재, 생성, 의미의 귀환 · 431

    58 메이야수 | 거대한 외부는 사유될 수 있는가? · 432

    59 바라드 | 물질과 의미는 회절되는가? · 444

    60 가브리엘 | 존재는 의미장에서 나타나는가? · 452

일러두기

1. 이 책은 거인의 어깨에서 묻다 시리즈 '철학' 편 총 3권 중 하나로 '존재와 참'을 다루고 있다.
2. 인명은 필요한 곳에서 영문 혹은 한문을 병기하고 생몰년도를 표기하였다.
3. 서명, 주요 개념 등은 영문 혹은 한문을 병기하였다. 일부 꼭 필요한 경우에는 라틴어나 독일어 불어를 병기한 경우도 있다. 반복되는 개념의 경우는 필요한 곳 외에는 병기를 생략하였다.
4. 강조(개념 등)의 필요가 있을 때는 따옴표를 둘렀고, 인용문은 겹따옴표를 둘렀다. 인용문은 별도로 출처를 명시하지 않았으면 해당 권에서 다루는 철학자의 저술에서 발췌한 것이다.
5. 색인은 따로 제공하지 않았다. 이 책의 성격이 엄밀한 학술서는 아니고, 일정한 순서와 체계 속에서 사유를 제공하는 방식으로 목차만으로 충분히 원하는 정보를 얻을 수 있다고 보았다.
6. 각 절의 맨 뒤에는 '주요 저술' 항목을 통해 해당 절에서 다룬 사유와 관련된 주요 저술을 정리하였다. 국내 번역본이 있는 경우는 번역자와 간행 년도를 함께 표기하였고, 여러 권의 번역서가 있을 경우 가장 최근 번역본을 표시하였다.
7. 거인의 어깨 철학 3부작의 저술에 필요한 자료들은 원전 및 SEP(Stanford Encyclopedia of Philosophy), IEP(Internet Encyclopedia of Philosophy), REP(Routledge Encyclopedia of Philosophy) PhilPapers, Project Gutenberg 등의 온라인 데이터베이스를 활용하였다.
8. 거인의 어깨 철학 3부작의 자료 조사, 초고, 어록 추출, 교정, 번역, 윤문 등 저술 전반에 걸쳐 다양한 인공지능(Scolar AI, Chat GPT, Write For Me, Gemini, Claude, DeepSeek 등)이 함께 하였다. 인공지능과 인간이 결합한 본 프로젝트의 내용 상 오류 및 기타 문제의 최종 책임은 대표저자인 벤진 리드에게 있음을 밝힌다.

PART 1

신과 자연:
칠흑같은 밤을 비추다

신화는 인간이 세계를 이해하려 한 최초의 언어였으며, 종교는 그것을 체계화한 사유의 구조였다. 자연 역시 그 자체로 세계의 질서를 설명하고 있었다.

신들은 다투고, 사랑하고, 인간과 얽혀 운명을 바꾸었다. 신화를 들려주던 이들은 마침내 신을 하나로 압축하고자 했다. 그 과정에서 다신교적 세계는 범신론을 지나, 유일신론으로 수렴했다.

태양과 달과 별, 강과 땅, 바람과 비는 그 자체로 세계의 원리였다

이 장에서는 헤시오도스(BC 8세기 후반~ 7세기 초반)의 '신들의 계보', 아케나톤(재위 BC 1353~1336년)의 '유일신', 복희(BC 3000경)의 '주역'을 통해 신화와 종교와 자연을 통해 세상을 이해하고자 했던 인류 최초의 사유들을 살펴본다.

01 | 헤시오도스 BC 8세기 후반~7세기 초반
세계의 탄생과 움직임은 신들의 의지인가?

"처음에는 카오스가 있었다. 그 다음은 넓은 가이아, 모든 것의 영원한 터전이 생겨났으며, 그리고 지옥의 깊은 심연 타르타로스가 대지 아래 어둠 속에 있었다."

―『신통기』, BC 8~7C 경

    인류의 여명기, 사람들은 세상과 자신을 이해하기 위해 신화를 창조했다. 신화는 인간이 자연과 우주를 탐구하며 만들어낸 상징적 이야기로, 철학적 사유의 초석이 되었다.

    헤시오도스(Hesiod, BC 8세기 후반~7세기 초반)는 고대 그리스의 시인으로, 서양 문학사에서 호메로스(BC 8세기 경)와 함께 초기 서사시의 중요한 작가로 평가된다. 호메로스는 『일리어스』와 『오디세이아』를 통해 신과 인간, 영웅의 위계를 서사적 질서로 체계화하였다. 헤시오도스는 보이오티아 지방에서 태어나 농업 중심의 삶을 살았으며, 자신의 경험과 신화를 바탕으로 『신통기』와 『일과 날들』을 집필했다. 『신통기』는 우주의 기원과 신들의 계보를 다루며 고대 그리스인의 세계관을 체계화했고, 『일과 날들』은 농업과 윤리적 삶에 대한 지침을 제시했다. 그의 작품은 신화적 세계관을 기록하고 철학적 사유의 기반을 마련한 점에서 큰 의의를 가진다.

신화적 세계관: 신과 우주의 기원

신화적 세계관은 초월적 상징을 통해 인간, 자연, 우주의 기원을 설명한다. 이 관점에서 세상의 구조는 '신성한 질서'와 연결되며, 인간 역시 신들과의 관계 안에서 이해된다.

"처음에는 카오스가 있었다" – 그리스 신화에서는 우주의 시작을 '카오스Chaos'로 본다. 헤시오도스는 '카오스'에서 다양한 신들이 태어나고, 이들 사이의 갈등과 조화를 통해 질서가 확립되는 과정을 설명한다. '카오스'는 형태도 경계도 없는 혼돈 상태로, 존재와 비존재의 구분조차 무의미한 무한한 공간이다. 여기서 대지의 여신 가이아Gaia와 하늘의 신 우라노스Uranus가 탄생하고, 이들이 최초의 신성한 질서와 자연의 원리를 낳는다. 가이아와 우라노스가 낳은 티탄 중 크로노스Cronus는 아버지 우라노스를 몰아내고 권력을 잡는다.

티탄 크로노스는 자식에게 왕좌를 빼앗길 것이라는 아버지 우라노스의 예언을 두려워하였다. 그는 부인인 레아가 낳는 아이마다 삼켜 버렸고, 이렇게 헤스티아·데메테르·헤라·하데스·포세이돈 다섯을 이미 뱃속에 가두었다. 레아는 막내를 지키고자 가이아와 우라노스의 조언을 받아 돌을 포대기에 싸서 크로노스에게 내밀었다. 크로노스가 돌을 삼키는 동안, 진짜 아기는 크레타 섬 리크토스의 동굴로 보내져 쿠레테스의 무희와 님프들의 보호 아래 자라났다. 이 아이가 훗날 천둥의 신 제우스이다.

"제우스는 더 이상 힘을 억누르지 않았다. 그의 가슴은 분노로 가득 찼고, 그는 온 힘을 드러냈다" – 제우스가 장성하자, 지혜의 여신 메티스가 계책을 내주었다. 그는 크로노스에게 강력한 구토제를 먹여, 삼켜졌던 형제·자매들을 순서대로 토해 내게 하였다. 이어 타르타로스에 갇혀 있던 키클롭스 삼 형제와 백수百手의 거인 헤카톤케이레스를 풀어 주어 동맹을 넓혔다. 키클롭스 삼 형제는 제우스에게 천둥, 번개, 번개창을 주었고, 백수 거인들은 전쟁에서 티탄들을 무력화하는 결정적 힘이 되었다. 이 동맹과 무기를 앞세운 제우스는 치열한 거인들과의 전쟁, '티타노마키아Titanomachy'에서 승리하여 올림포스의 패권을 확립하였다.

"제우스는 지혜로운 메티스를 삼켰다… 그녀가 낳을 아이가 자신보다 위대하지 않도록" – 전쟁 뒤 제우스는 우주의 질서를 다지기 위해 일곱 여신과 차례로 결합하였다. 메티스를 삼켜 지혜를 자신의 것으로 만들었고, 머리에서 아테나를 낳아 전쟁과 예술을 관장하게 하였다. 이후 계절과 정의를 다스리는 호라이, 인간 운명을 실로 잇는 모이라이, 기쁨과 조화를 다스리는 카리테스, 생명 주기를 관장하는 퍼세포네, 예술과 학문에 영감을 주는 뮤즈, 빛과 어둠, 음악과 사냥을 관장하는 아폴론과 아르테미스를 얻었고 마지막으로 정실 부인 헤라는 헤베·아레스·엘레이튀이아를 낳았고, 헤파이스토스는 온전히 헤라 혼자서 낳아 분노와 기술의 복합적 상징을 이루었다.

이렇게 제우스는 탄생의 기적과 부친 타도, 괴력의 동맹 결집, 그리고 다층적 혼인 전략을 통해 무질서하던 세계를 법과 질서, 그리고 예술과 계절이 조화를 이루는 올림포스 체계로 전환하였다. 그의 형제들과 자식들은 각기 특유의 기원을 통해 자신들만의 권능을 부여받아, 신들과 인간이 의탁할 우주의 새 질서를 완성하였다.

헤시오도스의 신화는 존재란 원초적 혼돈에서 질서로 나아가는 과정임을 보여준다. 신들의 투쟁과 화해는 존재와 세계가 본질적으로 갈등과 조화, 변동과 안정의 긴장 속에서 성립된다는 인식을 담고 있다. 모든 존재는 신성한 운명에 따라 각자의 역할과 위치를 부여받으니, 이러한 '질서 속의 변화'야말로 신화적 세계관의 핵심이다.

신성을 통한 진리 탐구

"우리는 뮤즈로부터 노래를 배우고, 신들의 기원을 알았다" – 헤시오도스는 신화를 단순한 이야기가 아니라, 신적 진리를 담은 상징적 체계로 보았다. 그는 뮤즈(Muse, 영감의 신들)의 계시를 통해 신들의 세계와 진리를 인식했고, 이를 시로 표현했다. 『신통기』 서문에서 그는 뮤즈가 직접 신들의 이야기를 알려주었다고 밝힌다. 인간은 신적 진리를 스스로 파악할 수 없으며, 신과 인간 사이를 잇는 중재자의 도움이 필요하다는 점을 강조한다.

이는 인간이 신성한 질서 안에서 자신의 한계를 인정하고 겸허히 받아들여야 함을 의미하며, 동시에 인류가 아직 철학적·과학적 사고에 이르지 못한 시대적 배경을 반영한다. 헤시오도스에게 인간의 인식은 신화적 상징을 통해 신비적 진리에 다가가는 과정이다. 신화는 단순한 서사가 아니라 존재와 인식에 대한 직관적 이해를 제공하며, 철학적 사유의 원형을 이룬다.

신화적 세계관의 유형

인류가 세상을 이해하고 설명하려는 시도는 신화적 세계관에서 출발했다. 신화는 세계의 기원, 인간의 존재 이유, 자연의 질서, 신과 인간의 관계를 해석하는 초기 철학적 사유의 형태였다. 신화적 사고는 이후 종교적, 철학적, 과학적 세계관의 기초를 이루었으며, 인류의 문화적 정체성을 형성하는 중요한 요소가 되었다. 신화적 세계관은 문화권과 시대에 따라 다르게 나타났지만, 크게 다음과 같은 유형으로 정리할 수 있다.

• 혼돈으로부터의 창조

바빌로니아 창조 신화 에누마 엘리쉬Enuma Elish에서 우주는 압수(Apsu, 담수)와 티아마트(Tiamat, 염수)가 혼합된 혼돈 상태였고, 이 혼돈에서 최초의 신들이 태어났다고 한다.

북유럽의 에다Edda 전승에 따르면, 원초적 공간인 긴눙가가프Ginnungagap는 불과 얼음이 만나는 공허한 심연이다. 남쪽의 무스펠스헤임(Muspelheim, 불의 세계)과 북쪽의 니플헤임(Niflheim, 얼음의 세계)이 존재하고 있었다. 이 두 세계가 긴눙가가프에서 만나 거대한 원시 거인 '이미르Ymir'와 최초의 암소 '아우드흄라Audhumla'가 탄생하였는데, '오딘Odin'과 그 형제들이 '이미르'를 죽이고, 그의 몸을 이용해 세계를 창조하였다. 이미르의 피로 바다, 뼈로 산, 살로 대지, 두개골로 하늘을 만들었다고 한다.

이집트 창조 신화 중 헬리오폴리스 전승Heliopolitan Tradition에 따르면, 태양신 '아툼Atum'은 혼돈 속에서 스스로를 창조하고, 이후 세상을 형성하였다. 최초의 신 '아툼'이 스스로 존재하며, 창조 행위를 시작했다. 아툼은 자신의 몸에서 '슈(Shu, 공기신)'와 '테프누트(Tefnut, 습기신)'를 창조했다. 슈와 테프누트는 '게브(Geb, 대지신)'와 '누트(Nut, 하늘신)'를 낳았고, 게브와 누트 사이에서 '오시리스(Osiris, 죽음의 신)', '이시스(Isis, 치유의 여신)', '세트(Set, 전쟁의 신)', '네프티스(Nephtys, 애도의 신)'가 태어났다. 이 9명의 신들을 '엔네아드(Ennead, 9신족)'라고 부른다.

중국 반고 신화에서는 원시 상태인 '혼돈(混沌, Hundun)'의 알이 깨지면서 알에서 태어난 반고가 세계를 정리하여 균형을 맞추었다고 한다. 반고가 알을 깨고 나오면서 가벼운 요소가 하늘로 떠올라 천天이 되고, 무거운 요소가 땅地이 되었다. 반고는 18,000년 동안 하늘과 땅을 밀어 올려, 우주를 창조하였다. 반고가 죽은 후, 그의 몸에서 세상이 형성되니, 숨은 바람과 구름이 되고, 눈은 태양과 달이 되었다. 반고의 피는 강과 바다가 되었고, 살은 대지가 되었으며, 뼈는 산이 되었다.

리그베다Rigveda의 우주 창조 신화에서 원초적 상태는 '혼돈의 물Primordial Waters'이었다고 한다. 태초에는 어둠과 물만 존재하였는데, '나스디야 수크타Nasadiya Sukta'가 스스로 태어나 창조의 씨앗을 품었다. '히란야가르바(Hiranyagarbha, 황금 씨앗)'가 물 속에서 형성되며, 이것이 세계의 근원이 되었다. 히란야가르바에서 '브라흐마Brahma'가 탄생하여 우주를 창조하고, 신과 인간을 생성하였다.

혼돈에서의 창조 신화는 원초적 상태를 혼돈Chaos, 심연Abyss, 물Water 같은 무질서한 상태로 보고 있다. 이 무질서에서 창조는 자연스럽게 발생하거나, 신의 행위에 의해 시작되는데, 창조는 곧 '분리'와 '조화'의 과정을 동반한다. 혼돈에서의 창조 신화는 질서가 형성되는 과정을 설명하며, 세계관과 종교적 믿음의 기초를 제공하는 역할을 한 것이다.

• 무無와 말씀에 의한 창조

유대-기독교 창조 신화에서는 하나님이 "빛이 있으라Yehi or" 하시니 '빛이 있었더라Vayhi or'라고 하여 신이 말씀만으로도 세계를 창조할 수 있는 전능함을 보여준다. 이는 가장 대표적인 '무에서의 창조Creatio ex Nihilo' 신화로, 신의 절대적 창조 능력을 강조한다.

이슬람 창조 신화에서도 알라가 말로써 세상을 창조했다고 믿는다. 그분(알라)은 존재하지 않는 것에서 창조하셨다고 꾸란Quran에 기록되어 있다. 알라는 아무것도 없는 상태에서 우주를 창조했으며, 그의 의지는 즉각적으로 실현되니, 그가 "있으라"라고 말하면, 곧 존재한다라고 하였다.

이집트의 멤피스 창조 신화Memphite Theology에도 비슷한 내용이 전해진다.

프타가 마음으로 구상하고, 혀로 말하자, 창조가 이루어졌다고 하였으니, 이는 '생각(이성)'과 '말(로고스)'의 결합을 통해 우주가 형성되었다는 철학적 개념을 포함한다.

포폴 부(Popol Vuh, 마야 창조 신화)에서도 그들의 말이 곧 세상의 창조가 되었다는 내용이 전해온다. 창조 신 '훔 후Hun Huh'와 '구쿠마츠Gukumatz'가 말로 하늘과 땅을 창조하고, 인간을 창조한 것이다.

'무無에서 말씀으로' 우주가 창조된다는 서사는 여러 문화권에 공통으로 나타나는 핵심 모티프이다. 창조 행위가 '물질적 노동'이 아니라 '언표 행위'로 이루어진다는 점은 언어의 절대적 능력과 존재의 근거를 물질이 아니라 의미와 질서에서 찾았음으로 보여준다. 말씀으로의 세계 창조는 또한 '명령 → 집행'의 이중 구조가 아니라 단일한 사건으로 '발화가 곧 행위'가 된다. 이는 인간 사회에서 제사장·왕·율령이 갖는 권위, 즉 선포가 곧 현실을 규정하는 점을 신적 차원으로 투영한 것이라 할 수 있다.

• 신적 희생에 의한 창조

북유럽 신화에서는 거인 '이미르'의 몸이 죽어 땅, 하늘, 강, 바다로 변했다고 전해진다. 인도 신화인 리그 베다Rig Veda 에서는 원시 거인 '푸루샤Purusha'의 몸이 희생되어 세상이 형성되었다고 묘사한다. 아즈텍 신화에서도 '나나우아츠(Nanauatl, 겸손한 신)'의 희생으로 태양이 탄생하였다는 내용이 전해진다.

세계의 창조는 아니지만, 예수 그리스도의 희생으로 인간이 원죄로 인해 신과 단절된 상태를 극복하고 구원받을 수 있게 되었다는 신화도 의미심장하다. 예수는 인류의 구원을 위해 자신을 희생하고 십자가에서 죽었고, 예수의 피와 살은 새로운 영적 세계(천국, Kingdom of Heaven)를 형성하였다.

예수의 '부활'은 새로운 창조와 영생의 희망을 제시하니, 예수의 희생은 물리적 세계 창조는 아니지만, 새로운 영적 창조를 의미한다.

신적 희생 창조 신화는 심오한 철학적 의미를 담고 있다. 세계는 단순히 무無에서 창조된 것이 아니라, 희생을 통해 형성되었고, 신의 죽음은 파괴가 아니라, 새로운 창조와 질서를 의미한다. 인간과 세계는 신의 희생을 통해 탄생했으며, 따라서 인간은 신성과 연결된 존재이며, 윤리적으로 희생은 공동체와 세계의 지속을 위한 필수적인 행위임을 강조한다.

- **신들의 전쟁과 질서 형성**

수메르-바빌로니아 신화인 에누마 엘리쉬Enuma Elish에서는 신 '마르두크'가 혼돈의 여신 '티아마트'를 물리치고, 그녀의 시체로 하늘과 땅을 만들었다고 전해진다. 북유럽 신화에서는 '아스가르드(Asgard, 신들의 세계)'와 '요툰헤임(Jotunheim, 거인의 세계)' 간의 갈등 속에서 세계가 정리되었다고 묘사한다. 그리스 신화에서는 '제우스'가 '티탄'족과의 전쟁에서 승리하고 새로운 신적 질서를 세웠다. 이처럼 신들의 전쟁은 혼돈을 극복하고 세계에 새로운 질서를 부여하는 것으로 나타난다.

힌두교 신화에서는 '데바와 아수라의 전쟁(Devas vs. Asuras)'을 묘사한다. 데바와 아수라는 같은 조상에서 태어났으나, 가치관의 차이로 인해 갈등한다. 데바는 선(질서)을, 아수라는 혼돈과 욕망을 상징한다. 우주적 균형을 유지하기 위해 양측은 끊임없이 충돌하고, 결국 데바가 승리하며, 우주적 질서를 확립한다.

대체로 신들의 전쟁은 혼돈을 극복하고 세계에 새로운 질서를 부여하는 것으로 나타난다. 그러나 이 신화들속에는 심오한 통찰도 엿보이니, 혼돈과 질서는 대립하는 것이 아니라, 상호 의존적인 관계이며, 질서는 단순한 창조가 아니라, 투쟁과 변화 속에서 형성된다는 사고가 강하게 깔려 있다. 우주적·사회적 질서는 항상 도전받으며, 지속적인 균형이 필요하다는 것으로 인간 세계의 정치적, 사회적 변화를 이해하는 틀을 제공해준다.

신화적 세계관은 초기 인간이 세계를 이해하는 방식을 반영한 철학적 구조였다. 이러한 신화적 사고는 형이상학적(메타피지컬, Metaphysical) 사유의 출발점이 되었으며, 현대 철학과 종교 사상의 기반을 제공하였다.

이는 인간이 우주와 자기 존재를 이해하려는 철학적 여정의 시발점이자, 상징과 은유를 통해 형이상학적 질문을 던지는 방식이었다. 신화는 결국 존재와 시간, 인간과 신성, 질서와 변화 사이의 근원적 관계를 사유하게 하는 구조였으며, 그것은 곧 철학의 태동이었다. 오늘날의 철학적 사유 역시, 그 출발점에서 신화적 상상과의 깊은 대화를 지속하고 있다.

✏ 주요 저술

- **신통기**(神統記, Theogony, BC 8~7C 경/천병희, 2009) | 우주의 기원과 신들의 계보를 설명하는 작품으로 혼돈(Chaos)에서 시작해 제우스(Zeus)까지 이어지는 신들의 탄생 과정을 기술하고 있고, 티탄 신족과 올림포스 신족의 대립과 신들의 권력 계승을 묘사하였다.
- **일과 날들**(Works and Days, BC 7C경) | 노동과 정의, 인간의 삶의 방식에 대한 실용적 교훈을 담은 시를 모은 것으로 판도라(Pandora) 신화와 다섯 시대의 인간(황금, 은, 청동, 영웅, 철의 시대) 개념을 제시하고 있다. 농경과 노동의 가치를 강조하며, 윤리적 삶과 정의의 중요성을 설파한다.

02 | 아케나톤 재위 BC 1353~1336년
아텐은 모든 존재의 근원과 절대적 실재인가?

"당신은 오직 하나뿐인 신이시며, 그와 같은 이는 아무도 없습니다. 당신은 당신의 뜻에 따라, 홀로 세상을 창조하셨습니다.
인간과 가축, 들짐승과 땅 위를 걷는 모든 존재, 그리고 하늘을 나는 날짐승들까지도…"

—『아텐 찬가』, 1330경

아케나톤(Akhenaten, 재위 BC 1353~1336년)은 고대 이집트 18왕조(BC 1550경~BC 1292경)의 파라오이다. 아케나톤은 기존 이집트의 다신교적 전통을 뒤엎고, 태양의 원반인 '아텐Aten'을 유일하고 궁극적인 신으로 숭배했다.

아케나톤 이전의 이집트는 아문-라를 정점으로 하는 신합론(神合論, Henotheism)적 다신(多神, Polytheism) 체제였다. 각 도시는 구신단(九神團, Ennead)을 섬기며, 거대한 사원 경제를 통해 사제단이 막강한 영향력을 행사하였다. 이 다신 질서는 우주의 진리·정의·조화를 뜻하는 마아트Maat로 통일되었고, 파라오는 일상 제례를 통해 마아트를 유지하는 존재로 인식되었다. 특히 테베의 아문 사제단은 방대한 토지와 재정을 바탕으로 국가 안의 국가로 성장하여 왕권과 공생하였다. 따라서 아케나톤이 태양 원반 '아텐'을 유일신으로 선언한 것은 기존 신관과 사제 권력을 근본적으로 뒤흔든 종교·정치 혁명이었다. 이러한 변화는 초월적이고 보편적인 존재 개념을 강조하는 일신론적 사유의 기초를 마련하였으며, 이후 유대교와 형이상학적 인식론의 발전에도 간접적 영향을 미쳤다.

모든 존재와 인식의 근원으로서의 아텐

"아텐은 모든 만물 위에 있다" – 아케나톤의 세계관에서 '아텐'은 모든 존재의 근원이며, 생명을 부여하는 절대적 실재로 간주되었다. 태양의 빛은 물리적 생명을 유지할 뿐 아니라, 영적인 깨달음과 신성의 본질을 상징하며, 물질적 현실과 초월적 실재의 조화를 나타냈다. '아텐'은 물리적 형상을 초월한 빛과 에너지로 묘사되며, 모든 창조와 생명의 근원으로 여겨졌다. 이러한 접근은 구체적이고 인격화된 신들과 뚜렷이 대조되며, 신성을 추상적이고 보편적으로 재해석한 것이다.

아케나톤은 자신을 '아텐의 아들'로 정의하며, 신과 인간 사이의 매개자로서의 역할을 수행했다. 그는 모든 인간이 '아텐'의 은총 속에서 생명을 부여받는다고 보며, 아텐과 인간 존재 사이의 보편적 연결을 강조했다. 이러한 사유는 신성을 특정 계급이나 민족에 한정하지 않고, 모든 생명체에 열려 있는 보편적 실재로 이해하려는 철학적 접근을 보여준다.

아케나톤의 찬가, 『아텐 찬가』는 태양의 빛이 만물에 생명을 불어넣고, 자연과 우주의 질서가 아텐의 신성한 섭리에 의해 유지된다고 노래한다. 아텐은 단순한 태양이 아니라, 존재의 근원으로서의 빛이다. 태양의 빛이 모든 생명을 창조하고 유지하듯이, 아텐은 우주의 창조자이며, 절대적인 존재이다. 이는 훗날의 플라톤이 제시하였던 '태양의 비유'(이데아와 진리의 원천으로서의 태양)의 원형이기도 하다.

"아텐의 빛이 땅을 비추고, 모든 존재를 밝혀 진리를 드러낸다" – 아케나톤은 태양의 빛을 신성의 물리적 표현으로 간주하며, 인간이 이를 통해 신적 진리를 체험할 수 있다고 보았다. 이와 같은 사유는 물질적 세계와 초월적 실재를 연결하는 매개체로서의 빛에 대한 철학적 통찰을 제공한다. 신의 빛을 통해 깨달음을 얻는다는 의미는 마치 인간은 아텐(태양)이 비출 때만 사물을 보고, 인식할 수 있는 것과 유사하다. 이는 훗날의 신플라톤주의에 앞서서 신적 존재(아텐)가 지식을 부여하며, 인간의 인식은 신과 연결될 때만 가능하다는 개념을 담고 있다.

다신교, 범신론, 유일신론

인류 문명의 초기 신화들은 대체로 '다신교Polytheism'적 특성을 지니고 있다. 고대 사회에서 인간은 자연과 신을 구분하지 않고, 세상을 다양한 신들의 힘이 작용하는 유기적 네트워크로 이해했다. 신화는 이러한 다신적 세계관 속에서 존재론적 설명을 제공하며, 자연 현상과 사회 질서를 신적인 개입으로 해석한다. 다신교는 여러 신들이 각기 다른 역할을 담당하며, 세상을 창조하고 유지하는 방식으로 신앙 체계를 형성한다. 신들은 자연의 힘을 의인화한 존재로, 태양, 바람, 바다, 전쟁, 지혜 등의 속성을 대표하며, 세계는 다양한 신적 힘의 균형과 갈등 속에서 유지된다. 인간과 신들은 긴밀히 연결되어 있었으며, 신들은 인간의 삶에 적극적으로 개입하는 존재로 여겨진다. 다신교는 점차 '범신론Pantheism'적 사유와 '유일신론Monotheism'으로 확장된다.

범신론적 세계관은 신과 우주를 동일시하며, 신이 초월적 개체가 아니라 만물 속에 내재한다고 보았다. 이러한 사상은 자연에 대한 신성한 해석을 제공하며, 동양 사상과 서양 형이상학에도 깊은 영향을 미쳤다. 범신론적 사고는 동서양 철학에서 다양하게 나타났다. 동양에서는 도교에서 도道가 우주의 근본 원리로 작용하며, 모든 것이 하나의 조화 속에 포함된다고 본다. 불교에서도 법신法身 개념을 통해 존재의 궁극적 본질이 신성한 요소를 포함한다고 해석한다. 서양에서는 스토아 철학이 범신론적 성격을 지니며, 신을 만물 속에서 찾고 자연의 이성이 신의 법칙이라고 보았다. 범신론은 신과 우주를 분리된 개체가 아니라 하나의 실재로 본다. 자연은 모든 것이 신성하며, 신은 초월적인 존재가 아니라 내재적인 존재이다. 개별적인 신 개념이 사라지면서 신성한 원리가 우주 전체를 아우르는 개념으로 발전한다. 범신론은 '개별적 존재로서의 신들'에서 '우주의 본질'로 초점이 이동하는 과정이며, 이는 과학적, 철학적 탐구와 연결된다. 범신론 체계에서 인간의 이성은 신적 로고스의 편린으로, 인간은 자기 내면의 이성을 따를 때 신성과 일치하며 이를 통해 진리에 도달할 수 있다.

　다신교적 세계관은 한편으로는 점차 단일한 신적인 원리로 변화했다. 초기 다신교 사회에서는 한 신이 다른 신들보다 우월한 존재로 여겨지면서 '최고신 Supreme Deity' 개념이 존재했다. '최고신'은 많은 경우 '유일신'으로 대체된다. 이러한 변화는 다양한 문화에서 나타났다. 아케나톤은 태양신 아텐을 유일신으로 숭배하며 다신교적 전통을 개혁하려 했다. 조로아스터교에서 조로아스터 Zoroaster는 다신교적 전통에서 벗어나 '아후라 마즈다 Ahura Mazda'를 유일신으로 숭배하는 종교를 창시했다. BC 2000년경 유대 민족은 '야훼 Yahweh'를 유일신으로 숭배하는 신앙을 발전시켰다. 유대교는 신이 단순한 신들 중 하나가 아니라 절대적인 존재임을 강조하며, 메소포타미아와 이집트의 다신교적 요소에서 벗어나 단일한 창조주 개념을 철학적으로 발전시켰다. 이후 기독교(Christianity, 1세기)는 유대교적 전통을 계승하면서도, 유일신 신앙을 보편적 형태로 발전시켰다. 이슬람교(Islam, 7세기) 또한 알라Allāh를 유일한 신으로 숭배하며 신의 절대성을 강조했다.

유일신론에서 신은 단순한 자연적 힘이 아니라, 모든 존재의 근원적 원리로 간주된다. 신은 시간과 공간을 초월하여 절대적인 권위를 가지며, 인간은 신의 질서에 따라 살아야 하며, 신과의 관계는 계약적(윤리적) 의미를 가지게 된다. 유일신 혹은 최고신 체계에서 신은 존재의 질서, 도덕의 원리, 인간의 목적성을 해명하는 열쇠이다. 진리는 신을 아는 것, 그리고 신의 질서에 순응하는 것으로 통합된다. 여기서 유한한 존재로서의 인간이 무한하고 초월적인 존재인 신을 어떻게 알고 그 안에서 진리를 어떻게 발견할 수 있는가라는 문제가 제기된다. 철학사에서는 이 문제를 신이 인간에게 부여한 이성을 통한 인식, 신의 현현(계시), 직관을 통한 신과의 합일 등의 해법을 제시한다.

신화적 다신교에서 범신론적 사고와 유일신론으로 변화하는 과정은 철학적·형이상학적 사고의 전환을 의미했다. 다신교는 다양한 신들이 우주의 질서를 유지하는 방식을 설명하며 인간과 자연의 관계를 신화적으로 해석했다. 범신론은 신과 자연을 동일시함으로써 신성을 철학적으로 이해하려는 시도를 반영했고, 유일신론은 신을 단일한 존재로 규정하며 윤리적·형이상학적 일원론을 확립했다. 이 과정은 인류의 철학적 사유가 점점 추상화되고, 존재와 우주의 본질을 깊이 탐구하는 방향으로 발전하는 과정이다. 이러한 변화는 종교적 측면뿐만 아니라, 인간이 세계를 바라보는 방식과 도덕적 가치 체계를 형성하는 데도 깊은 영향을 미쳤다.

아케나톤의 아텐 숭배는 신성을 특정 민족이나 계급의 전유물이 아니라 모든 생명에게 열려 있는 보편적 실재로 규정했다. 이러한 관점은 이집트

종교의 전통적 지역성을 초월하며, 인간과 신의 관계를 보편적 차원으로 확장하려는 시도를 보여준다.

아케나톤의 철학에서 존재(아텐의 절대적 실재)와 인식(아텐을 통한 깨달음)은 분리되지 않는다. 인간은 아텐의 빛 속에서 살아가며, 이를 인식함으로써 신성과의 연결을 실현한다. 이 통합적 사유는 인간의 직관과 경험을 통해 신적 진리를 탐구하려는 고대적 접근 방식을 잘 보여준다. 신화적 상징과 철학적 사유를 결합한 그의 사상은 고대 세계에서 존재론과 인식론적 사유를 논의하는 중요한 사례로 평가된다.

✒ 주요 저술

- **아텐 찬가**(The Great Hymn to the Aten, BC 1330경) | 아텐이 유일한 신이며, 창조주이자 생명의 근원임을 찬양하였고, 자연과 세계의 질서를 태양신이 유지한다는 사상을 강조하였다. 인간과 동물, 식물의 생명이 태양빛에 의해 생명을 얻는다는 신학적 개념을 설명하고 있으며, 전통적인 다신교적 신앙(아문, 오시리스, 호루스 숭배 등)과 대비하여 신은 단 하나만 존재함을 주장하였다.

- **아마르나 문서**(Amarna Letters, BC 1333경) | 외교와 행정에 관한 서신으로, 메소포타미아, 시리아, 가나안 지역의 통치자들과의 교류를 기록으로, 아케나톤이 수도를 아마르나(Akhetaten)로 이전한 후, 이집트의 국제적 외교 정책을 보여준다.

03 | 복희 BC 3000경 추정

만물의 생성과 변화를 어떻게 알 수 있는가?

여와와 복희

"위를 보아 하늘의 형상을 관찰하고, 아래를 보아 땅의 법칙을 살피며, 새와 짐승의 무늬와 땅의 이치를 관찰하여 가까이는 자신에게서, 멀리는 사물에서 취하여 팔괘를 만들어 신령의 덕을 통하고 만물의 이치를 나누었다."

— 『주역 십익』, BC 6~5C경

복희(伏羲, 전설적 인물, BC 3000경 추정)는 중국 신화 속 인물로, '주역周易'의 '팔괘八卦'를 창시하였다. 주역은 중국을 대표로 하는 동아시아 철학과 사유의 근본 텍스트이다. 주역은 우주의 질서와 자연 현상, 인간의 삶에 대한 통찰을 담고 있다. 복희는 인간 문명의 기초를 세운 인물로도 여겨지며, 그물과 낚시를 발명하고, 가축을 길들이며 농업과 수렵 문화를 발전시켰다는 전설이 있다. 그는 자연을 관찰하여 하늘(☰), 땅(☷), 물(☵), 불(☲) 등 자연의 요소를 상징화하여 음양과 조화의 원리를 통해 우주의 질서와 인간의 삶을 이해하는 상징적 체계를 창출했다.

주역의 탄생과 발전 과정

"역에는 태극이 있어, 두 가지 힘(음과 양)을 낳고, 두 힘이 네 상징을 낳고, 네 상징이 팔괘를 낳는다" – 주역의 초기 형성은 전설적 인물인 복희와 연결된다. 복희는 태초에 자연의 이치를 관찰하며 '팔괘'를 창안했다고 전해진다. 복희는 먼저 세상 만물이 음陰과 양陽의 기운이 담겨 있으며, 다시 음과 양은 변화를 겪어 분화와 혼합을 거쳐 太陽(태양, 완전한 양), 太陰(태음, 완전한 음), 少陽(소양, 양이지만 음의 성질이 섞인 것), 少陰(소음, 음이지만 양의 성질이 섞인 것)으로 변화한다. 이 네가지 상태四象는 다시 결합하거나 확장되어 팔괘를 낳게 된다.

팔괘는 하늘, 땅, 물, 불, 산, 천둥, 바람, 호수의 자연적 요소를 상징하며, 우주의 근본 원리를 나타낸다. 팔괘는 음陰과 양陽의 결합으로 이루어진 3개의 선으로 구성되며, 음은 끊어진 선(--), 양은 이어진 선(—)으로 표현된다. 각 괘는 음양의 조합으로 이루어진 6개의 선(효, 爻)으로 구성되며, 이 조합은 자연의 변화와 인간사人事의 복잡성을 설명하는 도구로 발전했다.

복희가 만든 주역 8괘의 의미

괘(卦) 설명	자연적 의미	자연적 의미
☰ 건(乾)	창조적 힘, 하늘	하늘, 양(陽)
☷ 곤(坤)	수용적 힘, 땅	땅, 음(陰)
☳ 진(震)	운동과 진동	천둥
☵ 감(坎)	깊음과 위험	물
☶ 간(艮)	정지와 응축	산
☴ 손(巽)	부드러움과 확산	바람
☱ 태(兌)	기쁨과 조화	연못
☲ 이(離)	빛과 명료함	불

주역은 중국 고대 상나라(商, BC 1600~1046년) 시대의 '괘卦' 점으로 활용되었지만, 시간이 흐르면서 동아시아 문명의 철학적, 형이상학적 의미를 내포한 텍스트로 발전했다. 주역의 탄생과 변화 과정을 살펴보면, 주역이 단순한 점술서를 넘어 우주의 본질과 인간의 삶을 설명하는 철학적 체계로 어떻게 전환되었는지 이해할 수 있다.

복희가 만든 팔괘는 문왕(文王, BC 1152경~1056경)에 의해 64괘六十四卦 체계로 확장되었다. 괘는 자연의 기본 원리와 변화 과정을 상징하며, 이를 통해 인간은 우주의 질서를 이해하려 했다. 64괘를 만든 문왕은 각 괘에 자연과 변화의 이치를 담아 괘사卦辭와 효사爻辭를 덧붙였다. 괘사는 괘에 대한 해설로 특정 괘의 주된 의미, 상황, 기본적인 메시지를 설명한다. 효사는 특정한 괘를 구성하는 각 효(효는 6개로 이루어짐)가 의미하는 구체적인 메시지를 설명하며, 특정한 상황에서 어떻게 행동해야 하는지를 나타낸다. 이를 통해 주역은 점복의 도구를 넘어 인간의 행동과 선택을 성찰하는 윤리적, 실천적 지침으로 발전했다.

BC 6세기경 공자(孔子, Confucius, BC 551~479)는 주역을 철학적 통찰과 인간의 도덕적 삶을 성찰하는 텍스트로 해석했다. 공자는 주역의 괘사와 효사를 분석하며, 이를 '도道'와 '천명天命'의 원리와 연결했다. 공자와 그의 제자들은 『십익十翼』이라는 주석서를 남겼다. 『십익』은 주역을 철학적, 형이상학적 텍스트로 해석한 중요한 문헌으로, 특히 변화와 조화의 철학을 강조했다.

한나라(BC 202~AD 220) 시기 이후, 주역은 유학의 중심 텍스트로 자리잡았다. 특히 동중서(董仲舒, BC 179경~104경)는 주역의 음양 사상을 도입하여 우주적 윤리와 정치적 질서를 설명했다. 동중서는 주역을 윤리·정치·우주론이 통합된 사상 체계로 재구성하였고, 이는 한대 유학의 국가 이념화에 결정적인 역할을 했다.

송나라(960~1279) 시기에 주희(朱熹, 1130~1200)는 주역의 해석을 체계화하며, 음양陰陽과 태극太極의 관계를 철학적으로 정리했다. 이를 통해 주역은 자연 철학, 형이상학, 윤리학의 교차점에 위치한 텍스트로 확립되었다.

이후 주역은 중국과 동아시아 전반에 걸쳐 사유의 형식, 세계 인식의 틀, 그리고 존재와 인간의 관계를 해명하려는 지적 전통의 중심에 위치하였다. 그것은 변화하는 세계 속에서 의미를 묻고, 질서를 찾고자 했던 인간 정신의 결정체이며, 그 영향은 동아시아의 철학과 정치, 문화, 예술, 교육에 깊이 각인되어 있다.

자연: 변화, 불변, 예측

"변화란 나아가고 물러가며 존재하고 사라지는 이치이다" – 주역의 세계관에서 음양은 만물의 변화를 이끄는 근본적인 원리이다. 태극에서 음과 양이 분화하며, 이 두 가지 원리가 상호작용하여 모든 변화가 발생한다. 태극은 절대적 정점이 아니라, 음양의 균형이 이루어지는 역동적인 중심이다. 음과 양은 대립하는 동시에 상호 보완적이며, 그 조화가 깨질 때 변화가 발생한다. 예를 들어, 낮과 밤, 강함과 부드러움, 생성과 소멸과 같은 자연 현상은 모두 음양의 상호작용을 통한 변화의 결과이다.

여기에서 주목할 것은 변화의 철학으로서 주역이 담고 있는 심오함이다. 주역에서 '역易'이라는 단어는 단지 '변한다'는 뜻만 있는 게 아니라 변화變, 불변不變, 단순簡을 담고 있다.

"만물은 끊임없이 변한다" – '역易'이라는 글자 자체가 본래 '변하다變'는 뜻을 품고 있고, 이 말 그대로 주역은 만물의 끊임없는 흐름과 운동을 전제로 한다. 세상은 정지된 적이 없다. 음과 양이 서로 교차하며 생겨나고 사라지고, 오르고 내리며, 낮과 밤이 바뀌고, 계절이 순환하며, 인간의 감정과 운명도 쉼 없이 요동친다. 주역이 추구하는 것은 고정된 실체의 본질이 아니라, 변화 그 자체의 원리, 그리고 그것이 만들어내는 패턴이다.

"무극이면서 태극이다" – 하지만 이 변화만으로 주역의 사유가 전부인 것은 아니다. 더 깊이 들어가 보면, 모든 변화 속에는 변하지 않는 무언가가 있다는 관점을 만날 수 있다. 주역은 세상의 모든 현상이 끊임없이 바뀐다고 하면서도, 그 변화 속에 일정한 질서와 법칙, 즉 도道와 리理가 깔려 있다고 본다. 쉽게 말해, 날씨는 매일 다르지만 계절의 순서는 늘 봄, 여름, 가을, 겨울이다. 사람의 삶은 제각각이지만, 누구에게나 생로병사는 피할 수 없는 흐름이다. 파도는 끊임없이 출렁이지만, 그 파도를 품는 바다의 존재는 흔들리지 않는다. 이것이 바로 '변하지 않는 가운데 변화가 있다'는 주역의 핵심 원리다. 형상은 없지만 모든 형상을 가능케 하는 그 근원, 변화 속에서 변하지 않는 근본이 바로 그것이다.

"역은 단순하다" – 주역의 사유가 담고 있는 또 다른 심오함은 '단순함'에 있다. '역'에는 '쉽다', '간단하다'는 뜻도 담겨 있다. 주역의 64괘는 단 두 가지 기호, 즉 끊어진 선으로서의 음(--)과 이어진 선으로서의 양(—)의 조합으로 이루어진다. 우주의 복잡한 구조가 단순한 이원성에서 비롯된다는 사실은 상징적이다. 이는 매우 중요한 통찰을 제공한다. 복잡해 보이는 세상도 결국 몇 가지 근본 원리로 설명할 수 있다는 믿음으로 현대 과학 역시 이와 비슷한 방식으로 사고한다. 컴퓨터는 단지 0과 1이라는 이진법으로 이루어지고, 생명의 유전 정보는 네 개의 염기만으로 구성된다. 주역의 해석자 왕필(王弼, 226년~249년)은 이에 대해 "역은 간단한 것 같지만, 그 안에 깊은 원리가 있다"고 했다. 즉, 단순함 속에 숨은 깊이야말로 주역이 가진 독특한 지혜다.

주역은 이처럼 세 가지 층위에서 존재와 세계를 바라본다. 끊임없는 변화, 그 안의 불변하는 질서, 그리고 복잡한 것을 꿰뚫는 단순한 원리. 이 세 가지는 서로를 보완하며, 세계를 이해하는 유연하고도 정밀한 틀을 제공한다. 바로 이것이 주역을 단순한 점술서를 넘어 철학적 고전으로 자리매김하게 만든 힘이다.

변화의 인식과 대응

"성인은 괘를 세우고 상을 관찰하여, 그에 글을 붙여 길흉을 밝힌다" – 주역은 인간이 자연과 단절된 존재가 아니라, 우주의 변화 속에 조화를 이루며 살아가야 할 존재임을 강조한다. 따라서 자연의 변화를 읽고, 그에 맞게 삶을 조율하는 것이 중요하다. 이러한 변화 원리를 이해하는 것은 인간이 삶의 흐름을 인식하고, 적절한 결정을 내리는 데 필수적이다. 주역은 '상(象, Symbolism)'을 통해 세상의 이치를 직관적으로 이해하려 한다. 자연의 현상과 인간의 삶을 상징하는 괘와 효는 우주의 변화를 구체적으로 해석하는 도구가 된다. 예를 들어, 하늘(☰ 건)은 창조적이고, 땅(☷ 곤)은 수용적이니, 이는 감각적이고 직관적인 방식으로 세계를 이해하는 방식이다.

주역의 인식론은 관찰과 해석, 감응과 조응照應의 과정이다. 인간은 괘와 효의 배열을 해석함으로써, 현재 주어진 상황의 근본 구조와 그 변화 가능성을 파악한다. 이것은 사실을 해명하는 인식이 아니라, 가능성을 예감하는 지혜에 가깝다. 서양의 인식론이 대상 세계의 확실한 지식 확보에 집착해 왔다면, 주역은 끊임없이 변하는 상황 속에서 유의미한 판단과 실천을 이끌어낼 수 있는 판단력에 관심을 둔다. 이는 곧 『주역』이 말하는 '지知'는 곧

'행行'이다라는 동양적 인식론의 특징과도 연결된다. 알되, 처신할 수 있는 앎, 흐름을 따라 움직일 줄 아는 앎이야말로 참된 인식이다.

"길吉, 흉凶, 회悔, 린吝은 모두 행동(움직임)에서 생긴다" – 주역의 괘사와 효사에서는 길吉, 흉凶, 회悔, 린吝의 개념이 자주 등장한다. 이는 인간이 맞닥뜨리는 상황과 그에 따른 결과를 나타낸다. 길은 바람직한 결과, 자연의 흐름과 조화를 이룬 상태를 말하고, 흉은 부정적인 결과, 자연의 흐름을 거스른 상태를 의미한다. 회는 후회할 가능성이 있는 상태이자 올바른 선택이 필요한 순간을 의미하고, 린은 주저하는 상태, 결단력이 필요한 상황을 말한다. 이 개념들은 인간이 자연과 조화를 이루며 올바르게 행동할 때 길을 얻고, 변화를 읽지 못하고 거스르면 흉을 맞이한다는 점을 가르쳐준다. 결국, 운명이란 정해진 것이 아니라 변화를 어떻게 인식하고 대응하느냐에 따라 달라지는 것이다.

주역에서는 모든 것이 변하므로, 고정된 원칙을 절대적으로 적용해서는 안 된다. 상황과 시기에 따라 유연하게 대처하는 것이 중요하며, 이것이 곧 올바른 선택과 도덕적 실천으로 연결된다. 예를 들어, 겨울에는 씨를 뿌릴 수 없고, 여름에는 추수를 할 수 없다. 즉, 올바른 행동은 시기에 따라 다르며, 자연의 흐름을 따르면서 상황을 읽고 적절한 대응을 하는 것이 바람직한 삶의 방식이다.

주역은 세계의 근본 원리를 사유한 가장 오래된 철학적 텍스트이자, 존재와 인식이 처음으로 서로를 비추며 구성된 고대의 사유 체계이다. 변화(變)와 지속不易, 그리고 상응通變의 원리를 통해 주역은 자연과 인간, 하늘과 땅, 신화와 윤리를 통합하는 원초적 인식론의 지도를 우리 앞에 펼쳐 보인다.

주역은 존재를 고정된 실체로 보지 않고, 항상 '되어가는 것'으로 사유한다. 이는 후대의 서양 존재론에서도 보기 드문 깊이이며, 인식이란 완결된 판단이 아니라, 변화 속에서 자신을 조율해가는 살아 있는 응답임을 가르쳐준다.

오늘날, 복잡성과 불확실성의 세계 속에서 주역은 묻는다.
"너는 어떤 변화 속에 있는가?"
"그 변화에 어떻게 응답하고 있는가?"
그 물음 속에, 존재와 인식, 자연과 인간, 시간과 의미가 하나의 흐름으로 통합된다.

주요 저술

- **주역 십익(十翼, BC 6~5C경)** | 십익은 주역의 해석과 주석을 위한 철학적 논평서로, 전통적으로 공자(孔子)가 저술했다고 전해진다. 주역의 철학적 원리를 설명하며, 음양과 변화의 중요성을 강조하고 괘의 상징과 음양 관계, 배열 순서 의미 등을 설명하고 있다.

- **주역주(周易注, 245경)** | 위진남북조 시대의 철학자 왕필(王弼, 226~249년)은 주역을 도교와 노장 사상의 관점에서 해석. 왕필은 주역의 형이상학적 측면을 강조하였다.

- **주역정전(周易正傳, 1070경)** | 송대 성리학의 대표적 학자인 정이(程頤, 1033~1107년)가 저술한 주역 해설서로 이 책 이후로 주역은 단순한 예언서가 아니라 유교의 핵심 철학서로 자리 잡았다.

- **주역본의(周易本義, 1190경/최영진 외, 2021)** | 송나라 시대 주희(朱熹, 1130~1200년)가 주역을 철학적으로 재구성한 저술. 주희는 주역을 통해 음양, 태극, 리(理)의 개념을 체계화하고, 우주론과 윤리학을 결합했다.

PART 2

물질의 근원:
눈에 보이는 세계

신들은 점차 하늘로 물러나고, 인간은 땅을 바라보았다. 세계는 더 이상 신의 숨결이 깃든 신비가 아니라, 스스로 존재하는 실체로서 탐구의 대상이 되었다. 철학은 신화를 벗어나 자연을 말하기 시작했고, 존재란 무엇인가에 대한 물음은 이제 감각할 수 있는 것에서 그 답을 찾고자 했다.

탈레스(BC 624경~546경)는 만물의 근원을 물에서 찾았고, 세계는 물이라는 하나의 물질로부터 비롯되었다고 보았다. 데모크리토스(BC 460~370)는 그 세계를 더 작게 쪼개어 원자라는 불가분의 존재로 설명했고, 우주는 원자와 공허의 무한한 조합일 뿐이라 했다. 에피쿠로스(BC 341~270)는 '클리나멘'과 '세계들 사이의 공간' 개념을 통해 필연의 법칙 속에서도 인간의 자유의지의 근거를 확보하였다.

이 장에서는 초월을 거부하고 물질을 사유했던 고대 유물론적 사유의 계보를 따라가 본다. 그리고 눈에 보이는 세계만으로 세계를 설명할 수 있었던 이들의 사유가 오늘날까지도 어떤 울림을 남기고 있는지를 함께 살펴볼 것이다.

04 | 탈레스 BC 624경~546경
이 세상의 아르케는 무엇인가?

"만물의 근원은 물이다. 만물의 본질은 단순하며, 물이 그 단순함을 가장 잘 설명한다. 물은 다양한 형태로 존재하며, 이 변화는 모든 존재의 다양성을 설명한다."

— 『철학자 열전(디오게네스 저)』, 3세기 초

탈레스(Thales, BC 624경~546경)는 '만물의 근원(아르케, archē)'은 무엇인가라는 물음으로 존재에 대한 이성적 탐구의 문을 열었다. 당시 사람들은 자연 현상을 신화적 이야기와 신적인 개입으로 설명해 왔지만, 그는 이 관습에서 벗어나 자연을 합리적으로 이해하려 하였다. 탈레스는 서양 철학의 시조로 불리며, 고대 그리스의 밀레토스 학파를 이끈 철학자이자 과학자이다. 그는 자연 현상을 신화적 설명에서 벗어나 합리적이고 '물질'적인 관점에서 설명하려 한 최초의 철학자로 평가받는다.

만물의 근원은 물이다

"만물의 본질은 단순하며, 물이 그 단순함을 가장 잘 설명한다" – 탈레스는 만물이 어디에서 비롯되며 무엇으로 이루어지는지를 탐구했고, 그 해답을 '물water'에서 찾았다. 탈레스에게 물은 세상을 이해하는 본질적 원리이자 통합적 요소였다. 복잡한 세계를 하나의 단순한 원리로 설명하려는 그의 철학은 물질적 단순성을 상징하는 물을 중심으로 전개되었다.

"물은 다양한 형태로 존재하며, 이 변화는 모든 존재의 다양성을 설명한다" – 물이 고체, 액체, 기체로 변환되는 독특한 성질은 그에게 모든 존재의 다양성을 설명하는 열쇠로 다가왔다. 바다와 강, 비와 구름 등 자연 속에서 물이 어디에나 존재한다는 점은 그의 주장을 더욱 확고히 했다. 또한, 물이 생명을 유지하는 데 필수적이라는 점은 세상과 현상에 대한 그의 깊고 오랜 관찰에서 비롯된 통찰이었다. 동식물과 인간 모두 물 없이는 생존할 수 없다는 사실에서, 그는 물을 생명의 기초라고 여겼다.

탈레스의 질문과 답변에서 중요한 것은 바로 그 질문 자체에 담긴 깊은 의미다. 그는 만물의 근원으로서 '아르케'라는 개념을 제시했다. 그렇다면 아르케란 무엇일까? '아르케'는 그리스어 동사 '아르케인archein'에서 유래한 말로, '지배하다'라는 뜻을 품고 있다. 이를 '기본 원리', '기원', '궁극의 구성 요소' 등으로 해석할 수 있는데, 이 용어들은 그리스 철학에서 서로 밀접하게 연결되어 있다. 그리스 철학에서는 어떤 대상의 지배적인 원리가 곧 그 대상의 근본 원인이며, 그 근본 원인은 바로 그 대상의 기원을 의미한다. 이처럼 '아르케'는 대상의 근본 원인으로서의 기원을 함축하고 있다.

필연이 모든 것을 지배한다

"가장 강한 것은 필연이다. 왜냐하면 모든 것이 필연에 굴복하기 때문이다" – 탈레스는 자연이 혼란스럽고 무질서한 것이 아니라, 일정한 원리에 따라 움직이는 체계적 구조를 가진다고 보았다. '필연(必然, 네케시타스,

Necessitas)'은 자연의 질서와 조화를 상징하며, 자연의 모든 변화와 과정이 이유와 목적을 가지고 이루어진다는 철학적 기반을 제공한다. 이는 자연의 현상을 관찰하고, 이를 설명할 수 있는 보편적 원리를 찾으려는 과학적 탐구의 태도를 팔레스가 가졌음을 보여준다. '필연'이 모든 것을 지배한다는 주장에는 자연 현상이 무작위적이거나 신들의 임의적 의지에 따라 일어나는 것이 아니라, '필연', 즉 일정한 원칙과 질서에 의해 움직인다는 통찰이 담겨 있다. 이는 당시의 신화적 사고에 반하는 혁신적인 관점이었다. 그는 천둥, 비, 지진과 같은 자연 현상을 신들의 감정적 개입으로 설명하는 대신, 자연 속에 내재된 법칙과 원리를 통해 설명하고자 했다.

"필연은 변화의 원리이면서 동시에 단순하고 근원적인 속성을 지닌다" – 탈레스는 만물의 근원을 물로 보았다. 물이라는 근원적 물질은 탈레스가 정의한 '필연'의 물질적 표현으로 볼 수 있다. 물은 단순성, 생명성, 변화 가능성을 동시에 지닌 존재의 상징이었다. 탈레스에게 있어 물이 끊임없이 형태를 바꾸는 과정은 필연적이며 자연스러운 흐름으로 이해되었다. 복잡한 자연 현상이 물이라는 단순한 원리로 설명될 수 있다는 점에서도, 자연의 질서와 단일성을 잘 보여준다. 탈레스의 물 중심 사상은 필연이라는 개념이 단지 철학적 원리가 아니라, 물리적 세계의 구체적 현상에 적용될 수 있음을 보여준다.

탈레스의 필연 사상은 자연 철학의 시작일 뿐만 아니라, 윤리적 논의로 확장될 수 있는 잠재력을 가진다. 그는 필연이라는 개념을 통해 우주의 본질뿐만 아니라 인간의 삶과 행동에 대한 통찰도 제시했다. 그는 인간이 자연의 필연적 질서에 순응하며 살아가는 것이 조화로운 삶의 방식이라고 보았다. 그는 인간이 자연의 근본 질서를 인식할 수 있으며, 이 인식은 절제와 자기 성찰, 영혼의 평온이라는 윤리적 삶으로 이어진다고 보았다. 이러한 통찰은 이후 피타고라스(BC570~495), 소크라테스(BC 470~399), 플라톤(BC 427~347)에게로 이어지며, 서양 철학의 윤리적 전통과 세계관의 원형이 된다.

철학적 사유의 시작: 관찰과 로고스

철학은 세계와 인간 존재에 대한 근본적인 질문을 던지고 답을 찾는 여정이다. 이 여정의 시작에는 '관찰(觀察, Observation)'이라는 핵심적인 행위가 자리한다. '관찰'은 단순히 보는 것이 아니라, 깊이 이해하고 분석하는 행위를 의미한다. 철학은 관찰을 통해 방법론을 발전시키고, 인식과 존재에 대한 탐구를 심화시킨다. 관찰은 철학적 사유의 시작이며, 철학적 탐구의 길잡이이며, 철학적 진리에 이르는 열쇠이다. 철학은 관찰이라는 굳건한 토대 위에서 세상과 인간을 이해하고자 끊임없이 노력하는 학문이다.

탈레스는 세상은 무엇으로 이루어져 있는가라는 질문을 던졌다. 이 질문은 그가 강과 바다가 증발하는 현상을 관찰하면서 떠올린 것이다. 탈레스는 물이 세상의 근원이라는 자연철학적 이론을 제시했는데, 이는 세계에 대한 관찰에서 비롯된 철학적 사유의 결과물이다. 탈레스는 '필연'에 대한 사유와 함께 '관찰'이라는 방법론을 인류에게 사유의 무기로 제공하였다.

초기 인류는 자연 현상을 신이나 초자연적 존재의 의지로 설명했으며, 이러한 사고방식은 '미토스(MYTHOS, 신화적 사고)'라 칭한다. 그러나 철학이 등장하면서 인간은 신화의 틀을 벗어나 '로고스(LOGOS, 이성적 사고)'를 통해 자연과 존재의 원리를 탐구하고자 했다.

'미토스'적 사고는 신 중심적인 세계관을 기반으로 하였다. 자연 현상은 물리적 현상이 아니라, 신이나 영웅, 또는 의인화된 자연의 의지에 의해 발생하는 사건으로 해석되었다. 천둥과 번개는 신의 분노, 폭풍우는 바다의 신의 변덕, 풍요로운 수확은 대지의 여신의 은총으로 여겨졌다. 미토스는 인간에게 세상을 이해하거나 예측할 수 없고 통제할 수 없다는 두려움과 공포를 배경으로 하고 있었다. 미토스는 그 두려움과 공포를 유지하고 증폭하는 역할을 하였다.

'로고스'는 이성, 논리, 자연 법칙의 원리에 의해 세계를 설명하는 사고 방식이다. 즉, 신의 의지 대신 자연 자체의 원리를 찾으려는 시도이다. '로고스'적 사유로 철학이 태어났고, 철학의 목표는 세계의 질서를 이해하고 보편적 진리를 탐구하는 것이었다. 철학자들은 신화와 전설 대신 이성적인 사고와 논리에 의존하여 자연과 인간 존재의 원리를 탐구하였다. 그들은 세상을 객관적으로 관찰하고, 그 속에서 보편적인 법칙을 찾으려고 노력하였다. 철학은 신 중심적인 사고에서 벗어나, 세상을 객관적으로 바라보고 그 안에 존재하는 질서를 파악하려는 시도였다.

탈레스는 '필연'에 대한 사유와 '관찰'이라는 방법론과 함께 '로고스'적 사유체계를 인류에게 선물하였다. 탈레스는 철학의 문을 열었고, 이후 수많은 철학자들이 그의 뒤를 이어 인간과 세계에 대한 탐구를 이어갔다. 그의 관찰과 이성에 기반한 탐구 방식은 철학의 기본적인 방법론으로 자리 잡았으며, 오늘날까지도 철학적 사유의 중요한 토대가 되고 있다.

✒ 주요 저술

그의 저술 중 남아 있는 것은 없다. 다만 아리스토텔레스와 디오게네스 라에르티오스 등이 기록에서 『천문학에 관한 책』, 『항해 안내서』, 『자연에 관한 책』 등이 있었던 것으로 쓰고 있다. 아리스토텔레스의 『형이상학』, 헤로도토스의 『역사』 등에 탈레스 관련 기록이 있다.

05 | 데모크리토스 BC 460~370경
세상은 원자로 구성되어 있는가?

"감각에 의해 우리는 색깔, 단맛, 쓴맛을 인식한다. 실제로 존재하는 것은 오직 원자와 공허뿐이다. 색깔, 맛, 냄새는 오직 관습에 의한 것이고, 실제로는 원자들의 형태와 배열, 위치만이 존재한다. 원자들은 분할되지 않으며, 본성적으로 단단하고, 크기와 형태, 배열과 위치에 따라 무수한 사물을 이룬다."

— 『철학자 열전(디오게네스 저)』, 3세기 초

탈레스가 물이라는 물질적 단일성 속에서 세상의 질서를 보았듯, 데모크리토스(Democritus, BC 460~370경)는 그보다 더 작고, 더 보이지 않는 차원에서 존재의 본질을 찾았다. 그는 세계를 구성하는 근원적 실체로서, 더 이상 나눌 수 없는 아주 미세한 입자인 '원자atomon'를 상정했다. 감각으로는 보이지 않지만, 이성으로는 사유 가능한 이 원자들이 서로 부딪히고 결합하면서 세계의 모든 것이 형성된다고 본 것이다.

원자론: 감각 너머의 실재를 향한 이성적 탐구

"실제로 존재하는 것은 오직 원자와 빈 공간뿐이다" – 데모크리토스의 철학의 핵심에는 '원자'라는 개념이 자리 잡고 있다. 데모크리토스에 따르면, 우주의 만물은 더 이상 쪼갤 수 없는 미세한 입자인 '원자'와, 이 '원자'들이 운동할 수 있는 공간인 '공허void'로 이루어져 있다. 데모크리토스가 제시한 원자는 불변不變하는 존재이다. 이는 그의 스승 레우키포스(BC 460경)와 함께 파르메니데스(BC 515~455경)가 제기한 '존재는 불변하며 하나'라는 명제와 헤라클레이토스(BC 535~475경)의 '만물은 유전한다'는 상반된 주장을 조화시키려는 시도의 결과물이었다. 개별 원자 자체는 생성되거나 소멸되지 않으며, 내부적으로 변화하지 않는 영원하고 단단한 실체이다. 세상에서 우리가 경험하는 생성, 소멸, 변화 등은 이러한 불변하는 원자들이 서로 결합하고 분리하며 재배열되는 과정에서 나타나는 현상일 뿐이다.

"색은 관념이고, 맛은 관념이며, 냄새도 관념이다" – 궁극적 실재인 원자는 우리의 감각으로는 직접 인식할 수 없다. 원자는 너무나 미세하여 인간의 시각, 청각, 촉각 등 어떠한 감각 기관으로도 그 개별적 존재를 포착할 수 없다. 우리가 감각을 통해 경험하는 것은 색깔, 맛, 온도 등과 같은 '성질'들이다. 데모크리토스는 이러한 감각적 성질들을 '관습에 의한 것'으로 보았다. 이는 원자 자체의 속성이 아니라, 특정 형태와 배열을 가진 원자들이 우리의 감각 기관과 상호작용하여 부차적으로 생겨나는 인상에 불과하다는 의미이다. 예를 들어, 날카로운 원자는 쓴맛을, 둥근 원자는 단맛을 느끼게 하는 방식으로 감각 경험이 발생한다고 설명하였다. 따라서 감각적 경험은 세계의 참된 모습, 즉 원자와 공허의 실재를 직접적으로 드러내주지 못하며, 때로는 우리를 현혹시킬 수도 있다.

그렇다면 감각 너머에 있는 원자의 존재를 어떻게 알 수 있는가? 데모크리토스는 바로 이성적 사유를 통해 원자의 존재가 확증된다고 주장하였다. 감각이 현상 세계의 변화무쌍하고 불확실한 측면만을 제공하는 반면, 이성은 사물의 근본 원리를 파악하고 논리적 추론을 통해 참된 실재에 도달할 수 있는 능력이다. 데모크리토스는 물질을 계속해서 분할해 나갈 때 더 이상 나눌 수 없는 최종 단위에 도달할 것이라는 논리적 필연성을 통해 원자의 존재를 추론하였다. 만약 무한히 분할될 수 있다면, 실재는 결국 공허와 다를 바 없어지며, 이는 세계의 존재 자체를 설명할 수 없게 된다. 따라서 변화하는 현상 세계의 근저에는 불변하는 최소 단위로서의 원자가 반드시 존재해야만 한다. 또한, 사물의 운동과 변화가 실제로 일어난다는 관찰 사실로부터, 이러한 운동이 가능하기 위한 빈 공간, 즉 공허의 존재 역시 이성적으로 추론될 수 있다.

기계적 필연성과 인간의 영혼

"모든 것은 법칙에 의해 발생한다. 우연은 존재하지 않는다" – 원자와 공허에 기반한 데모크리토스의 존재론은 '우연이 아닌 필연의 세계'라는 그림으로 이어진다. 그는 우주의 모든 현상이 어떤 미리 정해진 목적이나 신의 의지에 의해 만들어진 것이 아니라고 보았다. 사물들과 사건들은 다양한 형태와 크기를 가진 원자들이 공허 속에서 끊임없이 운동하며 서로 충돌하고, 얽히고, 재배열되는 과정에서 기계적인 필연성에 따라 자연스럽게 발생하는 결과일 뿐이다. 이는 마치 정교한 기계 장치가 부품들의 상호작용에 의해 정해진 방식으로 작동하는 것과 같다. 따라서 세계의 모든 현상은 이러한 원자들의 운동 법칙이라는 기계적 필연성에 따라 남김없이 설명될 수 있다고 그는 생각하였다.

"영혼은 다른 어떤 것보다도 가볍고 둥글며, 불처럼 끊임없이 움직인다" – 데모크리토스는 이러한 급진적인 설명을 인간 존재 자체에까지 일관되게 적용하였다. 그는 인간의 영혼조차도 특별하거나 비물질적인 실체가 아니라, 매우 미세하고 활동성이 강한 구형球形의 불火과 같은 원자들의 조합으로 구성되어 있다고 주장했다. 이 영혼 원자들이 호흡을 통해 몸 안으로 들어오고 퍼져나가 생명 활동과 사고思考를 가능하게 하며, 죽음이란 이 영혼 원자들이 육체로부터 흩어져 분리되는 자연적인 과정일 뿐이라고 보았다. 이러한 관점은 정신과 육체를 근본적으로 동일한 물질적 기반 위에 놓는 것이며, 정신과 육체의 이원론적 구분조차도 허물어버리는 철저한 유물론이었다. 영혼의 불멸성이나 정신의 독립성을 부정하고, 인간의 모든 것을 원자의 운동과 배열이라는 물질적 원리로 환원하여 설명하려 한 것이다.

"마음의 평정은 삶에서 가장 큰 선이다" – 데모크리토스는 인간의 삶과 윤리도 우주의 질서와 조화를 이루어야 한다고 보았다. 쾌락은 목표가 아니라 평정ataraxia의 결과였고, 자연의 이치를 따르는 삶이 가장 지혜로운 삶이라고 여겼다. 이처럼 그는 존재론과 윤리학의 경계를 넘나드는 통합적 철학을 펼쳤고, 이는 에피쿠로스(BC 341~270)에 의해 계승 발전된다.

데모크리토스는 보이지 않는 원자라는 개념을 통해 신화와 감각의 세계에서 이성의 세계로의 전환을 가속화시켰다. 그의 사유는 철학을 우주론과 윤리학, 존재론과 인식론을 잇는 통합된 탐구로 이끌었으며, 로고스의 가장 치밀한 구조물 중 하나였다.

그의 철학은 우리에게 말한다. 보이지 않는 것을 보려고 할 때, 우리는 비로소 존재의 본질에 다가간다.

✎ 주요 저술

디오게네스 라에르티오스(Diogenes Laërtius)의 『철학자 열전』에는 데모크리토스가 자연철학, 윤리학, 논리학 및 인식론, 수학과 기하학, 문화화 역사 등 다양한 분야에서 약 70편 이상의 저작을 남겼다는 기록이 있으나 현재 남아 있는 것은 없다.

06 | 에피쿠로스 BC 341~270
움직임은 클리나멘으로부터 시작되는가?

"원자들은 각각의 때에 서로 다른 방향으로 떨어지지만, 그 낙하 시점도, 낙하 위치도 불확정하다. 그러므로 그들은 아주 약간 방향을 틀 수 있다. 그것이 없었다면 충돌은 일어날 수 없으며, 생성은 시작될 수 없었을 것이다."

―『헤로도토스에게 보내는 편지』, BC 280경

    고대 그리스 철학은 '존재란 무엇인가'에서 출발해, 곧 '존재는 어떻게, 왜 움직이는가'로 질문을 확장했다. 플라톤(BC 427~347)은 이데아의 모방으로서의 운동, 아리스토텔레스(BC 384~322)는 목적론적 실현 과정으로서의 운동을 주장했다.

    그러나 에피쿠로스(Epicurus, BC 341~270)는 전혀 다른 사유의 방향을 제시한다. 그는 세계의 운동을 신이나 목적 없이도 설명할 수 있다고 보았고, 존재의 운동을 기계적 질서와 자유 사이의 균형으로 사유했다.

클리나멘: 우연한 일탈

    "때로 원자는 아주 약간, 방향을 바꾸어 떨어진다" – 에피쿠로스는 데모크리토스(BC 460~370)와 마찬가지로 세계가 무한한 수의 '원자'와 무한한 크기의 '공허'로 이루어져 있다고 보았다. 원자들은 다양한 크기와 형태를 가지며, 영원하고 불변하는 실체이다. 그는 이 원자들이 본성적으로 공허 속을 무게에 따라 일정한 속도로 아래로 낙하하는 직선 운동을 한다고 설명했다. 이 지점에서 '클리나멘Clinamen', 즉 원자의 '우연한 빗나감'이라는 독창적인 개념이 등장한다. 에피쿠로스는 원자들이 아래로 직선 운동을 하던 중, '예측할 수 없는 순간과 장소에서incerto tempore... incertisque locis' 아주 미세하게 원래의 경로로부터 벗어나는 운동을 한다고 주장하였다. 이 '빗나감'은 외부의 원인에 의해 발생하는 것이 아니라, 원자 자체의 내재적 능력에서 비롯되는 자발적이고 비결정적인 운동이다. 그 크기는 경로를 바꿀 수 있을 정도의 최소한이며, 인과 관계의 사슬로는 설명될 수 없는 순수한 우연의 요소이다.

'클리나멘'은 에피쿠로스 철학 체계 내에서 두 가지 중요한 역할을 수행하였다. 무엇보다도 클리나멘은 세계 생성의 가능성을 설명한다. 단 하나의 원자라도 경로를 이탈하게 되면, 그 원자는 다른 원자와 충돌하게 되고, 이 충돌이 연쇄 반응을 일으켜 무수한 충돌과 결합, 반발을 통해 마침내 우리가 경험하는 복잡하고 다양한 세계가 형성될 수 있는 물리적 계기를 마련한다. '클리나멘'은 원자들의 단조로운 평행 운동을 깨뜨리고 상호작용을 가능하게 하는 최초의 방아쇠 역할을 하는 것이다.

그리고, 어쩌면 더욱 중요하게, 클리나멘은 인간의 '자유 의지liberum arbitrium'를 설명하는 물리적 근거를 제공한다. 만약 데모크리토스의 주장처럼 모든 것이 원자의 운동이라는 엄격한 인과적 필연성에 의해 결정된다면, 인간의 행동 역시 미리 정해진 운명의 결과일 뿐이며 자유로운 선택이란 환상에 불과할 것이다. 이는 인간이 숙명론적 공포에서 벗어나 마음의 평정을 얻으려는 에피쿠로스의 윤리적 목표와 상충된다. 에피쿠로스는 인간의 영혼 역시 미세한 원자들로 구성되어 있다고 보았으며, 이 영혼 원자들이 클리나멘을 통해 예측 불가능한 일탈 운동을 할 수 있기 때문에, 인간은 외부의 강제나 내부의 필연적 인과 사슬로부터 벗어나 스스로 결단하고 행동할 수 있는 자유를 갖게 된다고 설명하였다. 즉, 클리나멘은 우주적 차원에서 필연성의 사슬을 끊고 우연과 자유의 공간을 확보하는 역할을 한다.

신들의 평온함과 인간의 자유로운 삶

"신은 완전하고 불멸한 존재이다. 그러나 그는 인간사에 간섭하지 않으며, 인간의 고통에도 무관심하다" – 에피쿠로스에게 신들은 미세하고 정묘한 원자들로 이루어져 있으며, '세계들 사이의 공간metakosmia'이라는 평화로운 곳에 거주한다. 신들은 너무나 완전하고 행복하기에, 불완전하고 혼란스러운 인간사에 관여할 필요도, 욕구도 느끼지 않는다. 그들은 세상을 창조하지도 않았고, 인간의 행위에 대해 상을 주거나 벌을 내리지도 않으며, 기도에 응답하지도 않는다. 즉, 신들은 두려움의 대상이 아니라, 오히려 우리가 추구해야 할 완전한 평온의 이상적인 모델일 뿐이다.

"모든 것이 필연이면, 우리는 칭찬받을 수도 비난받을 수도 없다" – 더 나아가, 에피쿠로스는 인간이 신들의 자의적인 개입으로부터 자유로울 뿐만 아니라, 운명이라는 냉혹한 필연성으로부터도 자유롭다고 주장했다. 클리나멘은 원자들의 운동에 예측 불가능한 우연성을 도입함으로써, 모든 것이 엄격한 인과 법칙에 따라 미리 결정되어 있다는 기계론적 결정론(또는 운명론)을 거부할 수 있는 물리적 근거를 마련해 주었다. 인간의 영혼을 구성하는 원자들 역시 클리나멘을 통해 자발적인 운동을 시작할 수 있으며, 이는 인간이 외부의 강제나 내부의 필연적 조건에 완전히 예속되지 않고 스스로 선택하고 행동할 수 있는 능력, 즉 자유 의지를 가짐을 의미한다.
"신을 두려워하지 않고, 죽음을 걱정하지 않으며, 쾌락을 이해하고, 고통의 한계를 아는 자는 진정으로 자유롭다." – 에피쿠로스 철학에서 신과 인간의 자유라는 테마는 마음의 평온ataraxia이라는 최종 목표를 향해 긴밀하게 얽혀 있다. 그는 신들을 인간의 삶에 무관심한, 완벽한 평온의 존재로 재정의함으로써 신들에 대한 공포를 제거하였다. 동시에 클리나멘 개념을 통해 엄격한 결정론을 거부하고 인간의 자유 의지를 위한 물리적 토대를 마련함으로써, 인간을 운명의 속박으로부터 해방시키고자 하였다. 이로써 인간은 외적인 신들의 간섭이나 내적인 운명의 필연성에 얽매이지 않고, 자신의 이성적 판단과 자유로운 선택을 통해 스스로 행복을 추구하고 마음의 평화를 얻을 수 있는 주체적인 존재로 자리매김하게 된다.

에피쿠로스는 단지 쾌락주의 윤리학자가 아니었다. 그는 고대 그리스 철학이 남긴 가장 오래된 물음 – 존재는 왜, 어떻게 움직이는가? – 에 대해 형이상학도, 목적도 없이, 오직 원자와 진공, 우연과 자유의 사유로 답한 철학자였다.

그의 '클리나멘'은 오늘날까지도 이어지는 철학적 문제, 즉 결정론과 자유의지, 법칙과 우연의 기원을 구성한다. 존재의 움직임은 더 이상 정해진 궤도를 도는 별처럼 예측 가능한 것이 아니라, 우연의 한 점에서 세계를 흔드는 자유의 시작점이 된다.

✒ 주요 저술

그의 저서로는 쾌락에 관하여, 자연학, 헤로도투스에게 보낸 편지, 메노이케우스에게 보낸 편지 등이 있었다고 전해지나, 대부분의 원본은 소실되어 남아있지 않다.

PART 3

본질과 초월: 보이지 않는 질서

눈앞의 세계는 끊임없이 변한다. 그러나 과연 변화하는 것이 진정으로 존재하는 것일까? 어떤 이들은 감각이 보여주는 현상을 믿지 않았고, 오히려 그 너머에 자리한 불변하는 본질, 형상, 이데아 속에서 진정한 존재를 찾고자 했다. 세계는 단지 물질적 입자들의 조합이 아니라, 이성의 눈으로만 볼 수 있는 질서로 이루어져 있다고 그들은 믿었다.

파르메니데스(BC 510~450경)는 존재는 하나이며 결코 변하지 않는다고 말했고, 변화와 소멸은 단지 감각의 착각일 뿐이라고 보았다. 반면, 헤라클레이토스(BC 535~475경)는 만물은 유전한다고 주장하였다. 플라톤(BC 427~347)은 이 감각의 세계를 넘어서 영원하고 완전한 형상의 세계, 즉 이데아계가 존재한다고 주장하였으며, 참된 인식은 이성의 사유를 통해 그 이데아에 도달하는 것이었다. 아리스토텔레스(BC 384~322)는 이데아의 초월성을 거부하면서도 형상을 현실 속에 내재된 실체로 받아들이며, 존재의 목적과 운동, 형상을 하나의 체계 속에서 통합하려 하였다.

이 장에서는 존재를 감각을 뛰어넘는 본질과 초월로 사유하려 했던 고대의 관념론적 전통을 따라가며, 존재란 무엇이며, 그것을 어떻게 인식할 수 있는지를 질문했던 이들 사유의 깊이를 탐색해 본다.

07 | 파르메니데스 & 헤라클레이토스
존재와 무는 무엇인가?

"생성도 없고, 소멸도 없다. 존재는 전체로서 연속적이며, 분리되지 않는다. 존재는 언제나 지금, 연속적으로 존재한다. 결코 과거나 미래가 존재하는 것이 아니라, 단지 존재하는 것만이 있다. 왜냐하면 존재하지 않는 것은 말해질 수도, 생각될 수도 없기 때문이다."
— DK 인용, BC 470경

"같은 강물에 두 번 들어갈 수 없다. 우리는 들어가지만, 들어가는 강도, 우리도 같지 않다. 모든 것은 흐르고, 정지하는 것은 없다. 끊임없는 변화 속에서 만물은 존재하고, 바로 그 변화가 질서와 조화를 낳는다"
— DK 인용, BC 470경

"존재란 무엇인가?", "무無는 어떻게 생각할 수 있는가?"
이 질문들은 고대 그리스 철학이 처음으로 제기한 것이지만, 그 울림은 2,500년이 지난 지금까지도 철학의 심연에서 메아리치고 있다. 고대의 철학자들은 변화하는 세계 속에서, 그 변화 너머에 놓인 실재의 본질을 묻기 시작했다. 사라지고 생겨나는 것들, 끊임없이 흐르는 사물들 속에서, 정말로 존재하는 것은 무엇인가? 그들은 눈앞의 세계를 넘어, 사유할 수 있는 세계, 즉 존재와 무의 문제에 접근하고자 했다.

이 물음을 가장 급진적이고 정면으로 응시한 두 인물이 있었다. 한 명은 변화와 생성, 감각을 철저히 부정하고, 존재는 오직 하나이며 불변한다고 주장한 파르메니데스(Parmenides, BC 510~450경)였다. 다른 한 명은 모든 것은 끊임없이 흘러가며, 고정된 실체란 없다고 말한, 변화 자체를 존재의 본질로 파악한 헤라클레이토스(Heraclitus, BC 535~475경)였다. 그들의 사유는 정반대였지만, 존재의 의미를 둘러싼 철학의 지평을 양쪽에서 열어젖혔다는 점에서, 철학사에서 결코 분리할 수 없는 쌍두봉이었다.

존재와 무

"사유하고 말할 수 있는 것은 오직 존재뿐이다. 존재하지 않는 것은 사유될 수도, 말해질 수도 없기 때문이다" – 파르메니데스는 '존재'의 근본 성격에 대해 깊이 사유한 철학자이다. 파르메니데스에게 진정한 실재, 즉 존재는 오직 하나이며, 완전무결하고 불변하는 것이다. 존재는 그 자체로 연속적이며, 어떠한 단절이나 틈도 없이 균일한 상태를 유지한다. 모든 부분이 동일한 성질을 지니며, 내부와 외부의 구별이 없이 충만한 전체로 존재한다. 따라서 존재의 바깥에는 어떤 다른 것도 존재할 수 없으며, '존재하지 않는 것'은 단지 생각의 오류일 뿐이다.

그는 존재를 유한이나 무한의 개념으로 규정하는 것은 부적절하다고 보았다. 오히려 존재는 시작도 끝도 없이, 모든 방향에서 균형을 이루는 구형의 형태로 이해되어야 한다고 하였다. 파르메니데스의 존재론은 후대 철학자들에게 심대한 영향을 끼쳤으며, 플라톤(BC 427~347)이 제시한 이데아론, 기하학에서의 완전한 형상 개념, 그리고 논리학에서의 모순 없는 사유의 이상 등에 결정적인 기초를 제공하였다.

"존재는 항상 있어야 하며, 변화는 있을 수 없다" – 나아가 파르메니데스는 존재가 영원불변하며, 생성되거나 소멸될 수 없다고 주장하였다. 그의 논증은 '무nihil'라는 개념에 대한 철저한 거부를 바탕으로 한다. 즉, 존재하지 않는 것은 사유될 수도 없고, 언어로 표현될 수도 없다는 것이다. 일상적 경험에서 드러나는 생성과 소멸의 현상은 존재하지 않는 상태에서 무언가가 나타나거나, 존재하는 것이 사라지는 것을 전제로 한다. 그러나 파르메니데스는 '무' 자체가 사유의 대상이 될 수 없으므로, 이러한 변화 또한 환상에 불과하다고 보았다. 언어와 이성의 작용이 가리킬 수 있는 유일한 대상은 오직 불변하는 존재뿐이다. 파르메니데스는 감각이 보여주는 변화의 현상을 거부하고, 이성에 의해 파악되는 진리를 철학적 탐구의 기준으로 삼았다. 그의 존재론은 이후 존재와 비존재, 실재와 현상, 이성과 감각 사이의 관계를 묻는 철학적 사유의 근본적 출발점이 되었다.

진리의 길과 억견의 길

파르메니데스는 자신의 철학적 탐구를 두 가지 상반된 길로 구분하여 설명하였다. 그는 인간이 세계를 이해하는 데 있어 두 가지 접근법을 선택할 수 있다고 보았으며, 이를 각각 '진리(aletheia, 알레테이아)의 길'과 '억견(doxa, 독사)의 길'로 명명했다.

"존재는 존재하고, 비존재는 존재하지 않는다" – '진리의 길'은 '변하지 않는 존재'를 탐구하고 이해하려는 이성적이고 논리적인 접근법을 의미한다. 이 길은 파르메니데스가 철학의 궁극적 목표로 삼았던 경로로, 오직 이성을 통해 영속적이고 변치 않는 실재를 탐구하는 것을 목표로 한다. 그는 존재가 본질적으로 고정되어 있고 불변하다는 점에서, '진리의 길'은 논리적으로 타당하며 철학적 탐구의 유일한 정당한 방식이라고 주장했다.

"감각은 진리를 보여주는 것이 아니라, 단지 억견을 형성하게 할 뿐이다" – 파르메니데스는 '감각적 경험(aisthesis, 아이스테시스)'을 신뢰하지 않았다. 감각적 경험은 감각을 통해 세계를 경험하는 과정, 오감(시각, 청각, 촉각, 후각, 미각)에 의해 정보를 받아들이는 것, 인간이 외부 세계를 인식하는 첫 번째 단계 등으로 이해된다. 즉 감각적 경험은 우리가 외부 세계를 이해하는 기초적인 과정이다. '억견(Doxa, 독사)'은 감각적 경험을 통해 얻어진 것으로, 파르메니데스에게 있어서 '억견의 길'은 감각적 경험에 의존하여 변화와 다양성을 인식하려는 접근법이다. 파르메니데스는 이 길이 인간이 일상적으로 선택하는 경로라고 보았지만, 진리와는 거리가 먼 길이라고 단언했다. 감각은 변화와 다양성을 보여주며 표면적인 현상에 매몰되기 쉽기 때문에, 파르메니데스는 이를 '착각(phantasia, 판타시아)'이나 '환영(eidolon, 에이돌론)'에 불과하다고 평가했다.

파르메니데스는 진리의 길과 억견의 길을 대등한 선택지로 제시한 것이 아니라, 명확히 진리의 길이 합리적이고 정당하며 철학적으로 우월하다고 강조했다. 그는 감각적 경험에서 비롯된 억견의 길은 잘못된 믿음과 착각으로 이어질 뿐이며, 변화와 생성-소멸의 과정이 실제로 존재한다고 믿는 것은 논리적 모순을 내포한다고 보았다. 이와 같은 사유는 파르메니데스 철학의 핵심을 이루며, 존재와 비존재, 진리와 의견, 이성과 감각이라는 대립적 구도를 통해 그의 철학적 세계관을 더욱 명확히 한다.

헤라클레이토스의 판타레이

"만물은 움직이고 있어서 무릇 모든 것이 머물러 있지 않는다. 사람도 두 번 다시 같은 물에 들어갈 수 없다" – 그리스 철학에서 실재의 본질에 대한 탐구는 철학의 가장 근원적인 물음 가운데 하나였다. 인간은 세계를 경험하며 끊임없는 변화를 목격하지만, 동시에 일정한 질서와 연속성을 인식한다. 이러한 이중적인 경험은 고대 철학자들로 하여금 세계의 본질이 '변화하는가, 아니면 변하지 않는가'라는 물음을 중심으로 두 가지 상반된 존재론적 입장을 세우게 했다. 첫 번째 입장은 파르메니데스에게서 찾아볼 수 있다. 파르메니데스에게 세계는 움직이지 않는 완전한 실체이며, 그 본질은 이성의 사유 속에서만 접근 가능한 것이었다. 두 번째 입장은 헤라클레이토스의 철학에서 전개된다.

고대 그리스의 에페소스 출신 철학자 헤라클레이토스는 존재의 근본적인 성격에 대해 독창적이고 심오한 통찰을 제시하였다. 그의 사유 체계 중심에는 "만물은 유전한다(Panta Rhei, 판타레이)"라는 핵심 명제가 있다. 이는 우주의 모든 것이 끊임없이 변화하고 흐르는 상태에 있다는 선언적인 주장이다. 헤라클레이토스에게 있어 고정 불변하는 실체란 존재하지 않았다. 현실은 영원한 생성과 소멸의 과정 그 자체이다. 그는 이러한 만물의 유전하는 본성을 "같은 강물에 두 번 발을 담글 수 없다"는 유명한 비유를 통해 명료하게 설명하였다. 강물은 끊임없이 흘러가므로, 우리가 다시 발을 담그는 순간 그 강은 이미 이전의 강이 아니다. 강물뿐만 아니라 세상의 모든 사물이 이와 같이 변화의 과정 속에 있다. 눈에 보이는 안정성은 일시적인 착각일 뿐이며, 그 본질은 끊임없는 흐름과 변화이다.

그러나 헤라클레이토스는 이러한 끊임없는 변화를 단순한 혼돈이나 무질서로 파악하지 않았다. 그는 이 모든 변화와 흐름의 이면에 그것을 관통하고 지배하는 보편적인 이법理法이자 원리로서 '로고스Logos'가 있다고 보았다. 이 로고스는 우주 전체에 편재하며 모든 사물의 생성과 소멸, 운동과 변화를 조율하는 근본 원리이다. 헤라클레이토스는 이 로고스가 만인에게 공통된 것이지만, 대부분의 사람들은 마치 잠자는 사람처럼 각자의 사적인 세계에 갇혀 이 보편적인 진리를 깨닫지 못한다고 지적하였다. 참된 지혜는 바로 이 로고스를 이해하고 따르는 데 있다.

"만물은 불의 교환물이며, 불은 만물의 교환물이다" – 헤라클레이토스는 이 영원한 변화와 생성의 과정을 상징적으로 나타내는 원소로 '불'을 자주 언급하였다. 불은 끊임없이 타오르면서 자신을 소모하고 변화하며, 동시에 빛과 열을 발산하여 다른 것을 변화시키는 역동적인 속성을 지니고 있다. 이는 불이 단순히 네 가지 원소 중 하나가 아니라, 우주의 근원적인 역동성, 즉 로고스에 따라 끊임없이 변화하는 과정 자체를 상징하는 것으로 해석될 수 있다. 우주는 이 영원히 살아있는 불처럼, 로고스라는 척도에 따라 생성과 소멸을 반복하는 과정 속에 있다.

대립물의 통일

"서로 반대되는 것이 결합하고, 서로 다른 것으로부터 가장 아름다운 조화가 생겨난다" – 헤라클레이토스 사상의 또 다른 중요한 기둥은 '대립물의 통일' 또는 '반대 사물의 조화'라는 개념이다. 그는 세상의 모든 것은 상반되는 것들의 긴장과 투쟁을 통해 존재하며, 이 대립적인 것들이 실제로는 하나의 통일체를 이룬다고 보았다. 삶과 죽음, 선과 악, 낮과 밤, 전쟁과 평화, 차가움과 뜨거움 등 모든 대립항들은 서로 분리된 것이 아니라 상호 의존적이며 서로를 규정하는 관계에 있다. 마치 활이 서로 반대 방향으로 당기는 힘의 팽팽한 긴장 속에서 조화를 이루고 그 기능을 발휘하듯이, 우주 전체도 이러한 대립적인 힘들 사이의 끊임없는 투쟁과 긴장을 통해 역동적인 조화와 질서를 유지한다. 이 대립 속의 조화 역시 로고스의 작용 방식이다.

"전쟁은 만물의 아버지이며 왕이다" – 이러한 관점에서 헤라클레이토스는 '전쟁(투쟁, Polemos)'을 부정적인 것이 아니라 오히려 긍정적인 힘으로 파악하였다. 여기서 전쟁은 단순한 파괴나 폭력이 아니라, 만물을 분화시키고 각자의 정체성을 부여하며, 끊임없는 변화와 생성을 추동하는 근본적인 원동력을 의미한다. 대립과 투쟁이 없다면 모든 것은 구별 없이 혼융된 상태에 머무를 것이며, 역동적인 세계는 존재할 수 없다. 투쟁을 통해 비로소 만물은 자신의 고유한 모습을 드러내고, 살아있는 질서가 형성된다.

파르메니데스와 헤라클레이토스는 서로 대립하는 철학을 제시했지만, 이 둘의 사유는 존재란 무엇인가라는 물음을 둘러싼 서양 형이상학의 두 기둥으로 자리 잡는다. 하나는 영원불변의 본질을 추구하는 이성적 존재론, 다른 하나는 끊임없이 흐르는 현실을 수용하는 동적 존재론이다.

이들의 사유는 이후 플라톤(BC 427~347)의 이데아론에서 감각 세계와 이데아 세계의 이원론으로, 아리스토텔레스(BC 384~322)의 형상과 질료의 통합론으로, 그리고 현대 존재론에 이르기까지 다양한 철학적 논의의 출발점이 되었다. 파르메니데스가 열어젖힌 '존재란 무엇인가'에 대한 사유, 그리고 헤라클레이토스가 제기한 '변화 속에서도 지속되는 것은 무엇인가'에 대한 통찰은, 지금도 철학이 여전히 답을 찾고 있는 영원한 질문으로 남아 있다.

🖋 주요 저술

- **파르메니데스** | 『자연에 관하여(On Nature)』가 부분적으로만 남아 있다. 시 형식으로 되어 있으며, 진리의 길과 억견의 길 두 부분으로 구성되어 있다.
- **헤라클레이토스** | 남아 있는 저술은 헤라클레이토스의 단편(B 단편) 130개 정도로 이 단편들은 모두 다른 철학자(플라톤, 아리스토텔레스, 스토아 학파, 스승 디오게네스 등)의 저작에서 인용되거나 요약된 형태이다.

08 | 플라톤 BC 427~347
참된 실재는 감각 세계 너머에 존재하는가?

"우리가 눈과 귀 등 감각을 통해 받아들이는 것은 진리의 그림자에 지나지 않는다. 마치 동굴 속에 묶인 죄수들이 벽에 비친 그림자를 현실이라고 믿는 것처럼, 감각은 실재가 아닌 모상을 우리에게 제시한다. 그러나 참된 앎은 오직 이성을 통해 가능하며, 그 대상은 변하지 않는 영원한 형상(이데아)이다."

—『국가』, BC 380

플라톤(Plato, BC 427~347)은 서양 철학의 거장으로, 철학적 체계와 형이상학의 기초를 닦은 인물이다. 그는 소크라테스(BC 470~399)의 제자이자 아리스토텔레스(BC 384~322)의 스승으로, 아테네에 아카데메이아를 설립하여 철학과 과학 연구를 주도했다. 플라톤의 철학은 끊임없이 변화하는 감각 세계를 넘어, 그 너머에 존재하는 영원하고 완전한 실재에 대한 탐구에서 출발한다.

감각 세계와 이데아 세계

"감각 세계는 이데아의 그림자에 불과하다" – 플라톤은 감각 세계와 '이데아idea' 세계를 철저히 분리하며, 각각의 특성을 명확히 구분했다. 플라톤 철학에서 감각을 통해 경험하는 세계는 끊임없이 변화하며 본질적으로 불완전한 영역이다. 이 세계는 눈으로 보고, 귀로 듣고, 손으로 만질 수 있는 구체적인 사물들로 구성된 물질적이고 경험적인 차원에 속한다. 그러나 이곳의 모든 것은 시간과 공간의 제약을 받으며 생성과 소멸, 지속적인 변화를 겪는다. 꽃은 피어날 때는 아름답지만 시간이 지나면 시들어 사라지고, 흐르는 강물은 언제나 새로운 물로 채워지며 모습이 바뀐다. 인간의 육체 또한 성장하고 쇠퇴하며 변화에서 벗어날 수 없다. 이처럼 감각 세계의 끊임없는 변화와 덧없음은 이 세계가 불완전하고 일시적임을 분명히 보여준다. 플라톤은 이러한 감각 세계의 사물들을 참된 실재가 아닌 '현상(phenomena, 페노메나)'으로 보았다. 우리가 감각하는 모든 사물과 사건은 영원하고 완전하며 불변하는 참된 실재, 즉 '이데아'의 불완전한 그림자이거나 모방에 불과하다는 것이 그의 주장이다. 이를테면 아름다운 사람, 아름다운 음악, 아름다운 그림 등은 그 자체로 완전한 아름다움이 아니라, '아름다움 자체'라는 이데아를 부분적으로 반영하고 있을 뿐이다.

"감각은 오히려 영혼을 혼란스럽게 한다" – 플라톤은 '동굴의 비유 Allegory of the Cave'를 통해 이러한 감각 세계의 본질을 상징적으로 설명하였다. 동굴 속 죄수들이 벽에 비친 그림자를 현실이라고 믿는 것처럼, 대부분의 사람들은 감각을 통해 접하는 현상 세계를 참된 현실로 착각하며 살아간다. 감각적 사물은 실재처럼 보이지만, 실제로는 더 높은 차원의 실재인 이데아의 불완전한 반영일 뿐이다.

"이데아는 우리의 지성이 인식할 수 있는 참된 실재다" – 플라톤이 말한 이데아 세계는 감각 세계를 넘어서는 초월적 실재로, 모든 존재와 개념의 본질이 깃들어 있는 영역이다. 이데아는 시간과 공간의 제약을 받지 않으며, 스스로 존재하고 스스로 완전하다. 그 안에는 아름다움, 선함, 정의, 동그라미와 같은 보편 개념들의 진정한 형상이 자리하고 있다. 이데아는 생성도 소멸도 없고, 변형이나 왜곡도 일어나지 않는다. 이데아는 단지 '있는 그대로' 존재하며, 그 자체로 진리이다.

플라톤은 이데아 세계를 '이성의 세계'로 규정하였다. 이성은 감각과 달리, 변화하지 않는 본질을 포착할 수 있는 인식 능력이다. 반대로 감각 세계는 '그림자의 세계'에 불과하며, 여기에서 얻는 정보는 진리에 도달하기에는 너무 불안정하고 제한적이다. 우리가 눈으로 보는 사물들은 끊임없이 변화하는 외형일 뿐이며, 그 배후에 있는 본질은 오직 이성을 통해서만 접근할 수 있다. 이러한 인식은 단순한 관찰이 아니라, 정신의 훈련과 철학적 탐구를 통해 가능하다. 플라톤은 감각을 통해 얻는 지식을 '억견$_{doxa}$'이라 불렀다. 반면, 이데아에 대한 인식은 '에피스테메$_{episteme}$'라 불리며, 이는 오직 이성에 의해 파악되는 영원불변한 진리에 해당한다.

인식의 과정: 동굴의 비유와 지식의 위계

"철학은 동굴 밖으로 나아가 이데아의 빛을 발견하는 과정이다" – 플라톤은 인간이 어떻게 이데아를 인식할 수 있는가라는 문제를 설명하기 위해 동굴의 비유를 제시했다. 동굴 속에 갇힌 사람들이 있다고 가정하자. 이들은 태어나면서부터 동굴 벽에 비친 그림자만을 보고 살아왔다. 그들은 그림자가 실제 세계라고 믿으며, 그림자 너머의 실재를 알지 못한다. 그러나 한 사람이 동굴을 벗어나 태양 아래로 나오게 되면, 비로소 참된 현실을 마주하게 된다. 그는 이전에 보았던 그림자가 단순한 환영에 불과하며, 실제 세계는 훨씬 더 깊은 차원에서 존재하고 있음을 깨닫는다. 플라톤은 이를 통해 인간이 감각 세계에 갇혀 있으면 불완전한 모방에 불과한 지식만을 가질 수 있지만, 철학적 탐구를 통해 이데아의 세계로 나아갈 수 있음을 강조했다. 태양은 진리와 선의 상징이며, 동굴을 벗어나는 과정은 철학적 깨달음을 통한 인식의 향상을 의미한다.

그는 동굴의 비유와 함께 인식의 단계를 다음과 같이 구분했다.

1. 상상(Eikasia, 에이카시아): 감각에 의존하는 단계. 그림자와 같은 환영의 세계.
2. 믿음(Pistis, 피스티스): 감각 경험을 통해 사물을 파악하는 단계. 그러나 이는 여전히 변화하는 세계에 머문다.
3. 이성적 사유(Dianoia, 디아노이아): 논리적 사고와 수학적 원리를 통해 보편적 개념을 파악하는 단계.
4. 지성(Noesis, 노에시스): 순수한 이성을 통해 이데아 자체를 직관하는 단계. 참된 지식에 도달하는 상태.

선의 이데아

"선의 이데아는 모든 존재와 지식의 근원이다" – 플라톤은 이데아들 사이에도 위계를 설정하며, 모든 이데아의 근원으로 '선의 이데아Idea of the Good'를 제시했다. 선의 이데아는 다른 모든 이데아를 비추는 빛과 같으며, 존재와 지식의 궁극적 원천이다. 그는 선의 이데아가 모든 사물과 현상을 초월적으로 연결하며, 인간이 지향해야 할 최고의 목적이라고 보았다. 이는 철학적 사변을 넘어, 정치와 윤리, 그리고 교육의 근본 원리를 제공하는 기초로 작용한다. 플라톤은 선의 이데아가 모든 존재의 근본적 원리라는 점을 설명하기 위해 태양의 비유를 사용했다. 그는 태양이 없으면 사물이 존재할 수 없고, 우리는 그것을 볼 수도 없다는 점을 강조했다. 마찬가지로, 선의 이데아가 없으면 우리는 참된 지식을 얻을 수 없으며, 존재 자체도 성립할 수 없다. 태양이 물리적 세계를 밝히는 것처럼, 선의 이데아는 지성의 세계를 비추어 우리가 이데아를 인식할 수 있도록 한다.

즉, 선의 이데아는 모든 지식과 존재의 궁극적 근원이며, 진리를 이해하기 위해 반드시 필요한 요소이다. 플라톤의 선의 이데아는 형이상학적 개념으로 그치지 않고, 윤리학, 정치철학, 교육철학에 깊은 영향을 미쳤다.

첫째, 윤리적 측면에서 플라톤은 인간이 궁극적으로 추구해야 할 것은 선 자체라고 보았다. 감각적 욕망을 초월하고, 이성을 통해 참된 선을 추구할 때 인간은 가장 가치 있는 삶을 살 수 있다.

둘째, 정치철학에서 플라톤은 선의 이데아를 인식한 철학자가 사회를 이끌어야 한다고 주장했다. 즉, '철학자가 왕이 되어야 한다Philosopher King'는 개념이 여기에서 나온다. 무지한 대중이 아닌, 참된 진리를 인식한 자만이 올바른 국가를 운영할 수 있다는 것이다.

셋째, 교육철학에서 그는 교육이란 단순한 지식 전달이 아니라, 인간이 선의 이데아를 깨닫도록 돕는 과정이라고 보았다. 따라서 교육의 목적은 직업적 기술을 가르치는 것이 아니라, 이성을 통해 참된 선을 인식하도록 돕는 것이어야 한다.

화이트헤드(1861~1947)는 서양 철학 전통을 "플라톤에 대한 일련의 각주"라 하였다. 이 말은 플라톤 이후의 모든 철학이 그가 제시한 실재와 진리에 대한 물음과 답변에 대해 응답하거나 그것에 이의를 제기하는 방식으로 전개되었다는 점을 간파한 것이다.

플라톤의 이데아론은 보이는 세계 너머에 참된 실재가 존재한다는 신념에 기초하며, 동굴의 비유는 우리 인식의 한계와 진리로 나아가는 고통스러운 여정을 시적으로 형상화한다. 이 여정의 끝에 위치한 것이 바로 '선의 이데아'이다. 그것은 단지 윤리적 선함이 아니라, 존재와 앎의 근원이자 모든 사유의 가능 조건이다. 플라톤에게 있어 참된 앎은 단순한 정보가 아니라, 지성과 영혼이 동시에 정화되어야 도달할 수 있는 통찰이다.

아리스토텔레스(BC 384~322)는 플라톤의 제자이면서 비판자였지만, 그의 체계 역시 이데아론의 그림자 아래 서 있었다. 중세는 이데아를 신의 사유로 해석하였고, 근대는 감각과 이성의 갈등을 통해 플라톤을 재해석하였다. 오늘날에도 우리는 '보이는 것 너머'를 사유하려 할 때, 어쩔 수 없이 플라톤의 언어와 개념을 경유하게 된다. 플라톤 철학은 종결된 사상이 아니라, 끊임없이 다시 열리는 철학의 원천이자 거울이다.

플라톤 철학의 힘은, 그가 그리는 이데아의 세계가 단지 추상적 이상이 아니라, 진리를 향한 끊임없는 갈망 속에서 인간 존재를 성찰하게 만든다는 점에 있다. 그의 철학은 오늘날에도 여전히, 빛을 향한 사유의 길을 우리에게 열어두고 있다.

✒ 주요 저술

플라톤의 대부분의 저술은 소크라테스를 주인공으로 한 대화체로 쓰였으며, 철학적 탐구의 과정을 드러내는 문학적 형식으로서도 높이 평가된다. 플라톤은 자신의 저술을 통해 일방적 주장보다는 사유의 과정을 강조하고자 하였다.

그의 주요 저술로는 소크라테스의 변론(소크라테스가 재판정에서 아테네 시민들에게 자신의 철학을 밝힌 내용을 정리), 크리톤(소크라테스가 감옥에서 탈출할 기회를 버리고 법을 존중하는 자세를 다룸), 파이돈(소크라테스 최후의 날과 영혼의 불멸과 철학적 삶), 에우티프론(경건함과 정의), 국가(정의와 이상적 국가와 철학자의 역할 등을 다룸), 향연(사랑의 본질과 목적), 파르메니데스(존재론적 논의와 이데아론에 대한 심화된 철학적 분석) 등이 있다.

플라톤의 저술은 플라톤 전집 5권(천병희 등 역)과 기타 다양한 단행본 등으로 번역 출간되어 있다.

09 | 아리스토텔레스 BC 384~322
본질이 실체와 떨어져 존재할 수 있는가?

"모든 것은 질료와 형상으로 이루어진다. 질료는 가능성의 바탕이요, 형상은 그 가능성을 현실로 이끄는 원리다. 동상은 청동이라는 질료 없이는 존재할 수 없고, 청동은 형상의 인도를 받지 않으면 동상이 될 수 없다. 그러므로 실재란, 형상이 질료 위에 새겨진 완성의 흔적이다."

— 『형이상학』, BC 330-325경

고대 그리스 철학은 거대한 질문들로 가득 차 있었다. 우리가 발 딛고 선 이 세계는 끊임없이 변화하는 감각의 영역인가, 아니면 그 너머에 불변하는 이성의 질서가 존재하는가? 현실의 본질은 생성소멸하는 변화 그 자체인가, 아니면 영원히 동일한 정체성인가? 아리스토텔레스(Aristotle, BC 384~322)는 극단에 치우치지 않고, 현실에 대한 깊은 탐구를 바탕으로 변화와 안정을 아우르는 독창적인 형이상학 체계를 구축한다. 그는 하늘의 '이데아'를 땅으로 끌어내려, 살아 숨 쉬는 구체적인 현실 속에서 존재의 비밀을 탐구한 현실에 뿌리내린 형이상학을 창시한 진정한 철학의 대가였다.

이데아 비판과 형상의 내재화

아리스토텔레스 철학의 출발점은 스승 플라톤(BC 427~347)의 '이데아'론에 대한 비판에서 찾을 수 있다. 플라톤은 감각 세계 너머에 완전하고 영원한 '이데아Idea'의 세계가 실재하며, 우리가 경험하는 개별 사물들은 이 이데아의 불완전한 그림자일 뿐이라고 주장하였다. 그러나 아리스토텔레스는 이러한 이원론적 세계관에 의문을 제기했다. 그는 사물의 실체인 형상들이 어떻게 그것들이 존재하는 사물들과 떨어져 존재할 수 있는가라고 반문하며, 현실 세계와 동떨어진 이데아의 존재를 인정하기 어려워했다.

아리스토텔레스는 플라톤이 이데아가 개별 사물들의 원인이라고 설명하면서도, 그 둘 사이의 관계, 즉 개별 사물이 어떻게 이데아에 '참여'하는지에 대해 명확하고 논리적인 설명을 제시하지 못한다고 지적한다. 플라톤의 '참여' 개념은 아리스토텔레스에게는 모호하고 시적인 비유에 가깝게 느껴졌다. 아리스토텔레스는 특히 '제3인간 논변'과 같은 논리적 난점을 제기하며 플라톤 이론의 허점을 파고들었다. 이 논변은 개별 인간과 인간 이데아가 공통적으로 인간이라는 속성을 가진다면, 이 공통성을 설명하기 위해 또 다른 제3의 인간 이데아가 필요하게 되고, 이는 무한 후퇴로 이어져 이데아론의 설명력을 약화시킨다는 비판이다.

질료-형상 이론: 현실 존재의 구성 원리

"형상은 존재가 되는 것이다. 질료는 존재가 될 수 있는 것이다" – 플라톤의 이데아를 비판한 아리스토텔레스는 개별 사물, 즉 '실체ousia'야말로 제1의 존재라고 보았다. 그렇다면 이 구체적인 실체들은 무엇으로 이루어져 있는가? 그는 모든 개별 실체가 '질료materia'와 '형상forma'의 결합으로 존재한다고 설명하였다. '질료'는 사물이 만들어지는 재료이자 가능성 그 자체이다. 예를 들어 청동 조각상의 질료는 청동이며, 이 청동은 아직 조각상이 아닌 다른 어떤 것이 될 수도 있는 잠재력을 지닌다. 반면 '형상'은 그 질료를 특정 사물로 규정하는 본질이자 현실성이다. 조각상의 경우, 조각가의 머릿속 구상이나 완성된 조각상의 구체적인 형태가 형상에 해당한다.

"질료와 형상이 함께 있을 때, 그것은 곧 개별적 존재, 즉 실체이다" – 질료는 형상을 받아들여 비로소 '어떤 것'이 되고, 형상은 질료 안에서 구체적으로 실현된다. 질료 없는 형상이나 형상 없는 질료는 현실에서 존재할 수 없으며, 오직 이 둘이 결합된 구체적인 개체만이 실재하는 것이다. 형상은 실체를 그 자체로 있게 하는 본질적 형식이며, 질료는 그것을 가능하게 하는 잠재적 기반이다. 둘 중 하나만으로는 존재할 수 없으며, 오직 이 둘이 결합된 구체적인 실체만이 현실 존재로 성립한다.

플라톤은 형상을 감각 세계 바깥에 존재하는 초월적 실재, 즉 이데아로 설정하였지만, 아리스토텔레스는 형상을 개별 사물 안에 내재된 실현된 본질로 이해했다. 예를 들어, 아름다움의 이데아가 하늘 어딘가 존재한다고 본 플라톤과 달리, 아리스토텔레스는 아름다운 조각상, 꽃, 인간 안에서 그 아름다움이 형상으로 실현되고 있다고 본 것이다. 이러한 사유는 실재를 변화하는 세계 안에서 설명할 수 있는 구조를 제공하며, 운동과 형이상학을 연결짓는 기초 토대를 마련한다. 그는 변화와 운동이 어떻게 가능하며, 어떻게 어떤 것이 '되어감' 속에서도 정체성과 본질을 유지할 수 있는지를 설명하고자 했다.

네 가지 원인: 존재에 대한 완전한 설명

"우리는 어떤 사물의 왜를 알기 전까지는, 그것을 안다고 할 수 없다" – 모든 존재는 단순히 '무엇인가'로서만 존재하지 않는다. 그것은 '왜' 존재하는가라는 물음을 함께 던지게 한다. 아리스토텔레스는 존재나 사건을 제대로 이해하기 위해서는, 단 하나의 원인만이 아니라, 적어도 네 가지의 서로 다른 설명이 필요하다고 보았다. 이것이 바로 '네 가지 원인설'이다.

질료 원인은 사물을 구성하는 물리적 재료나 기반이다. 예컨대 조각상의 경우, 청동이나 대리석이 그 질료이다. 이는 그 사물이 형상으로 구체화되기 이전의 가능성 상태를 나타낸다. 아리스토텔레스에게 질료는 단순한 '물질'이 아니라, 어떤 형상을 실현할 수 있는 능력의 바탕이다.

형상 원인은 사물을 그 사물답게 하는 본질이다. 조각상이라면, 그것이 인물상인지, 신상인지를 결정하는 형태와 구조, 즉 디자인과 설계가 형상이다. 플라톤의 이데아와 달리, 아리스토텔레스에게 형상은 현실 속 사물 안에 내재하는 구조적 본질이다.

작용 원인은 사물이나 사건의 직접적인 원동력이다. 조각상의 경우, 조각가와 그 작업 행위가 이에 해당한다. 씨앗이 나무가 되는 과정에서, 태양, 물, 시간, 유전적 정보 등이 작용 원인이 될 수 있다.

목적 원인은 아리스토텔레스 철학의 정수로, 존재가 어떤 '목적 Telos'을 위해 존재하며, 어디를 향해 나아가는지를 설명한다. 조각상이 만들어진 이유가 미적 감상, 기념, 교육, 숭배 등의 목적이라면, 이것이 곧 목적 원인이다.

　이 네 가지 원인은 서로 대립하거나 배타적인 것이 아니라, 하나의 실체를 둘러싼 네 방향의 설명 방식이다. 예를 들어 하나의 사자 모양의 나무 조각상이 있다면, 나무라는 물질은 질료 원인이고, 사자의 모습이라는 형상원인을 지니고 있고, 목수가 도구를 사용해 조각하여 만들어진 것은 작용 원인이며, 아름다움을 목적으로 만들어졌다. 모든 존재는 이 네 가지 차원을 종합적으로 고려할 때 비로소 온전히 이해될 수 있다.

"모든 자연적인 사물은 어떤 목적을 지니며, 그 목적을 향해 스스로 움직인다" — 플라톤이 존재의 본질을 이데아에 두었고, 유물론자들이 물질과 운동을 강조했다면, 아리스토텔레스는 그 두 극단을 넘어, 존재를 형상과 질료, 운동과 목적이라는 포괄적 구조 속에서 설명하고자 했다. 그는 자연, 인간, 예술, 윤리 등 모든 영역에 이 원인 구조를 적용하여, 세계의 다층적 설명 모델을 제시하였다. 특히 '목적 원인'은 존재가 어떻게 작동하는가가 아니라, 왜 존재하는가를 묻는 궁극적 이유로, 그의 목적론적 세계관을 특징짓는 핵심이다. 아리스토텔레스는 목적 원인을 외부적 이유가 아니라, 존재에 내재된 본성의 실현이라고 보았다. 모든 존재가 고유한 '목적 Telos'을 가지고 있다는 목적론적 사고는 아리스토텔레스 철학 전체를 관통하는 핵심적인 틀이다. 그는 이 틀을 통해 자연 현상부터 인간의 행위까지 모든 존재의 구성과 변화를 통합적으로 설명하고자 하였다.

가능태와 현실태: 변화와 운동의 철학적 해명

만물이 질료와 형상의 결합이라면, 그리고 목적을 향해 나아간다면, '변화'는 어떻게 설명될 수 있는가? 파르메니데스(BC 510~450경)가 '없는 것'에서 '있는 것'이 나올 수 없다고 변화를 부정한 반면, 아리스토텔레스는 '가능태 potentia'와 '현실태 actus'라는 개념을 통해 변화를 철학적으로 구조화하였다.

"가능태란 어떤 방식으로 존재할 수 있는 것에 대한 원리이고, 현실태란 본성적으로 가지는 목적이 성취되어 있는 상태이다" — '가능태'는 질료가 지닌 잠재적 능력이나 가능성이다. 예를 들어, 씨앗은 나무가 될 가능태를 지니고 있고, 학생은 학자가 될 가능태를 지니고 있다. '현실태'는 이러한 가능성이 실제로 발현되어 실현된 상태이다. 씨앗이 자라 완성된 나무가 되었을 때, 나무는 씨앗의 현실태이다. 또, 학생이 배움을 통해 철학자가 되었을 때, 철학자는 학생의 현실태이다. 아리스토텔레스는 이를 '목적이 실현된 존재 상태'로 설명했다.

"운동이란 가능태로 존재하는 것이 현실태로 존재하게 되는 것이다" - '운동' 또는 '변화'란 바로 가능태로서 존재하는 것이 현실태로 이행하는 과정 그 자체이다. 씨앗이 움트고 자라 나무가 되는 과정이 바로 운동이다. 그는 "현실태는… 목적이며, 이 목적을 위해 가능태가 획득된다."고 말하며, 모든 변화가 잠재적인 것의 현실화를 향한 목적 지향적 과정임을 강조하였다.

"모든 변화 중에서 가장 근본적인 것은 장소에 대한 변화이다" - 아리스토텔레스는 변화의 양상을 네 가지로 구분한다. 첫째는 뜨거움에서 차가움으로, 혹은 반대로 이동하는 '질적 변화', 둘째는 크기의 증가나 감소로 나타나는 '양적 변화', 셋째는 사물의 위치가 바뀌는 '장소적 변화', 넷째는 어떤 존재가 새롭게 생겨나거나 사라지는 '실체 변화'이다. 이들 가운데 아리스토텔레스는 장소에 대한 변화, 즉 운동 자체를 가장 근본적인 변화로 간주했다. 그는 질적이거나 양적인 변화조차도 궁극적으로는 장소의 이동을 포함한다고 보았다. 아리스토텔레스에게 이동은 하나의 실질적 변화로 간주되며, 이는 이동 '가능태'가 실제 이동이라는 '현실태'로 실현되는 것으로 보았다.

존재의 위계: 무생물에서 부동의 원동자까지

아리스토텔레스는 질료-형상 이론과 가능태-현실태 개념을 바탕으로 존재의 위계적인 구조를 제시하였다. 이 '자연의 사다리'는 가장 낮은 단계의 순수 질료에서 시작하여, 형상이 점차 우세해짐에 따라 위계를 이루며 상승한다. 무생물(단순한 형상), 식물(영양 섭취와 생식의 영혼), 동물(감각과 운동 능력의 영혼), 그리고 인간(이성적 사유 능력의 영혼)으로 이어지는 이 위계의 정점에는 '부동의 원동자' 또는 '제1 원동자'가 있다. 이는 더 이상 다른 것에 의해 움직여지지 않으면서 모든 것을 움직이게 하는 궁극적인 원인이다.

"욕망이 움직이게 하는 것처럼 움직인다" – 부동의 원동자는 순수 형상이자 완전한 현실태이며, 어떠한 질료나 가능태도 포함하지 않는 영원하고 완전한 존재이다. 그것은 물리적인 힘으로 만물을 움직이는 것이 아니라, 마치 사랑받는 대상이 사랑하는 자를 끌어당기듯, 모든 존재가 그 완전성을 동경하고 닮으려 하는 궁극적인 '목적 원인'으로서 작용한다. 온 우주는 이 완전한 존재를 향한 내재적 갈망 속에서 자신의 가능태를 현실태로 끊임없이 실현해 나가는 거대한 운동 과정 안에 있다.

"천체는 제일 원동자의 작용 아래 영원히 원운동을 반복한다. 그 원인은 사랑받는 것이지, 작동하는 것이 아니다" – 아리스토텔레스는 이 '부동의 원동자' 개념을 통해 천체의 원운동과 같은 반복적이고 순환적인 운동을 설명하기도 한다. 그는 천체의 순환적 운동이 어떤 외적 힘에 의해 밀려나기보다는, 스스로 사랑하고 동경하는 궁극적 원리에 의해 끌어당겨진다고 설명한다. 여기서 중요한 것은 순환 운동이 어떤 종말적 목적을 향하지 않음에도 불구하고, 그 내부에는 여전히 일종의 지향성, 즉 사랑하고 동경하여 가까이 다가가려는 목적이 내포되어 있다는 점이다. 아리스토텔레스는 이처럼 반복적인 운동조차도 그 운동을 가능케 하는 궁극 원인을 상정함으로써 설명하려 하였다.

아리스토텔레스는 플라톤적인 관념론과 고대의 유물론적 경향 사이에서 균형을 잡으며, 변화무쌍한 현실 세계를 외면하지 않으면서도 그 안에 내재한 질서와 목적을 발견하고자 하였다. 그는 질료와 형상, 가능태와 현실태, 그리고 네 가지 원인이라는 정교한 개념적 도구를 통해, 존재하는 모든 것들을 '움직이는 실체'라는 역동적인 개념 아래 하나의 거대한 존재의 사슬로 엮어냈다.

감각적 경험을 존중하면서도 이성적 분석을 통해 보편적 원리를 탐구한 그의 형이상학은 서양 철학사에서 가장 포괄적이고 영향력 있는 체계 중 하나로 자리 잡았으며, 오늘날까지도 존재와 변화의 본질에 대한 우리의 사유에 깊은 영감을 주고 있다.

✐ 주요 저술

아리스토텔레스가 남긴 저작은 매우 방대하며, 오늘날 통상 사용되는 분류에 따르면 논리학, 자연학, 형이상학, 윤리학, 정치학, 수사학, 시학 등 다양한 분야에 걸쳐 있다.

- **형이상학(Metaphysica, BC 330-325경/이종훈, 2019)** | 존재란 무엇인가에 대한 탐구와 '실체' 개념의 정립을 시도하였다. 형상과 질료의 결합으로 존재를 설명하고 '가능태'와 '현실태' 개념의 정교화와 원동자의 개념과 우주 운동의 원인, 순환 운동과 영원의 개념 등을 논의한다.

- **니코마코스 윤리학(Nicomachean Ethics, BC 340~322/박문재, 2022)** | 아리스토텔레스가 아들 '니코마코스'에게 헌정한 것으로 알려진 윤리학서. 행복과 덕, 중용, 실천적 지혜 등 핵심 개념이 가장 체계적으로 설명된다. 인간이 추구해야 할 '최고선(善)'으로서의 행복과, 이것이 어떻게 덕의 실천을 통해 실현되는지를 논한다.

- **정치학(Politics, BC 335~322/박문재, 2024)** | 인간의 공동체 생활과 국가의 형태, '행복한 삶'을 보장하는 정치·법·제도가 어떠해야 하는지를 구체적으로 다룬다. 윤리학과 밀접한 연속선상에 있으며, 아리스토텔레스에게 개인의 덕있는 삶은 정의로운 국가체제와 분리될 수 없음을 역설한다.

PART 4

상대주의와 회의주의: 앎의 근거

감각도, 이성도 진리를 보장하지 못한다면, 우리는 무엇을 믿을 수 있을까? 어떤 이들은 인간 인식의 한계를 직시하고, 확실성 그 자체를 문제 삼았다. 그들은 진리를 소유하려는 시도 대신, 끊임없는 의문과 판단의 유보 속에서 사유의 자유를 추구했다.

프로타고라스(BC 490~420경)는 "인간은 만물의 척도"라고 말하며, 절대적 진리보다 상대적 인식을 강조했다. 고르기아스(BC483~375경)는 "아무것도 존재하지 않으며, 존재하더라도 알 수 없고, 알 수 있더라도 전달할 수 없다"고 주장하며, 인식과 언어의 불가능성을 밀어붙였다. 피론(BC 360~270경)은 모든 판단을 유보해야만 마음의 평정을 얻을 수 있다고 보았으며, 엠피리쿠스(160~210)는 피론적 회의주의를 계승하며 체계적 의심을 철학의 방법으로 정립했다.

이 장에서는 '의심'을 철학의 출발점으로 삼았던 고대 회의주의 전통을 따라가며, 우리가 진정으로 아는 것이 무엇인지, 혹은 과연 아는 것이 가능한지를 질문했던 사유의 흔적을 추적한다.

10 | 프로타고라스 BC 490~420경
만물의 척도는 인간인가?

"인간은 만물의 척도이다. 존재하는 것들에 대해서는 그것들이 존재한다는 것의, 존재하지 않는 것들에 대해서는 그것들이 존재하지 않는다는 것의 척도이다."

— 『진리에 대하여』, BC 440년대 후반 경

고대 그리스 소피스트 운동의 중심인물인 프로타고라스(Protagoras, BC 490~420경)는 당대의 철학적 통념에 도전하며 인간 중심적 사유의 새로운 지평을 열었다. 그의 철학은 절대적 진리나 초월적 존재에 대한 회의를 바탕으로, 인간의 인식 능력과 현실적 삶의 조건에 주목한다. 그의 사상은 단편적인 기록으로 전해지지만, 그 핵심은 지식, 신, 그리고 언어라는 세 가지 주요 영역에 대한 독특하고 일관된 관점을 보여준다.

모든 앎의 기준: 인간

"인간은 만물의 척도다 Homo Mensura" - 프로타고라스의 이 명제는 인간 중심적 사고를 넘어, 지식과 진리의 본질에 대한 근본적인 질문을 포함하는 인식론적 상대주의의 핵심을 나타낸다. 프로타고라스의 사유는 절대적이고 보편적인 진리를 추구하던 당시 철학적 흐름에 도전하였으며, 앎의 기준을 외부의 객관적 실재가 아닌 인식 주체인 인간 내부로 옮겨왔다. 프로타고라스의 인간은 만물의 척도라는 주장은 세상의 모든 사물과 현상, 그리고 그것에 대한 진위 여부가 결국 개별 인간의 인식과 판단에 의해 결정된다는 선언이다. 어떤 것이 존재한다거나 존재하지 않는다고 말할 수 있는 궁극적인 기준은 신이나 초월적인 이데아가 아니라, 경험하고 사유하는 '인간'이다. 이로써 진리의 권위는 객관적인 외부 세계에서 주관적인 내부 세계로 이동하게 된다.

"같은 바람도 한 사람에게는 차고, 다른 사람에게는 따뜻할 수 있다. 그렇다면 바람은 동시에 차고 따뜻한 것이 된다. 각자가 그렇게 느낀다면, 그것은 참이다" – 이러한 '인간 척도설'은 필연적으로 주관주의로 이어진다. 프로타고라스에게 진리나 지식은 모든 사람에게 동일하게 적용되는 보편적인 것이 아니라, 각 개인의 경험과 관점에 따라 상대적으로 결정되는 것이다. 그가 제시한 예시처럼, 같은 바람도 어떤 사람에게는 차갑게 느껴지고 다른 사람에게는 따뜻하게 느껴질 수 있다. 이때 프로타고라스는 차갑다는 인식과 따뜻하다는 인식 모두 각 개인에게는 명백한 '참'이라고 주장하였다. 즉, 바람 자체의 객관적 속성을 논하기보다, 그것을 경험하는 주체의 감각과 판단이 곧 그에게 있어 진리가 된다는 것이다. 따라서 서로 모순되는 주장이라 할지라도 각자의 관점에서는 모두 타당성을 지닐 수 있다.

결과적으로 프로타고라스는 모든 사람에게 보편타당하게 적용될 수 있는 절대적 진리의 존재를 부정하거나, 최소한 인간이 그것을 알 수는 없다고 보았다. 만약 진리가 각 개인의 인식에 따라 상대적인 것이라면, 시공간을 초월하여 모든 인간에게 동일하게 참인 진리는 존재하기 어렵다. 설령 그러한 진리가 존재한다 하더라도, 인간은 각자의 주관적인 '척도'를 통해서만 세계를 인식할 수 있으므로 그 절대적 진리에 도달할 방법이 없다는 결론에 이른다.

신에 대한 앎의 한계: 불가지론

"신들에 관해서 나는 그들이 존재하는지 존재하지 않는지, 또한 어떤 모습을 하고 있는지 알 수 없다. 이 앎을 방해하는 것은 많은데, 문제의 불분명함과 인간 삶의 짧음이 대표적이다" – 프로타고라스는 인간의 앎과 진리에 대한 상대주의적 입장을 넘어, 신神이라는 초월적 주제에 대해서도 신중하고 제한적인 태도를 취하였다. 이 문제에 있어 그는 인간 지성의 한계를 인정하는 불가지론Agnosticism적 관점을 보여준다. 그는 신들의 존재 유무나 그들의 본질적 형태와 같은 문제에 대해 인간이 명확한 지식을 얻는 것이 불가능하다고 고백한다.

그는 이러한 앎의 불가능성을 두 가지 주요 이유, 즉 신이라는 주제 자체가 지닌 근본적인 모호함과 인간 생명의 유한성으로 설명하였다. 신성神性은 인간의 경험적, 이성적 탐구 영역을 넘어서는 불분명한 성격을 지니고 있으며, 설령 탐구가 가능하다 하더라도 인간의 짧은 삶은 그러한 심오한 문제에 대한 충분한 해답을 얻기에 턱없이 부족하다는 것이다.

이러한 프로타고라스의 입장은 신의 존재를 적극적으로 부정하는 무신론과는 명확히 구분된다. 그는 신이 '없다'고 주장하는 것이 아니라, 인간의 인식 능력과 주어진 조건 하에서는 신에 대해 '알 수 없다'고 판단하였다. 즉, 그의 주장은 신의 존재 자체에 대한 형이상학적 단정이 아니라, 인간의 인식론적 한계에 대한 깊은 성찰에 근거한다. 그는 신들에 대한 판단을 유보함으로써, 인간 이성이 확실하게 파악할 수 있는 영역과 그렇지 못한 영역 사이의 경계를 설정하고자 했던 것으로 보인다.

설득의 기술과 언어의 역할

"정의란 모든 도시에서 옳다고 여겨지는 것이다" – 프로타고라스의 핵심 사상인 인간 만물 척도론에 따르면, 절대적이고 객관적인 진리는 존재하지 않거나 인간이 알 수 없다. 이러한 관점에서 볼 때, 특정 사안에 대해 자신의 주장을 설득력 있게 제시하고 타인을 납득시키는 능력은 현실 세계에서 매우 중요한 가치를 지니게 된다. 특히 고대 아테네와 같은 직접 민주주의 사회에서는 법정 변론이나 정치적 연설을 통해 자신의 의견을 관철하는 능력이 개인의 성공과 사회적 영향력을 결정하는 핵심 요소였다. 프로타고라스는 이러한 시대적 요구를 간파하고, 변론술Rhetoric을 시민이 갖추어야 할 필수적인 기술이자 덕Arete의 일부로 간주하여 적극적으로 교육하였다. 진리가 고정되어 있지 않다면, 상황에 맞게 최선의 주장을 펼치고 설득하는 능력이 곧 실질적인 힘이 되기 때문이다.

나아가 프로타고라스는 변론술의 기초가 되는 언어 자체의 역할과 구조에도 관심을 기울였다. 인간의 인식과 판단, 즉 각자의 '척도'에 따른 주관적 경험과 진리는 궁극적으로 언어를 통해 표현되고 소통되며, 나아가 언어에 의해 일정 부분 형성될 수도 있다. 비록 현존하는 자료는 부족하지만, 프로타고라스가 문장의 유형을 분류하거나 동사의 시제를 연구하는 등 초기 문법 연구에 기여했다는 주장이 있다. 이는 그가 단순히 말을 유창하게 하는 기교를 넘어, 사유의 도구이자 현실을 구성하는 매개체로서 언어의 구조와 기능에 대한 근본적인 이해를 추구했음을 시사한다.

플라톤의 비판: 『테아이테토스』에서의 논박

"만약 모든 사람이 진리를 자기 방식대로 가지고 있다면, 프로타고라스의 말도 단지 그의 의견일 뿐이다" – 플라톤(BC 427~347)은 『테아이테토스』에서 소크라테스(BC 469~399)의 입을 빌어 프로타고라스의 인식론적 상대주의를 논리적 자기모순으로 비판한다. 프로타고라스는 '인간은 만물의 척도'라는 주장으로 모든 인식이 주관적이라는 입장을 내세웠다. 만약 모든 인식이 개인의 관점에 따라 진리라면, 프로타고라스의 주장 역시 단지 그의 주관일 뿐이다. 그렇다면 그 주장 자체가 다른 이들에게 진리가 아닐 수도 있으며, 이는 자신의 입장을 전제로 하면서도 동시에 그것을 부정하는 모순에 빠진다.

"지식과 무지의 구분을 할 수 없다면, 철학은 성립하지 않는다" – 또한 플라톤은 이런 상대주의가 인식과 오류의 경계를 무너뜨린다고 본다. 누구의 의견이든 모두 진리라면, 잘못된 판단이나 무지는 존재할 수 없다. 그렇다면 인간은 절대 실수하지 않게 되고, 학습이나 교육은 무의미해진다. 철학 역시 진리와 오류를 구분할 수 없게 된다면, 성립 자체가 불가능해진다. 지식과 무지의 구분이 불가능한 체계는 결국 이성적 탐구의 가능성 자체를 부정하는 결과를 낳는다.

플라톤은 상대주의가 철학과 교육의 문제를 넘어 윤리적·정치적 판단의 기반까지 위협한다고 경고한다. 만일 모든 판단이 개인의 기준에 따라 달라진다면, 법이나 제도, 윤리 규범도 공동의 기준이 될 수 없다. 이는 정의가 객관적인 가치가 아니라 권력을 쥔 자의 이익으로 왜곡될 수 있는 여지를 남긴다. 이는 『국가』에서 트라쉬마코스(BC 459경~400경)가 주장한 "정의는 강한 자의 이익"이라는 입장과도 맞닿는다.

플라톤에게 있어 프로타고라스의 상대주의는 논리적 일관성을 결여하고, 철학과 교육, 윤리와 정치의 근거를 허물며, 감각적 경험을 과신함으로써 진리에 대한 탐구를 방해하는 위험한 사상이었다.

프로타고라스의 인식론적 상대주의는 개별 인간의 주관적 경험과 판단을 진리의 유일한 기준으로 삼음으로써 보편타당한 절대적 진리의 가능성을 근본적으로 문제 삼았다. 이러한 인간 인식의 한계에 대한 자각은 필연적으로 인간의 경험과 이해를 넘어서는 신적인 영역에 대한 불가지론적 태도로 귀결되었다. 나아가, 절대적 진리가 부재하고 각자의 주장이 상대적 타당성만을 지닌다면, 현실 사회에서 자신의 입장을 효과적으로 전달하고 타인을 설득하는 언어적 능력, 즉 변론술의 중요성이 극대화될 수밖에 없었다.

프로타고라스의 사상은 인식, 신앙, 언어와 소통의 문제 모두를 '인간'이라는 중심축으로 회귀시켜, 인간의 조건과 능력 안에서 세계를 이해하고 실천적 해법을 모색하고자 한 철학적 시도였다. 비록 그의 상대주의와 변론술 교육은 고대로부터 많은 비판과 논쟁을 야기하였으나, 철학적 논의의 초점을 추상적이고 초월적인 세계에서 구체적이고 현실적인 인간의 삶과 그 한계로 이동시키는 데 결정적인 역할을 수행하며 후대에 지속적인 영향을 미쳤다.

✒ 주요 저술

『진리에 대하여』나 『신들에 대하여』 등의 저술이 있었으나, 대부분 소실되고 일부 단편적 내용이 플라톤, 아리스토텔레스, 섹스투스 엠피리쿠스 등을 통해 간접적으로 전해진다.
플라톤의 대화편 『프로타고라스』에서 주요 인물로 등장한다.

11 | 고르기아스 BC 483~375
진리는 알 수 있고 전달될 수 있는가?

"말은 위대한 권능을 지닌 존재다. 그것은 가장 작고 눈에 보이지 않는 몸체로서, 신적인 일을 해낸다. 말은 슬픔을 멈추게 하고, 기쁨을 불러오며, 두려움을 제거하고, 용기를 심어준다."

— 『헬레네 찬가』, BC 427~420 경

진리란 무엇인가?
인간은 그것을 알 수 있는가?
그리고 알게 된 진리를 타인과 나눌 수 있는가?
고대 그리스 철학자 고르기아스(Gorgias, BC 483~375)는 이 세 가지 물음에 모두 "아니오"라고 대답한 인물이었다. 그는 존재의 실재성, 인식의 가능성, 소통의 효력을 차례로 부정하며, 고전 철학의 전제를 뿌리째 흔드는 전대미문의 회의주의를 전개했다.

고르기아스의 삼중 부정: 존재, 인식, 소통에 대한 회의주의

고르기아스는 그의 저작 『자연에 대하여 혹은 존재하지 않는 것에 대하여』에서 그는 놀랍도록 단호한 어조로 세 가지 주장을 펼친다. 첫째, 아무것도 존재하지 않는다. 둘째, 설령 어떤 것이 존재한다고 해도 인간은 그것을 알 수 없다. 셋째, 설령 그것을 안다고 해도 타인에게 전달할 수는 없다는 주장이다.

"아무것도 존재하지 않는다" – 고르기아스는 '존재'라는 개념 자체가 논리적 모순을 내포하고 있음을 지적하며, 존재의 실재성을 부정한다. 그는 존재가 영원하다면 생성되지 않아야 하고, 유한하다면 무한이 될 수 없다는 식으로 전통적인 존재 개념이 스스로를 무너뜨리고 있다고 본다. 이는 단순히 특정 사물의 존재를 의심하는 차원을 넘어서, '있음Being'이라는 존재론의 가장 기본적인 전제 자체를 근본적으로 부정하는 시도이다. 고르기아스는 기존 철학자들이 탐구해 온 '존재'라는 개념이 내포한 논리적 모순이나 증명 불가능성을 드러내려 했던 것으로 해석된다.

"그것은 인간에게 인식될 수 없다" – 다음으로, 고르기아스는 만약 첫 번째 명제가 틀려 어떤 것이 존재한다고 가정하더라도, 인식의 가능성이 없다고 부정한다. 이는 논의의 장을 존재론에서 인식론으로 전환시키는 단계이다. 설령 우리가 감각하고 사유하는 대상으로서의 실재가 존재한다 할지라도, 인간의 인식 능력(감각, 이성 등)은 그 실재의 본질을 있는 그대로 파악하기에는 근본적으로 한계가 있거나 왜곡될 수밖에 없다는 것이다.

"그것은 타인에게 전달(소통)될 수 없다" – 마지막으로, 고르기아스는 앞선 두 명제를 모두 반박하여 어떤 존재를 인간이 인식할 수 있다고 가정하더라도, 세 번째 명제를 통해 소통의 불가능성을 단언한다. 이는 언어 철학적 회의주의의 극치를 보여준다. 개인이 어떤 지식이나 경험을 내면에 갖게 되었다 한들, 그것을 언어Logos라는 매개체를 통해 타인에게 손실이나 변형 없이 온전히 전달하는 것은 본질적으로 불가능하다는 것이다. 언어는 실제 대상이나 경험 그 자체가 아닌, 그것을 지시하는 불완전한 기호 체계에 불과하다. 따라서 개인의 고유하고 주관적인 경험 세계와 타인의 경험 세계 사이에 놓인 깊은 간극을 언어가 완전히 메울 수는 없으며, 참된 의미의 소통은 결국 실패할 운명이라는 결론에 이르게 된다.

로고스의 힘과 수사학의 부상: 고르기아스의 언어관

"말은 영혼에 영향을 주는 큰 힘을 지닌 존재다" – 고르기아스는 그의 세 번째 명제를 통해 언어가 객관적 실재나 주관적 인식을 타인에게 온전히 전달하는 데 근본적인 한계를 지닌다고 주장하였다. 그러나 이러한 소통의 불가능성에도 불구하고, 그는 역설적으로 언어, 특히 연설이 인간의 정신과 행동에 미치는 강력하고도 실질적인 영향력을 누구보다 깊이 통찰하고 이를 적극적으로 활용하였다. 그의 철학에서 언어는 진실을 비추는 거울이라기보다는, 현실을 구성하고 인간을 지배하는 강력한 힘으로 등장한다.

그에게 언어는 인간의 영혼 깊숙이 침투하여 기쁨과 슬픔, 연민과 공포 같은 다양한 감정을 자유자재로 불러일으키고, 이성을 마비시키며, 고정된 신념을 바꾸고, 나아가 특정 행동을 불가항력적으로 유발하는 거의 마술적인 힘을 가진 존재였다. 이는 마치 약물이 신체의 상태를 변화시키듯, 잘 구사된 언어가 인간의 정신 상태와 현실 인식을 근본적으로 좌우할 수 있음을 시사한다. 그에게 로고스(언어)는 투명한 전달 매체가 아니라, 적극적으로 효과를 창출하는 행위자였다.

고르기아스는 우리가 진리를 언어로 표현할 수 있다고 믿는 그 순간부터, 이미 우리는 언어의 힘에 조종당하고 있다고 보았다. 그렇기에 그의 철학은 '진리란 무엇인가'라는 질문에서 한 걸음 더 나아가, '우리는 진리를 말할 수 있는가'를 묻는다. 이 물음은 지금도 언어와 권력, 의미의 불확실성을 다루는 철학적 논의 속에서 되풀이되고 있다.

고르기아스는 존재, 인식, 소통에 대한 근본적인 회의를 통해 우리 사유의 지평을 극단까지 밀어붙인다. 그의 삼중 부정은 단순히 모든 것을 부정하는 허무주의적 파괴에 그치는 것이 아니다. 오히려 이는 불확실하고 파악 불가능한 세계 속에서 언어가 갖는 실질적인 힘과 영향력에 주목하게 만드는 역설적인 통찰을 제공한다. 객관적 진리의 토대가 흔들리는 지점에서, 현실을 구성하고 타인의 마음을 움직이는 '설득의 기술'로서 수사학은 필연적으로 그 중요성을 얻는다.

언어와 실재, 앎과 표현 사이에 놓인 본질적인 간극과 긴장에 대한 그의 문제 제기는 시간을 초월하여 여전히 유효하다. 정보가 폭증하고 다양한 주장과 설득이 난무하는 오늘날, 고르기아스가 간파했던 '말의 힘'과 그 한계에 대한 성찰은 우리가 언어를 어떻게 사용하고 비판적으로 수용해야 하는지에 대한 중요한 질문을 던진다. 그의 철학은 '진리란 무엇인가'라는 물음에서 더 나아가, '우리는 과연 진리를 온전히 말하고 소통할 수 있는가'라는 근본적이고도 영원한 숙제를 우리 앞에 남겨두었다.

✒ 주요 저술

고르기아스의 『자연에 대하여 혹은 존재하지 않는 것에 대하여』, 『팔라메데스의 변론』 등이 단편적으로 전해지고 있고, 『헬레네 찬가』가 완전한 형태로 전해진다. 그의 철학적 사유는 플라톤이 남긴 『고르기아스』와, 섹스투스 엠피리쿠스와 아리스토텔레스의 저작에서 단편적으로 전해진다.

12 | 피론 BC 360~270 & 엠피리쿠스 160~210
판단을 중지하면 평온해지는가?

"회의주의는 고통 없이 살아가려는 능력을 부여한다. 우리는 사물의 본성을 규정하려는 자들이 끝없는 충돌과 혼란에 빠져드는 것을 본다. 반면 우리는 사물에 대해 어떤 규정도 하지 않음으로써, 고요한 상태에 이른다."

—『피론주의 개요』, 180~210

고대 그리스 철학의 다채로운 풍경 속에서 엘리스의 피론(Pyrrho of Elis, BC 360~270경)은 독특한 회의주의적 사유 체계의 씨앗을 뿌린 인물로 기록된다. 그는 격동의 헬레니즘 시대를 살아가며 동시대의 많은 철학자처럼 인간의 근원적 불안을 해소하고 마음의 평온을 얻는 길을 모색하였다. 피론이 제시한 해답은 지식의 확실성을 추구하는 대신, 오히려 그 확실성에 대한 판단 자체를 유보하는 데 있었다. 그의 철학은 '아타락시아 ataraxia'라는 궁극적 목표를 향해 '에포케 epokhē'라는 방법론을 실천하는 길이었다.

피론으로부터 시작된 고대 회의주의의 흐름은 약 4세기 후, 의사이자 철학자였던 섹스투스 엠피리쿠스(Sextus Empiricus, 160~210)를 통해 비로소 상세하게 기록되고 정교하게 체계화되었다. 오늘날 우리가 고대 피론의 회의주의를 깊이 있게 이해할 수 있는 것은 전적으로 엠피리쿠스의 저작, 특히 『피론주의 개요』 덕분이다. 이 저작들에서 엠피리쿠스는 회의주의를 단순한 철학 이론이나 학파가 아닌, 특정한 정신적 능력이자 삶을 살아가는 방식으로 제시하며 그 핵심 원리들을 명확히 하였다.

평온을 향한 유보: 피론 회의주의의 길

"우리는 그것을 파악하려 하지 않기 때문에, 평온한 상태에 이른다" – 피론 철학의 핵심 목표는 '아타락시아', 즉 외적 상황이나 내적 동요에 흔들리지 않는 평온한 마음 상태를 구현하는 것이었다. 그는 인간 정신을 어지럽히는 주된 원인이 세계의 본질에 대한 독단적 판단, 즉 어떤 것을 참 또는 거짓, 좋음 또는 나쁨으로 규정하려는 시도에 있다고 보았다. 우리가 어떤 대상이나 사태에 대해 확정적인 가치나 진리 판단을 내리는 순간, 우리는 그것에 집착하거나 혐오하게 되고, 기대가 어긋나거나 다른 믿음과 충돌할 때 필연적으로 불안과 고통을 겪게 된다. 피론에게 있어 독단론은 마음의 평화를 깨뜨리는 근본 원인이었으며, 따라서 '아타락시아'에 도달하기 위해서는 이러한 독단적 판단을 내리는 행위 자체를 중지해야만 하였다.

"판단 중지가 평온을 낳는다" – 이러한 목표를 달성하기 위한 피론의 방법론이 바로 '에포케', 즉 '판단 중지'이다. 이는 어떤 사태나 주장에 직면했을 때, 그것의 참과 거짓, 선과 악에 대한 최종적인 판단을 의식적으로 유보하는 태도를 의미한다. 에포케는 단순히 무지 상태에 머무르는 것이 아니라, 사물의 본성에 대한 인간 인식 능력의 근본적인 한계를 인정하는 데서 출발한다. 피론은 사물 자체가 우리의 인식 틀로 명확히 파악될 수 없는 성질을 지녔다고 보았다. 그는 사물이 본성적으로 '규정 불가능하고', '측정 불가능하며', '판단 불가능하다'라고 생각하였다. 만약 사물 자체가 이처럼 불확정적이라면, 그것에 대한 우리의 감각적 인상이나 이성적 판단 역시 절대적인 참 또는 거짓의 지위를 가질 수 없다. 가장 합리적인 태도는 그것들에 대한 독단적인 믿음을 형성하지 않고 판단을 보류하는 것이 된다.

"현상은 받아들이되, 믿지는 않는다" – 그렇다면 판단을 중지한 회의주의자는 어떻게 현실을 살아갈 수 있는가? 피론은 독단적 신념 없이 '현상(phainomenon, 파이노메나)'에 따라 살아갈 것을 제안하였다. 여기서 '현상'이란 우리에게 나타나는 감각적 경험, 자연적 욕구, 사회적 관습이나 법률 등을 의미한다. 회의주의자는 배고픔을 느끼면 먹고, 추위를 느끼면 옷을 입으며, 사회의 규칙을 따른다. 하지만 이때 '이 음식이 본질적으로 좋다'거나 '이 법률이 절대적으로 정의롭다'는 식의 형이상학적, 윤리적 판단을 덧붙이지 않는다. 즉, 현상을 삶의 잠정적인 지침으로 받아들이되, 그것이 세계의 궁극적 실재나 가치를 드러낸다고 믿지는 않는 것이다.

회의주의의 집대성: 섹스투스 엠피리쿠스의 체계

"회의주의자는 무지에 머무는 것이 아니라, 독단을 보류하는 자이다" – 엠피리쿠스는 회의주의를 독단적인 주장을 내세우는 '학파School'와 명확히 구분한다. 그는 회의주의란 현상과 사유 대상이 서로 대립되는 방식에 주목하여, 대립되는 것들의 힘(논거)이 '동등함(isostheneia, 이소스테네이아)'을 통해 먼저 '판단 중지(에포케)'에 이르고, 다음으로 '마음의 평온(아타락시아)'에 이르는 '능력' 또는 '태도'라고 정의하였다. 이는 진리를 발견했다고 주장하는 긍정적 독단론자들은 물론, 진리 파악이 불가능하다고 주장하는 소극적 독단론자들과도 구별되는 독특한 입장이다. 회의주의자는 진리에 대해 어떤 확정적인 주장도 하지 않으며, 심지어 '아무것도 알 수 없다'는 주장조차도 하나의 독단으로 간주하여 유보한다.

이러한 회의주의적 태도의 중심에는 세 가지 핵심 개념이 자리 잡고 있다. 첫째는 '이소스테네이아isostheneia', 즉 '힘의 동등함'이다. 이는 어떤 문제, 특히 사물의 본질과 같이 직접적으로 명확하지 않은 문제에 대해 제기되는 서로 다른 주장이나 현상들이 동일한 설득력 또는 논리적 근거를 지니고 있음을 의미한다. 회의주의자는 탐구를 통해 이러한 대립하는 논증들의 균형 상태를 발견하고, 한쪽의 손을 들어줄 결정적인 이유를 찾지 못한다.

둘째는 '에포케', 즉 '판단 중지'이다. 이는 '이소스테네이아' 상태에서 필연적으로 뒤따르는 결과이다. 대립하는 주장들의 힘이 동등하기 때문에, 회의주의자는 어느 쪽이 참이고 어느 쪽이 거짓인지에 대한 판단을 보류한다. 중요한 것은 이것이 탐구를 포기하는 것이 아니라, 섣부른 결론을 내리지 않고 계속해서 문제를 탐색하는 과정 속에 있는 지적 상태라는 점이다. '현재로서는 결정할 수 없다'는 것이지, '영원히 알 수 없다'는 단정이 아니다.

셋째는 '아타락시아', 즉 '마음의 평온'이다. 엠피리쿠스는 아타락시아가 에포케에 마치 그림자가 물체를 따르듯 자연스럽게 뒤따르는 결과라고 설명한다. 진리를 찾으려는 갈망, 오류에 대한 두려움, 자신의 믿음을 방어하려는 노력 등 독단적인 태도에서 비롯되는 온갖 정신적 혼란과 불안에서 벗어나기 때문에, 판단을 유보한 상태에서 마음의 평정이 찾아온다는 것이다.

판단 중지를 위한 논증: 엠피리쿠스의 트로포이

"그리고 우리는 판단 유보를 위해 트로포이들을 사용하였다" – 엠피리쿠스는 피론주의 회의주의를 체계화하면서, 독단론자들의 주장이 지닌 확실성을 효과적으로 해체하고 판단 중지(에포케) 상태를 유도하기 위한 구체적인 논증 방식들을 정리하여 제시하였다. '트로포이Tropoi'라고 불리는 이 체계적인 논증들은 회의주의자가 지적 탐구 과정에서 사용하는 일종의 방법론적 도구였다. 그 목적은 지식은 불가능하다는 또 다른 독단적 주장을 세우는 것이 아니라, 어떤 문제에 대해 서로 대립하는 주장들의 설득력이 동등함을 다양한 각도에서 보여줌으로써, 독단적인 확신이 왜 정당화되기 어려운지를 드러내는 데 있었다. 엠피리쿠스는 여러 종류의 '트로포이'를 소개하였는데, 그중 특히 아이네시데모스(Aenesidemus, BC 1세기경)의 10가지 논변과 아그리파(Agripha, BC 2세기경)의 5가지 논변이 대표적이다.

아이네시데모스는 고대 회의주의를 부활시키고 체계화한 인물이다. 그는 열 가지 트로포이10 tropoi'를 제안하면서, 감각과 인식의 상대성과 불확실성을 열 가지 유형으로 나누어 설명함으로써 에포케(판단 유보)의 철학적 기반을 제공하였다. 또한 그는 회의주의를 실천적 삶의 철학으로서, 정신적 평정(아타락시아)에 이르기 위한 수단으로 제안하였다. 엠피리쿠스는 아이네시데모스를 피론주의 전통의 재건자로 높이 평가하였다.

아이네시데모스의 10가지 논변은 주로 우리가 세계를 인식하는 방식, 즉 지각知覺의 상대성과 다양성에 초점을 맞춘다. 이 논변들은 우리의 경험이 결코 절대적이거나 보편적이지 않으며, 다양한 요인에 의해 끊임없이 변화하고 달라진다는 사실을 체계적으로 보여준다. 예를 들어, 1) 서로 다른 동물들은 세상을 다르게 지각하고, 2) 인간들 사이에서도 개인차로 인해 지각이 다르며, 3) 동일한 개인이라도 여러 감각 기관은 각기 다른 정보를 제공한다. 또한, 4) 개인의 신체적·정신적 상태(건강/질병, 잠/깸 등)에 따라, 5) 대상의 위치, 거리, 장소에 따라, 6) 대상이 다른 것과 섞이는 방식에 따라, 7) 대상의 양이나 구성 상태에 따라 지각은 달라진다. 나아가 8) 모든 것은 다른 것과의 관계 속에서만 파악된다는 상대성의 원리, 9) 대상이 얼마나 자주 또는 드물게 나타나는지에 따른 인상의 차이, 그리고 10) 각 사회의 법률, 관습, 신화, 철학적 믿음 등 문화적 차이 역시 우리의 판단에 영향을 미친다. 이 10가지 논변은 공통적으로 우리의 지각과 판단이 주관과 상황에 깊이 의존함을 드러냄으로써, '사물 자체가 객관적으로 어떠하다'고 주장하는 독단론의 근거가 얼마나 취약한지를 보인다.

아그리파는 보다 정교하고 철학적으로 깊이 있는 회의주의 논변 체계를 제안하였다. 아그리파의 트로포이는 감각의 불확실성보다 이론적 정당화의 불가능성에 초점을 맞춘다. 이로 인해 현대 인식론의 정초 문제(Foundationalism vs. Coherentism 등)에도 깊은 영향을 미치고 있다.

아그리파의 5가지 논변은 지각의 문제를 넘어, 어떤 주장이든 그것을 정당화하려는 시도 자체가 지닌 구조적인 어려움을 보다 근본적으로 파고든다.

첫째, '불일치(의견 대립)'의 논변은 어떤 중요한 문제에 대해서든 학자들과 일반인들 사이에 끝없는 의견 차이가 존재한다는 사실을 지적한다.

둘째, '무한 후퇴'의 논변은 어떤 주장을 정당화하기 위해 제시된 근거는 다시 그 자체의 정당화를 요구하며, 이러한 요구가 끝없이 이어져 궁극적인 토대를 찾을 수 없음을 보인다.

셋째, '상대성'의 논변은 모든 것이 그것을 인식하는 주관이나 다른 대상과의 관계 속에서만 파악될 뿐, 그 자체로 독립적으로 파악될 수는 없음을 주장한다.

넷째, '독단적 가정'의 논변은 무한 후퇴를 피하기 위해 독단론자들이 증명되지 않은 전제를 그냥 받아들이는 경우가 많다고 지적한다.

다섯째, '순환 논증'의 논변은 때때로 주장의 근거가 결국 그 주장 자체에 의존하는 논리적 오류를 범하게 됨을 보여준다.

이 다섯 가지 논변은 어떤 독단적 주장도 궁극적인 정당화에 실패할 수밖에 없는 구조적 함정에 빠지기 쉬움을 폭로함으로써 판단 중지의 필요성을 더욱 강력하게 뒷받침한다.

피론과 엠피리쿠스의 회의주의는 지식의 한계에 대한 냉철한 인식과 마음의 평화에 대한 깊은 갈망이 결합된 산물이었다. 이들은 인간 인식의 한계와 독단의 위험을 드러내는 동시에, 판단을 유보하고 현상에 따라 살아가며 정신적 평온을 추구하는 사유의 태도를 지지한다. 이러한 점에서 고대 회의주의는 무지의 옹호가 아니라, 지속적인 탐구와 내면의 평화를 함께 지향하는 철학적 윤리였다.

피론과 섹스투스 엠피리쿠스가 제시한 회의주의의 길은, 확실성이 끊임없이 흔들리는 세상 속에서 우리가 어떻게 지적으로 겸허하고 동시에 평온하게 살아갈 수 있을지에 대한 심오한 물음을 던진다. 그들의 탐구는 인간 이성의 경계와 가능성을 성찰하게 하며, 오늘날에도 여전히 유효한 중요한 철학적 유산으로 남아 있다.

✒ 주요 저술

피론은 생전에 직접적인 철학 저술을 남기지 않은 것으로 알려져 있다. 혹은 저술이 있었더라도 후대에 전해지지는 않았다. 그의 철학과 일화는 주로 수 세기 후의 회의주의자 섹스투스 엠피리쿠스(Sextus Empiricus, 2세기)를 통해 간접 전승된다.

- **피론주의 개요**(Outlines of Pyrrhonism, 180~210경 /오유석, 2012) | 피론주의 회의론의 원리, 방법, 적용 예시를 총괄적이고 명료하게 소개한다. 1권은 회의주의의 정의, 목적(아타락시아), 수단(에포케), 핵심 개념(이소스테네이아), 트로피 등 전반적 이론을 다룬다. 2권과 3권은 각각 회의론적 관점에서의 인식론 비판, 윤리학 비판을 다룬다.

PART 5

관계와 연기 : 공과 일자

철학이 신화에서 벗어나 이성의 빛을 따라 걷기 시작한 이후, 서구의 사상은 존재를 분석하고, 실체를 구분하며, 세계의 본질을 논증하는 길을 걸어왔다. 그러나 동방에서는 또 다른 길이 열리고 있었다.

여기에는 공(空)을 말한 나가르주나(150?~250?), 직관적 깨달음(頓悟)을 강조한 혜능(638~713), 범아일여(梵我一如)를 주창한 샹카라(788? ~820?), 그리고 리(理)와 기(氣)를 통해 존재의 원리를 탐구한 주자(1130~1200)가 있다.

서구 철학이 존재를 '고정된 실체'로 분석하려 했다면, 이들은 존재를 '흐름', '비움', '연결'로 보았다. 그들은 실재를 해체하고, 존재와 인식의 경계를 흐리며, 궁극적 진리를 개별 개념으로 파악할 수 없다고 주장했다. 이제 우리는 존재를 넘어선 존재, 실체를 넘어선 실체에 대한 탐구로 나아간다.

13 | 나가르주나 2~3세기경
실재는 공인가?

"공은 고정된 실체의 부정이지만, 존재의 가능성을 부정하지 않는다. 자성(自性)이란 존재할 수 없으며, 모든 것은 인연(因緣)에 의해 발생하고 소멸한다. 이것이 있으므로 저것이 있고, 이것이 없으면 저것이 없다."

—『중론』, 2~3C 경

나가르주나(Nagarjuna, 2~3세기경)는 중국어권에서는 '용수龍樹'라고 불리며, '대승불교의 아버지'이고, '제2의 붓다'로 평가된다. 그는 중관학파(中觀學派, Madhyamaka, 마드햐마카)를 창시한 인도 불교 철학자로, 초기 불교의 가르침을 발전시켜, '공(空, Śūnyatā, 슈나타)'과 '연기(緣起, Pratītyasamutpāda, 프라티이탸사뭇파다)' 사상을 심화하며, 실재에 대한 철학적 논의를 이끌었다.

공과 연기: 실재의 본질

나가르주나가 활동했던 시기는 불교 사상이 다양하게 분화되던 시기로, 초기 불교의 교리를 유지하려는 노력과 대승불교의 심화된 철학적 논의가 교차하던 시점이었다. 그는 고정된 실체가 있다는 '집착有常見'과 모든 것이 무의미하다는 '허무주의無常見'를 동시에 비판했다. 그의 철학은 이러한 극단을 넘어 '공'과 '연기'의 논리를 중심으로 세계를 이해하려는 시도에서 출발했다. 그의 공은 단순한 '무無'가 아니라, 존재가 관계를 통해 드러난다고 보는 것으로, 인식론적으로는 고정된 본질에 대한 집착에서 벗어난 상태를 의미한다.

"어떤 것이 본질적인 자성을 가지고 있다면, 그것은 결코 변화할 수 없다" – 전통적인 인도 철학은 실체론에 기반하여 어떤 것(예: 자아, 물질, 의식)이 독립적으로 존재한다고 믿는다. 그러나 나가르주나는 이러한 실체 개념이 환영이며, 실제로는 아무것도 본질적으로 존재하지 않는다고 주장한다. '자성自性'이 존재한다면 모든 것이 영원히 동일한 상태를 유지해야 하지만, 현실에서는 모든 것이 변화한다. 이런 이유로 그는 실체적인 자성이 있다는 개념은 모순이라고 지적한다. 불교 철학의 핵심 개념 중 하나인 '공'은 단순히 '없음'을 의미하는 것이 아니다.

"자성이 없어 공하다. 공하기 때문에, 관계 속에서 작용한다" – 나가르주나는 공을 '자성이 없다(無自性, Niḥsvabhāvatā, 니흐스바바타)'는 의미로 사용하며, 모든 존재는 독립적이고 고정된 본질이 아니라 상호 관계 속에서만 존재한다고 주장한다. 예를 들어, 우리가 '물'을 볼 때, 물은 특정 온도·압력 조건 아래에서만 존재한다. 공 사상은 불교 철학의 핵심 교리인 연기설과 연결되어 있으며, 모든 존재가 원인과 결과의 연쇄 속에서 발생하고 소멸한다는 진리를 드러낸다.

"이것이 있으므로 저것이 있고, 이것이 없으면 저것이 없다" – '연기(緣起, Pratītyasamutpāda, 프라티이탸사뭇파다)'는 나가르주나 철학의 핵심 개념으로, 공의 원리를 설명하는 구체적 방식이다. '연기'는 모든 존재가 독립적으로 존재하는 것이 아니라, 다른 존재와의 관계 속에서만 존재한다는 것을 의미한다. 예를 들어, 나무 한 그루는 토양, 물, 햇빛, 공기와 같은 여러 조건이 결합될 때만 존재할 수 있다. 불꽃은 연료가 있어야 타오르고, 연료가 없으면 사라진다. 불꽃과 연료는 독립적으로 존재할 수 없으며, 서로 의존하는 관계 속에서만 존재한다. 거울 속의 반사된 얼굴 또한 거울이 없으면 존재하지 않는다. 이처럼 모든 존재는 서로 연관되어 있으며, 독립적으로 존재할 수 없다. 이러한 관계를 통해 연기는 고정된 실체를 부정하며, 공의 개념을 뒷받침한다.

"연기를 이해하면 공을 이해하고, 공을 이해하면 연기를 이해한다" – 연기의 핵심은 상호 의존성이다. 나가르주나는 연기와 공이 동일한 개념임을 강조하며, 연기의 원리에 따라 모든 것이 관계 속에서만 존재하기 때문에 고정된 본질(자성)이 없으며, 따라서 모든 것은 공하다고 주장한다. 공하지 않다면 변화와 관계도 성립할 수 없으며, 연기를 통해 존재는 유동적이고 끊임없이 변화하는 방식으로 드러난다. 그는 이를 통해 공이 세계의 부정을 의미하는 것이 아니라, 변화와 관계 속에서 세계가 어떻게 존재할 수 있는지를 설명한다고 주장했다.

인과와 중도: 나가르주나의 인식론

"나무가 없으면 씨앗도 없다" – 나가르주나는 불교 철학의 핵심 개념인 '인과因果'와 '중도中道'에 대해 혁신적인 해석을 제시하며 그의 철학적 사유를 심화시켰다. 나가르주나는 기존의 인과론이 원인과 결과를 독립적인 실체로 보는 것에 대해 비판하며, 원인과 결과는 서로 의존하여 존재한다고 주장했다. 씨앗과 나무의 비유는 이를 잘 보여준다. 전통적인 인과론은 씨앗을 원인, 나무를 결과로 보지만, 씨앗이 원인이 되려면 결과인 나무가 있어야 하며, 씨앗과 나무는 독립적인 것이 아니라 상호 의존적인 관계 속에서만 존재한다는 것이다. 파도와 바다의 비유는 '인과'를 연기적 관점에서 보여주는 나가르주나의 사상을 잘 보여준다. 파도는 개별적인 존재처럼 보이지만, 바다와 분리될 수 없다. 파도는 독립적인 실체가 아니며, 바다가 있어야만 존재한다. 손뼉 치기 역시 두 손이 있어야 가능하다. 이처럼 존재는 독립적인 실체가 아니라 관계 속에서 존재한다. 인과 역시 독립적 실체가 아니라 관계 속에서 성립한다. 원인과 결과는 고정된 실체가 아니라, 조건이 변하면 다르게 나타난다. 그러므로, 인과의 본질도 '공'하며, 궁극적으로 실재하지 않는다.

"생겨나는 것도 없고不生 없어지는 것도 없으며不滅, 영원한 것도 아니고不常 단절된 것도 아니며不斷, 동일한 것도 아니고不一 다른 것도 아니며不異, 오는 것도 아니고不來 가는 것도 없다不去." - 이는 『중론』 첫머리에 나오는 구절로, '8가지 부정'을 통해 세상의 모든 현상과 개념이 고정된 실체가 아님을 선언한다. 중도의 철학적 핵심은 존재와 비존재, 단일성과 다수성, 독립성과 의존성 같은 양 극단의 사유를 적절하게 볼 수 있고 벗어날 수 있어야 한다는 데 있다. 예를 들어, 촛불의 불꽃은 계속 타오르는 것처럼 보이지만 순간순간 변화한다. 이는 불꽃이 완전히 있는 것도 아니고 완전히 없는 것도 아님을 보여준다. 마찬가지로, 마차는 바퀴, 차축, 손잡이 등 여러 부품으로 이루어져 있지만, 그 부품들을 따로 떼어놓으면 마차라는 실체는 어디에도 없다. 마차는 독립적으로 존재하는 실체(단일성)도 아니고, 그렇다고 부품들의 조합(다수성)도 아니다. 이처럼 중도 사상은 모든 존재가 고정된 실체 없이 연기의 법칙 속에서 상호 의존적으로 성립함을 설명한다.

"중도란 실체와 허무 사이의 올바른 길이다" - 나가르주나의 중도 사상은 고정된 실체를 부정하는 동시에 허무주의로 빠지지 않는 균형 잡힌 사고를 강조한다. 이는 고정된 실체를 믿는 유상견有常見과 모든 것을 부정하는 무상견無常見 사이에서 균형을 찾는 사고방식이다. 중도적 사유는 또한 가치론적으로도 집착을 버리고, 불필요한 갈등과 고통에서 벗어나게 한다. 또한, 세상을 흑백논리로 보지 않고 변화와 관계 속에서 균형을 찾는 사고방식을 형성한다. 이는 실재를 이해하는 합리적 방법일 뿐만 아니라, 인간이 고통에서 벗어나 자유로운 사고를 할 수 있도록 돕는 실천적 가르침이기도 하다.

언어와 실재: 이중 진리

"존재는 이름으로 인해 만들어진다. 이름이 사라지면, 존재 또한 사라진다" – 나가르주나는 인간이 세상을 인식할 때, 언어적 개념과 구분을 통해 사물을 파악한다고 본다. 우리는 '나무', '강', '자아' 등과 같은 명칭을 붙이고, 그것을 고정된 실체로 간주한다. 하지만 이러한 명명은 실제 존재의 조건과 관계 없이 개념적으로 구성된 허상에 지나지 않는다. 실재는 끊임없이 변화하고 상호 의존하는 연기의 장이지만, 언어는 그 유동성을 포착하지 못한 채 허구적인 경계와 정체성을 부여한다.

나가르주나는 언어의 이런 특성, 즉 언어적 개념과 구분을 통한 사물의 인식과 동시에 끊임없이 변화하고 상호의존하는 유동적인 세계를 포착할 수 없는 언어의 근원적 한계에 직면하면서 이중 진리설二諦說을 제기한다. 즉 언어와 개념, 일상적 구분이 작동하는 세계로서의 세속적 진리 saṁvṛti-satya와 언어적 분별을 초월한 실상의 진리, 곧 공(空)의 세계인 궁극적 진리 paramārtha-satya를 구분한다. 이중 진리설은 언어의 상대성과 한계를 인정하면서도, 언어를 완전히 폐기하지 않고 수행과 인식의 도구로 전환한다. 언어는 실재를 직관하는 데 방해가 되지만, 동시에 그 언어의 한계를 자각함으로써 실재에 다가갈 수 있는 계기도 된다.

나가르주나의 철학은 모든 존재는 공空하다는 통찰에서 출발하여, 존재와 인식, 언어와 실재 사이의 긴장을 해체하는 근본 중도의 지혜로 귀결된다. 그는 불교 전통 안에서 고정된 실체나 자성에 대한 집착을 논리적으로 분해하면서, 언어와 개념의 한계, 그리고 현상과 본질의 분별을 넘어선 궁극적 진리(진제, paramārtha-satya)를 밝히고자 했다.

이러한 철학은 후대에 광범위하고 심오한 영향을 미쳤다. 인도에서는 중관파의 중심 교리가 되어, 상좌부와 대승 사이의 철학적 대화를 주도했고, 티베트에서는 금강승 불교의 이론적 기반이 되었다. 중국과 한국, 일본 불교 전통에서는 선종禪宗의 직관적 사유와 긴밀하게 호응하며 동아시아 대승철학의 형성과 정당화에 기여했다. 그의 사유는 또한 20세기 철학에도 다양한 방식으로 영향을 미쳤으니, 20세기 서구 철학사의 큰 흐름이었던 언어의 한계, 실재에 대한 인식의 비판, 사유의 초월 지향성 등은 나가르주나의 사유와의 직간접적인 인연을 가지며, 친연성이 매우 높다.

🖋 주요 저술

- 중론(中論, 2~3C/남수영, 2021) | 연기와 공의 철학을 체계화하며, 모든 극단적 견해를 배척하고 중도(中道)를 강조하였다.
- 칠십공성론(七十空性論, 2~3C/신상환, 2018) | 공 개념을 보다 정밀하게 논리적으로 정리한 논문으로 『중론』에서 설명된 공 개념을 보다 깊이 분석하면서, 자성이 존재할 수 없는 이유를 더욱 논리적으로 설명한다.

14 | 혜능 638~713
깨달음은 어떻게 이루어지는가?

"菩提自性 本來淸淨 但用此心 直了成佛(보리자성 본래청정 단용차심 직료성불) – 깨달음의 본성[菩提自性]은 본래부터 맑고 깨끗하니[本來淸淨], 오직 이 마음[此心]을 그대로 쓰기만 하면[但用], 곧바로[直] 깨달아 부처를 이룬다[了成佛]."

─『육조단경』, 670~713경

세상은 끊임없이 흐르고 변화한다. 인간은 그 속에서 불변하는 진리를 찾고자 하지만, 진리는 어쩌면 특정한 형태로 존재하는 것이 아니라, 모든 존재가 변화하고 있음을 깨닫는 순간에 드러나는 것인지도 모른다. 혜능(慧能, 638~713)의 철학은 이러한 관점에서 출발한다. 중국 선종禪宗의 여섯 번째 조사祖師인 그는, 깨달음이 오랜 수행의 결과로 점진적으로 쌓이는 것이 아니라, 한순간에 이루어질 수 있음을 주장했다.

본래 부처, 본래 공

혜능은, 대승불교의 심층적 사유를 실천적 깨달음의 언어로 전환한 인물이다. 그의 사유는 『육조단경』에 집약되어 있으며, 특히 모든 존재가 본래부터 불성佛性을 지니고 있다는 급진적인 평등 사상, 자성自性에 대한 철학적 통찰, 그리고 공空 사상과의 연관 속에서 깊은 빛을 발한다.

"불성은 사람 안에 있으며, 자성이 곧 부처다" – 혜능은 '불성佛性'을 어떤 외재적 신성이나 위에서 내려오는 축복으로 보지 않는다. 이때 '불성'이란, 특정 수행자만이 소유하는 내면적 자질이 아니라, 존재하는 모든 이들이 이미 타고난 궁극적 가능성이자 본래성이다. '불성'은 인간 존재의 가장 근원적인 자리에 있으며, 그것을 깨닫는 순간 우리는 부처와 다르지 않게 된다. 이러한 생각은 대승불교의 핵심 명제인 '일체중생 실유불성一切衆生 悉有佛性'과 맞닿아 있지만, 혜능은 이를 보다 철저히 실천적이고 직접적인 방식으로 풀어낸다. 그는 누구든지 바로 지금, 바로 이 자리에서 깨달을 수 있다고 말하며, 깨달음은 더 이상 멀리 있거나 미래의 결과가 아니다.

"자성을 미혹하면 부처도 중생이 되고, 자성을 깨달으면 중생도 부처가 된다" – 혜능은 '자성自性'이라는 개념을 사용하면서도 그것을 실체로서 고정하지 않는다. 그는 '자성'을 강조하면서도 '자성'에 집착하지 않는다. 혜능의 자성은 궁극적으로 무자성이며, 비실체적이고 공한 성질을 지닌다. 자성은 어떤 고정된 본질이라기보다, 끊임없이 변화하며 비어 있는 가능태로 제시된다. 혜능은 자성 자체가 고정불변한 본질이 아니라 오히려 깨달음의 계기일 뿐임을 드러낸다. 이는 중관학파의 핵심 개념인 '제법무자성諸法無自性'과 깊이 맞닿아 있다. 중관철학에서 모든 존재는 스스로의 실체적 자성을 갖지 않고, 오직 인연因緣에 따라 생멸하는 연기緣起로만 성립한다. 혜능 역시 존재를 공의 관점에서 이해하면서, 자성조차도 집착의 대상이 되어서는 안 된다고 강조한다. 이때 '공'은 단순히 '없음'이나 '무無'가 아니라, 고정된 실체나 자아 없이 끊임없이 상호 의존하는 존재 방식이다. 그러므로 혜능에게 자성을 깨닫는다는 것은, 바로 그 자성의 공함을 보는 것이며, 그 공함을 보는 것이 곧 부처의 지혜다.

깨달음의 길: 즉각적 자각 돈오

"지금 이 마음이다" – 혜능은 모든 존재가 본래 불성을 지니고 있으며 존재의 실상은 고정된 자성없이 공空하다는 통찰을 제시하였다. 그렇다면 이 본래의 마음, 이 공한 진실을 어떻게 깨달을 수 있는가? 혜능은 그 길을 언어나 지식적 이해 너머에서 찾았다. 그는 지식이나 경전의 문구에 얽매이는 것이 오히려 진정한 깨달음을 가로막는다고 보았다. 이는 문자에 의존하지 않고不立文字, 가르침의 틀 밖에서 마음으로 직접 전한다敎外別傳는 선종禪宗의 핵심 표어와 정확히 일치한다. 언어와 사유의 틀은 궁극적인 진리를 온전히 담아낼 수 없기 때문이다. 이러한 입장은 곧바로 인간의 마음을 가리켜直指人心, 자신의 본성을 보는 것이 곧 부처가 되는 길見性成佛이라는 선종의 가르침에서 더욱 명료해진다.

"돈오하되, 점수漸修하라. 참된 지혜는 단박에 열리나, 습기習氣는 점차로 닦아야 하느니라" – 혜능에게 깨달음이란 복잡한 교리 해석이나 논증을 통하는 것이 아니라, 자신의 마음 깊은 곳에 이미 존재하는 본래의 성품性品을 직접적이고 즉각적으로 깨닫는 체험이었다. 이것이 바로 혜능 사상의 핵심인 '돈오(頓悟, 즉각적 깨달음)'이다.

그는 점진적인 수행으로서 '점오(漸悟, 점진적 깨달음)'를 부정하지는 않았으나, 본질적 깨달음은 '돈오'로만 가능하다고 보았다. 불성이 본래 갖추어져 있다면, 깨달음은 오랜 시간 공들여 쌓아 올리는 것이 아니라, 마치 가리고 있던 구름이 걷히듯 한순간에 드러날 수 있다는 것이다. 즉, 존재가 본래 자성 없이 공하다는 사실[무자성]을 꿰뚫어 아는 순간, 깨달음은 특정한 조건이나 오랜 수행 기간에 구애받지 않고 즉각적으로 일어날 수 있다. 다만, 혜능은 깨달은 후에도 몸에 밴 번뇌나 습관은 점진적으로 닦아야 한다는 실천적 태도를 견지하고 있었으니, 이는 그가 '돈오'와는 다른 용어로서 '점수漸修'를 강조함에서 잘 알 수 있다. '점수'란 깨달음' 이후, 마음의 습기나 번뇌를 점진적으로 닦음을 의미하고, 혜능은 이를 '돈오점수', 즉 깨달음 후에 닦는다라고 정리하였다.

생활과 깨달음

"복과 지혜는 세상에 있다. 깨달음은 세상을 떠나는 것이 아니라 세상 속에서 이루어진다" – 이러한 즉각적인 깨달음과 연결된 앎이 바로 '지혜(般若, Prajñā)'이다. 혜능에게 반야는 단순한 지식이나 논리적 사유 능력이 아니라, 실상을 직관적으로 통찰하는 힘이며, 이는 분별과 개념을 넘어서는 직접적인 앎이었다. 따라서 수행 또한 특정한 형식에 얽매이지 않았다. 물론 좌선坐禪 수행을 부정하지는 않았으나, 그는 좌선이라는 행위 자체가 깨달음을 보장한다기보다는, 앉거나 서거나 걷거나 눕거나 어떤 상황에서도 분별하는 마음 없이 자신의 마음을 고요히 비추어보는 것이 중요하다고 강조하였다. 『육조단경』에서 그는 굳이 깊은 선정禪定 상태에 들려 애쓰지 않아도, 일상생활 속에서 흔들림 없이 마음을 자각하는 것 자체가 바로 살아 있는 선禪이라고 하였다. 혜능은 깨달음이 일상의 모든 순간에 스며들어야 한다고 가르쳤다.

"마음이 곧 본래이니 따로 만들 것도 없고 치우칠 것도 없다" – 그가 제시한 실천 방편 중 첫째는 '무념', '무상', '무주'로 구성되는 '무심無心'의 마음가짐이다. '무념無念'은 마음이 과거·미래의 생각이나 분별에 머무르지 않고, 일체의 개념작용을 쉬게 하는 상태이다. '무상無相'은 사물의 형상相에 집착하지 않고, 모든 상相이 인연에 따라 생성·소멸함을 통찰하는 태도이다.

'무주無住'는 마음이 어떤 대상에도 머물지 않고 자연스럽게 흐르도록 허용하는 것이다. 이 셋은 모두 '붙들지 않음'의 실천이다. '무념'이 생각을 가두지 않음이라면, '무상'은 형상을 붙잡지 않음이며, '무주'는 머무르는 곳을 정하지 않음이다. '무념'으로 생각의 껍질을 벗기고, '무상'으로 형상의 그물을 풀며, '무주'로 머무름을 놓아버리면, 어떠한 차별도 일어나지 않는다. 이때 남는 것은 오로지 생멸하는 현상 뒤에 깃든 한결같은 본래면목이니, 이것이 곧 혜능이 말한 '무심'의 핵심이다.

"생각이 일어남을 아는 것이 깨달음이며, 그 아는 바가 곧 비어 있음이다" – 둘째는 화두話頭를 넘는 단박 응답이다. 나는 누구인가와 같은 근원적인 질문, 즉 화두를 품었을 때, 이를 머릿속의 개념으로만 붙들고 분석하거나 해답을 미뤄두지 않는다. 질문이 떠오른 바로 그 순간, 그것을 회피하지 않고, 온 몸으로 체험한다. 생각의 갈래를 따라가는 것이 아니라, 질문 그 자체가 되어보는 것이다. 이러한 즉각적 체험을 통해 세상을 '나'와 '너', '옳고 그름' 등으로 나누어 보던 이분법적 사고의 한계를 자연스럽게 넘어서게 된다. 모든 판단과 분별 이전의 순수한 상태, 사물을 '있는 그대로' 체득하는 경지가 거기에 있다. 이 과정은 마치 맑은 거울이 만상을 비추되 어떠한 흔적도 남기지 않는 것과 같다.

"설명하려 하면 맞지 않고, 활용해야 그 뜻을 안다" – 셋째는 언어·사고의 초월이다. 말과 글, 의식적인 사유의 틀은 곧 우리를 갇히게 만드는 틀이 된다. 혜능은 이러한 틀을 벗어나 순간마다 드러나는 마음의 본성을 관조하라고 하였다. 언어가 미처 다 담아내지 못하는 진리의 풍경을 있는 그대로 마주할 때, 생각의 잔물결은 고요히 잦아든다. 마침내, 간절한 질문과 그것을 넘어서는 생생한 앎이 순간적으로 맞닿을 때, 우리를 얽매던 언어와 분별의 장벽은 힘없이 허물어진다. 그 찰나의 합일合一 속에서 참된 깨달음은 어둠 속의 섬광처럼 홀연히 그 모습을 드러낸다. 이것이 바로 화두를 품는 사유를 넘어, 즉각적인 응답과 체험으로 나아가는 깨달음의 한 단면이다.

"부처님의 가르침은 세속을 떠나지 않은 깨달음 속에 있다" – 마지막으로 대중 생활과의 결합을 강조하였다. 산중 선방이 아닌 시장터와 농사일, 가사노동 속에서도 깨어있음을 잃지 않아야 한다. 혜능 자신이 나무장인으로 일하면서도 마음공부를 멈추지 않았던 일화는 이를 잘 보여준다. 직장과 가정, 일터에서 만나게 되는 크고 작은 일들 속에서 무심·단박 응답·초월의 태도를 실천할 때, 선은 비로소 생활 그 자체로 완성된다.

존재가 실체로 파악되는 것이 아니라, 관계와 과정 속에서만 이해될 수 있는 것이라면, 우리는 존재를 어떻게 받아들여야 하는가?
혜능은 답한다.
"마음을 비우면, 모든 것이 드러난다"
그의 깨달음은 세계를 이해하는 것이 아니라, 세계와 하나가 되는 과정이다. 그렇다면 우리는 다시 묻게 된다.
진리는 있는가, 아니면 공空한가?
그 해답은, 우리가 깨달음의 순간을 맞이하는 그 순간에만 드러날 것이다.

🪶 주요 저술

혜능은 직접 글을 남기지 않았으며, 그의 제자들이 그의 설법을 기록하여 편집한 것이 바로 『육조단경』이다.

- 『육조단경』(六祖壇經, 혜능(구술), 670~713 /정성본, 2020년) | 제자 신회(神會) 등이 편집하였다. 선(禪)과 깨달음(悟)에 대한 설명, 즉각적인 깨달음의 중요성, 불성과 자성의 본질, 수행과 실천의 방법론, 무념, 무상, 무주 사상 등이 담겨 있다.

15 | 샹카라 788~820
브라만과 아트만은 하나인가?

"마야는 실체가 없지만, 무지한 자에게는 실재처럼 작용한다. 그것은 브라만의 신비한 힘이며, 진리의 지식이 밝히기 전까지는 벗어날 수 없다. 진리의 횃불이 켜지면, 마야는 새벽의 어둠처럼 사라진다."
―『브라흐마 수뜨라 주석』, 800경

인간은 감각으로 세계를 경험하고, 이를 통해 실재를 이해한다고 믿는다. 그러나 힌두 철학의 깊은 사유 속에서는 우리가 보는 세계가 단지 환영에 불과하며, 존재의 궁극적 실재는 감각을 넘어선 곳에 있다고 주장한다. 샹카라(Shankara, 788~820 CE)는 이러한 사상을 집대성한 인물이다. 그는 인도 철학의 핵심을 정교하게 체계화하고, '아드바이타 베단타(Advaita Vedānta, 不二論)' 사상을 정립했다. 그는 '브라만 Brahman'과 '아트만 Ātman'은 동일하다는 명제를 중심으로 인간과 우주의 관계를 설명하며, 실재가 단 하나뿐이라는 절대적 단일성을 강조했다.

브라만, 아트만, 마야

"브라만은 이도 아니요, 저도 아니다" ― 샹카라는 '브라만'을 '순수한 존재Sat, 의식Cit, 환희Ānanda'로 정의하였다. 이는 시간, 공간, 원인을 초월한 절대적 실체이다. '사트'는 시간과 공간을 초월한 영원한 존재를 의미한다. 개별적 현상은 소멸하지만 브라만은 불변한다. '치트'는 모든 경험의 토대인 순수 의식이다. 샹카라는 의식 없이는 그 어떤 인식도 불가능하다며 이를 브라만의 핵심 속성으로 규정하였다. '아난다'는 궁극적 실재를 깨달을 때 얻어지는 초월의 상태, 절대적인 기쁨과 충만함으로 환희이다.

브라만은 무형無形이며, 어떠한 '속성Guṇa'이나 '이름Nāma', '형태Rūpa'로도 규정될 수 없다. 샹카라는 '브라만'을 단 하나의 실재로 정의하며, 우리가 경험하는 다양한 개별적 존재들은 실재하는 것이 아니라, 단 하나의 '브라만'이 다양한 형태로 드러난 것에 불과하다고 보았다. 이는 현상 세계의 다원성 너머에 절대적 실재가 존재함을 선언한 것이다. 브라만은 플라톤(BC 427~347)이 말한 이데아처럼, 감각적 경험을 초월한 형이상학적 실재로 해석되지만, 플라톤의 이데아가 개별적인 존재들의 본질을 의미하는 것이라면, 브라만은 모든 존재까지를 모두 포함하는 절대적이고 단일한 실재라는 점에서 차이가 있다.

"자아는 개별적인 것이 아니라 브라만과 동일하다" – 샹카라의 브라만 개념은 불교의 '무아' 개념과 연결되지만, 불교가 개별적 자아를 실재하지 않는 것으로 본 반면, 샹카라는 개별적 자아를 실제하는 것으로 보았다. 개별적 자아라고 여겨지는 '아트만'은 본질적으로 '브라만'과 동일하다. 참된 자아는 순수한 의식이며, 개별적 자아는 브라만의 일시적 투영에 불과하다. 우리가 경험하는 개별적 자아는 실체가 아니라, 단지 브라만의 한 부분이 순간적으로 드러난 것일 뿐이다.

"무지가 없다면 마야는 작용할 수 없다. 마야는 무지를 통해 브라만을 가리고 세계를 드러낸다" – 샹카라 철학에서 '마야Māyā'는 개별적 주체의 심리적 환상이나 착각의 개념을 넘어, 인간이 세계를 인식하고 존재를 경험하는 방식 자체를 설명하는 심오한 존재론적 개념이다. '무지(Avidyā, 아비댜)'는 내면적 인식의 오류이며, 자아와 비자아를 혼동하는 상태를 말한다. 이 '무지'로 인해 인간은 자신이 브라만(절대 존재)과 동일하다는 진실을 알지 못하고, 개별적 존재로 오인한다. '마야'는 이러한 무지를 배경으로 작용하는 힘이며, '무지'가 없으면 '마야'도 기능할 수 없다.

샹카라는 마야의 작용을 두 가지로 설명한다. 하나는 은폐의 작용으로, 브라만이라는 절대 실재를 가려 보이지 않게 만드는 힘이다. 다른 하나는 투영의 작용으로, 그 가려진 자리에 현상 세계를 '실재처럼' 투사하는 힘이다. 마치 어두운 밤, 땅에 놓인 밧줄을 뱀으로 착각하는 것처럼, 인간은 브라만을 보지 못하고 현상 세계를 실재로 받아들이게 된다.

그렇다면 샹카라는 왜 마야라는 개념을 도입했을까? 그것은 존재론적으로는 불변하는 유일한 실재인 브라만과, 현상적으로는 변화와 다수성이 넘치는 감각 세계를 동시에 설명하려는 철학적 요청 때문이다. 감각 세계는 마야라는 중개 원리에 의해 드러나는 상대적 실재일 뿐이며, 절대 실재인 브라만과는 본질적으로 구분된다. 우리가 경험하는 세계는 일정한 논리와 질서를 지니고 있지만, 그것은 실체가 있는 것이 아니라 실제도 아니고, 비실제도 아닌 일종의 '말할 수 없는 실재성'을 지닌다.

증인 의식, 직관 지혜, 해탈

"보는 자, 듣는 자, 생각하는 자, 아는 자는 모두 자아가 아니다. 자아는 오직 순수한 증인 의식일 뿐이다" – 중관학파(Nāgārjuna, 용수)는 모든 존재가 본질적으로 공하며 연기에 의해 존재한다고 보았다. 그러나 샹카라는 이 개념이 허무주의로 귀결될 위험이 있다고 지적하였다. 샹카라는 완전한 무에서 경험과 인식이 어떻게 가능한가라고 반문하였다. 의식은 분명히 존재하며, 이를 무로 규정할 수 없다는 것이 그의 핵심 논리였다.

하지만 의식은 모든 것을 부정하는 주체로서 '존재'한다. 샹카라는 '나는 존재한다(Aham Brahmāsmi, 아함 브라흐마스미)'는 명제를 근거로 삼아서, 모든 것을 부정하더라도 부정하는 주체인 의식은 남아있으며, 이 의식이야말로 궁극적 실재의 본질이라고 보았다. 그가 말하는 자아는, 감각하고 생각하고 아는 작용의 주체가 아니다. 그런 작용들은 모두 변하고 움직이며 조건에 따라 달라지지만, 자아란 그 모든 변화를 '보고 있는 것', 곧 '증인 의식 Sākṣi-caitanya'이다. 이 의식은 행위하지 않으며, 오직 드러냄의 기능만 갖는다. 생각이 일어나고 사라지는 것을, 감정이 흘러가는 것을, 기억이 나타나고 사라지는 것을 고요히 지켜보는 그 자리가 바로 자아이며, 그것은 변하지 않으며, 본래 자유롭고 완전한 실재인 브라만과 동일하다.

"브라만에 대한 지식은 오직 직접적 직관만으로 증명된다" – 샹카라는 인간이 '무지(Avidyā, 아비댜)' 속에서 살아가며, 이 무지가 곧 윤회의 원인이라고 보았다. 반면, '참된 지식(Jñāna, 쟈냐)'은 브라만과 아트만이 동일하다는 사실을 깨닫는 것이며, 이는 '직관지혜(直觀智慧, Anubhava, 아누바바)'를 통해 이루어진다. 마치 어두운 방에서 불을 켜는 순간 모든 것이 명확해지는 것처럼, 참된 지식을 얻는 순간 마야의 환상이 사라지고 고요히 지켜보는 실재로서의 '증인 의식'이 드러난다. 샹카라에게 '직관 지혜'는 곧 의식이 '무엇을 하는 주체'가 아니라 '항상 존재하는 배경의 빛'임을 깨닫는 것을 의미한다.

"해탈은 무언가를 얻는 것이 아니며, 다만 무지가 사라지는 것이다" – 이러한 자각은 모든 무지와 속박에서 벗어나는 '해탈Mokṣa'의 지점이다. 아트만이 곧 브라만임을 보는 이 깨달음 속에서, 인간은 더 이상 감각과 생각에 의해 규정되지 않으며, 순수한 존재로서의 자유에 도달한다. 샹카라 철학에서 '해탈(Mokṣa, 모크샤)'은 새로운 상태로 가는 것이 아니라, 원래 자신이 가지고 있던 본질을 깨닫는 과정이다.

샹카라는 이처럼 존재론(브라만), 인식론(무지), 현상론(마야), 그리고 실천론(해탈)을 하나의 통일된 체계로 연결하였다. 이러한 사유 구조는 고대 인도 철학이 도달한 가장 섬세하고 정합적인 인식과 존재의 통합 체계 중 하나로, 오늘날까지도 형이상학, 인식론, 종교철학에 깊은 울림을 주고 있다.
그리고 이 사유는 오늘날에도 여전히 우리에게 질문을 던진다.
우리가 경험하는 세계는 실재인가? 아니면 마야가 만든 환영인가?
존재란 고정된 실체인가, 아니면 브라만이라는 궁극적 실재 속에서 드러나는 하나의 흐름일 뿐인가?

✎ 주요 저술

샹카라는 힌두교의 철학적 경전인 베단타(Vedānta)를 체계적으로 해석하며, 다양한 주석서와 철학적 논문을 남겼다.

- **브라흐마 수뜨라 주석(Brahmasūtra Bhāṣya/박효엽, 2016년)** | 베단타 철학의 핵심 경전인 『브라흐마 수트라』에 대한 주석으로, 브라만의 절대성과 마야의 환상성을 강조하였다. 아드바이타 베단타의 기초가 되었다.

- **바가바드 기타 바시야(Bhagavad Gītā Bhāṣya/김병채(크리슈나다스), 2024)** | 『바가바드 기타』에 대한 철학적 해석. 신앙(바크티)과 지식(지나 요가)의 조화를 설명하였고, 윤리적 실천과 깨달음을 강조하였다. 국내에는 『샹카라차리야의 바가바드 기타』라는 제목으로 출간되었다.

16 | 주자 1130~1200
'이'와 '기'의 관계는 무엇인가?

"사물의 이치를 바로잡아야 지식에 이르고, 지식에 이르면 뜻이 성실해지며, 뜻이 성실하면 마음이 바르게 된다."

—『대학장구(大學章句)』, 1177~1190경

주자(朱熹, Zhu Xi, 1130~1200)는 성리학(性理學, Neo-Confucianism)의 집대성자이자 주자학의 창시자로, 송대 중국 철학의 중심 인물이었다. 주자는 '이理'와 '기氣'의 개념을 중심으로 우주의 질서와 인간의 인식을 설명하고자 했다. 그는 '이理'를 우주의 보편적이고 영속적인 원리로 정의했고, '기氣'를 '이'가 현실에서 구체화하는 물질적 요소로 보았다. '이理'가 없다면 만물은 혼돈에 빠지고, '기氣'가 없다면 실재할 수 없다.

실재와 변화: 이와 기의 상호작용

"만물에는 변하지 않는 이가 있고, 그것이 기를 통해 구체화된다" – 주자는 우주와 자연, 인간 존재의 근본 구조를 설명하기 위해 '이理'와 '기氣'의 조화로운 관계를 강조했다. '이'는 만물의 본질과 질서를 결정짓는 보편적 원리이며, 변하지 않고 영원하다. 그러나 '이'만으로는 세계가 형성되지 않는다. '기'는 변화와 다양성을 만들어내는 물질적 에너지로, 이를 구체화하는 역할을 한다. 기가 없이는 이는 단순한 개념에 머물 뿐이다. 기를 통해 이는 현실이 된다.

'이理'는 사물이 마땅히 그러해야 할 법칙이자 본질이며, 모든 존재의 궁극적인 근거이다. '이'는 형체가 없고形而上, 시공간을 초월하며, 순수하고 완전하며 절대적으로 선善하다. 예를 들어, 인간에게는 인의예지仁義禮智라는 본성性이 바로 '이'에 해당하며, 모든 사물에는 각기 그것이 그것이게끔 하는 고유한 '이'가 내재한다. 우주 전체의 모든 '이'를 총괄하는 궁극적인 실재를 주자는 '태극太極'이라고 칭하였다. '이'는 하나이면서 동시에 개별 사물 속에서 다양하게 드러나는데, 이는 '이' 자체가 나뉘는 것이 아니라 '기'의 제약 속에서 다르게 발현되기 때문이다.

'기(氣, Material Force/Vital Force)'는 만물을 구성하는 구체적인 질료이자 생명력이며, 운동과 변화의 원동력이다. '기'는 형체가 있고形而下, 끊임없이 변화하며, 맑고 흐림, 온전하고 치우침 등의 차이를 지닌다. 이러한 '기'의 차이 때문에 동일한 '이'를 부여받았음에도 불구하고 현실의 존재들은 각기 다른 모습과 성질을 가지게 된다. 예를 들어, 인간의 다양한 기질氣質과 육체적 조건, 심지어 악惡의 가능성까지도 '기'의 불완전함이나 치우침에서 비롯된다고 보았다. 나무의 성장 원리는 '이'에 의해 결정되지만, '기'에 의해 실제로 자라고 변화한다. 주자 철학에서 '이'와 '기'는 서로 독립적으로 존재하지 않으며, 항상 함께 작용하여 세계를 구성한다.

주자는 '이'와 '기'가 실제 세계에서는 결코 분리되어 존재할 수 없다고 강조하였다. '이'는 '기'를 떠나 존재할 수 없고, '기'는 '이'가 없으면 존재의 근거를 잃는다. 그러나 개념적으로는 '이'가 '기'보다 근원적이고 우위에 있다

理先氣後. 이는 '이'가 존재의 법칙으로서 '기'의 운동과 형성에 방향성을 부여하기 때문이다. 그렇다면 우리는 현실에서 무엇을 경험하는가? 우리의 눈에 보이는 것은 '기'의 작용이며, 우리가 깨달아야 할 것은 '이'의 존재다.

격물치지와 앎의 확장

"격이란 도달한다는 뜻이다. 물은 사물이다. 앎을 이룬다는 것은 사물을 격하여 그 이치에 이르면 곧 앎에 도달하는 것이다" – 주자의 존재론은 그의 인식론과 긴밀하게 연결된다. 인간이 사물의 '이'를 어떻게 인식하고 앎에 이를 수 있는가하는 문제에 대해 주자는 '격물치지格物致知'를 핵심적인 방법으로 제시하였다. 격물格物의 '격格'은 '이르다', '나아가다'는 뜻으로, '격물'은 사물에 나아가 그 이치를 궁구하는 것을 의미한다. 주자는 세상의 모든 사물, 사건뿐만 아니라 내 마음의 작용까지도 '격'의 대상이 된다고 보았다.

"만물에는 모두 이가 있으니, 마땅히 그것을 격한 뒤에 알아야 한다. 알아야 비로소 뜻을 성실히 할 수 있다" – 이는 단순히 외부 사물을 관찰하는 경험론적인 접근을 넘어, 그 안에 내재한 '이'를 파악하려는 지적 탐구 활동이다. 독서, 역사 학습, 일상 경험 등 다양한 방법이 '격물'에 포함될 수 있다. 치지致知는 앎을 극진히 하여 완전한 지혜에 이르는 것을 의미한다. '격물'을 통해 개별 사물의 '이'를 하나하나 알아가다 보면, 어느 순간 모든 이치가 하나로 통하는 경지(豁然貫通, 활연관통)에 이르게 되는데, 이것이 바로 '치지'의 상태이다.

격물의 반복적 탐구를 통해 우리는 '지知'에 도달하게 된다. 여기서의 '지'는 단순한 정보나 지식이 아니라, 도덕적 판단력과 사유를 바탕으로 한 통합적 인식, 즉 성인聖人의 앎에 가까운 것이다. 주자에게 있어 앎은 윤리적이고 존재론적이며, 단지 머릿속에 머무는 것이 아니라 삶 속에서 실현되어야 하는 실천적 가치이다. 즉, 주자의 격물치지는 경험주의도 아니고, 순수한 연역적 합리주의도 아니다. 그는 경험과 사유를 동시에 통합하는 유학적 인식론을 구성한다. 인간은 사물과의 상호작용 속에서 '리'를 깨달아가며, 그 깨달음은 다시 자신의 마음을 정화하고 도덕적 실천을 가능하게 한다. 이것은 인식과 실천, 주체와 세계가 분리되지 않은 사유 방식이며, 바로 그 점에서 주자 인식론의 독창성이 드러난다.

거경궁리와 성인의 길

"이를 깨달아 마음에 간직하고, 실천 속에 구현한다면 그것이 곧 군자의 학문이다" – 주자의 존재론과 인식론은 궁극적으로 어떻게 살아야 하는가, 즉 윤리론과 수양론으로 귀결된다. 주자는 인간의 마음心 역시 '이'와 '기'로 이루어져 있다고 보았다. 마음의 본체인 성性은 순수한 '이'로서 본래 밝고 앎의 능력을 갖추고 있지만, 현실의 마음은 '기'의 영향을 받아 가려지거나 어두워질 수 있다. 인간의 본성性이 곧 하늘의 이치인 '이理'와 동일하다性卽理는 명제는 그의 윤리론의 대전제이다. 인간의 본성은 본래 지극히 선하지만, '기질氣質'의 영향으로 인해 사사로운 욕망人欲이 생겨나 본성을 가리고 악행을 저지를 수 있다. 따라서 윤리적 실천과 수양의 목표는 이러한 '기'의 폐단을 극복하고 탁한 기질을 변화시켜, 하늘로부터 부여받은 선한 본성, 즉 천리天理를 온전히 보존하고 실현하는 것이다存天理, 去人欲.

"마음이란 본성을 주재하는 것이다" – 주자는 인간의 마음心이 본성性과 감정情을 포괄하는 중심적 역할을 한다고 보았다. 즉, 마음은 하늘이 부여한 순수한 이치인 본성性과 일상의 경험을 통해 드러나는 다양한 감정들情, 즉 기쁨喜, 분노怒, 슬픔哀, 즐거움樂 등의 정서를 함께 아우르는 기능을 지닌 것이다. 이러한 관점에서 보았을 때, 마음을 어떻게 잘 다스릴 것인가는 곧 인간 수양에서 가장 중요한 문제 중 하나가 되었다.

이를 위한 구체적인 수양 방법론으로 주자는 '거경궁리居敬窮理'를 제시하였다. '거경居敬'은 마음을 한 곳에 집중하여 흐트러지지 않게 하고, 항상 삼가고 조심하며 엄숙함을 유지하는 내면적 수양 방법이다. 이는 '기'의 발동을 조절하고 사사로운 욕망이 일어나는 것을 막아 마음의 본체인 '이'가 항상 밝게 드러나도록 하는 공부이다. 정좌靜坐나 성찰省察 등이 '거경'의 실천 방법이 될 수 있다. 궁리窮理는 '격물치지'와 거의 동일한 의미로, 사물의 이치를 끝까지 탐구하여 앎을 넓히는 외면적, 지적 수양 방법이다. 이를 통해 무엇이 올바른 도리理인지를 명확히 알 수 있다. 주자는 '거경'과 '궁리'가 마치 수레의 두 바퀴나 새의 두 날개처럼 서로 의지하고 함께 나아가야 한다고 강조하였다. 내면의 경건함 없이는 이치를 제대로 탐구할 수 없고, 이치에 대한 앎 없이는 경건함을 제대로 실천하기 어렵기 때문이다.

주자의 사유가 동아시아 사상에 미친 영향

주자의 사유는 존재와 인식, 인간과 도덕, 사회 질서의 원리까지 철학적으로 정립한 종합체계로서, 이후 동아시아 유교 문화권 전반에 깊고 지속적인 영향을 끼쳤다. 주자 이후의 유학은 더 이상 단순한 윤리나 정치 규범이 아니라, 인간과 세계를 해석하는 형이상학적 사유 체계로 자리 잡게 된다. 주자의 철학은 동아시아 유교 문화권 전체에 철학적 공통 언어를 제공했다. 각 지역은 다양한 방식으로 주자의 사유를 수용했지만, 공통적으로 '이' 중심의 질서 있는 세계관, 격물치지格物致知를 통한 앎의 도달, 도덕 수양을 통한 인간 완성이라는 구조를 공유했다.

주자의 가장 중요한 공헌 중 하나는 유학의 철학화였다. 그는『대학』,『논어』,『맹자』,『중용』등 경전을 통일된 철학적 구조 속에서 재해석하면서 '이理'를 중심으로 한 존재론과 인식론을 정립했다. 그 결과, 유학은 실용적 도덕 지침이 아니라 세계의 이치, 인간의 마음, 도덕적 자각을 논의할 수 있는 철학의 언어를 갖추게 되었다. 이러한 체계는 이후 중국 남송 이후의 학술 전통은 물론, 고려 말기~조선, 에도 시대 일본, 응우옌 왕조기의 베트남에까지 영향을 끼쳤다.

주자학은 동아시아 여러 지역의 교육 시스템과 관료 선발 체계에 직접적인 제도적 영향을 주었다. 그는 사서에 주석을 달아『주자집주朱子集註』를 편찬했고, 이 텍스트는 과거 시험의 핵심 교재로 사용되었다. 이에 따라 동아시아의 유학교육은 주자 해석을 중심으로 구성되었고, 지식의 습득은 곧 주자적 질서와 논리를 학습하는 과정이 되었다. 그 영향은 단지 학문에 그치지 않고, 정치 제도와 사회 윤리의 정당성까지도 주자의 사유에서 근거를 찾게 되었다. 특히 예禮에 대한 주자의 강조는 가족 질서, 통치 윤리, 인간관계 규범 등에 철학적 근거를 부여하며, 유교적 문명 질서의 핵심 기둥이 되었다.

주자학이 학문과 사회 전반의 표준이 되면서, 그에 대한 비판적 대안도 등장하게 된다. 대표적인 흐름이 명대의 왕양명王陽明을 중심으로 한 양명학陽明學이다. 양명학은 '이'를 외부에서 찾지 않고, 마음속에 이미 있는 도덕의 직각 능력에 주목하였다. 이는 주자의 객관적 질서 탐구와는 대조적으로, 주관적 자각과 실천의 즉시성을 강조한다. 양명학은 이후 중국 내에서 학문과 정치의 개혁 담론으로 활용되었고, 일본에서는 에도 후기와 메이지 유신 전후의 사상적 자양분이 되었으며, 베트남과 한국 등지에서도 주자학의 경직성을 비판하고 도덕 주체의 내면성 회복을 주장하는 흐름과 만났다.

주자의 사유는 동아시아 전반에 걸쳐 제도, 교육, 윤리, 정치, 문화 전반에 깊이 스며든 세계관의 기반이었다. 주자의 사유는 동아시아 사상사의 중심축으로서 작용했을 뿐 아니라, 사유가 자신을 돌아보고 스스로를 넘어서게 하는 질문의 계기를 제공함으로써, 동양 철학의 발전과 다양화에 결정적 촉매제가 되었다.

주자의 철학은 세계와 인간, 앎과 행위를 하나로 꿰는 세 겹의 중심축으로 정리된다. 그것은 바로 이와 기의 존재론, 격물치지의 인식론, 거경궁리의 수양론이다.

그는 우주 만물이 '이理'라는 보편 질서와 '기氣'라는 개별적 형상으로 구성되어 있다는 관점을 통해, 존재의 구조를 질서 있게 설명했다. 이로써 사물과 인간, 자연과 윤리는 하나의 원리에 기반한 연속적인 세계로 이해되었으며, 이는 동아시아 유학의 형이상학을 가능하게 했다.

또한 그는 인간이 앎에 이르는 과정을 '격물치지', 즉 사물의 이치를 치밀하게 탐구하는 반복적 실천으로 설명하며, 지식과 도덕, 인식과 실천이 분리되지 않는 통합적 인식론을 펼쳤다. 이는 교육과 학문뿐 아니라 도덕적 자아의 형성에도 결정적 기준이 되었다.

무엇보다 중요한 것은, 그 모든 철학을 인간 내면의 실천으로 수렴한 '거경궁리居敬窮理', 즉 마음을 가다듬고 이치를 궁구하는 자기 수양의 방법론이다. 주자에게 철학이란 삶에서 떠나 있지 않으며, 사유는 삶의 중심을 정제하고 이끌어가는 내면의 공부였다.

이와 기, 격물치지, 거경궁리로 이어지는 그의 사유는 단지 이론이 아니라, 동아시아 문명 전체에 존재론적 기초, 인식론적 질서, 수양적 방향을 동시에 제공한 거대한 철학적 구조였다.

 그리고 그 유산은 오늘날에도 질문을 낳는다. 우리는 지금도 '무엇이 참인가?', '어떻게 알아야 하는가?', '어떤 삶을 살아야 하는가?'라는 물음 앞에 서 있다. 주자의 철학은 이 질문들에 질서 있게 사유하는 법을 가르쳐준다.

🖋 주요 저술

- **근사록(近思錄), 1175년 무렵/이광호, 2004년)** | 선진(先秦)에서 송대(宋代)에 이르는 유가(儒家) 경전 및 학자들의 핵심 문장을 주제별로 모아 해설한 성리학 입문의 필독서. 도덕 수양과 학문의 방법론을 정리하였으며, 후대 성리학·심학(心學)에 큰 영향을 끼쳤다.

- **주자집주(朱子集註), 1177~1190년 무렵)** | 사서(四書: 논어, 맹자, 대학, 중용)에 대한 주자의 주석이다. 『논어집주(論語集註)』『맹자집주(孟子集注)』『대학장구(大學章句)』『중용장구(中庸章句)』을 모은 저작으로, 유교 경전 해석의 표준을 제시하였다. 기존 주석가들의 견해를 엄밀히 대조·비판하였으며, 송대 이후로 '정본(定本)' 주석 구실을 하게 된다.

- **주역본의(周易本義), 1186경에 완성)** | 주역(周易)에 대한 주자의 대표적 주석서. 성리학적으로 '이(理)'와 '기(氣)', 상징체계(괘사·효사)를 해설하여, 우주론·인성론적 차원을 부각하였다.

PART 6

신앙과 이성:
진리를 향한 또 다른 길

중세 유럽은 종교와 권력이 한 몸이 되어 교회가 지적 활동의 중심이 되었다. 신학이 철학과 과학을 압도하고, 이성적 탐구보다는 신앙과 권위에 의한 진리 해석이 우위를 점하게 되었다. 신은 세계의 원리였고, 신의 존재를 탐구하는 것은 곧 존재와 실재의 본질을 이해하는 것이었다.

그러나 이 탐구가 신앙만으로 가능할까? 신이 인간에게 이성을 주었다면, 우리는 그것을 통해 신을 이해할 수 있지 않을까?

그렇게 중세의 철학자들은 신앙을 넘어 이성을 통한 신의 탐구를 시작했다. 플로티노스(204~270)는 모든 존재의 궁극적 원천인 '일자' 개념을 토대로 신플라톤주의 철학을 이끌었고, 아우구스티누스(354~430)는 플라톤의 사상을 받아들이며 신과 영원의 세계를 철학적으로 정립하려 했고, 이븐 시나(980~1037)는 아리스토텔레스의 논리를 활용하여 신과 존재의 구조를 체계적으로 설명했다. 오컴(1287~1347)은 신을 설명하는 데 불필요한 개념을 배제하고자 했다.

이들은 이런 믿음으로 신과의 관계 속에서 진리를 찾고자 하는 노력을 멈추지 않고 이성을 끝없이 펼쳐나갔다.

17 | 플로티노스 204~270
모든 존재의 궁극적 원천은 존재하는가?

"일자 안에 아무것도 없기 때문에, 오히려 모든 것이 그것으로부터 비롯된다. 그것은 형상을 가지지 않기에 모든 것에 형상을 부여한다. 그것은 존재하지 않기에 모든 존재에게 존재를 부여한다."
―『엔네아데스』, 253~270

신플라톤주의의 창시자인 플로티노스(Plotinus, 204~270) 철학의 핵심에는 모든 존재의 궁극적 원천이자 형언할 수 없는 초월적 실재인 '일자(一者, to Hen)' 개념이 자리 잡고 있다. 이는 플라톤 철학, 특히 '선善의 이데아' 개념에 깊이 뿌리내리고 있으며, 이를 더욱 근원적이고 초월적인 차원으로 확장시킨 독창적인 형이상학적 사유이다.

일자 一者: 존재의 궁극적 원천

"일자는 모든 것이지만, 그 중 어느 것도 아니다." ― 플로티노스에게 일자는 모든 것의 시작이자 끝이다. 그러나 일자는 존재하는 '어떤 것'이 아니다. 그것은 존재 자체를 포함한 모든 규정과 한계를 넘어서는 절대적 실재이다. 만약 일자가 특정한 속성이나 형태를 가진다면, 그것은 이미 다른 것에 의해 규정된 것이므로 궁극적 원천이 될 수 없다. 따라서 일자는 '존재 너머beyond being'에 있으며, 어떠한 이름이나 개념으로도 완전히 포착될 수 없는 '형언할 수 없는ineffable' 실재이다.

플로티노스의 일자 사상은 플라톤(BC 427~347)의 '선의 이데아' 개념을 계승하고 발전시킨 것이다. 플라톤에게 선의 이데아는 모든 이데아들 중 가장 최상위에 있으며, 다른 모든 이데아들에게 존재와 인식 가능성을 부여하는 원리이다. 마치 태양이 세계의 사물들에게 가시성과 성장의 원리를 제공하듯이, 선의 이데아는 가시적인 세계의 진리와 존재의 근원이다. 플라톤은 선의 이데아를 '존재와 지식을 넘어서는 것'으로 묘사하며 그 초월성을 암시하기도 하였다.

플로티노스는 플라톤의 이러한 통찰을 극단까지 밀고 나아갔다. 플라톤에게 선의 이데아가 이데아 세계의 정점이었다면, 플로티노스에게 일자는 이데아 세계(정신) 자체를 포함한 모든 존재의 근원으로서, 선의 이데아보다 한 차원 더 높은 형이상학적 지위를 가진다. 플로티노스는 플라톤이 암시했던 선의 이데아의 초월성을 절대화하여, 그것을 모든 규정과 한계를 벗어난 순수한 하나, '일자'로 정립한 것이다.

유출: 일자로부터 물질세계까지

"일자 안에는 아무것도 없기 때문에, 모든 것이 거기서 비롯된다" – 플로티노스 철학에서 우주의 다채로운 현상과 존재의 등급은 절대적 통일체인 '일자一者'로부터 비롯되는 필연적인 과정, 즉 '유출 이론Emanation Theory, prohodos'을 통해 설명된다. 이는 '무無로부터의 창조creatio ex nihilo'나 의지를 가진 신의 계획적인 창조와는 구별되는 독특한 모델이다.

플로티노스에게 유출은 일자의 완전성과 충만함에서 비롯되는 자연스럽고 필연적인 현상이다. 이는 마치 태양이 스스로의 본성상 빛을 발산하고, 불이 열기를 내뿜는 것과 유사하다. 일자는 완전한 자기 충족 상태이기에 무언가를 창조하려는 의지나 필요를 가지지 않는다. 유출은 일자 자신의 완전성을 조금도 감소시키지 않으면서, 마치 가득 찬 잔에서 물이 넘치듯, 그 완전함이 자연스럽게 하위의 실재들을 생성해낸다. 이 과정에서 중요한 점은, 일자로부터 멀어질수록 존재의 통일성과 완전성은 점차 감소한다는 것이다. 각 단계는 이전 단계의 '상image' 또는 '반영'이지만, 그보다는 덜 완전하고 더 분열되어 있다.

"일자에서 정신이 유출되고, 정신에서 다시 영혼이 유출된다" – 일자로부터 가장 먼저 유출되는 것은 '정신Nous'이다. 정신은 일자를 관조contemplation하려는 시도 속에서 생성된다. 일자 자체는 너무나 완전하고 단순하여 사유의 대상이 될 수 없지만, 정신은 일자를 향한 응시를 통해 자신의 내용을 획득한다. 정신의 세계는 플라톤의 이데아Idea 또는 형상Form들이 존재하는 영역이다. 이곳에서는 사유하는 주체와 사유되는 대상(이데아들)이 일치한다. 즉, 정신은 '자신을 사유하는 사유thinking thinking itself'이다. 비록 정신이 일자 다음으로 가장 통일되고 완전한 실재이지만, 사유 주체와 대상, 그리고 다양한 이데아들이라는 다수성을 내포하기에 절대적인 하나로서의 일자보다는 낮은 단계이다. 정신은 존재와 사유가 시작되는 곳이다.

정신으로부터 다음으로 유출되는 것은 '세계 영혼World Soul' 또는 단순히 '영혼Soul'이다. 영혼은 정신Nous의 이데아들을 관조한다. 영혼은 정신보다는 덜 통일되어 있으며, 이중적인 성격을 지닌다. 영혼의 상위 부분은 여전히 정신의 이데아 세계를 향하며 관조 활동을 계속한다. 반면, 영혼의 하위 부분은 아래를 향하여 물질세계를 형성하고 질서를 부여하며 생명을 불어

넣는 역할을 수행한다. 즉, 영혼은 가지적 intelligible 세계와 가시적 sensible 세계를 매개하는 다리이다. 개별 인간 영혼들도 이 세계 영혼의 일부이거나 그로부터 파생된다. 영혼은 시간 속에서 운동하며 가시적 우주를 지배한다.

영혼의 활동이 계속 아래로 향하면서, 그 창조적이고 형성하는 힘은 점차 약화된다. 유출의 가장 마지막 단계, 일자로부터 가장 멀리 떨어진 지점에 이르면 '물질 Matter'이 나타난다. 플로티노스에게 물질 자체는 어떤 적극적인 실재라기보다는, 형상 form과 빛(일자로부터 오는 선함과 실재성)이 거의 부재하는 상태, 즉 '결여'이다. 물질은 완전한 무규정성이며, 분열과 다수성의 원리이다. 일자가 절대적 선 Good이자 빛이라면, 물질은 그 빛이 거의 닿지 않는 어둠에 해당한다. 따라서 악 evil은 물질 자체에 내재하는 어떤 힘이 아니라, 선의 결핍, 즉 일자로부터 최대한 멀어져 형상과 통일성을 거의 상실한 상태이다. 물질세계는 그 근본적인 한계로 인해 유출 과정의 가장 낮은 등급에 머무른다.

영혼 회귀론: 철학적 여정의 궁극 목적

플로티노스에 따르면, 개별 인간 영혼은 본래 신적인 기원을 가진다. 영혼은 세계 영혼의 일부로서, 궁극적으로는 정신 Nous을 통해 일자로부터 비롯되었다. 그러나 영혼은 하위 세계, 즉 물질세계에 대한 관심과 활동 과정에서 자신의 고귀한 본성을 망각하고 육체와 감각적 경험에 휘말리게 된다. 이는 영혼이 마치 자신의 고향을 떠나 타향에서 유배 생활을 하는 것과 같은 상태이다. 이런 이유로 본래의 근원으로 돌아가고자 하는 깊은 갈망이 영혼에는 내재되어 있다.

"영혼의 과업은 일자로 돌아가, 자기 자신도 하나가 되고 단순하고 순수해지는 것이다"– 플로티노스 철학에서 인간 삶의 궁극적인 목적 telos은 영혼이 감각 세계와 육체의 속박으로부터 벗어나 점진적으로 상승하여 마침내 그 근원인 일자와 다시 합일(合一, henosis)하는 것이다. 유출이 일자로부터 멀어지는 원심적 운동이었다면, 회귀는 다시 일자를 향해 나아가는 구심적 운동이다. 일자는 모든 존재와 가치의 원천이자 절대적인 선善 그 자체이므로, 영혼이 일자로 회귀하는 것은 자신의 본성을 완전히 실현하고 참된 행복과 완전성에 도달하는 유일한 길이다.

"너 자신 안으로 물러나서 보라. 만약 아직 아름답지 않다면, 조각가처럼 너 자신을 아름답게 만들라"– 영혼의 회귀는 저절로 이루어지는 것이 아니라, 의식적인 노력과 수행을 요구한다. 회귀의 여정은 다음과 같은 단계로 이루어진다.

가장 먼저 '정화 Purification'의 단계로 영혼을 육체적 욕망과 감각적 쾌락의 지배로부터 해방시키는 것이다. 이는 윤리적 덕목(용기, 절제, 정의 등)을 실천하고, 영혼을 더럽히는 격정들로부터 멀어짐으로써 가능해진다. 영혼은 물질세계에 대한 집착을 버리고 내면의 세계로 관심을 돌려야 한다.

다음으로 '지적 상승 Intellectual Ascent'의 단계로 감각적 인식을 넘어 이성적 사유와 철학적 성찰을 통해 정신 Nous의 세계, 즉 이데아(형상)의 세계로 나아가는 것이다. 이 단계에서는 변증법적 탐구와 지적 훈련을 통해 영혼은 가변적인 현상 세계 너머의 영원하고 불변하는 진리를 인식하게 된다.

다음으로 '신비적 관조 Mystical Contemplation'의 단계로 이성적 사유마저 넘어서는 것이다. 철학적 명상과 깊은 내적 집중을 통해 영혼은 정신의 영역을 초월하여, 모든 분별과 개념을 넘어선 일자와의 직접적이고 형언할 수 없는 합일을 경험한다.

"나는 여러 차례, 내 몸 밖으로 벗어나 하나와 합일하는 경험을 했다"–

회귀 여정의 정점은 '헤노시스Henosis', 즉 일자와의 완전한 신비적 합일이다. 이 상태에서는 '나'와 '일자'라는 주객관의 구별이 사라진다. 영혼은 마치 빛이 빛 속으로 녹아들 듯, 일자 안에서 자신의 개별성을 초월한다. 이 합일의 경험은 비록 순간적이고 표현하기 어려운 것일 수 있지만, 영혼이 도달할 수 있는 최고의 상태이자 모든 철학적, 영적 노력의 궁극점이다.

'헤노시스'는 또한 앎의 종착점이자 탈지성적인 초월의 경험이다. 일반적으로 앎(인식)은 주체가 대상을 분별하고 파악하는 과정이다. 그러나 플로티노스에게 진정한 앎은 이원적 구조를 넘어서는 내적 직관이다. 일자는 어떤 매개적 개념이나 언어로는 포착되지 않기 때문에, 이성을 통한 앎으로는 접근할 수 없다. '헤노시스'는 인간이 실현하여야 하는 영적 여정의 최종 도달점이기도 하다. 이 경험은 시간도 공간도 없는 무차별의 통합 상태, 곧 영혼과 하나가 구별 없이 일치하는 상태를 의미한다. 플로티노스에게 헤노시스는 철학의 목표이며, 존재의 회복이자 앎의 종착점이다. 인간은 세계 속에서 유출된 존재이지만, 그 존재는 본래 하나로부터 왔기에 다시 그 하나로 돌아가려는 내적 본성을 지닌다. 헤노시스는 바로 그 귀환의 완성이다. 이때 인간은 더 이상 '하나를 아는 자'가 아니라, '하나 그 자체가 되는 자'가 된다.

플로티노스 철학의 사상사적 영향

플로티노스의 철학은 그 자체로 고대 그리스 철학, 특히 플라톤 사상의 최종적이고 가장 정교한 형태 중 하나로 평가된다. 그의 제자 포르피리오스(Porphyry, 234~305)는 스승의 강의록인 『엔네아데스』를 편집하여 후세에 전하였다. 플로티노스를 계승한 이암블리코스(Iamblichus, 245~325), 프로클로스(Proclus, 412~485) 등 후기 신플라톤주의자들은 그의 사상 체계를 더욱 발전시키고 체계화하여, 고대 후기 지성계를 주도하는 가장 영향력 있는 철학 학파를 이루었다. 이들의 저작과 주석 활동은 플라톤 및 아리스토텔레스(BC 384~322) 철학의 해석과 전승에 결정적인 역할을 하였다.

플로티노스의 사상은 초기 기독교 교부들과 신학자들에게 매우 중요한 철학적 자원을 제공하였다. 특히 라틴 교부 아우구스티누스(354~430)는 플로티노스(혹은 신플라톤주의) 사상과의 만남을 통해 신의 비물질성, 악의 문제(선을 결여한 상태로서의 악), 영혼의 상승과 내면 탐구의 중요성 등 기독교 신학의 핵심 주제들을 정립하는 데 큰 영향을 받았다. 또한, 위僞-디오니시우스 아레오파기타(Pseudo-Dionysius the Areopagite, 470?~520?)는 플로티노스와 후기 신플라톤주의의 위계적 존재론, 유출(발출)과 회귀의 구조, 신비적 합일 사상 등을 기독교적으로 재해석하여 동방 정교회는 물론 서방 중세 신비주의 신학에 결정적인 영향을 끼쳤다.

플로티노스의 사상은 이슬람 철학의 황금기에도 큰 영향을 주었다. 알-킨디(801~873), 알-파라비(872~950), 이븐 시나(980~1037)와 같은 주요 이슬람 철학자들은 플로티노스의 유출 이론을 받아들여, 알라(신)로부터 지성intellects과 천구celestial spheres, 그리고 지상의 세계가 단계적으로 생성되는 우주론을 발전시켰다. 이는 그리스 철학을 이슬람의 유일신 사상과 조화시키려는 시도에서 중요한 역할을 하였다.

에리우게나(815~877), 마이스터 에크하르트(1260~1328) 등 중세 신비주의 사상가들은 신플라톤주의적인 일자(신)와의 합일, 영혼의 상승 등의 주제를 깊이 탐구하였다. 르네상스 시대에는 플라톤과 더불어 플로티노스에 대한 관심이 부활하여, 마르실리오 피치노(1433~1499)가 『엔네아데스』를 라틴어로 완역하는 등 그의 사상이 다시금 주목받았다. 르네상스 인문주의자들과 예술가들에게 플로티노스의 영혼론, 미美와 사랑Eros에 대한 관념, 존재의 위계적 질서 사상 등은 중요한 영감의 원천이었다.

플로티노스의 영향은 근대 철학, 특히 독일 관념론에서도 발견된다. 셸링(1775~1854)이나 헤겔(1770~1831)의 절대자 개념, 변증법적 발전 구조(유출과 회귀의 변형), 정신과 자연의 관계 설정 등에서 플로티노스 사상의 직간접적인 메아리를 찾아볼 수 있다.

플로티노스는 플라톤의 '선의 이데아' 개념을 계승하면서도, 이를 '존재 너머'의 절대적 하나로 격상시킴으로써 독창적인 신플라톤주의 철학 체계를 구축하였다. 그의 철학에서 인간 영혼의 궁극적 목적은 유출의 과정을 거슬러 올라가 이 근원적인 일자와 신비적으로 합일henosis하는 것이다.

플로티노스의 신플라톤주의는 이후 천 년 이상 서양과 이슬람 세계의 형이상학, 신학, 우주론, 영혼론, 신비주의 사상에 지울 수 없는 흔적을 남겼다. 그의 철학은 기독교와 이슬람이라는 새로운 종교 사상이 철학적 토대를 마련하는 데 결정적인 도움을 주었으며, 중세와 르네상스를 거쳐 근현대에 이르기까지 중요한 사상적 영감의 원천이 되었다.

주요 저술

- **엔네아데스(Enneads, 253~270/조규홍, 2015)** | 신플라톤주의 철학의 원전이며, 플로티노스의 제자 포르피리오스(234~305)가 플로티노스 사후에 편집하였다. 총 6권 54편의 철학적 논문으로 구성된다. 윤리학, 자연철학, 우주론, 영혼론, 정신과 이데아, 일자와 존재론으로 구성된다.

18 | 아우구스티누스 354~430
신과 시간은 어떻게 인간을 규정하는가?

"주님이시여, 당신은 과거를 지나쳐 달려가지 않으며, 현재를 따라 흐르지도 않으십니다. 당신은 언제나 어디서나 완전히 현존하시며, 영원하신 당신만이 참된 '지금'을 아십니다."

— 『고백록』, 397~400경

아우구스티누스(Augustine of Hippo, 354~430)는 플라톤과 신플라톤주의 Neoplatonism를 기독교 신학과 결합시키며, 신과 인간, 존재와 인식의 문제를 철학적으로 탐구했다. 그의 철학에서 핵심이 되는 것은 신이 존재의 근원이며, 인간의 인식 또한 신을 통해 가능하다는 점이었다.

인간은 감각과 이성을 통해 세계를 이해하지만, 그 궁극적인 진리에 도달하기 위해서는 신의 조명이 필요하다. 신앙과 이성의 관계, 감각과 지성의 역할, 그리고 우리가 진리를 어떻게 인식할 수 있는지에 대한 문제는 그의 철학 전반을 관통하는 중요한 질문이었다.

아우구스티누스는 신앙만으로 철학을 대체하려 하지 않았다. 오히려 그는 이성을 통해 신을 탐구하고, 신앙을 통해 이성을 확장할 수 있다고 믿었다. 그의 사유는 단순한 신학적 논증이 아니라, 존재와 진리를 향한 길고 험한 철학적 여정이었다.

나는 나를 넘는 자를 통해 존재한다

아우구스티누스 철학의 심장부에는 나는 나를 넘어서는 절대적 존재를 통해서만 존재한다는 깊은 통찰이 자리 잡고 있다. 그에게 있어 '신(Deus, 데우스)'은 만물의 창조주를 넘어, 모든 존재의 궁극적 근원이자 존재자들이 있을 수 있도록 그 존재 자체를 부여하고 유지하는 분(Ipsum Esse, 입숨 에쎄)이다. 신은 다른 어떤 것에도 의존하지 않고 스스로 존재하는 유일한 실재이며, 영원하고 불변하며 완전한 존재 그 자체이다. 이러한 신의 개념은 고대 그리스 철학, 특히 플라톤(BC 427~347)이 제시한 '선의 이데아'와 중요한 유사성과 차이를 보여준다. 플라톤에게 '선의 이데아'가 모든 존재와 인식의 궁극적 원리이자 질서의 근원이었다면, 아우구스티누스는 바로 그 정점에 신을 위치시켰다. 나아가 신은 최고 원리를 넘어, 의지를 가지고 무無로부터 세계를 창조creatio ex nihilo하신 절대자이다. 또한 신은 지금 이 순간에도 시간의 모든 흐름을 넘어 영원히 인간의 숨결과 세계의 질서를 붙들고 유지하고 있다.

"주여, 주께서 존재하시지 않았다면 나 또한 존재하지 않았을 것이며, 주님 안에 있지 않다면 나는 아예 존재할 수 없었을 것입니다" – 아우구스티누스의 이 절절한 고백은 우주 만물이 신의 창조 행위로 시작되었을 뿐만 아니라, 매 순간 신의 힘에 의해 그 존재를 이어가고 있음에 대한 그의 믿음을 잘 보여준다. 신은 저 멀리 세상 밖에 계신 설계자가 아니라, 모든 존재자의 가장 깊은 내면에 빛으로 거하며 그들을 존재하게 하는 본체적 근원이다. 즉, 신은 피조물과 완전히 구별되는 초월적 존재이면서 동시에 모든 존재의 가장 내밀한 실재로서 내재한다. 나아가 아우구스티누스는 존재의 문제를 '선함'의 문제와 분리하지 않았다. 신은 최고선이시며, 신으로부터 창조된 모든 것은 그 자체로 선한 가치를 지닌다. 존재한다는 것 자체가 이미 신의 선한 창조에 참여하는 것이기 때문이다. 그렇다면 세상에 만연한 악惡은 어떻게 설명될 수 있는가?

그는 '악(malum, 말룸)'이 신과 대등하게 맞서는 어떤 실체적인 힘이 아니라고 말한다. 악은 그 자체로 존재하는 것이 아니라, 마땅히 있어야 할 선의 결핍 혹은 부재 상태일 뿐이다. 이는 마치 어둠이 빛이라는 실체의 부재 상태이듯, 질병이 건강의 결핍이듯, 악 또한 신이 부여한 본래의 선한 질서와 존재로부터 이탈하고 멀어진 상태, 즉 선의 부족함으로 이해된다. 이러한 선의 결핍은 신의 창조물 자체의 오류가 아니라, 천사나 인간과 같이 '자유 의지liberum arbitrium'를 부여받은 피조물이 그 의지를 오용하여 불변하는 최고선이신 신에게서 가변적이고 낮은 단계의 선으로 등을 돌릴 때 발생한다. 즉, 악의 근원은 신이 아니라 신으로부터 멀어지려는 피조물의 왜곡된 선택과 의지에 있다.

신과 시간과 인간, 그리고 구원

"당신의 오늘은 결코 지나가지 않습니다. 당신의 오늘은 어제도 없고 내일도 없습니다. 당신의 오늘은 영원합니다" – 아우구스티누스의 사유는 신의 절대적 존재 방식과 피조물의 유한한 존재 방식의 근본적인 차이를 '시간'의 문제를 통해 더욱 심화시킨다. 그는 신을 시간의 제약을 받지 않는 '영원한 현재aeternitas' 속에 존재하는 분으로, 반면 시간은 인간 영혼이 경험하는 유한하고 변화하는 틀로 정의하였다. 『고백록』에서 그는 시간의 본질에 대한 고뇌를 솔직하게 드러낸다.

"시간이란 무엇인가? 만일 아무도 내게 묻지 않는다면 나는 그것을 알고 있다. 그러나 만일 묻는 이에게 설명하려 한다면, 나는 모른다" - 그는 과거는 이미 지나가 버려 존재하지 않고, 미래는 아직 오지 않아 존재하지 않으며, 우리가 인지하는 현재조차도 붙잡을 수 없이 흘러가 버리는 찰나에 불과하기에 시간의 실체를 규정하기 어렵다고 보았다.

그에게 있어 시간은 신에 의해 창조된 피조물이다. 따라서 신은 시간 속에 존재하는 것이 아니라, 시간을 초월한 영원성 속에서 모든 시간을 한순간에 파악한다. 신에게는 과거, 현재, 미래의 구분이 무의미하며, 모든 시간적 사건들이 영원한 현재 안에 동시에 존재한다.

이와 대조적으로, 인간에게 시간은 객관적인 물리적 실체라기보다는 인간 의식(영혼)의 활동 속에서 경험되는 주관적인 틀이다. 과거는 영혼의 '기억memoria' 속에 붙들려 있고, 미래는 '기대expectatio' 속에서 예견되며, 현재는 '주의 집중attentio'을 통해 비로소 경험된다. 즉, 시간은 본질적으로 과거를 향한 기억과 미래를 향한 기대로 영혼이 늘어나고 분산되는 상태로서 경험된다는 것이다. 이는 시간의 본질을 인간의 내면적 경험과 영혼의 구조 속에서 해명하려는 독창적인 시도였다. 더 나아가 아우구스티누스는 이러한 인간의 시간적 실존을 원죄 이후 인간의 실존적 상태와 연결하여 설명한다. 타락한 인간은 과거의 죄와 잘못된 기억에 얽매이고, 미래에 대한 헛된 욕망과 불안한 기대에 사로잡혀 현재의 삶과 영원하신 신에게 집중하지 못한다. 이렇게 시간에 속박된 인간은 끊임없이 변화하고 사라지는 것들 속에서 참된 안식과 자유를 누리지 못하고 불안에 시달릴 수밖에 없다.

아우구스티누스는 바로 이 지점에서 구원의 가능성을 제시한다. 인간은 자신의 유한한 시간성 속에서 좌절할 수밖에 없지만, 신앙을 통해 시간을 초월한 신의 영원성에 참여함으로써 시간의 속박에서 벗어날 수 있다. 신의 은총에 의지하여 영원하신 신께로 향할 때, 인간은 과거의 죄를 용서받고 미래에 대한 불안으로부터 해방되며, 덧없이 흘러가는 시간 속에서도 흔들리지 않는 영원한 현재, 즉 신 안에서의 참된 안식을 누릴 수 있게 된다. 신앙은 흩어진 마음을 신을 향한 사랑으로 모아, 시간의 파편성을 극복하고 영원한 생명으로 나아가는 길을 열어주는 것이다.

진리의 빛과 사랑의 질서

"내면으로 들어가라(In te ipsum redi, 인 테 입숨 레디), 진리는 내 안에 있다(in interiore homine habitat veritas, 인 인테리오레 호미네 하비타트 베리타스)" – 그는 참된 앎이 단순히 외부 세계에 대한 감각적 관찰이나 경험 축적만으로 완성될 수 없다고 보았다. 오히려 진정한 인식은 인간의 시선을 외부에서 내부로 돌려, 자신의 영혼 깊은 곳을 성찰하는 과정을 통해 이루어진다. 이러한 내면 지향성은 플라톤이 영혼이 본래 이데아 세계의 진리를 기억하고 있다는 '상기설 anamnesis'을 제시한 것과 유사점을 갖지만, 아우구스티누스는 이를 기독교 신앙 안에서 독창적으로 변형시켰다. 영혼이 과거의 기억을 더듬는 것이 아니라, 영혼 안에 내주하시는 진리의 근원, 즉 하나님의 '빛'에 의해 영원하고 불변하는 진리를 깨닫게 된다는 것이다.

"당신은 내 안에 계셨지만, 나는 나 밖에서 당신을 찾고 있었습니다" – 그는 이 과정을 '신적 조명 Divina Illuminatio' 혹은 '내적 조명 Inner Illumination'이라는 개념으로 설명하였다. 인간의 이성은 스스로 진리를 만들어낼 수 없으며, 단지 진리의 원천이신 하나님의 빛이 비추어 줄 때 비로소 사물의 본질, 수학적 원리, 도덕 법칙과 같은 영원한 진리들을 '인식'할 수 있게 된다는 의미이다. 이는 마치 태양 빛이 있어야 눈이 사물을 볼 수 있듯, 하나님의 지성적 빛이 있어야 인간의 마음이 진리를 파악할 수 있다는 비유로 이해될 수 있다. 이러한 인식의 확실성은 외부가 아닌 내면에서 확보된다. 그리고 이 내면에서 발견되는 진리는 궁극적으로 인간을 초월하여 존재하는 신적인 진리와 연결되는 통로이며, 이는 내 안의 진리는 나를 넘어서 계신 하나님께로부터 왔다는 그의 확신으로 이어진다.

"올바르게 사랑할 때 우리는 올바르게 살며, 그 순서가 올바를 때 우리의 사랑은 아름답다" – 어떻게 살아야 하는가의 윤리 문제 역시 아우구스티누스에게는 철저히 하나님 중심적인 질서 위에서 해답을 찾을 수 있었다. 그는 인간의 삶이 선하다는 것은 단순히 사회적 규범이나 법률을 준수하는 차원에 머무는 것이 아니라, 마음 속 '사랑의 질서 ordo amoris'를 올바르게 세우고 실현하는 데 있다고 보았다.

이 질서의 정점에는 마땅히 모든 선의 근원이신 하나님이 계셔야 한다. 인간이 마땅히 사랑해야 할 대상들의 가치에 따라 사랑의 순서를 정하고, 가장 가치 있는 분인 하나님을 가장 최상의 대상으로 사랑할 때, 인간은 비로소 창조된 본래의 선한 모습으로 회복된다. 가족, 이웃, 자기 자신, 그리고 세상의 모든 피조물에 대한 사랑 또한 하나님을 향한 궁극적인 사랑의 질서 속에서 제자리를 찾을 때 비로소 왜곡되지 않은 '참된 사랑 caritas'이 된다. 반대로, 인간이 유한하고 가변적인 자기 자신이나 세상의 것들을 불변하고 무한하신 하나님보다 더 사랑하게 될 때, 그 사랑은 본래의 질서를 벗어난 '왜곡된 사랑 cupiditas' 혹은 탐욕이 된다. 이는 모든 죄의 근본적인 원인이 되며, 영혼의 불안과 방황을 초래한다. 아우구스티누스는 바로 이러한 상태를 염두에 두고 『고백록』 첫머리에서 다음과 같이 절규하였다.

"주여, 당신께서는 당신을 향하도록 저희를 만드셨기에, 저희 마음은 당신 안에서 안식을 찾기까지는 결코 평안하지 않나이다." – 『고백록』 I.1

인간의 깊은 갈망과 욕망은 결코 유한한 피조물들로서는 완전히 채워질 수 없으며, 오직 무한하시고 영원하신 존재, 즉 하나님 안에서 그분을 알고 사랑함으로써만 완전한 만족과 평화, 즉 궁극적인 행복beatitudo에 이를 수 있다는 것이다. 이것이 바로 아우구스티누스 윤리학이 지향하는 최종 목적지이다.

아우구스티누스의 철학은 신 존재에 대한 형이상학적 탐구에서부터 시작하여, 그 신의 빛에 의지한 진리 인식의 문제, 그리고 신을 향한 올바른 사랑의 질서를 통해 구현되는 윤리적 삶의 문제까지, 모든 영역을 '하나님'이라는 절대적 중심으로 일관되게 관통하고 있다.

그는 하나님 없이는 존재도 없고, 앎도 없고, 선함도 없다는 기독교 신앙의 핵심을 철학적으로 정교하게 논증하였으며, 이는 이후 서양 철학과 신학의 역사에 지대한 영향을 미쳤다. 그에게 철학함이란 단순한 지적 유희가 아니라, 하나님을 향한 사랑에서 출발하여 진리와 선과 존재의 근원을 찾아가는 영혼의 내적 여정 그 자체였으며, 가장 깊은 사유는 곧 신의 빛에 참여하는 거룩한 행위였다.

주요 저술

- **고백록**(Confessiones, 397~400/문시영, 2024) | 자신의 생애와 회심 과정을 기술하며, 신과의 관계, 죄와 은총, 인간의 내면적 성찰에 대해 다룬 자전적 저서이다.
- **신국론**(De Civitate Dei, 413~426/추인해 외, 2017) | 로마 제국의 멸망과 관련하여 세속 국가와 신의 나라(하늘나라)를 대비하며, 기독교적 역사관과 인간 구원의 과정을 설명한다.
- **자유의지론**(De Libero Arbitrio, 388~395/박일민, 2010) | 악의 문제와 인간의 자유 의지를 논의하며, 인간이 자유 의지를 통해 죄를 선택할 수 있음을 설명하고 있다.

19 | 이븐 시나 980~1037
우연적 존재는 어떻게 존재할 수 있는가?

"필연적 존재란 본질이 곧 존재 자체인 존재이다. 그는 단일하며, 복수성이 없고, 어떠한 원인도 갖지 않는다. 존재하는 모든 우연적인 것은 이 필연적 존재로부터 존재하게 된다."

—『치유의 서』, 1027

이븐 시나(Ibn Sina, 980~1037)는 중세 이슬람 세계의 대표적 철학자이자 의학자로, 서양에서는 아비센나Avicenna로 알려져 있다. 그는 아리스토텔레스 철학과 신플라톤주의를 융합하여 형이상학과 인식론을 발전시켰으며, 신을 '필연적 존재'로 규정하는 철학 체계를 구축했다. 그의 사상은 중세 스콜라 철학과 르네상스 과학에 큰 영향을 미치며, 서양 형이상학과 의학의 발전에 결정적인 역할을 했다.

이븐 시나는 존재를 '필연적 존재(necessary existenc, Ens Necessariume, 엔스 네체사리움)'와 '우연적 존재(contingent existence, Ens Contingens, 엔스 콘틴겐스)'로 나누어 설명했다. '필연적 존재'는 스스로 존재하며 다른 어떤 것에도 의존하지 않는 절대적 존재로, '우연적 존재'는 외부 원인에 의존하여 존재하는 사물이나 현상으로 정의되었다.

필연적 존재와 우연적 존재

"필연적 존재는 스스로의 본질로 인해 반드시 존재한다" – 이븐 시나에 따르면, 필연적 존재는 스스로 존재하며, 존재의 이유를 외부에서 찾을 필요가 없는 완전하고 자립적인 존재다. 필연적 존재는 자체적으로 존재하며, 존재하지 않을 가능성이 없으며, 변화하지 않는 영원한 존재이고, 존재의 근원이자 원인이다.

그는 이 필연적 존재를 신으로 동일시하며, 신은 본질essence과 존재existence가 동일한 존재로, 그 자체로 반드시 존재해야만 하는 절대적 실재로 이해했다. 신은 모든 존재의 근원이자 만물의 원리로, 외부 원인에 의존하지 않고 존재한다. 이러한 신의 개념은 신의 영원성과 자립성을 강조하며, 신이 모든 존재의 근본적인 원인임을 철학적으로 정당화한다.

"우연적 존재는 필연적 존재를 통해 존재를 얻는다" – 반면, 우연적 존재는 스스로 존재할 수 없으며, 외부 원인에 의존해 실현된다. 우연적 존재는 본질적으로 '존재하거나 존재하지 않을 가능성'을 모두 지니며, 이들이 존재하기 위해서는 필연적 존재의 작용이 필요하다.

우리의 경험 세계에서 발견되는 대부분의 사물과 현상은 우연적 존재에 속하며, 이들은 본질적으로 자립할 수 없고 궁극적으로 필연적 존재에 의존한다. 예를 들어, '나무'라는 본질은 나무가 실제로 존재하는지 여부를 결정하지 않으며, 나무의 존재는 토양, 물, 햇빛 등 외부 요인에 의해 이루어진다. 이는 사물의 본질이 존재 자체를 포함하지 않으며, 존재는 외부 조건과 원인에 의해 실현된다는 것을 의미한다.

이븐 시나의 존재론은 세계의 다양성과 다층성을 기술하는 것을 넘어서, 존재 그 자체의 논리적 조건과 위계를 정립하려는 시도였다. 그는 우연적 존재를 통해 세계의 유한성과 의존성을 설명하고, 그 모든 우연성의 궁극적 근거로서 필연적 존재, 즉 그 자체로 존재할 수밖에 없는 존재를 설정하였다. 이 필연적 존재는 곧 모든 존재의 원천이자 근거, 존재론적 절대성을 지닌 신(알라)이다. 이는 단순한 신학적 전제가 아니라, 논리와 존재론이 교차하는 지점에서 도출된 철학적 필연성이었다.

존재와 본질의 구별: 이븐 시나 형이상학의 초석

"본질은 존재를 요구하지 않지만, 존재는 필연적 존재로부터 흘러나온다" – 이븐 시나는 후대 철학에 지대한 영향을 미친 중요한 구별을 제시하였으니, 바로 '존재(Esse, 에쎄)'와 '본질(Essentia, 에센티아)'의 구별이다. '존재'란 어떤 사물이 관념 속에서뿐만 아니라 실제로 현실 세계에 '있음' 그 자체를 의미하는 실존의 측면이다. 반면, 본질은 그 사물이 '무엇'인지를 규정하는 내적 정의, 즉 그 사물을 다른 것과 구별시켜주는 고유한 성질이나 '~임 whatness'을 의미한다. 예를 들어, '인간'의 본질은 '이성적 동물'이라는 정의로 파악될 수 있지만, 이 본질 자체는 특정한 인간 개체가 실제로 존재하는지 여부를 보증하지는 않는다.

'필연적 존재'에게 있어서는 본질과 존재가 완전히 동일하다. 즉, 필연적 존재의 본질 자체가 바로 '존재하는 것'이다. 그의 '무엇임'은 곧 '있음'과 분리될 수 없다. 따라서 필연적 존재는 존재하지 않을 가능성 자체가 없으며, 그의 존재는 다른 어떤 외부 원인에도 의존하지 않는 자존적自存的인 것이다. 이븐 시나는 이러한 특성을 지닌 유일한 존재를 신 God으로 규정하였다. 신의 본질은 곧 존재이므로, 신은 존재하지 않을 수 없으며 모든 다른 존재의 궁극적인 원인이 된다.

필연적 존재를 제외한 세상의 모든 존재자는 '우연적 존재'에 해당한다. 이들에게 있어서 본질은 존재를 필연적으로 포함하지 않는다. 어떤 사물의 본질(예: '나무임', '인간임')은 그 사물이 무엇인지를 정의할 뿐, 그것이 반드시 '존재해야만 한다'는 것을 의미하지는 않는다. 우연적 존재는 그 본질상 존재할 수도 있고 존재하지 않을 수도 있는 '가능성'만을 지닌다. 따라서 이들이 실제로 존재하기 위해서는, 그 본질에 '존재'를 부여하는 외부의 원인이 반드시 필요하다. 예를 들어, '나무'라는 본질은 씨앗, 토양, 물, 그리고 궁극적으로는 필연적 존재인 신과 같은 외부 원인들의 작용을 통해 비로소 '존재'를 획득하여 현실의 나무로 나타나게 된다. 즉, 우연적 존재에게 존재는 본질에 '더해지는added' 어떤 것이다.

이븐 시나의 존재-본질 구분은 다음과 같은 중요한 철학적 함의를 지닌다. 첫째, 이는 신(필연적 존재)과 피조물(우연적 존재) 사이의 근본적인 형이상학적 차이를 명확하게 규명한다. 둘째, 모든 우연적 존재는 자신의 존재를 위해 외부 원인을 필요로 하며, 이 원인들의 연쇄는 궁극적으로 스스로 존재하며 다른 모든 것에 존재를 부여하는 필연적 존재, 즉 신에게서 비롯된다는 우주론적 신 존재 증명의 논리적 토대를 제공한다.

이성적 탐구와 신비적 체험의 조화

"보편적 지성의 빛 없이는 완전한 진리를 이해할 수 없다" – 이븐 시나는 인간이 진리를 탐구하는 과정이 단순한 경험적 습득이 아니라, 점진적이고 구조적인 발전 과정을 거친다고 보았다. 그는 이를 감각적 인식 → 상상적 인식 → 이성적 인식 → 능동적 지성이라는 네 단계로 정리하였다.

'감각적 인식Sensation'은 세계를 받아들이는 첫걸음이다. 인간의 인식은 감각을 통해 외부 세계를 경험하는 것에서 시작된다. 시각, 청각, 촉각 등의 감각 기관을 통해 우리는 사물의 형태와 특성을 파악한다. 그러나 이러한 감각 경험은 한계를 지닌다. 감각은 순간적이며, 사물의 본질을 온전히 전달하지 못한다. 예를 들어, 한 사람이 뜨거운 불을 만졌을 때, 그는 그것이 뜨겁다는 사실을 인식할 수 있지만, 불이 무엇인지, 왜 뜨거운지를 이해하는 것은 아니다.

'상상적 인식 Imagination'은 들어온 감각적 인식을 기억과 조합하여 개념을 형성한다. 감각적 경험은 단순히 사라지는 것이 아니라, 인간의 기억 속에 남는다. 그리고 인간의 상상력은 이 기억들을 조합하여 새로운 개념을 형성한다. 예를 들어, 실제로 본 적이 없는 날개 달린 말(페가수스)을 우리는 상상할 수 있다. 이는 기존의 경험을 재구성하여 새로운 이미지를 창조하는 과정이다. 그러나 상상적 인식 역시 진리를 탐구하는 도구로는 불완전하다. 왜냐하면 그것은 여전히 개별적인 경험의 조합일 뿐, 사물의 본질을 직접 파악하는 것은 아니기 때문이다.

'이성적 인식 Intellect'은 논리와 개념을 통해 본질을 탐구한다. 이성이 작용하는 단계에 이르면, 인간은 감각과 상상을 넘어서 보편적 개념을 도출할 수 있다. 우리는 여러 개의 특정한 나무를 보았을 때, 나무라는 보편적인 개념을 추출한다. 이는 감각적으로 인식한 개별 사물(예: 참나무, 소나무, 단풍나무 등)에서 공통된 속성을 발견하고 추상적 개념으로 정리하는 과정이다. 이러한 추론 과정을 통해 우리는 단순한 개별 경험을 넘어, 논리와 개념을 바탕으로 '참된 지식 Episteme'을 구축하게 된다.

'능동적 지성 Active Intellect'은 궁극적 진리를 깨닫는 단계이다. 이븐 시나는 개별적인 인간의 지성이 독립적으로 완전한 진리에 도달할 수 없으며, 우주의 보편적 지성이 작용할 때만 완전한 깨달음을 얻을 수 있다고 주장했다. 능동적 지성은 인간이 감각적 경험을 넘어 순수한 지성을 통해 진리를 인식할 수 있도록 도와주는 신적 원리이다. 마치 태양이 빛을 비추어 사물을 보게 하듯이, 능동적 지성이 인간의 정신을 비추어 참된 지식을 깨닫게 한다. 이를 통해 인간은 논리적 사고만으로는 도달할 수 없는 궁극적 진리를 인식할 수 있으며, 이 과정은 신과 연결되는 과정과도 맞닿아 있다.

중세 이슬람 철학: 고대와 근대를 잇는 지성의 다리

헬레니즘의 종말과 함께 로마 제국이 붕괴한 뒤, 그 사유의 계보는 최소한 서유럽에서는 그 흔적을 찾기가 어려웠다. 오히려 서유럽 그리스를 중심으로 펼쳐졌던 철학적 사유는 지중해 세계의 변방과 주변부, 특히 이슬람 문명의 공간에서 조용히 계승 발전되고 있었다. 바그다드 학파(8~9세기)는 고대 그리스 철학을 아랍어로 번역하고, 이성적 탐구를 통해 계시의 진리를 정당화하려 하였다. 알 파라비(Al-Farabi, 872~950)는 철학과 예언을 연결하고, 이븐 시나는 이를 더 정교한 존재론과 형이상학 체계로 심화시켰다. 이븐 시나는 아리스토텔레스 형이상학을 바탕으로 하면서도, '존재'의 구조를 재구성하였다. 그의 사유는 철학의 형식과 논증 구조를 이슬람 문명 속에서 자립시킨 체계화 작업이었다.

이븐 시나의 철학은 이슬람 세계를 넘어 유럽 중세 스콜라철학에 지대한 영향을 미쳤다. 12세기 무렵 라틴어로 번역된 그의 저작(특히『치유의 서』와『구원의 서』)은 토마스 아퀴나스(1225~1274), 알베르투스 마그누스(1200~1280), 둔스 스코투스(1266~1308) 등 중세 신학자들에게 형이상학과 신 존재 논증의 논리적 기반이 되었다. 특히 '존재론적 신 존재 증명'이나 '이성과 계시의 관계'에 대한 사유는, 훗날 데카르트(1596~1650)의 합리주의, 칸트(1724~1804)의 존재론, 현대 철학에도 간접적으로 연결된다.

이븐 시나를 중심으로 한 중세 이슬람 철학은 한 문명만의 유산이 아닌, 인류 지성사 전체의 흐름 속에서 필수적인 고리였다. 그들의 사유는 단절 없이, 그리고 조용하게 고대와 근대, 신앙과 이성, 동양과 서양을 잇는 철학의 다리가 되어주었다. 오늘날 우리가 이슬람 철학을 다시 주목해야 하는 이유는, 그 고요한 사유가 단절이 아닌 연결의 힘을 가지고 있었기 때문이다.

이븐 시나는 신을 형이상학적 원리로 설명하며, 철학과 신학 간의 경계를 허물고 존재론적 논의의 토대를 구축했다. 이는 기독교 신학과 철학의 융합을 촉진하며, 중세 철학의 중요한 발전을 이끌어냈다. 이븐 시나는 감각에서 이성, 그리고 궁극적으로 보편적 지성과의 연결로 나아가는 인식 과정을 체계적으로 정리했다. 오늘날에도 우리는 이성적 탐구와 신비적 직관이 어떻게 조화를 이룰 수 있는가라는 질문을 던진다. 이븐 시나의 철학은 그 해답을 찾기 위한 중요한 출발점이 될 수 있다.

✒ 주요 저술

이븐 시나는 450편에 달하는 책을 쓴 것으로 알려져 있고, 그 중 240여편이 전해져 내려오며 튀리키예 쉴레이마니예 고문서 도서관에 이븐 시나의 저작물 컬렉션이 보관되어 있다. 2003년 유네스코 세계기록유산에 등재되었다.

- **치유의 서**(Kitab al-Shifa, The Book of Healing, 1027) | 철학, 논리학, 형이상학, 자연학, 심리학, 윤리학을 다룬 백과사전적 저작으로, 아리스토텔레스 철학의 체계화를 목표로 함.
- **구제의 서**(Kitab al-Najat, The Book of Salvation, 1030) | 『치유의 서』의 요약판으로, 형이상학, 논리학, 자연학 등 철학적 주제를 간략히 다룬 입문서이다.

20 | 오컴 1287~1347
진리를 위해서 불필요한 가정이 필요한가?

"필요하지 않은 복수성은 결코 가정되어서는 안 된다. 하나의 결과가 하나의 원인으로 충분히 설명될 수 있다면, 더 많은 원인을 설정해서는 안 된다. 우리는 필요 이상의 존재자들을 가정해서는 안 된다."
— 『논리학 대전』, 1323-1325

윌리엄 오컴(William of Ockham, 1287~1347)은 잉글랜드의 오컴 마을에서 태어나 프란치스코 수도회 소속 신학자로 활동한 스콜라 철학자다. 옥스퍼드 대학에서 공부했으나, 당대 교황청과 재산 문제 등 여러 신학적·정치적 갈등을 겪어 파문당한 뒤 독일로 망명하였다. 그는 '오컴의 면도날 Ockham's Razor'이라는 원칙을 통해 불필요한 개념을 제거하고, 가장 단순한 설명을 선호해야 한다고 주장했다. 그는 중세 형이상학적 세계관을 해체하고, 이후 근대 경험론과 합리주의 철학의 기초를 제공하는 데 중요한 역할을 했다.

오컴의 면도날과 유명론

"불필요한 존재를 가정해서는 안 된다" – 오컴의 철학에서 가장 널리 알려진 개념은 '오컴의 면도날'이다. 이는 불필요한 존재나 개념을 가정하지 말고, 가장 단순한 설명을 선호하라는 방법론적 원칙이다. 예를 들어, 과거에는 사람이 아플 때 귀신이 영향을 미쳐서 병에 걸린다는 설명이 있었다. 이런 설명은 귀신의 존재부터 귀신이 어떻게 영향을 미치는지 등의 복잡한 가정과 과정이 요구된다. 하지만 질병은 자연적인 원인에 의해 발생한다는 설명은 보다 더 단순하다. 마찬가지로, 중세 천문학에서 지구가 우주의 중심이라고 주장한 이론의 경우 관측 결과와 이론의 정합성을 위해 '주전원'이나 '이심원'등의 복잡한 논리가 필요하고, 중심좌표계의 계산 역시 훨씬 복잡하다. 이에 비해 태양이 중심이고 행성이 그 주위를 돈다는 설명은 가정과 계산 등에서 훨씬 간명한 구조를 갖고 있다. 이 원칙은 철학뿐만 아니라 과학적 방법론에서도 핵심적인 역할을 하며, 근대 과학혁명의 기반이 되는 논리적 사고 방식을 형성하는 데 기여했다.

오컴은 당시 스콜라 철학의 전개 과정에서 지나치게 많은 개념과 가정이 추가되면서 철학과 신학이 점점 더 난해해지고, 본질을 흐리게 한다고 보았다. 보편 개념, 형상, 본질과 같은 개념들이 교리와 철학적 논의에서 과잉 사용되며 논리적 일관성을 잃는 경우가 많았다. 오컴은 이를 지적하며, 새로운 개념이나 실체를 상정하기 전에 이것이 정말 필수적인가라는 질문을 던져야 한다고 주장했다. 이는 중복된 가정과 불필요한 복잡성을 제거하고, 핵심적인 논증만 남기는 작업으로, 그는 이를 통해 논리적 명확성을 확보하고자 했다. 이러한 입장은 존재론적 개체주의를 강화하며, 실재하는 것은 개별 사물뿐이라는 결론으로 이어진다.

"보편자는 말에 불과하며, 개별 사물과 별개로 존재하지 않는다" – 중세 철학의 중심 논쟁 중 하나는 '보편 개념 Universals'의 실재성 여부였다. 플라톤적 전통에서는 보편 개념이 개별 사물과 독립적으로 존재한다고 보았으며,

아리스토텔레스는 이를 사물 속의 형상으로 해석했다. 그러나 오컴은 이와 정반대의 입장을 취하며 '유명론Nominalism'을 주장했다. 이는 보편자, 즉 '인간', '동물', '붉음'과 같이 여러 개별 사물에 공통적으로 적용될 수 있는 보편적 개념이나 속성 그 자체로 실재한다는 중세의 지배적인 견해(실재론, Realism)를 정면으로 거부하는 입장이다. 오컴에게 실재하는 것은 오직 개별적인 사물과 그것들의 개별적인 속성뿐이었다. 예를 들어, 세상에는 '소크라테스'라는 개별 인간, '플라톤'이라는 개별 인간이 있을 뿐, 그들 외부에 또는 그들 안에 '인간humanity'이라는 보편적 실체가 따로 존재하지 않는다는 것이다.

개별자에 대한 직접적 앎

"모든 명제는 경험 또는 이성에 의해 판단되어야 하며, 이 둘을 초월하여 알 수 있는 것은 없다" – 오컴의 존재론은 그의 인식론과 밀접하게 연결된다. 실재하는 것이 오직 개별자뿐이라면, 확실한 앎의 토대 역시 개별자에 대한 직접적인 인식에서 찾아야 한다. 오컴은 인간의 인식을 크게 두 가지로 나누었다.

먼저 직관적 인식Intuitive Cognition이 있다. 이것은 현재 감각이나 지성에 존재하는 개별 사물에 대한 직접적이고 명증적인 앎이다. 예를 들어, 내가 지금 눈앞의 '이 붉은 책'을 볼 때, 그 책의 존재(또는 부재)에 대해 직접적으로 파악하는 것이 직관적 인식이다. 오컴에게 있어 경험 세계에 대한 모든 확실한 지식의 궁극적인 원천은 바로 이 직관적 인식이다. 이는 추론을 거치지 않으며, 개별자의 실존을 직접적으로 파악한다.

다음으로는 추상적 인식Abstractive Cognition이다. 이것은 직관적 인식을 통해 얻어진 정보를 바탕으로 개별자의 존재 여부와 상관없이 그것에 대한 개념이나 명제를 형성하는 정신 활동이다. 예를 들어, '붉음'이라는 개념이나 모든 인간은 죽는다와 같은 명제를 형성하는 것이 추상적 인식이다. 추상적 인식은 보편 개념을 다루지만, 그것이 가리키는 대상의 현재 실존을 보증하지는 못하며, 그 확실성은 직관적 인식에 의존한다.

오컴의 인식론은 경험적 접근을 중심으로 하며, 인간이 지식을 얻는 과정에서 감각이 가장 신뢰할 수 있는 근거라고 보았다. 감각을 통해 획득한 지식은 직관적 지식으로 발전할 수 있다. 예를 들어, 불이 뜨겁다는 사실을 논리적 연역을 통해 아는 것이 아니라, 직접 경험을 통해 즉각적으로 이해하는 것이 진정한 인식 과정이라고 설명했다. 그는 우리가 특정한 개별 사물을 경험함으로써 그것을 안다고 주장하면서, 논리적 추론이나 신학적 교리는 앎 이후의 해석적인 것이라고 보았다. 따라서, 철학적 논증보다는 구체적인 경험과 직관적 지식을 통해 세계를 이해해야 한다는 것이 그의 인식론적 입장이었다. 이와 같은 태도는 중세 철학의 핵심이었던 형이상학적 논의를 약화시키고, 개별적이고 구체적인 사물들을 탐구하는 방식으로 철학을 변화시키는 데 기여했다. 이는 이후 경험론 철학으로 이어지며, 모든 지식은 경험을 통해 검증될 수 있어야 한다는 철학적 기반을 제공했다.

신 증명 불가와 존재의 우연성

"신의 의지에 대해 증명 가능한 학문은 존재하지 않는다" – 오컴의 철학적 태도는 논리적 간명성에서 그치지 않고, 신학적 겸손의 태도와 맞닿는다. 그는 인간 이성이 '신적 진리 divine truth'를 완벽히 이해하거나 설명할 수 없다는 점을 강조하며, 과도한 가정이나 논증이 오히려 신의 영역을 인간 논리로 축소하는 위험을 초래한다고 경고했다. 오컴은 철학과 신학을 엄격히 구분해야 한다고 주장했다.

그는 신의 존재를 철학적으로 증명하려는 중세 철학자들의 시도를 비판하며, 신은 신앙의 대상이지, 철학적으로 증명할 대상이 아니라고 보았다. 아퀴나스(1224~1274)와 같은 스콜라 철학자들은 신의 존재를 논리적으로 증명하려는 복잡한 논증(예: 존재론적 논증, 우주론적 논증)을 전개했지만, 오컴은 이를 거부했다. 그는 신의 존재를 논리적으로 증명하려는 시도는 불필요하며, 철학과 과학은 경험적 세계만을 다루어야 한다고 보았다. 신학은 그 자체로 독립적인 영역으로 존중되어야 하며, 신의 존재에 대한 논의는 믿음의 문제일 뿐 철학적 논증의 대상이 될 수 없다는 것이다.

"신의 본질은 피조물에게 필연성을 부과하지 않는다" — 신 증명이 인간 이성의 범위를 넘어선다는 오컴의 사유는 신의 부재를 의미하지 않는다. 오히려 그는 인간 이성의 범위를 넘어서는 신 존재를 토대로 인간 이성의 본질적 제한성. 즉 신의 절대적 자유와 전능, 그리고 그에 따른 세계의 철저한 우연성을 주장한다. 신은 이 세상을, 이 법칙들을, 이 인과율을 필연적으로 만든 것이 아니라, 만들기로 '선택했을' 뿐이다. 원하지 않았다면 창조하지 않았을 수도 있고, 지금 이 순간 법칙을 다르게 바꾸는 것도 가능하다. 이런 관점에서 자연 법칙은 불변의 진리가 아니라 신의 반복적이고 임의적인 결정의 산물에 불과하다. '불이 면화를 태운다'는 사실조차, 그 일이 반복되어왔기 때문에 참이 아니라, 신이 그렇게 하기로 결정했기 때문에 잠정적으로 성립하는 규칙일 뿐이다.

이로써 오컴은 세계의 구조에서 필연성과 본질을 제거한다. 인과율은 경험의 습관적 일반화일 뿐, 내재적 필연성이 아니다. 철학은 더 이상 본질을 밝히는 작업이 아니라, 지속되는 우연을 해석하는 사유로 전환된다.

전통적으로 신의 선함은 신의 행동을 제한하는 윤리적 기준으로 작동했지만, 오컴은 신의 선함보다 자유를 우선시했다. 신은 어떤 행위를 하든 그 자체로 정당하다는 입장은 윤리적 절대주의에 대한 정면 도전이었다. 인식론적으로도 오컴은 인간이 본질이나 필연을 인식할 수 없다고 보았다. 이는 유명론nominalism과 연결되며, 보편자나 형상이 실재한다는 견해를 철저히 비판한다. 오직 개별적인 존재만이 실제로 존재하며, '보편'은 단지 이름에 불과하다는 것이다. 이 입장은 훗날 데카르트(1596~1650)의 악마 가설, 흄(1711~1776)의 인과성 회의로 이어지는 근대 회의론의 출발점이 되었으며, 21세기의 철학자 메이야수(1967~)에게까지 이어진다. 오컴의 신이 보장하던 우연성은 이제 신 없이도 성립하는 세계 원리로 격상된다. 오컴에게 우연은 신의 자유의 표현이었고, 메이야수에게 우연은 세계 자체의 절대적 조건이다.

윌리엄 오컴은 '오컴의 면도날'이라는 강력한 방법론적 도구를 통해 중세 후기 스콜라 철학의 복잡한 형이상학적 구조에 도전하였다. 그의 유명론적 존재론은 실재를 경험 가능한 개별자들로 한정시켰으며, 그의 인식론은 이러한 개별자들에 대한 직접적인 직관적 인식을 확실한 앎의 기초로 삼았다. 이는 경험주의와 논리적 분석을 강조하는 방향으로 철학적 사유의 전환을 이끌었으며, 존재와 인식에 대한 보다 간결하고 명료한 이해를 추구했던 그의 비판적 정신은 근대 철학의 여명기를 여는 데 중요한 역할을 담당하였다.

더 나아가 오컴의 철학은 신의 전능성과 자유를 극단적으로 강조함으로써, 중세 형이상학과 윤리학의 전통을 뿌리째 뒤흔든 급진적 사유였다. 세계는 더 이상 필연적인 구조가 아닌, 절대적 주권자인 신의 자유로운 결정에 따라 우연적으로 존재하는 공간으로 재해석되었다. 이 사상은 중세의 신학적 틀을 깨는 동시에, 근대의 경험론적 사유와 과학적 탐구의 정신에 영향을 끼쳤다. 오컴은 단순히 면도날로 유명한 철학자가 아니라, 신과 세계, 윤리와 인식의 문제를 다시 묻게 만든 중세의 급진적 이단아였다.

주요 저술

- 논리학 대전(Summa Logicae, 1323~1325/박우석, 2017) | 논리학의 기초 개념과 원리를 체계적으로 설명한 저작으로, 유명론의 철학적 기초를 다지고 논리적 정합성을 강조하고 있다.

- 이단에 대한 항변(Quodlibetal Questions, 1324~1328) | 당시 논란이 되었던 신학적·철학적 쟁점에 대해 오컴의 입장을 체계적으로 정리한 논문집으로, 신학적 가정과 철학적 논증의 한계를 명확히 하였다.

- 교회의 권위에 대하여(Octo Quaestiones, 1340) | 교회와 세속 권력의 분리 및 권위 문제를 논의하며, 교회의 역할과 권한을 신학적·정치적으로 검토. 교회의 과도한 세속 권력 행사에 비판적 태도를 드러내고 있다.

- 오컴 철학 선집(이경희, 2004년) | 다양하고 방대한 오컴의 작품들을 그의 저작들에 관한 한 최고의 권위자로 인정받았던 프란체스코 수도회의 뵈너 신부가 편역해서 한 권의 철학 선집으로 묶은 것을 번역한 책이다.

PART
7

과학:
세계를 이해하는 새로운 도구

신앙과 이성의 긴장 속에서 새로운 길이 열리면서, 세계를 해석하는 권위가 교회에서 인간의 이성으로 넘어오기 시작했다.

이 변화의 중심에는 갈릴레이(1564~1642)와 뉴턴(1643~1727)이 있었다.

갈릴레이는 하늘을 관측하며 하늘과 땅이 같은 법칙으로 움직인다는 사실을 밝혀냈고, 뉴턴은 수학이라는 언어로 하늘과 땅을 포함한 세계의 운동과 질서를 설명해냈다.

갈릴레이와 뉴턴으로 대표되는 과학자들은 신이 만든 세계를 이해하려면 경전이 아니라 자연 그 자체를 읽어야 한다고 믿었다. 그리고 자연을 읽는 법은 권위가 아니라 경험과 논증에 따라야 했다.

이제 진리는 신앙의 전언이 아니라, 자연 속에서 스스로 드러나는 질서로서 새롭게 모습을 드러낸다. 인류는 세계를 향한 질문을 과학이라는 이름으로 다시 던지기 시작했다.

21 | 갈릴레이 1564~1642
관찰은 진리를 어떻게 드러내는가?

"나는 망원경으로 그것을 보았고, 그 증거를 제공했다. 그러나 사람들은 아무것도 보지 않고 그것을 믿지 않았다. 그들은 책 속의 권위를 믿지만, 자연의 증언을 믿지 않았다."

— 『두 가지 세계 체계에 관한 대화』, 1632

갈릴레오 갈릴레이(Galileo Galilei, 1564~1642)는 이탈리아 출신의 과학자, 천문학자, 물리학자로, 근대 과학 혁명의 기초를 세운 선구자이다. 그는 실험과 관찰을 통한 과학적 방법을 정립하며 자연에 대한 이해 방식을 근본적으로 변화시켰다. 그의 업적에는 망원경을 활용한 천문 관찰, 자유 낙하 법칙의 발견, 그리고 지동설(코페르니쿠스 이론)의 옹호가 포함된다.

근대 역학의 기초: 관찰과 수학

"관찰은 자연의 법칙을 발견하고, 기존의 오류를 수정하며, 진리에 접근하는 도구다" – 갈릴레오는 오랜시간 자연을 관찰하여 왔다. 1609년에는 망원경을 획기적으로 개량하여 천체를 관측하였다. 갈릴레오는 망원경을 활용한 천문 관측을 통해 당대의 지구 중심 우주관을 과학적으로 반박했다. 그는 목성의 위성(갈릴레이 위성), 금성의 위상 변화, 태양의 흑점, 달의 울퉁불퉁한 표면 등을 관찰하며, 천체가 완전하고 불변하는 구체라는 기존의 관념을 뒤집었다. 이러한 발견은 지동설을 지지하는 강력한 증거로 작용했다.

갈릴레오의 천문학적 발견은 천상의 세계가 완전하고 변하지 않는다는 아리스토텔레스적 형이상학을 무너뜨리고, 지구가 우주의 중심이라는 전통적인 신학적 세계관에 도전하는 결과를 가져왔다. 또한, 감각적 경험보다 관찰과 실험이 진리를 밝히는 새로운 방법이 될 수 있음을 시사하며 과학적 방법론의 중요성을 강조했다.

"관찰은 이론을 검증하고, 이론은 관찰을 통해 풍부해진다" - 갈릴레오는 천문학뿐만 아니라 운동 법칙 연구를 통해 근대 물리학의 기초를 마련했다. 그는 피사의 사탑에서의 실험으로 유명하며, 이를 통해 물체의 낙하 속도가 질량과 관계없다는 자유 낙하 법칙을 입증했다. 이 실험은 아리스토텔레스(BC 384~322)가 주장했던 물체의 낙하 속도가 무게에 비례한다는 이론을 반박했다. 갈릴레오는 자유낙하법칙과 함께 관성의 법칙, 포물선 운동 법칙도 정립한다. 관성의 법칙은 외부 힘이 가해지지 않는 한 물체는 계속 현재 상태를 유지한다는 이론이다. 포물선 운동 법칙은 물체가 일정한 속도로 이동하면서 중력의 영향을 받으면 포물선 운동을 한다는 것을 설명한다.

"우주의 진리는 수학적 언어로 쓰여 있으며, 이를 읽으려면 관찰과 실험이 필수적이다" - 중세 과학은 주로 감각 경험에 기반한 '귀납적 관찰 Observation-based Induction'을 강조했다. 그러나 갈릴레오는 자연 현상을 수학적 모델로 설명하고, 이를 경험적 관찰과 실험으로 검증해야 한다고 주장했다. 자연은 수학의 언어로 쓰여 있다는 그의 주장은 과학적 탐구에서 수학적 방법론의 중요성을 역설한 것이다. 갈릴레오는 실험과 '논리적 추론(연역법,

Deductive Reasoning)'을 결합하여 법칙을 도출하는 방식을 확립했다. 또한 과학은 이론과 관찰의 상호작용을 통해 발전한다고 주장했다. 즉, 이론은 관찰을 해석하고 새로운 질문을 제기하는 틀이 되며, 관찰은 이론을 검증하고 발전시키는 도구이다. 그는 관찰과 실험, 그리고 수학적 분석이 결합될 때 비로소 과학적 탐구가 완성된다고 보았다.

갈릴레오 이전에는 자연이 목적을 가지고 움직이며 신의 질서에 의해 운행된다고 믿었다. 그러나 갈릴레오는 자연이 기계적 법칙에 의해 작동하며 수학적으로 설명될 수 있다고 주장했다. 이는 아리스토텔레스적 목적론에서 기계적 결정론으로, 신 중심적 세계관에서 수학적 자연 법칙 중심의 세계관으로, 지구 중심적 사고에서 태양 중심적 사고로의 전환을 의미했다.

천상과 지상의 동일성

"성경은 어떻게 하늘에 가는지를 가르치지, 하늘이 어떻게 움직이는지를 가르치지 않는다" – 아리스토텔레스적 존재론에서는 천상과 지상이 서로 다른 원리에 의해 작동한다고 보았다. 그러나 갈릴레오의 천체 관측을 통해, 천체 역시 지구와 같은 물리 법칙을 따른다는 사실이 밝혀졌다. 이로써 우주 전체가 동일한 법칙으로 지배된다는 새로운 존재론이 등장하게 되었다. 갈릴레오는 우주를 자연 법칙에 따라 작동하는 거대한 기계로 보았으며, 이는 이후 데카르트(1596~1650)와 뉴턴(1624~1727)이 발전시킨 기계론적 세계관으로 이어졌다.

갈릴레오의 과학적 발견은 당시 교회의 권위와 충돌했다. 그의 태양 중심설 지지는 지구가 우주의 중심이라는 성경적 해석과 맞지 않았으며, 교회의 반발을 불러일으켰다. 특히, 그의 저서 『두 가지 세계 체계에 관한 대화

(1632)』는 태양 중심설을 옹호하며, 교회의 지구 중심설을 비판한 내용으로 인해 종교 재판을 받았다. 그는 재판에서 자신의 주장을 철회하도록 강요받았지만, 그의 과학적 방법론과 발견은 후대에 큰 영향을 미쳤다. 이는 과학적 탐구가 종교적·사회적 권위로부터 독립해야 한다는 점을 역사적으로 상기시키는 사건이었다.

운동의 상대성과 관성: 절대세계의 해체

"운동 중인 배 안에서 던지는 공이 바닥에 똑바로 떨어진다면, 우리는 배가 정지해 있는지 움직이고 있는지를 결코 알 수 없다" – 갈릴레이는 운동을 절대적인 것이 아니라, 관찰자의 기준에 따라 상대적으로 정의되는 현상이라고 주장하였다. 그는 『두 가지 새로운 과학에 관한 대화(1638)』에서 등속 직선 운동 중인 배 안에서 행해지는 모든 물리 현상은, 정지한 배 안에서의 현상과 구별되지 않는다는 사고실험을 통해 이 사실을 설명하였다.

또한 그는 물체가 외부의 힘이 작용하지 않더라도 그 자체로 등속 운동을 계속하는 성질, 즉 관성의 원리를 제시함으로써, 아리스토텔레스의 운동에는 반드시 외력이 필요하다는 이론도 무너뜨렸다.

갈릴레오의 주장은 인식과 존재를 재정의하는 철학적 사건이었다. 그는 세계를 해석하는 유일하고 절대적인 시점을 부정하고, 각 관찰자마다 자신만의 '운동 상태' 안에서 세계를 경험한다는 인식론적 전환을 가능하게 하였다. 이러한 관점은 훗날 칸트(1724~1804)에 이르러 인식은 주체의 인식 구조 안에서만 가능하다는 사유로 철학적으로 심화되었으며, 아인슈타인(1879~1955)의 특수상대성이론에서는 더욱 급진화되어, 시간과 공간마저도 관찰자의 운동 상태에 따라 달라질 수 있는 것으로 이해되기에 이르렀다. 갈릴레오 이후, 세계는 절대적 중심을 잃은 다중 관점의 공간으로 변모하였다. 이제 존재는 단순히 '있는 것'이 아니라, 관찰자의 조건 속에서만 드러날 수 있는 상대적 구조로 이해되기 시작하였다.

갈릴레오의 상대운동 개념은 '고정된 실재'의 개념을 해체하고, '관계 속에서 드러나는 세계'라는 새로운 패러다임을 연 출발점이라 할 수 있다. 그는 세계를 단지 바라보는 대상이 아니라, '경험하고 측정하는 주체'와의 상호작용 속에서 구성되는 장場으로 재해석하였다. 이러한 사유의 전환은 뉴턴에게는 수학적 세계 모델로, 칸트에게는 선험적 인식 구조로, 그리고 아인슈타인에게는 시간과 공간의 재정의로 이어지며, 현대 과학과 철학의 공동 기반을 제공하는 토대가 되었다.

갈릴레오 갈릴레이는 과학적 방법론의 혁신, 형이상학적 전환, 신학과의 관계 정립 등 다양한 방식으로 철학적 사유에 혁명적인 변화를 가져왔다. 그의 업적은 근대 철학의 발전에 지대한 영향을 미쳤으며, 오늘날까지도 우리에게 중요한 교훈을 제시한다. 갈릴레오의 철학적 사유는 과학과 철학의 관계, 인간의 인식 능력, 자연과 우주에 대한 이해 등 다양한 문제에 대해 깊이 있는 성찰을 제공하며, 현대 사회에서도 여전히 유효한 의미를 지닌다.

주요 저술

- 두 가지 세계 체계에 관한 대화(Dialogue Concerning the Two Chief World Systems, 1632/이무현, 2016) | 프톨레마이오스의 지구 중심설과 코페르니쿠스의 태양 중심설을 비교하며, 태양 중심설을 지지하는 과학적 논의를 전개하였다.

- 두 가지 새로운 과학에 관한 대화(Dialogues Concerning Two New Sciences, 1638/이무현, 2016) | 운동의 법칙, 물체의 낙하, 그리고 물리학의 기초적인 개념을 다룬 저작으로, 근대 역학과 재료 공학의 기초를 마련하였다.

22 | 뉴턴 1642~1726
움직임은 어떻게 가능한가?

"자연은 단순하고, 그것의 법칙들도 단순하다. 우리는 같은 효과가 항상 같은 원인에서 비롯된다고 간주해야 한다. 그리고 보편적 자연 법칙들은 언제나 경험적으로 검증 가능해야 하며, 수학적으로 표현될 수 있어야 한다."

—『프린키피아』, 1687

　르네상스의 인간 중심적 전회轉回는 자연을 바라보는 시각에도 중대한 변화를 가져왔다. 갈릴레오 갈릴레이(1564~1642)는 실험과 수학을 통해 자연의 법칙을 밝히려는 경험적 합리주의를 전개하며, 과학적 사유의 기초를 닦았다. 이러한 흐름은 아이작 뉴턴(Isaac Newton, 1642~1726)에 이르러 체계화된다. 뉴턴은 자연을 더 이상 신의 명령이나 형이상학적 원리로 설명하지 않고, 수학적 기호와 기계적 법칙을 통해 서술 가능한 대상으로 전환시켰다. 그가 이끈 패러다임은 과학이 단지 철학의 하위가 아닌, 자기완결적 인식 체계로 독립해 나가는 데 결정적 역할을 했다.

자연의 법칙을 수식으로 쓰다

　아이작 뉴턴은 1687년 출간된 자신의 대표작『프린키피아』에서, 만유인력의 법칙 Law of Universal Gravitation 과 운동의 세 가지 법칙 Three Laws of Motion 을 통해, 그동안 개별 현상으로만 파악되던 자연의 움직임을 단일한 수학적 체계로 통합하는 데 성공했다. 이 책은 근대 과학의 정점이자 동시에 출발점으로, 자연을 기계처럼 분석 가능한 체계로 바라보는 패러다임의 전환점이었다. 뉴턴이 정식화한 만유인력의 법칙은 다음과 같다.

$F = G \times (m1 \times m2) / r^2$

여기서 F는 두 물체 사이의 인력, G는 만유인력 상수, m1과 m2는 각각의 질량, 그리고 r은 두 물체 중심 간의 거리이다. 이 단순해 보이는 공식은 지구 위의 사과가 떨어지는 현상과 행성의 궤도 운동을 동일한 법칙으로 설명할 수 있음을 보여줌으로써, 천상계와 지상계의 통합적 이해를 가능케 했다.

뉴턴은 초월적 존재나 본질적 실체를 설명하기 위해 형이상학적 추론에 기대지 않고, 측정 가능한 현상과 수학적 법칙만으로 자연을 해명하려 했다. 이는 근대 과학이 철학으로부터 점차 방법론적 자율성을 획득해 가는 과정이기도 하다. 뉴턴은 또한 운동을 설명하는 세 가지 법칙을 통해, 자연의 모든 변화를 하나의 원리로 통제할 수 있다는 신념을 제시했다.

1. 관성의 법칙 (제1법칙): 정지 또는 등속 직선 운동 중인 물체는 외력이 작용하지 않는 한 그 상태를 유지한다.
2. 가속도의 법칙 (제2법칙): 물체에 작용하는 힘은 질량과 가속도의 곱과 같다.
3. 작용과 반작용의 법칙 (제3법칙): 모든 작용에는 크기가 같고 방향이 반대

인 반작용이 있다.

이 세 법칙은 운동의 기술에서 설명, 그리고 예측의 단계까지 과학적 사유를 끌어올린 틀이며, 이후 수세기 동안 고전역학의 핵심이 되었다. 뉴턴은 세계를 '신이 설계한 정밀한 시계'에 비유했다. 그는 신의 존재를 부정하지 않았지만, 그 신은 세계를 설계한 이후 간섭하지 않는 '비개입적 시계공'으로 이해되었다. 따라서 뉴턴에게 있어 자연은 외적 목적이나 형이상학적 원인을 요구하지 않는 자율적 질서였고, 이 질서는 수학이라는 언어로 기술될 수 있었다.

움직임과 힘

철학은 '존재란 무엇인가'라는 질문에서 시작되지만, 이 질문은 곧 '존재는 왜 움직이는가'로 확장된다. 고대 철학자들은 우주를 '움직이게 만드는 것'에 대한 사유를 통해 형이상학적 구조와 존재의 근거를 탐구했다. 그러나 이러한 물음은 주로 형이상학적, 목적론적, 신화적 설명에 머물렀다. 헤라클레이토스(BC 535~475)는 '판타 레이'라며 세계에 내재한 변화의 본성을 지적하였다. 플라톤(BC 427~347)에게 운동은 이데아의 결핍으로부터 비롯된 물질 세계의 변화였고, 아리스토텔레스(BC 384~322)는 운동은 가능태가 현실태로 나아가는 과정이라고 하여 운동을 형상으로 향하는 목적적 과정이라고 보았다. 아리스토텔레스는 또한 이 움직임을 설명하기 위해 '제1 원인'이자 '부동의 원동자'를 상정했다. 에피쿠로스(BC 341~271)는 아래로 떨어지는 직선 운동과 '클리나멘clinamen'을 통해 세계의 움직임을 설명하였다. 우파니샤드 철학은, 세계의 모든 변화는 브라만(Brahman, 절대자)

으로부터 나온 마야(Māyā, 환영)에 의해 생기는 것이라고 보며, 움직임 자체가 근본 실재가 아니라 환상에 가깝다고 본다. 즉, 운동은 진정한 자아ātman의 작용이 아니라, 무지avidyā로부터 생겨나는 분열된 의식의 표면적 흐름인 것이다. 중국 철학, 특히 주역에서 움직임은 곧 변화이고, 변화는 음陰과 양陽의 상호작용, 그리고 시간적 흐름 속에서의 조화로운 순환을 의미한다.

16세기 이후, 코페르니쿠스(1473~1543)와 갈릴레오(1564~1642)를 거쳐 자연에 대한 설명이 점차 경험적 관찰과 수학적 기술로 전환되었고, 이러한 흐름의 정점에서 아이작 뉴턴은 존재의 움직임을 힘force이라는 개념으로 설명함으로써, 철학적 물음을 과학의 언어로 번역해냈다. 뉴턴은 『프린키피아』에서 자연 내재적 힘의 개념을 수학적으로 정식화했다. 그는 우주의 모든 물체가 질량을 지닌 이상, 서로 끌어당기는 힘을 지닌다고 주장했다. 이 힘은 직접적으로 감지되지 않지만, 그 작용은 경험적으로 관측된다. 이것은 고대의 '보이지 않는 형상'이나 '목적'을 대신하여, 보이지 않지만 수학적으로 표현 가능한 인과성을 주장한 것이다. 아리스토텔레스에게 원인은 '왜 존재하는가'였다면, 뉴턴에게 원인은 '어떻게 작용하는가'였다. 이 변화는 철학이 오랫동안 안고 있던 존재와 운동의 관계에 대한 해답을, 정량적이고 보편적인 원리로 제시했다는 점에서 본질적 전환이었다.

뉴턴의 세계관과 근대

뉴턴이 제시한 '만유인력'은 감각적으로 관찰할 수 없는 '힘force' 개념이다. 그럼에도 그는 이 개념을 통해 지구와 달, 사과와 별 사이의 관계와 상호작용을 설명하였다. 즉, 실체가 아닌 관계 자체가 세계를 움직이는 원인이 되는 것이다.

이는 존재론에 큰 전환을 가져왔다. 보이지 않는 것이 존재할 수 있으며, 실체는 그 관계와 법칙을 통해서 파악된다는 철학적 전제가 등장한 것이다. 라이프니츠(1646~1716)나 버클리(1685~1753) 같은 사상가는 이러한 '작용 없는 힘' 개념을 비판하였지만, 뉴턴은 이를 실험과 수학을 통해 실재로 확립하였다.

뉴턴은 관찰에 충실한 경험론자였지만, 그 경험을 수학적 언어로 일반화하려는 합리주의자이기도 했다. 그는 가설을 만들지 않는다고 선언하면서, 근거 없는 형이상학적 설명을 배제하였다. 그 대신 실험을 통한 경험 → 수학적 일반화 → 예측 가능한 법칙의 정식화라는 모델을 제시하였다.

뉴턴의 자연은 원인과 결과가 필연적으로 연결된 완전한 결정론의 장이다. 운동의 상태와 법칙만 알 수 있다면, 과거도 미래도 정확히 예측 가능하다. 그의 우주는 기계장치처럼 움직이는 예측 가능한 세계, 즉 닫힌 우주였다. 이 사유는 18세기 계몽주의의 신념, 이성은 세계를 완전히 이해할 수 있다는 확신으로 이어졌다. 결정론은 이후 라플라스(1749~1837)의 악마와 같은 개념을 탄생시키며, 인간과 세계의 관계에 대한 철학적 상상력을 규정한다.

그는 존재를 수학적 구조로 환원하고, 시간과 공간을 형이상학적으로 고정하며, 비가시적 힘을 실재의 핵심으로 제시하였다. 이러한 사유는 칸트(1724~1804)에게 철학적 토대를 제공하였고, 20세기에 와서는 아인슈타인(1879~1955)의 상대성이론과 양자역학의 충격 속에서 다시 재검토되었다.

뉴턴의 과학은 우주의 법칙을 정립한 동시에, 철학의 방식도 바꾸어 놓았다. 뉴턴은 존재를 '수학적으로 기술 가능한 것'으로 만든 최초의 철학자였다. 그 이후, 우리는 더 이상 자연을 신비로만 대하지 않는다. 우리는 그것을 측정하고, 분석하고, 설명하려고 한다. 뉴턴 이후, 세계는 말해지기 시작하였다.

뉴턴 이후, 과학은 더 이상 철학의 '하위 분야'가 아니었다. 오히려 자연을 이해하기 위한 철학의 방식이 수학과 실험의 방식으로 이양되었다. 그 결과, 존재는 더 이상 그 자체로 설명을 요구하는 형이상학적 실체가 아니라, 관계와 법칙, 힘과 운동의 네트워크로 파악되는 구조로 전환된다.

이러한 변화는 과학의 발전만이 아니라, 철학적 존재론이 경험과 수학, 이성에 의해 다시 구성되기 시작한 결정적 순간이었다. 뉴턴의 물리학은 자연을 이해하는 틀을 넘어서, 존재를 구성하고 세계를 인식하는 인간 이성의 가능성과 한계를 탐구하는 철학적 출발점이 되었다.

✒ 주요 저술

- 프린키피아(Philosophiæ Naturalis Principia Mathematica, 1687/박병철, 2023) | 자연철학의 수학적 원리로 운동의 세 가지 법칙과 만유인력의 법칙을 수학적으로 정립하였다. 철학적으로 지상과 천상의 운동을 하나의 보편적 법칙으로 통합하였으며, 자연을 기계적·수학적으로 설명 가능한 체계로 제시하였다.

- 광학(Opticks: Or, A Treatise of the Reflections, Refractions, Inflections and Colours of Light, 1704/차동우, 2018): 빛의 굴절, 반사, 분산 실험에 근거한 입자설(light as corpuscles) 제시하였고, 과학 방법론에서 귀납적 추론과 실험의 중요성 강조한다.

PART
8

근대 철학의 입구: 이성과 경험을 향한 두 길

세계는 신앙과 전통의 권위에서 벗어나, 인간 스스로 진리를 찾으려는 시대로 들어섰다.

베이컨(1561~1626)은 자연을 정복하기 위해 경험과 실험을 강조했고, 데카르트(1596~1650)는 모든 것을 의심하며 이성의 확실한 토대를 찾고자 했다. 스피노자(1632~1677)는 신과 자연을 하나로 보며 통합된 새로운 존재론을 펼쳤다.

이들은 저마다 다른 방법으로 존재와 앎을 새롭게 묻고자 했다.

베이컨은 관찰을 통해 지식의 힘을 키우려 했고, 데카르트는 이성을 통해 흔들림 없는 진리를 세우려 했다. 스피노자는 데카르트의 근대적 이원론의 틈을 매우며 인간과 세계를 냉철하고 치열한 논리로 다시 그려냈다.

진리를 찾는 여정은 이제 신이 아닌 인간 자신의 손에 맡겨졌다. 신으로 가는 길 외에 경험과 이성으로 가는 철학이라는 새로운 입구가 열렸다.

23 | 베이컨 1561~1626
관찰은 참됨을 어떻게 담보하는가?

"인간의 정신은 스스로의 선입견을 옳다고 믿기 쉽다. 인간은 자연보다 자신의 상상력에 더 쉽게 이끌린다. 따라서 자연을 진실되게 이해하려면 우선 마음속의 우상들을 제거해야 한다."

—『신기관』, 1620

프란시스 베이컨(Francis Bacon, 1561~1626)이 활동하던 시대, 유럽의 학문 세계는 여전히 아리스토텔레스(BC 384~322)의 연역법과 중세 스콜라 철학의 전통 아래 놓여 있었다. 지식은 신앙과 권위에 기대어 축적되었으며, 철학적 논증은 고대의 지혜를 반복하는 데 머물렀다. 새로운 발견이나 의문을 제기하기보다는 이미 확립된 체계를 정당화하는 것이 학문의 주된 목적이었다.

베이컨은 이러한 태도가 진정한 지식의 진보를 가로막는 주요 장애물이라고 보았다. "지식은 힘이다 scientia potentia est"라는 베이컨의 말은 지식이 단지 관조의 대상이 아니라, 인간이 자연을 이해하고 변화시키는 능동적 도구임을 시사한다. 그는 『신기관(1620)』을 통해 귀납적 사고와 관찰을 강조함으로써 근대 과학 혁명의 기틀을 마련하였고, 서구 철학·과학사에서 '경험주의의 아버지'로서 굳건한 위치를 차지한다.

우상의 비판: 인간 지성을 가로막는 장애물

베이컨은 인간의 인식이 여러 가지 편견과 선입견에 의해 왜곡되며, 이러한 장애물을 제거해야만 올바른 탐구가 가능하다고 주장했다. 베이컨은 『신기관』에서 인간이 진리를 탐구하는 과정에서 빠지는 대표적인 오류를 '우상idols'이라고 명명하고, 이를 네 가지로 분류했다.

"종족의 우상은 인간 본성 자체에 뿌리를 두고 있다" – '종족의 우상Idols of the Tribe'은 인간 본성에서 비롯되는 보편적인 오류로, 감각과 직관에 지나치게 의존하는 성향을 포함한다. 우리는 세상을 있는 그대로 보기보다는, 인간이라는 종의 한계를 통해 해석하려 한다. 예를 들어, 태양이 지구 주위를 도는 것처럼 보이지만, 이는 단순한 시각적 착각에 불과하다. 또 다른 예로 사람들은 패턴을 찾고자 하는 본능이 있어 우연한 사건에서도 인과 관계를 잘못 추론할 수 있다.

"동굴의 우상은 개인 각각의 우상이다" – '동굴의 우상Idols of the Cave'은 개인의 경험, 환경, 성격에 의해 형성되는 편견이다. 베이컨은 이를 플라톤(BC 424~384)의 '동굴의 비유'에 빗대어 설명했다. 모든 개인은 자신만의 '동굴'에 갇혀 있으며, 그 안에서만 세상을 바라본다. 같은 현상을 보고도 각자가 다른 해석을 내리는 것은 이러한 개인적 경험의 차이 때문이다. 종교적 신념, 철학적 입장, 개인적 선호 등이 진리에 대한 왜곡된 관점을 형성할 수 있다.

"시장의 우상은 사람들 사이의 교류와 대화에서 형성된다" – '시장의 우상Idols of the Marketplace'은 언어와 소통 과정에서 발생하는 오류를 의미한다. 언어는 개념을 전달하는 중요한 도구지만, 부정확하거나 모호한 표현은 잘못된 개념을 낳고 이를 확산시킨다. 가령, 철학과 과학이 발전하지 않았던 시기에는 '열'과 '불'을 같은 개념으로 혼용하며 혼란을 빚기도 했다. 이처럼 철학적 개념이나 과학적 용어가 모호할 경우, 논의 자체가 잘못된 방향으로 흐를 수 있다.

"극장의 우상은 철학적 교리들이 정신 속으로 침투한 것이다" – '극장의 우상Idols of the Theater'은 기존의 권위있는 철학적 이념이나 전통적 학설을 맹목적으로 신봉하는 태도에서 비롯되는 오류다. 베이컨은 중세 스콜라 철학이 이러한 함정에 빠졌다고 보았다. 사람들은 마치 연극 속에서 허구적 이야기를 믿듯이, 비판 없이 특정 학설을 받아들이고 그것을 절대적인 진리로 간주한다.

귀납법: 새로운 탐구의 방법

"자연을 지배하려면, 자연의 법칙을 따라야 한다" – 베이컨의 시대까지 서구의 학문적 방법론은 '연역법deduction'이 중심이었다. 연역법은 보편적이고 확립된 전제에서 구체적 결론을 이끌어내는 방식으로, 아리스토텔레스의 논리학에 뿌리를 두고 있다. 베이컨은 이 방식을 신랄하게 비판했다. 그의 눈에 연역법은 현실의 경험이나 관찰에 기초하지 않고, 이미 주어진 원리와 신념 위에서 순환적 논리만을 반복할 뿐이었다. 특히 중세 스콜라 철학은 아리스토텔레스적 형이상학과 기독교 교리의 결합 속에서, 자연에 대한 경험적 이해보다는 권위에 대한 복종과 개념적 연역에 치우친 지식 체계를 강화해왔다. 이에 베이컨은 인간 이성이 자연을 온전히 이해하기 위해서는 '새로운 기관'이 필요하다고 보았다. 이 새로운 기관이 바로 '귀납법induction'이다. 그는 이를 통해 지식은 단지 논리적 정합성에 그치는 것이 아니라, 실제 세계에 대한 경험적 기반과 실증적 검증을 통해 공고한 토대를 가져야 한다고 주장했다. 베이컨이 제안한 귀납법은 지식 생산의 방법론을 철저히 구조화하고 실험적으로 강화한 체계였다.

베이컨이 강조한 '귀납법'의 첫 번째 단계는 풍부하고 다각적인 개별 사례의 축적이다. 이는 자연 현상의 반복적이고 규칙적인 양상을 끌어내기 위한 조직화된 수집이어야 했다. 인간 인식은 본성적으로 오류(우상)에 물들어 있기 때문에, 다양한 관점에서 충분한 양의 경험적 자료를 확보해야만 한다. 이러한 관찰은 탐구의 출발점이며, 현실 세계에 밀착한 인식의 바탕이다.

두 번째 단계는 관찰된 사례들을 기반으로 가설을 세우고 체계적 실험과 검증을 반복한다. 이는 단순히 경험을 나열하는 것이 아니라, 특정 가설이나 경향을 세우고, 다른 상황에서도 같은 현상이 일어나는지를 테스트함으로써 그 결과의 신뢰도를 높이는 과정이다. 이 단계에서 중요한 것은 편견과 우연, 언어의 모호성, 기존 권위로부터의 탈피이며, 베이컨은 이를 통해 '우상'으로부터 자유로운 이성적 탐구를 강조했다.

마지막 단계는 실험 결과를 바탕으로 한 일반화이다. 이는 하나의 개별적 현상을 설명하는 데 머물지 않고, 더 높은 수준의 규칙성과 원리를 구성하며, 다시 다른 사례들에 적용해보는 순환적 구조를 형성한다. 이 과정에서 추가 실험이나 반례에 대한 고려, 또는 새로운 사례의 유입이 끊임없이 반복되며, 지식은 고정된 진리가 아니라 수정 가능하고 확장 가능한 유기체로서 발전한다.

"인간은 자연의 해석자이며, 관찰과 이성으로서만 자연을 이해할 수 있다" – 베이컨이 '귀납법'을 통해 이루고자 했던 것은 과학 기술의 발전과 함께, 인간 인식의 정화와 새 질서의 구축이었다. 그는 지식이 자연에 대한 정확한 묘사일 뿐 아니라, 자연을 변화시키는 힘이 되어야 한다고 믿었다. 이는 훗날 계몽주의와 과학 혁명의 근간이 되었고, 자연 과학뿐 아니라 정치와 교육, 윤리의 합리화에도 깊은 영향을 미쳤다.

거미, 개미, 꿀벌

베이컨은 『신기관』에서 거미, 개미, 꿀벌의 비유를 통해 각각의 곤충이 자연을 다루는 방식을 철학자들의 탐구 방법과 비교하며, 경험적 귀납법의 핵심 원리를 설명한다.

"순전히 이성에만 의존하는 자는 거미와 같아서, 자신의 본성으로부터 거미줄을 짠다" – 거미는 자신의 내부에서 실을 뽑아 거미줄을 만들고 이를 통해 세상을 탐구한다. 이는 곧 순수한 이성만을 사용하여 지식을 구성하는 철학자, 즉 관념론자를 의미한다. 플라톤(BC 427~347)이나 데카르트(1596~1650)와 같은 철학자들이 대표적인 예로, 그들은 감각적 경험보다 인간 이성의 논리적 구성 능력을 중시하며, 개념과 연역적 추론을 통해 진리를 추구하였다. 그러나 베이컨은 거미처럼 자기 내부에서만 실을 뽑아내는 방식은 결국 현실과 동떨어진 관념적 철학으로 빠질 위험이 있다고 비판하였다.

"경험만을 중시하는 사람은 개미와 같다. 그들은 다만 모으고 이용할 뿐이다" – 개미는 오직 바깥에서 재료를 모으고 저장할 뿐, 그것을 창조적으로 가공하거나 변형하지 않는다. 베이컨은 이러한 개미를 경험을 무비판적으로 수집하는 철학자나 자연철학자에 비유하였다. 단순한 경험적 자료의 축적은 지식이 될 수 없으며, 이를 분석하고 재구성하는 과정이 필수적이라는 점에서 개미의 방식은 불완전하다. 다시 말해, 단순한 관찰과 기록만으로는 과학적 탐구가 완성될 수 없으며, 자료를 해석하고 체계적으로 정리하는 과정이 필요하다는 점을 강조한 것이다.

"벌은 정원과 들에서 원재를 채집하면서도, 그것을 제 안의 힘으로 소화하고 변화시킨다. 철학의 참된 과업도 이와 같아야 한다" – 꿀벌은 자연에서 꿀을 모으지만, 단순히 저장하는 것이 아니라 이를 자신의 몸에서 정제하고 가공하여 새로운 꿀을 만들어낸다. 베이컨은 이와 같은 방식을 이상적인 철학자의 모델로 보았다. 즉, 꿀벌처럼 자연의 경험적 데이터를 수집하는 것뿐만 아니라, 이를 분석하고 체계화하여 새로운 지식을 창출하는 것이 진정한 학문의 길이라는 것이다. 이는 바로 베이컨이 강조한 귀납법적 과학 방법론의 핵심으로, 단순한 관찰에 그치지 않고 실험과 논리를 통해 자연의 법칙을 발견해야 한다는 점을 시사한다

지식과 실용: 인간을 위한 탐구

"지식은 힘이다" – 베이컨은 지식이 단순히 학문적 탐구의 대상이 아니라, 인간의 삶을 개선하는 실용적 가치를 지녀야 한다고 강조했다. 그는 지식을 통해 인간이 자연을 지배할 수 있으며, 과학적 탐구를 통해 인간의 삶을 개선할 수 있다고 믿었다. 즉, 과학적 방법론을 통해 얻어진 지식은 단순한 이론이 아니라 실제로 세계와 인간의 삶을 변화시키는 도구, 즉 힘이라는 것이다.

"자연은 이해되어야만 지배될 수 있다" – 자연의 법칙을 아는 것이 자연을 다스릴 수 있는 힘을 의미한다. 즉, 지식은 단순한 탐구의 대상이 아니라 실용적인 힘으로 작용한다. 베이컨은 학문이 단순한 지적 유희에 그치는 것이 아니라, 실제로 인간의 삶을 향상시키는 방향으로 발전해야 한다고 보았다. 그는 과학적 지식이 새로운 기술을 만들어내고, 이를 통해 인간

이 자연을 통제할 수 있으며, 나아가 사회적·경제적 발전을 이루는 데 기여할 수 있다고 믿었다. 이는 이후 과학 혁명을 거쳐 산업혁명과 현대 기술 발전의 토대가 된 사고방식이기도 하다.

베이컨은 자연 법칙을 이해하고 이를 활용함으로써 인류가 더욱 풍요롭고 안전한 삶을 영위할 수 있다고 믿었다. 이는 이후 과학기술의 발전과 응용을 예견한 사상적 토대가 되었다. 베이컨이 남긴 방법론은 단순한 철학적 주장에 머물지 않고, 과학적 탐구와 실험을 기반으로 한 근대적 사고방식을 정립하는 데 결정적인 역할을 했다.

오늘날, 우리는 여전히 베이컨의 질문과 마주한다.
"무엇이 참된 지식이며, 그것은 어떻게 획득되는가?"
그의 대답은 명확했다.
"자연을 직접 보고, 경험하고, 실험하라."

주요 저술

- **학문의 진보**(The Advancement of Learning, 1605/이종흡, 2013년) | 학문의 목적과 진보의 가능성을 논하며, 기존 학문의 한계를 비판하고 새로운 방법론의 필요성을 역설한다.

- **신기관**(Novum Organum, 1620/김홍표, 2014년) | 아리스토텔레스의 『오르가논(Organon)』을 비판하며, 귀납법을 강조하는 새로운 과학적 방법론을 제시하였고, 우상의 개념과 경험적 탐구의 중요성 설명하였다.

- **새로운 아틀란티스**(The New Atlantis, 1627/김종갑, 2002년) | 이상적 과학 공동체를 묘사한 유토피아적 저술로, 과학의 발전이 인간 사회에 미치는 긍정적 영향을 강조하고, 학문과 기술의 결합을 통해 인간 복지 증진 가능성을 제시하였다.

- **에세이**(Essays, 1597/김길중, 2007년) | 인간의 삶, 정치, 도덕, 철학 등을 주제로 한 58편의 에세이 모음. 통찰력 있는 짧은 글로 정치적 통치와 도덕적 삶에 대한 지혜를 제공한다.

24 | 데카르트 1596~1650
확실한 지식은 어떻게 가능한가?

"나는 생각한다. 고로 존재한다. 나는 이 명제가 진실이라고 확신했다. 의심하고, 속고 있는 바로 그 순간에도 나는 의심하는 존재, 생각하는 존재로서 존재하고 있다는 것을 부정할 수 없기 때문이다."

―『제일철학에 관한 성찰』, 1641

르네 데카르트(René Descartes, 1596~1650)는 근대 철학의 창시자로, 합리론의 시초를 열며 서양 사상의 흐름을 바꾼 철학자이자 수학자였다. 그는 모든 전통적 권위와 경험적 지식을 회의하는 데서 출발하여, "나는 생각한다. 고로 존재한다(Cogito, ergo sum, 코기토 에르고 숨)"라는 명제를 통해 철학의 새로운 기초를 확립했다. 데카르트는 이성적 사고의 중요성을 강조하며, 학문과 사유의 출발점을 '명석판명한 진리'에 두었다.

코기토, 에르고 숨

중세 철학은 신학과 밀접하게 결합된 형태로 전개되었다. 진리는 신의 계시 혹은 신의 존재와 질서에 대한 합리적 설명으로 간주되었고, 철학은 그것을 뒷받침하거나 명료화하는 수단이었다. 아우구스티누스(354~430)와 아퀴나스(1224~1274)는 철학을 신앙의 하녀로 보았고, 인간은 신 앞에서 겸허히 무릎 꿇는 존재로 이해되었다. 그러나 근대에 들어 인간은 더 이상 우주의 중심에는 있지 않지만, 사유의 중심에 자리하게 된다. 인간은 자신의 이성으로 진리를 찾고 세계를 이해해야 하는 존재가 되었고, 그 출발점에서 데카르트는 모든 것을 의심하라고 선언한다.

"나는 모든 것을 의심할 수 있지만, 의심하는 나 자신은 의심할 수 없다" – 데카르트는 『제일철학에 관한 성찰(1641)』에서 '방법적 회의methodic doubt'라는 급진적인 사유 실험을 제안한다. 데카르트는 불확실한 지식을 배제하기 위해 감각, 경험, 심지어 수학까지 의심했다. 데카르트는 의심할 수 없는 절대적으로 확실한 지식을 찾기 위해 기존의 모든 신념을 철저히 의심하는 '방법적 회의'를 수행한다. 그는 다음과 같은 단계로 의심을 확장한다.

감각은 종종 우리를 속인다. 따라서 감각을 통해 얻은 지식은 확실하지 않다. → 꿈속에서도 현실처럼 생생한 경험을 할 수 있다. 그러므로 우리가 지금 깨어 있다고 확신할 수 없다. → 강력한 악마가 나를 속이고 있을 가능성이 있다. 우리가 믿는 모든 것이 허위일 수도 있다.

이러한 회의를 거친 후, 그는 설령 모든 것이 거짓이라 해도, 의심하는 주체(나)는 반드시 존재해야 한다는 것을 깨닫게 된다. 이는 생각하는 주체로서의 나의 존재가 확실함을 의미하며, 데카르트 철학의 출발점이 된다.

"나는 생각한다. 고로 존재한다" – 결국, 이 한 문장은 철학사의 흐름을 완전히 바꾸어놓았다. 프랜시스 베이컨(1561~1626)이 지식의 방법론을 전환시켰다면, 르네 데카르트(1596~1650)는 철학의 존재론적·인식론적 출발점을 새롭게 정의하였다. 데카르트의 이 명제는 단지 한 철학자의 사유가 아니라, 근대라는 시대 정신이 스스로를 정립하기 위해 만들어낸 존재론적 선언이었다.

코기토 이후, 외부 세계는 어떻게 입증되는가?

문제는 그 다음에 발생하였다.
'나'는 존재한다. 그렇다면 내가 인식하는 바깥 세계는 실재하는가? 감각은 의심스러우며, 꿈인지 현실인지도 구분할 수 없다면, 우리는 어떻게 '외부 세계의 존재'를 확신할 수 있을까?
데카르트는 이 난제를 신의 존재를 증명함으로써, 외부 세계의 실재성과 감각의 신뢰성을 확보하는 것으로 해결하고자 하였다.
"신은 우리에게 진리를 파악할 수 있는 능력을 주셨다" – 데카르트는 생각하는 주체로서 나의 존재의 확실성에 더해, 그렇다면 나 이외의 존재에 대한 '명증성의 기준 Clarity and Distinctness Criterion'은 무엇인가를 생각하였다. 그 결과 신은 개념상 우리를 속이지 않으며, 따라서 신이 존재함을 증명할 수 있다면 우리의 이성이 신뢰할 수 있음이 논증된다고 보았다. 즉 신의 존재가 우리 이성의 신뢰성을 담보하고, 이성을 통해 검증되는 수학적 진리와 자연 과학적 법칙은 확실한 지식이 되는 것이다. 이런 배경 속에서 데카르트는 신의 존재를 '본유관념'과 '존재론적 논증'을 통해 논증함으로써 그의 인식론을 정교하게 구축한다.

그는 신 존재 증명을 통해, 신은 완전하고 선하기 때문에 인간을 속이지 않는다는 결론에 도달한다. 그리고 그 결과, 인간이 명석하고 판명하게 인식하는 것이라면 그것은 참이다. 외부 세계의 존재도, 수학적 진리도, 감각적 인식도 일정한 조건 하에 믿을 수 있게 된다. 신 존재 논증은 그의 철학적 체계에서 핵심적인 역할을 하며, 물질 세계와 정신 세계가 존재할 수 있는 기반을 제공한다. 이 논증을 통해 데카르트는 신이 존재해야만 우리가 확실한 지식을 얻을 수 있다고 주장했다.

그러나 데카르트의 이러한 철학적 전략은 중요한 의문을 남긴다. 그는 신을 믿음이나 계시에 의존하지 않고, 철학적 추론을 통해 증명하고자 했다는 점에서 아우구스티누스(354~430)나 아퀴나스(1224~1274)와는 구분되지만, 동시에 그의 철학 구조 자체가 신이라는 존재 없이는 완성되지 않는다는 점에서, 완전한 의미의 인간 중심 자율 철학을 세운 것은 아니라고도 할 수 있다. 칸트(1724~1804)는 데카르트의 철학을 '출발은 근대적이지만 구조는 여전히 중세적'이라고 비판하며, 신이 아니라 선험적 주체 자체가 인식의 조건이자 세계 구성의 능동적 주체라는 새로운 패러다임을 제시했다.

절대적 실체로서의 신과 실체 이원론

"정신의 본질과 육체의 본질 사이에는 큰 차이가 있다. 육체는 본질적으로 무한히 나뉠 수 있는 것이지만, 정신은 완전히 불가분하다" — 이렇게 해서 데카르트는 '방법적 회의'와 '신의 존재 증명'을 통해 두 가지 실체의 실재성을 확보한다. 하나는 생각하는 자아, 즉 '정신 res cogitans'이고, 다른 하나는 연장된 세계, 즉 '물질 res extensa'이다. 그는 이 둘이 본질적으로 서로 다른 실체라고 선언한다. '정신'은 사유하는 것이고, '물질'은 공간 안에서 움직이는 것이며, 이 둘은 완전히 구별되는 존재 양식이라는 것이다. 데카르트의 철학은 '정신'과 '물질'의 '실체 이원론'적 구조를 갖추게 된다.

데카르트는 왜 굳이 인간을 하나의 통합된 실체로 보지 않고, 이처럼 둘로 나누었을까? 그 이유는 데카르트가 당시 과학 혁명의 물리학적 세계관을 철저히 수용하고 있었기 때문이다. 그는 자연 세계를 기계적 인과율에 따라 작동하는 '기계'로 보았고, 이 세계는 수학과 물리 법칙으로 설명될 수 있다고 믿었다. 그러나 인간은 단순한 기계로 환원될 수 없는 자율적 의식,

자유 의지, 자기 인식을 갖고 있다. 데카르트는 이 두 가지 속성을 동시에 지닌 인간을 설명하기 위해, '정신'과 '물질'의 두 실체를 구분 정립하였다. 즉 정신(영혼)은 사유하고 자유롭게 판단하며, 공간적이지 않다. 반면 육체(물질)는 연장되어 있으며, 수학적·역학적 법칙에 따라 움직인다. 이 둘은 본질적으로 구별되며, 각자의 법칙에 따라 작동한다.

그러나 이로 인해 데카르트는 또 다른 문제에 직면한다. 본질적으로 이질적인 두 실체가 어떻게 서로 작용할 수 있는가? 정신은 비물질적이고, 물질은 연장된 것이며, 그 사이에는 어떠한 물리적 접점도 없다. 데카르트는 이 문제를 해결하기 위해 송과선이라는 뇌의 특정 부위를 가정하지만, 이는 생리학적으로 설득력이 떨어지는 설명이었다. 그래서 그는 다시 신의 개입을 요청한다. 신이 완전한 존재이기에, 인간이라는 존재 안에서 정신과 육체가 상호작용할 수 있도록 질서 정연한 방식으로 창조했다는 것이다. 다시 말해, 심신의 연결 가능성 또한 신의 섭리에 의존하는 구조였다.

이러한 이중성은 이후의 철학자들에게 비판과 영감을 동시에 제공한다. 스피노자(1632~1675)는 두 실체를 하나로 통합하려 했고, 라이프니츠(1646~1716)는 예정조화라는 개념을 도입했으며, 칸트(1724~1804)는 선험적 주체 개념을 통해 데카르트적 구조를 극복하고자 했다. 그러나 그 누구도 데카르트의 출발점, 즉 '생각하는 자아'의 절대성을 완전히 벗어나지는 못했다.

데카르트는 철학의 중심을 신에서 인간 이성으로 옮기며 근대 철학의 출발점을 만들었다. 그는 모든 권위와 전통을 의심하는 급진적 사유를 통해 '생각하는 주체'의 존재를 입증했고, 이를 기반으로 철학적 체계를 새로

이 세웠다. 그러나 그 체계는 여전히 신의 존재를 핵심 고리로 삼고 있었고, 정신과 물질의 이원적 구분은 이후 철학자들에게 해결해야 할 과제로 남겨졌다.

그럼에도 불구하고 데카르트의 사유는 이후 철학이 다뤄야 할 문제의 지형을 근본적으로 바꿔놓았다. '나는 생각한다'는 명제는 인간이 자기 자신을 사유의 중심으로 선언한 선언문이었으며, 근대 이후 모든 인식론과 존재론의 기준점이 되었다. 그는 한 시대의 철학자가 아니라, 철학이라는 사유 방식 자체를 뒤흔든 존재였다.

✒ 주요 저술

- **방법서설**(Discourse on the Method, 1637/이재훈, 2024) | 명확하고 확실한 지식에 도달하기 위한 방법론을 제시한 저술. "나는 생각한다, 고로 존재한다"의 철학적 기초를 설명하며 근대 철학의 출발점이 되었다.

- **철학의 원리**(Principles of Philosophy 1644/강태원, 2010) | 자연 철학의 기본 원리를 체계적으로 설명한 저술. 우주의 구조와 운동, 물질과 정신의 구분 등을 논의하며, 데카르트의 기계론적 세계관을 제시하였다.

- **제일철학에 관한 성찰**(Meditations on First Philosophy, 1641/이현복, 2021) | 신의 존재와 인간 영혼의 불멸성을 논증하며, 확실한 지식의 기초를 탐구한 철학적 명저. 의심의 방법과 명석하고 판명한 진리에 대한 기준을 심층적으로 다루었다.

25 | 스피노자 1712~1778
세상은 신이자 자연인가?

"행위의 원인을 알지 못할 때, 사람들은 자신이 자유롭다고 생각한다. 그러나 그것은 그들이 자기 행위의 원인을 의식하지 못할 뿐, 그것이 외부 원인에 의하여 필연적으로 결정된 것임을 모른다. 따라서 자유란 필연성의 인식이며, 그것에 대한 이해로부터 비롯된다."

―『윤리학』, 1677

데카르트(1596~1650)가 정신과 물질이라는 두 실체의 구별을 통해 근대적 이원론을 정립했다면, 바뤼흐 스피노자(Baruch Spinoza, 1632~1677)는 그 분리로 인해 생겨난 세계의 틈을 다시 꿰매려 하였다. 그는 데카르트가 세운 위대한 전통을 계승하면서도, 그 안에 내재된 철학적 단절, 즉 인간과 자연, 정신과 물질, 자유와 필연의 이원성을 극복하려는 방향으로 사유를 전개했다

신과 세계는 하나

"신은 모든 것 안에 있고, 모든 것이 신 안에 있다" – 데카르트는 정신과 물질을 별개의 실체로 보았지만, 스피노자는 모든 존재가 하나의 실체로 귀결된다고 보았다. 스피노자는 『윤리학(1677)』에서 오직 하나의 실체만이

존재하며, 그것이 곧 '신이자 자연(Deus sive Natura, 데우스 시붸 나투라)'이라고 주장했다. 신과 세계는 별개의 존재가 아니라 동일한 하나의 '실체'이며, 신의 속성은 세계 속에서 다양한 방식으로 표현된다.

"실체란 오직 자기 자신에 의해서 존재하고, 다른 어떤 것에 의해서도 개념적으로 형성되지 않는다" – 여기서 실체란, 다른 어떤 존재에도 의존하지 않고 스스로 존재하며, 스스로 이해 가능한 근본적 존재를 말한다. 이 정의는 존재에 대한 근본적 질문, 즉 왜 어떤 것이 존재하는가에 대한 스피노자의 답을 내포한다. 실체는 존재의 '최종 원인'이며, 다른 어떤 것에 의해 설명될 필요가 없는 존재, 곧 '존재 그 자체'다. 중요한 질문은 그 다음에 온다. 만약 실체가 그런 자존적인 존재라면, 과연 그러한 실체는 여러 개가 존재할 수 있는가?

"존재하는 모든 것은 신 안에 있고, 신 없이는 아무것도 존재하지 않으며, 생각될 수도 없다" – 세계에 존재하는 모든 것은 실체인 신, 또는 자연 안에서 비롯되며, 그로부터 독립적으로 존재하거나 사고될 수 있는 것은 없다. 그렇다면 왜 굳이 실체가 '하나'여야 하는가?

스피노자는 다음과 같은 논리를 제시한다. 실체는 외적 의존성이 없어야 하며, 따라서 다른 실체와의 관계 속에서 정의되거나 구별될 수 없다. 그런데 만약 두 개 이상의 실체가 존재한다면, 우리는 그들을 구분해야 하고, 구분을 위해 공통의 성질 혹은 외부 기준이 필요해진다. 이는 이미 두 실체가 서로 의존하고 있다는 것을 암시하며, 그 자체로 실체의 정의에 어긋난다. 따라서 둘 이상의 실체는 존재할 수 없고, 참된 실체는 반드시 유일무이해야 한다. 그는 이러한 개념의 '실체'를 신과 동일시하며, 곧 자연과 동일한 것으로 규정한다.

이로써 스피노자는 데카르트가 남긴 물질과 정신, 인간과 자연, 신과 세계의 이원적 분리를 해소하고, 존재의 전체를 하나의 논리적 실체 안에서 재구성하려는 철학적 야망을 실현한다. 이러한 존재론은 또한 인간 중심주의의 해체로 이어진다. 인간은 더 이상 신의 특별한 피조물도, 자연을 정복할 초월적 주체도 아니다. 인간 역시 자연의 일부이며, 자신의 본성에 따라 행위하는 하나의 '양태mode'일 뿐이다. 즉, 우리는 신의 뜻이나 자유의지에 따라 세상을 움직이는 존재가 아니라, 자연의 필연 속에서 행위하고 감정에 휘둘리는 존재라는 것이다.

사유와 연장의 속성을 지닌 인간

"신의 속성은 무한하지만, 우리는 그 중에서 사유와 연장만을 인식할 수 있다" – 데카르트는 인간 존재를 정신과 물질이라는 두 실체로 구분했다. '생각하는 것'과 '연장된 것'이라는 이원론적 구분은 근대 철학에 심오한 영향을 남겼지만, 동시에 해결하기 어려운 질문을 낳았다.
어떻게 본질이 전혀 다른 두 실체가 상호작용할 수 있는가?
나의 생각은 어떻게 나의 팔을 움직이는가?
스피노자는 이 문제를 '생각'과 '연장', '정신'과 '물질'은 분리된 두개의 실체가 아니고, 단일한 하나의 실체, 즉 신의 무한한 속성 중 인간이 인식 가능한 속성이라는 주장으로 해소하고자 한다. 실체, 즉 신은 신이라는 개념 상 무한한 '속성attribute'을 갖는다. 실체(=신)에는 무한히 많은 속성이 있을 수 있지만, 인간에게는 '사유Cogitatio'와 '연장Extensio'의 두 가지 속성만 드러난다. 사유는 정신적 활동이고 연장은 공간을 차지하는 속성으로 물리적 활동이다. 즉, 정신과 신체는 다른 실체가 아니라, 하나의 실체가 두 가지 속성(사유와 연장)으로 나타난다고 스피노자는 보았던 것이다.

"내가 슬퍼서 눈물이 났다"는 표현은 데카르트와 스피노자의 철학을 대조하는 좋은 사례가 된다. 데카르트적 관점에서는, 마음(정신)에서 발생한 슬픔이라는 감정이 신체(물질)에 영향을 미쳐 눈물이 흐르는 결과를 낳는다고 본다. 즉, 정신과 신체는 서로 다른 실체이지만 어떤 방식으로든 상호 작용한다고 가정하는 것이다. 반면 스피노자는 이 현상을 전혀 다르게 해석한다. 그에 따르면, 슬픔과 눈물은 모두 하나의 동일한 실체(신이자 자연) 안에서 일어난 현상의 두 가지 표현일 뿐이다. 사유의 관점에서는 슬픔이라는 감정으로, 연장의 관점에서는 눈물샘의 자극과 신경계의 반응으로 나타나는 것이다. 두 관점은 하나의 실체를 각기 다른 방식으로 드러내는 동시적이고 동등한 표현이다. 따라서 슬픔과 눈물은 정신과 신체의 분리된 작용이 아니라, 신의 무한한 속성이 인간 안에서 다양한 양태로 동시에 표현된 결과인 것이다.

결국, 인간 존재는 신의 두 가지 속성, 즉 사유와 연장을 통해 세상에 드러난다. 인간은 사유함으로써 신의 정신적 표현이 되며, 존재함으로써 신의 물리적 표현이 된다.

수동적 감정과 능동적 감정

"감정이란 신체적 능력을 증가시키거나 감소시키거나 돕거나 방해하는 변화이며, 동시에 그것을 인식하는 관념이다" – 스피노자는 서양 철학사에서 감정의 위상을 근본적으로 재정립한 사상가다. 플라톤(BC 424~348) 이래로 감정은 흔히 이성의 적, 영혼의 혼란 요인으로 간주되어 왔다. 스토아 철학은 감정을 병적 상태로 보았고, 데카르트조차도 감정을 신체와 정신 사이의 작용으로 제한하며 이성의 지배 아래 두고자 했다. 반면, 스피노자는 감정을 자연의 필연적 결과로 신체적·정신적 상태의 변화이자 이해하고 조절할 수 있는 대상으로 이해했다. 게다가 어떤 감정은 힘을 키우지만(예: 기쁨, 사랑), 어떤 감정은 힘을 약화(예: 두려움, 슬픔)시키도 한다. 스피노자는 감정을 단순히 억누르는 것이 아니라, 감정이 발생하는 이유를 올바로 이해하는 것이 중요하다고 보았다.

"진정한 자유는 이성적으로 감정을 이해하고 조절하는 데 있다" – 감정에 대한 이런 인식을 토대로, 스피노자는 감정을 '수동적 감정 Passions'과 '능동적 감정 Actions'으로 나누었다. 이 때의 수동과 능동의 구분은 감정 자체의 특성으로부터 기인하는 것이 아니며, 감정을 대하는 주체의 태도의 차이를 의미한다. 수동적 감정은 외부 환경이나 다른 사람들에게 영향을 받을 때 발생하는 감정이다. 이 감정은 스스로 통제하기 어렵고, 감정의 원인을 충분히 이해하지 못할 때 생긴다. 예를 들어 누군가 나를 욕해서 화가 났다라는 감정은 외부 요인(타인의 말)에 의해 감정이 결정되는 것을 의미한다. 스피노자는 이러한 감정 상태를 인간이 자유롭지 않은 상태라고 보았다. 능동적 감정은 이성을 통해 이해함으로써 조절하는 감정을 말한다. 예를 들어 누군가 나를 욕해도, 그 사람이 무지해서 그런 것임을 이해하고 화를 내지 않는다는 상태는 이성을 통해 감정을 다스르는 능동적 감정이다. 스피노자는 이런 능동적 감정 상태를 '자유로운 상태'라고 정의했다.

지식과 인식: 이성과 직관의 역할

스피노자가 세상을 하나의 실체, 즉 '신 또는 자연 Deus sive Natura'으로 환원시킨 것은 단지 존재의 본질을 설명하는 데 그치지 않는다. 그의 철학은 존재를 아는 방식, 즉 인식의 구조와 그것이 삶과 자유에 미치는 실천적 함의까지 이어지는 일관된 사유의 체계이다. 스피노자는 존재를 이해하기 위해서는 인식의 방식도 철저히 분석되어야 한다고 보았으며, 이를 위해 인간 인식의 수준을 세 단계로 구분하였다.

첫 번째 단계는 '의견Opinio' 혹은 '상상Imaginatio'이다. 이 단계는 감각이나 경험에 의존한 불완전한 인식의 단계로, 감각적 오류와 편견이 포함될 수 있다. 예를 들면 우리 눈에는 태양이 작아 보이니 실제로도 작을 것이다라든지, 우리 지구는 안정적이고 태양은 움직이고 있으니, 태양이 지구의 주위를 돌 것이다와 같은 오류 가능성이 있다. 이 단계의 인식은 불확실하고 오류에 취약하며, 인간은 이 수준에서 주로 수동적 감정에 휘둘리게 된다.

두 번째 단계는 이성Ratio의 단계이다. 개념과 논리를 통한 합리적 사고이고, 보편 법칙을 이해하고 필연성을 인식할 수 있다. 이성은 사물들 사이의 필연적 연결성을 파악하고, 사물들을 그 본성에 따라 이해하려 한다. 예를 들면 과학적 사유와 수학을 활용하여 태양은 실제로 지구보다 훨씬 크고, 지구가 태양의 주위를 돌고 있다라는 지식을 획득한다. 이 단계에서 인간은 감정에 덜 휘둘리게 된다.

"직관적 인식은 신의 어떤 속성에 대한 적합한 관념에서 출발하여, 사물의 본질에 대한 적합한 인식에 이른다" - 세 번째 단계는 '직관Intuitio'의 단계이다. 신(자연)의 필연적 질서를 직관적으로 이해하는 지혜의 경지이다. 모든 것이 신의 필연적 질서 안에 있음을 깨닫고 평온을 얻을 수 있으니, 예를 들면 태양뿐만 아니라 모든 것은 신(자연)의 필연적 법칙에 따라 존재한다는 근본 원리를 깨닫는 것이다. 스피노자에게 직관은 가장 높은 형태의 인식으로, 신에 대한 진정한 이해에 이르게 하며, 인간을 진정으로 자유로운 존재로 만든다. 이 단계에서 인간은 감정으로부터의 지배에서 완전히 자유로와진다.

자유와 필연과 신에 대한 지적 사랑

"사람들은 행위의 원인을 모르기에 자유롭다고 착각한다" – 이 선언은 자유의지의 허상을 가른다. 우리가 점심 메뉴를 '자발적으로' 고른다고 생각할 때, 실제로는 배고픔, 기억, 신경전달물질이 만든 필연적 결과를 실행할 뿐이다. 스피노자의 우주에는 예외가 없다. 인간도 신自然의 법칙에서 자유로울 수 없는 존재다.

"자유는 신의 필연적 법칙을 인식하고 그 안에서 사는 것이다" – 스피노자에게 세계는 완벽한 수학적 증명이다. 신은 필연적으로 존재하며, 모든 현상은 그 필연성의 파생물이다. 우연이란 인간의 무지가 빚은 환상일 뿐. 나뭇잎의 흔들림부터 인간의 선택까지, 모든 것은 자연법칙의 사슬로 연결된다. 스피노자에게 자유는 신의 필연적 법칙을 이해하고 수용하는 데서 비롯된다.

스피노자의 철학은 그러나 비관론은 아니다. 오히려 그는 각성의 길을 통해 인간 구원의 길을 제시한다. 감정에 휘둘리는 노예에서 법칙을 꿰뚫는 철인으로의 변신… 이것이 그가 말하는 구원의 여정이다. 폭풍이 필연적으로 온다는 사실을 알 때, 우리는 두려움 대신 준비를 선택한다. 이성으로 자연법칙을 이해할 때, 인간은 감정의 파도 위에서 평정을 찾는다.

"신에 대한 지적 사랑은 인간 정신이 경험할 수 있는 최고의 행복이다" – 스피노자의 눈에 비친 우주는 신自然의 필연성으로 짜인 완벽한 그물이었다. 이 그물 속에서 인간이 찾을 수 있는 최고의 행복은 무엇인가?

그의 대답은 명료하다. '신에 대한 지적 사랑(Amor Dei Intellectualis, 아모르 데이 인텔렉투알리스)'이야말로 영혼의 최상의 기쁨이다. 이는 인간이 신의 무한한 질서와 조화를 이해하고, 그 안에서 존재하는 기쁨을 누릴 수 있을 때 생기는 최고의 행복 상태이다. 이 사랑은 맹목적 믿음이 아니라, 직관을 통해 도달한 인식의 경지에서 발생하는 철학적 감정이다. 스피노자에게 있어, 철학은 단지 세계를 설명하는 학문이 아니라, 인간을 구원하는 수단이었다. 스피노자는 인간이 신과 하나의 실체로 연결되어 있다는 인식을 통해, 감정의 예속 상태로부터 벗어나고, 자유로운 존재로 나아갈 수 있는 길을 제시하려 하였던 것이다.

스피노자는 물질과 정신을 분리하지 않고, 이를 신의 속성으로 이해하며 통합적 실재론을 제시했다. 또한, 신을 초월적 창조물이 아니라 자연 그 자체로 보며, 과학적 탐구와 철학적 사고를 결합했다.

그에게 철학이란 지식의 체계가 아니라 삶의 방식이며, 존재와의 조화 속에서 평정을 얻는 길이다. 그리고 그 길의 끝에서 우리는 '실체에 대한 지적 사랑'이라는 최고의 기쁨을 마주하게 된다. 그것은 스피노자가 우리에게 남긴 가장 고요하면서도 깊은 철학적 유산이다.

🖋 주요 저술

- **데카르트 철학 원리**(Principles of Cartesian Philosophy, 1663/강영계, 2016) | 데카르트의 철학을 요약하고 비판적으로 설명하며, 자신의 철학적 입장을 발전시키는 기초를 마련한 저작이다. 데카르트의 이원론을 극복하고 일원론적 관점을 발전시키며, 데카르트 비판, 형이상학, 일원론에 대한 내용을 다룬다.
- **윤리학**(Ethics, 1677/조현진, 2019) | 스피노자의 대표작으로, 기하학적 방법으로 쓰였다. 신, 자연, 인간의 본질, 자유와 필연성, 도덕적 삶에 대한 철학적 체계를 제시하며, '신이자 자연(Deus sive Natura)' 개념을 중심으로 형이상학, 윤리학, 범신론 신학에 대한 내용을 담고 있다.
- **지성 개선론**(Treatise on the Improvement of the Understanding, 1677/조현수, 2024) | 인간 지성이 진리를 탐구하고 인식을 개선하기 위한 방법을 논의한다.

PART
9

존재와 인식:
그 한계로 치닫다

시대의 변화 속에서 진리를 향한 인간의 탐구는 더욱 정교해지고 치열해졌다.
라이프니츠(Gottfried Wilhelm Leibniz, 1646~1716)는 세계를 무한한 단위인 모나드로 설명하며 조화의 원리를 찾으려 했고, 버클리(George Berkeley, 1685~1753)는 존재란 인식되는 것뿐임을 주장하며 현실의 토대를 다시 질문했다.
마침내 칸트(Immanuel Kant, 1724~1804)는 근대 유럽의 치열했던 사유 속에서의 존재와 앎의 문제를 종합하고 그 구조와 한계를 정리해냈다.
이들은 단순히 자연을 설명하는 것을 넘어, '인간은 무엇을 알 수 있는가'라는 근본적인 물음을 던졌다. 세계는 밖에 존재하는 것이 아니라, 인간 인식 속에서 재구성된다는 사실을 밝혀내려 했다.
진리에 다가가는 길은 이제 그 사유의 끝으로 치닫고 있었다.

26 | 라이프니츠 1712~1778
모나드는 세계를 반영하는가?

"모든 단자(monad)는 하나의 거울과도 같다. 그 거울은 우주 전체를 반영하지만, 각자의 시점과 관점에서 그렇게 한다."
―『모나드론』, 1714

17세기 서유럽 철학은 존재와 실재를 하나의 체계 안에서 설명하려는 웅대한 시도들로 가득 차 있었다. 데카르트(1596~1650)는 정신과 물질이라는 두 실체를 설정하고, 그 둘의 구별과 상호작용을 통해 인간 존재와 세계를 설명하려 했다. 스피노자(1632~1675)는 '신이자 자연 Deus sive Natura'이라는 하나의 실체만이 존재하며, 그 실체는 무한한 속성과 필연의 질서로 세계를 구성한다고 주장했다.

이 지점에서 새로운 질문이 제기된다.
"하나의 실체만으로 세계의 다양성과 개별성을 설명할 수 있는가?"
고트프리트 빌헬름 라이프니츠(Gottfried Wilhelm Leibniz, 1646~1716)는 우주를 이해하기 위해 '모나드 monad'라는 개념을 도입한다. '모나드'는 더 이상 쪼갤 수 없는 정신적 실체이자, 자신만의 내적 법칙에 따라 작동하는 독립적 존재이다. 수많은 모나드들이 서로 영향을 주지 않고도 완벽하게 조화를 이루는 세계. 이것이 바로 라이프니츠가 상상한 우주이다. 라이프니츠는 스피노자의 일원론적 결단과 데카르트의 이원론적 갈등 모두를 넘어서, 다양성의 보존과 조화의 가능성을 철학의 중심으로 옮겨놓는다.

물질 없는 존재들의 우주 – 모나드

라이프니츠는 『모나드론(1714)』이라는 짧지만 응축된 저작에서, 우주는 '모나드monad'라는 단순하고 비물질적인 존재들로 구성되어 있다고 주장한다. 이 모나드론은 데카르트의 이원론과 스피노자의 단일실체론에 대한 라이프니츠의 창의적인 응답이자, 다양성과 개별성 속에서 조화를 이루려는 철학적 실험이었다.

"모나드는 창이 없는 실체이며, 각각의 모나드는 독립적이고 분할될 수 없는 단위이다" – 라이프니츠에 따르면, 모나드는 더 이상 나눌 수 없는 단순한 실체이다. 그 어떤 물질적 구성도 가지지 않으며, 물리적 위치나 크기를 가진 대상이 아니다. 이 개념은 고대 철학의 원자론을 연상시키지만, 물질적 원자가 아니라 '비물질적이고 정신적 성격을 지닌 원자'라는 점에서 결정적으로 다르다. 모나드는 각각의 독립된 세계이자, 스스로 존재의 원리를 지닌 단자單子이다. 모나드는 오직 내적인 법칙과 본성에 의해 변화하며, 외부 세계로부터의 인과적 영향은 존재하지 않는다. 하지만 그렇다고 해서 모나드가 세계와 단절된 고립적 존재인 것은 아니다. 그들은 우주의 모든 것을 반영하고 있으며, 이 반영의 차이에 따라 모나드의 의식 수준도 달라진다.

"지각은 우주 전체를 자신만의 방식으로 반영하는 내면적 표현이다" – 각 모나드는 고유한 상태를 가지며, 동시에 각 모나드는 자신만의 고유한 방식대로 세계를 반영한다. 각 모나드가 세계를 반영하는 것이 곧 '지각perception'이다. 그는 인간의 정신이 세계를 인식하듯, 모든 존재가 일정한 방식으로 세계를 반영하고 있다고 보았다. 예컨대 강아지는 후각으로, 벌은 자외선으로, 인간은 언어와 추상으로 세계를 인식한다. 이러한 관점은 존재는 곧 표현이라는 전제로 이어지고, 모나드는 지각하고 표현하는 단위가 된다. 모나드의 지각은 통상적으로 이해되는 외부 자극을 전제로 하지 않는다. 모나드의 지각은 모나드 내부에서 발생하는 인식 과정으로 모든 모나드는 각자의 방식으로 전체 우주의 상태를 표현한다. 모나드는 그 자체로 우주의 축소판이며, 각자의 수준에 따라 세계를 표현한다. 무생물이나 식물은 낮은 수준의 단순한 모나드를 가지며, 동물처럼 지각과 기억을 가지고 감각적 경험을 하는 존재는 좀 더 복잡한 모나드를 가진다. 인간과 같은 고급 모나드는 의식과 이성을 통해 우주를 더 명확히 인식한다.

"충동은 한 지각에서 다른 지각으로의 변화의 내적 원리이다" — 모든 모나드는 정지 상태 없이 항상 변화하고 있으며, 이 변화의 원동력이 곧 '충동appetition'이다. '충동' 역시 외부의 자극이 아닌 모나드 내부에서 일어난다. 여기서 '충동'은 감정적 충동이나 본능과 같은 심리학적 개념이 아니라 형이상학적 존재의 '운동성' 또는 '변화성'을 설명하고자 하는 개념이다. 요컨대, '지각'이 현재를 드러낸다면 '충동'은 다음 상태로 이끄는 힘이다. 지각은 충동으로 이어지고 충동은 새로운 지각으로 이어지는 내부적 운동의 연쇄가 곧 모나드의 생애요 삶인 셈이다.

모나드와 예정조화, 그리고 자유의지

"각 모나드는 신에 의해 조화롭게 배열되었으며, 마치 시계들이 동시에 맞춰진 것처럼 완벽한 질서를 유지한다" – '모나드'는 독립적이고, 상호작용하지 않는다. 여기서 각 모나드가 고립된 채 외부와 상호작용하지 않는다면, 이 세계는 어떻게 질서와 조화를 이룰 수 있는가라는 질문이 나온다. 이에 대해 라이프니츠는 모든 모나드는 신에 의해 조화롭게 배열 되어 있고, 각 모나드들은 서로 직접적으로 상호작용하지 않지만, '예정조화Pre-established Harmony'에 의해 일관된 질서를 유지한다고 답변한다. 마치 두 개의 시계가 서로 직접 연결되지 않았지만, 미리 정확한 시간에 맞춰졌기 때문에 동시에 작동하는 것처럼 보이는 것과 비슷하다. 마찬가지로, 인간의 정신과 신체도 별개의 '모나드'이지만, 예정조화 덕분에 마치 서로 영향을 주고받는 것처럼 작용한다. 라이프니츠는 또한, 신은 가능한 세계 중에서 최적의 세계를 설계했다고 주장한다. 이는 신의 선한 의지와 무한한 지혜의 결과로, 각 모나드의 조화와 상호 연계가 최선의 상태를 이루고 있음을 시사한다.

"내가 어떤 행위를 할 때, 그것은 나의 본성이 그것을 선택하도록 되어 있었기 때문이다" – 라이프니츠의 예정조화론은 모든 변화는 예정되어 있고, 우주 전체는 하나의 거대한 시계처럼 정합적으로 작동한다는 점에서 결정론이다. 그러나 놀랍게도 라이프니츠는 이런 예정조화의 질서 속에서도 인간의 자유의지를 긍정한다. 라이프니츠는 나의 행위가 외부에서 강제되지 않았고, 내면에서 발생하였다는 점에서 자유의지를 긍정한다. 라이프니츠는 또한 자유로운 선택은 무지에서 나오는 것이 아니라, 가장 좋은 것을 알기 때문에 선택하는 것이라고 주장하면서 결정론 속에서의 자유의지를 인정한다. 인간의 모든 변화는 내면에서 시작되며, 특히 이성적 모나드는 스스로의 목적을 형성하고 판단할 수 있다. 따라서 인간은 자연과 연결되어 있으면서도, 자기 원리에 따라 행위하는 자율적 존재이다. 그의 이 주장은 우주의 긍정적이고 조화로운 본질을 이해하도록 이끌며, 삶에 대한 낙관적 태도를 북돋운다.

작용없는 지각과 미세 지각

"지각은 모나드 자체 내에서 설명되어야 하며, 외부 사물의 작용에 의해 설명되어서는 안 된다" – 라이프니츠에 따르면, 세계는 더 이상 물질의 기계적 결합으로 이루어진 것이 아니다. 그 대신, 무수한 단순한 실체들, 즉 모나드monad들로 구성되어 있으며, 각각의 모나드는 창이 없고 어떠한 외부의 영향도 받지 않는다. 이러한 전제 아래, 지각은 외부 세계의 투사된 인상이 아니라, 모나드 내면의 자율적인 표현 행위로 자리 잡는다. 모든 모나드는 자신만의 방식으로 세계 전체를 반영하며, 이는 외적 작용이 아니라 내재된 질서에 따라 발생한다. 이를 라이프니츠는 '작용 없는 지각perception without causal interaction'이라 개념지었고, 바로 이 점에서 라이프니츠는 인식과 존재의 분리 불가능성을 선언한다. 존재한다는 것은 지각하고 표현한다는 것이며, 지각은 곧 존재의 방식이다.

"의식되지 않는 지각도 존재하며, 그것들이 모여 우리의 의식 상태를 형성한다" – 라이프니츠에게 있어서 지각은 항상 명확하거나 의식적인 것은 아니다. 라이프니츠는 작용없는 지각이라는 개념에 더해 또 하나의 독창적인 개념을 덧붙인다. 바로 '미세지각petites perceptions'이다. 이 지각은 우리가 자각하지 못하는 수준에서 발생하는, 너무 작고 미묘해서 인식되지 않는 지각이다. 라이프니츠는 파도소리를 듣는다는 일상적 현상을 통해 이를 설명한다. 우리가 듣는 파도소리는 단일한 하나의 소리가 아니다. 그것은 수많은 물방울이 해안에 부딪치며 만들어내는 미세한 충돌음들이 합쳐진 결과다. 개별적 물방울의 소리는 너무 작아서 우리가 인식하지 못하지만, 그 수많은 '작은 소리'들이 축적될 때 우리는 파도라는 소리를 인식하게 되는 것이다. 이러한 개념은 데카르트의 '명료하고 판명한 인식'이라는 인식론적 기준을 정면으로 비판하는 것이며, 인식은 항상 자각되어야 한다는 전통 철학의 편협함을 넘어서려는 시도였다. 이 지각들은 독립적인 작용을 하지는 않지만, 인간의 정체성과 자아감, 습관 형성, 감정 변화 등에 깊숙이 관여한다. 그는 이를 통해 '연속성의 원리 principium continui'를 철학적으로 실현하고자 하였다. 모든 변화는 급격한 도약이 아니라, 작은 차이의 누적을 통해 이루어진다는 원칙 아래, 지각 또한 불연속적인 단계가 아니라 미세한 지각들의 연속적인 흐름으로 이루어진다고 본 것이다. 프로이트(1856~1939)가 무의식적 감정과 기억의 중요성을 말하기 훨씬 전에, 라이프니츠는 이미 '의식되지 않은 인식'의 존재를 철학적으로 선언한 셈이다. 또한 현대 인지과학이나 심리학에서도 인간의 판단과 행동이 의식적인 사고보다 비의식적 지각과 자동화된 정보 처리에 더 크게 영향을 받는다는 점이 밝혀지면서, 라이프니츠의 사유는 새롭게 조명받고 있다.

라이프니츠는 세계를 수학적으로 구성된 기계장치로 보지 않았다. 그는 우주를, 내면의 거울 속에 전체를 담고 있는 무수한 영적 중심들, 즉 모나드들의 조화로운 앙상블로 보았다. 그 각각은 창문 없는 고요한 실체이지만, 예정된 조화를 통해 세계의 리듬을 공유하고, 고유한 방식으로 전체를 표현한다.

여기서 인간은 수동적인 피조물이 아니라, 내면에 우주를 간직한 주체적 중심으로 재규정된다. 라이프니츠는 이 질서가 단지 외부로부터 강제된 것이 아니라, 신의 예정조화 속에서도 인간이 자유롭게 선을 지향할 수 있는 여지를 지녔다고 본다.

　모나드론에 기반할 때 인식은 외부를 반영하는 과정이 아니라, 모나드 내부에서 우주 전체가 조화롭게 드러나는 표현이다. 진리는 외부에 주어지기 이전에, 이미 우리 안에 깃들어 있으며, 철학은 그것을 일깨우는 작업이다.

　그는 복잡한 세계의 심연 속에서 단순성과 질서, 그리고 내면적 자유를 동시에 지켜낸 철학자였으며, 그의 사유는 지금도 여전히 분열된 이성과 단절된 존재 사이를 잇는 다리로 우리에게 말을 걸고 있다.

✎ 주요 저술

- **인간 오성 신론**(New Essays on Human Understanding, 1704/신옥희, 2005) | 존 로크(John Locke)의 경험주의 철학에 대한 비판과 논쟁을 다룬 저작. 이성적 지식과 선천적 관념의 중요성을 주장하며, 인간 오성의 본질과 작용을 철학적으로 탐구하였다.

- **신정론**(Theodicy, 1710/이재영, 2009) | 신의 존재와 악의 문제를 다룬 책. 악의 존재를 신의 완전성과 조화시키는 신정론의 체계를 수립하며, 신이 가능한 최선의 세상을 창조했다고 주장하였다.

- **모나드론**(Monadology, 1714/배선복, 2019) | 우주를 구성하는 기본 단위인 모나드의 본질과 작용을 논한 저작이다.

27 | 버클리 1685~1753
존재한다는 것은 지각된다는 것인가?

"존재하는 것은 지각되는 것이다. 모든 사물은 우리가 지각할 때에만 존재한다. 그것이 인간에 의해 지각되지 않을 때는 신의 정신 속에 지각되고 있기 때문에 계속 존재한다."

— 『인간 지식의 원리』, 1710

조지 버클리(George Berkeley, 1685~1753)는 아일랜드 출신의 철학자로, 경험론을 극단적으로 발전시켜 '주관적 관념론'을 주장하였다. 그는 물질 세계의 독립적 존재를 부정하고, 모든 것은 정신 속의 관념에 불과하다고 보았다. 그는 감각 경험의 중요성을 강조하면서도, 감각 경험은 정신의 외부에 존재하는 물질로부터 오는 것이 아니고, 신의 지속적이고 전면적인 '지각perception'에 의해 유지된다고 설명하였다.

지각에 대한 극단적 물음

"존재란 무엇인가?"
이 질문은 철학이 시작된 이래 수많은 사상가들을 매혹시킨 물음이었다. 18세기 초, 조지 버클리는 이 물음을 누구보다도 급진적이고 과감하게 재구성했다. 그의 대답은 단호했다.

"존재란 지각되는 것이다(Esse est percipi, 에쎄 에스트 페르키피)" – 이 단순하면서도 급진적인 명제는 서양 존재론의 오랜 전통, 특히 물질 실체에 대한 신념에 대한 정면 도전이자, 새로운 인식론적 출발점이었다. 버클리의 사유는 일상적 관찰에서 시작되었다. 그는 우리에게 존재한다고 느껴지는 외부 세계가 실제로는 '지각' 속에서만 주어진다고 주장하였다.

이러한 사유는 존재에 대한 전통적 전제, 즉 외부 세계는 감각 경험과 무관하게 독립적으로 존재한다는 믿음을 근본적으로 해체한다. 데카르트(1596~1650)와 존 로크(1632~1704)는 인간 인식이 외부 실체에 기반한다고 보았지만, 버클리는 이렇게 반문한다.

"색깔은 보이는 것이며, 소리는 들리는 것이다. 그런데 그것이 감각과 분리되어 존재한다는 것이 무슨 뜻인가?"

버클리는 모든 '물질적 실체 material substance'의 개념을 철저히 해체한다. 존 로크는 물질이 가지고 있는 위치, 운동, 연장 등의 1차 성질은 외부 세계의 실재성과 연결된다고 보았다. 버클리는 이런 로크의 주장에 반론하여, 1차 성질조차 관념 idea이며 오직 지각을 통해서만 존재한다고 주장한다. 이렇게 해서 그는 실재를 감각 지각으로 환원하며, '주관적 관념론'이라는 독자적 철학 체계를 구축하게 된다.

"신 God이 모든 것을 항상 지각하고 계시기에, 세계는 지속적으로 존재할 수 있다" – 그렇다면 우리가 지각하지 않는 순간, 사물은 사라지는가?

버클리는 이 문제를 회피하지 않는다. 그는 자신의 급진적 관념론을 신학적 신념과 연결하여 일관성 있는 체계로 완성시킨다. 신은 우리가 보지 않는 숲 속의 나무를 여전히 존재하게 하는 보편적 지각자다. 세상의 모든 질서와 연속성은 인간 지각을 넘어서 신의 영속적 인식에 기초하고 있다는 것이다.

신의 언어로서의 자연 현상

"우리는 신의 언어를 읽는다. 사물은 단지 신이 우리 정신 속에서 만들어 낸 상징과 기호일 뿐이다" – 버클리에 따르면, 우리가 감각을 통해 경험하는 이 세계는 실체적 독립성을 지닌 외부의 물질적 대상이 아니라, 신이 우리의 지각 속에 부여한 표상적 관념들의 연속이다. 우리는 사과를 보고, 물을 마시고, 불을 느끼지만 이 모든 감각들은 신이 우리에게 특정한 '의미'를 전달하는 방식이다. 이러한 견해에 따르면, 감각적 경험은 단지 주관적 환상이 아니며, 오히려 신이 질서 있게 구성한 언어 체계의 일부다. 즉, 세계는 '혼자 있는 꿈'이 아니라, 지고한 이성과 목적을 가진 존재가 우리에게 보낸 일관된 메시지다.

"우리는 신의 언어 속에 살고 있다" – 버클리에게 감각과 자연현상은 일종의 '언어'다. 이 언어는 세상의 존재를 설명하는 수단이 아니라, 신과 인간의 관계, 그리고 인간 정신의 도덕적·신학적 성장에 기여하는 상징체계로 이해된다. 즉, 세계는 신의 의도가 문자화된 표현이며, 인간은 그것을 읽어내는 해석자이다. 예컨대, 태양이 뜨고 지는 것, 계절이 바뀌는 것, 고통과 쾌락의 감정, 심지어 자연재해와 질병조차도 모두 어떤 도덕적 교훈과 의미를 담은 신의 발화로 여겨진다. 그는 물리 법칙을 자연 언어의 문법으로 간주했다. 이런 의미에서 버클리의 존재론은 동시에 신학과 언어철학의 결합체라 할 수 있다. 존재란 물리적 실체가 아니라, 의미를 지닌 기호적 질서다.

버클리는 존재와 인식, 물질과 정신, 감각과 의미를 하나의 통합된 사유 구조 속에 엮어내며, 경험주의와 관념론, 신학과 해석학의 경계를 가로지른 독창적인 사유의 지도를 제시하였다.

그의 철학은 근대의 과학적 세계관이 물질적 실체와 객관적 인과율을 중심으로 형성되는 와중에도, '경험의 언어적 성격'과 '지각의 의미론적 구조'를 간파함으로써, 언어철학과 해석학, 의미론적 존재론에 이정표가 되었다. 신이 세계를 언어처럼 구성하고, 인간은 그 기호의 독자이자 해석자로 존재한다는 그의 비전은, '존재란 의미와 해석의 장이다'라는 현대적 성찰로도 이어진다.

오늘날에도 여전히 우리는 지각되지 않는 것이 과연 존재할 수 있는가라는 버클리의 질문 앞에서 멈춰 서야 한다. 그의 사유는 우리가 경험하고 살아가는 이 세계가 어떤 '의미'를 갖고 있으며, 그 의미를 어떻게 해석하고 살아낼 것인가에 대한 철학적 요청이다. 버클리는 말한다.
"존재는 단순히 있는 것이 아니라, 지각되고, 이해되고, 의미화될 때 비로소 완성된다"
이것이 그의 철학이 여전히 현재진행형으로 살아 있는 이유다.

주요 저술

- **인간 지식의 원리**(A Treatise Concerning the Principles of Human Knowledge, 1710/ 문성화, 2010) | 물질적 실재의 독립적 존재를 부정하고, 모든 존재는 지각을 통해서만 실재한다고 주장. "존재한다는 것은 지각된다"라는 명제를 중심으로 관념론을 전개하였다.

- **시각의 새로운 이론**(An Essay Towards a New Theory of Vision, 1709/이재영, 2009) | 인간 시각의 작동 원리를 설명하며, 시각적 지각이 직접적인 물질 세계의 반영이 아니라는 점을 논의. 거리와 크기, 모양 등의 지각이 경험에 의해 형성된다고 주장하였다.

- **하일라스와 필로누스의 대화**(Three Dialogues Between Hylas and Philonous, 1713/한석환, 2012) | 대화 형식을 통해 실재론을 비판하고, 관념론을 옹호. 하일라스(물질주의 옹호자)와 필로누스(버클리의 관점을 대변하는 인물)의 논쟁을 통해 물질적 실재의 불필요성을 강조하였다.

28 | 칸트 1724~1804
우리는 세계를 어떻게 인식하는가?

"개념은 직관이 없으면 공허하고, 직관은 개념이 없으면 맹목적이다. 즉, 개념은 오직 직관을 통해서만 구체적인 대상을 가질 수 있고, 직관은 개념 없이는 어떤 통일된 의미도 가질 수 없다. 판단은 감성과 오성, 이 두 인식 능력의 협력이 전제된다. 둘이 함께 작용할 때에만 진정한 인식이 이루어진다."

—『순수이성비판』, 1781

이마누엘 칸트(Immanuel Kant, 1724~1804)는 근대 철학의 정점이자 현대 철학의 기초를 마련한 사상가로, 합리론과 경험론을 종합하여 새로운 인식론을 제시했다. 그는 '코페르니쿠스적 전회'를 통해 인식이 대상에 맞추어지는 것이 아니라, 대상이 인간의 인식 구조에 맞추어진다고 주장했다. 그는 '사물이 우리에게 나타나는 방식(현상)'과 '사물 자체(물자체, Noumenon)'를 구분하면서, 인간 인식의 한계를 탐구했다.

근대 인식론의 위기와 비판 철학

"나는 흄에 의해 독단의 잠에서 깨어났다" – 데이비드 흄(1711~1776)은 인식의 기반으로 여겨지던 인과율 자체가 정당화될 수 없는 습관에 불과하다고 주장했다. 우리는 두 사건이 반복적으로 연이어 발생하는 것을 보고

'A가 B를 일으킨다'고 말하지만, 실제로는 두 사건 사이에 어떤 필연적 연결 고리도 관찰된 적이 없다는 것이다. 인과율이 '관성'에 불과하다면, 모든 과학의 기반이 무너질 위험에 처하게 된다. 이 회의주의적 통찰은, 당시 이성에 대한 자신감과 과학적 낙관주의에 심각한 균열을 일으켰다.

임마뉴엘 칸트는 "나는 흄에 의해 독단의 잠에서 깨어났다"라고 고백하였고, 이 고백은 칸트가 자신의 철학이 어느 철학자와 어떤 문제의식에서 출발했는지를 단적으로 보여준다. 그러나 이 고백은 곧 이렇게 되물어야 한다. 흄 이전에 칸트를 잠재운 '독단'이란 누구의 어떤 사유였는가? 그 독단은 무엇으로 구성되어 있었고, 칸트는 왜 그것을 넘어서려 했는가?

칸트는 르네상스 이후 서유럽 인식론의 모든 핵심 갈래를 주의 깊게 탐색하며, 그 안에 내재한 모순과 결핍을 체계적으로 파악했다. 그리고 그것들을 종합하고 비판하며, 초월철학이라는 이름으로 새롭게 정립했다. 흄 이전, 흄까지의 철학은 칸트 철학의 '재료'이자, 그로 하여금 '근대 인식론의 구조를 재설계'하게 만든 문제 상황이었다.

• 데카르트의 합리주의: 확실성에 대한 집착

근대 인식론의 출발은 르네 데카르트(1596~1650)였다. 그는 회의주의로부터 출발하여, 이성적 사유로 도달할 수 있는 자명한 진리, 즉 "나는 생각한다. 고로 존재한다"를 기초 삼아, 모든 지식을 기하학처럼 확실한 토대 위에 재구축하려 했다. 데카르트는 지식을 이성의 명석·판명한 관념으로부터 도출하며, 감각을 신뢰할 수 없는 불확실한 자료로 보았다. 이러한 태도는 근대 합리론의 전통, 대표적으로 스피노자(1632~1677), 라이프니츠(1646~1716)로 이어졌고, 그들은 세계 전체를 이성적 질서와 논리로 설명하려는 형이상학적 구조물을 구축했다.

칸트는 데카르트의 선험적 주체, 라이프니츠의 논리주의적 관념론, 스피노자의 필연주의 세계관을 모두 면밀히 읽고, 이러한 철학이 '너무 멀리 간 이성의 독단'이라고 결론 내린다.

• 로크와 경험주의: 백지에서 진리로

합리론과는 달리 존 로크(1632~1704)는 인간 정신을 '백지 tabula rasa'에 비유하며, 모든 지식은 감각과 경험을 통해 형성된다고 주장했다. 이는 지식의 기원을 인간 외부 세계로 설정한 것으로, 칸트가 훗날 '감성의 재료'라고 부를 영역을 탐구한 시도였다.

로크의 경험론은 버클리(1685~1753)와 흄(1711~1776)으로 이어졌고, 그들은 실체, 인과, 자아 등의 개념이 모두 경험 속 반복되는 인상들의 습관적 연합이라는 관점에서 설명되었다. 특히 흄은 인과성조차 경험적 근거가 없다고 단언하며, 이성의 무력함을 폭로했다. 이 지점에서 칸트는 '순수한 이성은 이대로 가다간 회의주의로 빠진다'는 위기의식을 느꼈다.

• 라이프니츠와 인식의 논리화: 충분이유의 원리

라이프니츠(1646~1716)는 『인간오성신론(1704)』에서, 인간 이성이 단순히 감각 정보를 받아들이는 수동적인 것이 아니라, 논리적 원리에 따라 진리를 도출할 수 있는 고유한 구조를 갖추고 있다고 주장한다. 이러한 사유의 핵심에는 그가 정식화한 '충분이유의 원리 principium rationis sufficientis'가 자리 잡고 있다. 이 원리는 간단히 말해, "세상에 일어나는 모든 일과 우리가 내리는 모든 판단에는 반드시 충분한 이유가 존재해야 한다"는 것이다. 즉, 우연처럼 보이는 현상들조차도 반드시 설명 가능한 원인이 존재하며, 우리가 무엇인가를 진리라고 판단할 때에는 그 판단을 뒷받침하는 이유가 논리적으로 있어야 한다는 주장이다.

이 원리는 단지 존재론적 명제(세상의 모든 사건은 설명 가능하다)일 뿐 아니라, 인간의 인식 구조에도 적용되는 원리이다. 왜냐하면 우리가 어떤 명제를 참이라고 받아들일 때, 단순히 그것이 경험적으로 반복되었기 때문이 아니라, 그 참됨을 뒷받침할 내적·논리적 이유가 반드시 있어야 하기 때문이다. 따라서 라이프니츠의 철학은 이성은 진리를 이끌어낼 수 있는 정합적 구조를 갖춘 도구라는 확고한 믿음 위에 서 있다. 이러한 입장은 칸트가 '이성의 형식적 조건들'을 규명하고자 할 때 매우 중요한 이론적 기반을 제공했다. 칸트는 라이프니츠의 충분이유 원리를 순수이성의 작용 조건 중 하나로 비판적으로 계승하면서, 그것이 경험 이전의 인식 형식을 설명하는 토대가 될 수 있다는 점을 발전시켜 나갔다.

- **스피노자의 전체주의적 이성: 존재와 인식의 동일화**

스피노자는 '신 이자 자연'이라는 독특한 일원론적 존재론을 바탕으로, 모든 사물과 인간 정신을 필연적 질서 내의 표현으로 간주했다. 그는 이성으로 세계를 파악할 수 있으며, 직관적 인식 intuitio을 통해 그 필연성을 통찰할 수 있다고 믿었다. 하지만 칸트는 이러한 직관이 어떻게 가능하며, 그것이 경험과 어떤 관계를 맺는지에 대해 보다 명확하고 체계적인 설명을 요청했다. 스피노자의 '신적 질서'는 칸트에게 이성이 넘어가서는 안 되는 한계와 경계를 상기시켜 주는 경고이기도 했다.

칸트 이전의 근대 인식론은 각기 편향된 강조 속에서 진리를 탐색해 왔다. 합리론은 형식과 논리를 강조하며 감각과 경험을 경시했고, 경험론은 감각과 관찰에 매몰되며 필연성과 보편성을 설명하지 못했다. 칸트는 이 모든 흐름을 비판적으로 수용하며, 이성과 감각, 선천성과 후천성, 주체와 객체 사이의 구조적 조화를 재구성하고자 했다. 그의 사유는 단지 두 입장의 중간 지점을 찾는 '타협'이 아니라, 각 입장의 핵심을 초월적 인식의 조건 안에서 비판적으로 통합한, 철학사적으로 독창적인 '종합'의 시도였다. 이로써 칸트는 근대 인식론의 계보를 종결지으면서도, 그 모든 흐름 위에 새로운 철학의 지평을 열었다.

그는 이제 질문을 바꾼다.
"과연 우리는 보편적이고 필연적인 지식을 어떻게 얻는가?"
그리고 이 질문은 그가 『순수이성비판(1781)』을 통해 본격화한 비판 철학의 출발점이 된다. 우리는 세계를 어떻게 인식하는가라는 질문에 칸트는 경험론과 합리론의 대립을 해결하고, 인간 인식의 구조를 분석했다. 그 결과, 그는 우리의 인식은 단순한 경험의 축적이 아니라, 인간이 능동적으로 구성하는 것이라는 결론에 도달한다.

현상과 물자체

칸트의 철학에서 중요한 구분은 '현상 phenomena'과 '물자체 Ding an sich'이다. 그는 우리가 아는 세계는 인간 인식 구조를 통해 구성된 '현상' 세계로, 이는 우리의 감각과 이성이 협력하여 만든 결과라고 설명했다. 우리는 사물의 본질을 있는 그대로 알 수 없으며, 오직 그것이 우리에게 나타나는 방식만을 인식할 수 있다고 칸트는 보았다. 반면, '물자체'는 사물의 본질적 실재로, 인간 인식의 한계를 넘어서는 영역에 속한다. '물자체'는 존재하지만, 우리는 이를 직접적으로 알 수 없으며, 단지 우리의 인식 구조를 통해 간접적으로 접근할 수 있을 뿐이다. 이를 통해 칸트는 인식 가능한 세계와 인식 불가능한 세계를 구분하며, 인간 인식의 본질적 한계를 강조했다.

하지만 이러한 구분은 후대 철학자들로부터 깊은 비판을 받게 된다. 야코비(1743~1819)와 셸링(1775~1854), 헤겔(1770~1831) 등은 인식 불가능한 것을 존재한다고 말하는 건 모순이라고 비판하였다. 존재를 말한다면, 그에 대해 무엇인가를 '앎'도 함께 주장해야 한다는 것이다. 니체(1844~1900)는 "칸트는 신을 제거한 것이 아니라, 신을 '물 자체'라는 이름으로 숨겼다"라고 비판하였다. 현대에 와서는 메이야수(1967~)가 칸트의 '물 자체' 개념을 상관주의의 대표적 사례로 비판하면서, '물 자체'에 대한 수학과 과학을 통한 사변적 사유의 가능성을 주장한다. 이런 점에서 칸트의 '물자체' 개념은 근대 인식론의 지평을 넓힌 동시에, 그 한계를 극복하고자 한 철학적 투쟁의 기점이 되었다. 그의 구분은 철학을 새롭게 열었지만, 그 문턱에서 많은 이들이 다시 질문을 시작하게 만든 것이기도 하다.

인식의 3 주체: 감성, 오성, 이성

"인식은 단순히 감각이 주어진 것이 아니라, 우리의 인식 능력이 그것을 구성한다" – 칸트는 인간의 인식 과정이 '감성 Sinnlichkeit', '오성 Verstand', '이성 Vernunft'의 세 단계로 이루어진다고 보았다. '감성'은 경험을 받아들이는 단계로 우리가 외부 세계를 인식하는 가장 기본적인 방식이다. 이 때 공간과 시간은 인간이 경험을 구성하는 '선험적 형식 A priori Forms'으로 작동한다. 공간과 시간은 외부 세계에 존재하는 것이 아니라, 우리의 인식 구조 속에 존재한다. '오성'은 경험을 구성하는 단계이다. 오성은 경험을 질서화하고, 법칙을 적용하는 역할을 하며 이 때 사용되는 선험적 형식이 곧 '범주 Categories'이다. '이성'은 형이상학적 사유를 하는 단계이다. '이성'은 오성이 구성한 경험을 하나로 통일하려 하고, 그것을 넘어 '형이상학적 개념', 즉 신, 자유, 영혼, 우주 전체의 본질, 물자체 등을 탐구한다.

"감각 없는 개념은 공허하고, 개념 없는 직관은 맹목적이다" – 임마누엘 칸트의 이 문장은 그의 철학, 특히 인식론의 핵심을 간결하게 드러낸다. 이 짧은 한마디 안에는 인간 인식의 구조와 그 전제가 무엇인지를 향한 칸트의 오랜 사유가 압축되어 있다. 칸트에 따르면 인간 인식은 두 가지 요소, 즉 감각과 오성의 협력으로 이루어진다. 감각은 외부 세계로부터 자료를 수용하는 수동적인 능력으로 '감성'적 단계에 속하며, 이를 통해 우리는 사물에 대한 직관을 얻게 된다. 반면, 오성은 이 감각 자료를 개념적으로 조직하고 판단하는 능동적인 능력이다. 이 두 능력은 서로 독립적이지 않고, 인식이라는 하나의 과정 속에서 서로를 전제한다.

"감각 없는 개념은 공허하다"는 말은, 오성이 아무리 정교한 개념을 만들어냈다 하더라도, 경험이라는 감각적 근거가 없다면 그것은 내용이 없는 빈 껍데기에 불과하다는 뜻이다. 예를 들어, 우리가 '원인', '자유', '신'과 같은 추상 개념을 머릿속에 떠올릴 수는 있지만, 그 개념이 구체적인 감각적 경험과 연결되지 않는다면 그것은 실질적인 인식으로 성립하지 못한다. 즉, 개념은 감각을 통해서만 의미를 획득한다.

반대로 "개념 없는 직관은 맹목적이다"는 말은, 감각적으로 주어진 직관이 아무리 풍부하더라도, 그것을 조직하고 판단할 개념이 없다면 우리는 그것을 이해할 수 없다는 의미이다. 예컨대, 눈앞에 어떤 현상이 펼쳐진다 하더라도, 그 현상을 '무엇'으로 파악하기 위해서는 오성의 개입이 필수적이다. 그렇지 않으면 그 직관은 단순한 인상, 즉 의미 없는 자극의 연속일 뿐이다. 이 말은 칸트가 경험주의에 대해 비판적인 시선을 가졌음을 보여준다. 단순한 경험의 나열은 인식이 아니며, 개념을 통해 구조화될 때 비로소 진정한 인식이 가능하다는 것이다.

"나는 지식을 제한함으로써 믿음의 자리를 만들고자 했다" – 반면, 이성은 오성의 판단들을 넘어 그것들을 궁극적인 원리로 통일하려는 능력이다. 이성은 항상 "왜?"라는 질문을 던지며, 조건들 뒤에 놓인 어떤 것을 추구한다. 이렇게 이성이 만들어내는 개념들은 칸트가 말하는 이념 Ideen에 해당하며, 대표적인 예로는 자유, 신, 영혼 같은 개념들이 있다. 이성은 이러한 이념들을 통해 인식을 체계화하고 전체적인 질서를 부여하려 하지만, 이념들은 실제로 감각을 통해 경험될 수 없기 때문에 인식의 대상이 될 수 없다. 이성은 현실 너머를 향해 나아가지만, 그 과정에서 종종 인식의 한계를 넘어서 형이상학적 오류에 빠질 위험을 안고 있다. 칸트는 형이상학적 진리는 '물자체'로서 이를 확실하게 알 수 없다고 하였다. 칸트는 이성은 '인식의 한계를 설정'하는 역할을 한다고 보았다. 즉, 인간의 인식 능력이 어디까지 확장될 수 있는지를 규명하는 것이 이성의 역할이고, 우리가 경험적으로 확증할 수 없는 것들에 대해 무리한 추론을 하는 것을 막는 역할을 한다.

시간과 공간, 그리고 오성에 작동하는 12가지 범주

"공간과 시간은 경험 바깥에 존재하는 것이 아니라, 인간의 인식 구조 속에 존재한다" – 칸트는 인간 인식을 '감성'과 '오성'의 상호작용으로 설명했다. '감성'은 외부 세계로부터 감각적 자료를 받아들이고, '오성'은 이를 개념적으로 조직화하여 경험으로 전환한다. 이 과정에서 시간 time과 공간 space은 인간이 세계를 인식하는 '선험적 형식 a priori forms'으로 작용한다. 모든 대상은 공간 속에서 존재하며, 우리가 경험하는 모든 것은 공간적 관계 속에 놓여 있다. 시간은 감각적 경험이 이루어지는 '내적 형식'이다. 우리의 모든 사고, 감정, 기억은 시간의 흐름 속에서 존재한다. 우리는 시간을 경험하는 것이 아니라, 경험이 시간 속에서 존재한다.

칸트는 또한 인간이 경험을 개념적으로 구성할 때(오성이 작동할 때), 경험을 구성하는 선험적 개념(범주, Categories)이 존재한다고 주장했다. 칸트는 선험적 개념을 인간의 이해가 작용하는 방식에 따라 다음과 같은 12가지 범주로 정리하고 있다. 칸트의 12가지 범주는 우리가 경험을 해석할 수 있도록 돕는 선험적 도구이며, 경험 이전에 이미 존재하는 인식 구조인 것이다.

칸트의 12가지 선험적 개념

범주의 그룹	범주 Category	설명
양 Quantity	1. 단일성 Unity	하나의 개체를 개념화하는 방식
	2. 다수성 Plurality	여러 개의 개체를 개념화하는 방식
	3. 전체성 Totality	개별적인 요소들이 모여 전체를 형성하는 방식
	4. 실재성 Reality	어떤 존재가 실제로 있음 (긍정)
	5. 부정성 Negation	어떤 존재가 없음 (부정)
	6. 제한성 Limitation	실재와 부정의 혼합 (부분적 존재)
관계 Relation	7. 실체-속성 Substance and Accident	대상이 실체(본질)와 속성(특성)으로 나뉨
	8. 인과성 Causality	원인과 결과의 관계를 이해하는 방식
	9. 상호작용 Community	개체들이 서로 영향을 주고받는 관계
양상 Modality	10. 가능성-불가능성 Possibility-Impossibility	어떤 것이 가능하거나 불가능한 방식
	11. 존재-비존재 Existence-Nonexistence	어떤 것이 실제로 존재하거나 존재하지 않는 방식
	12. 필연성-우연성 Necessity-Contingency	어떤 것이 필연적으로 존재하거나 우연적으로 존재하는 방식

칸트의 선험적 종합 판단: 인식의 혁신을 말하다

임마누엘 칸트는 『순수이성비판(1781)』에서 인식론의 지형을 전환시키는 독창적인 개념을 제시했다. 그는 모든 인간의 판단을 두 가지 기준에 따라 분류함으로써, 기존 철학이 놓치고 있던 인식의 가능 조건을 새롭게 밝혀낸다. 첫 번째 기준은 판단이 주어와 술어 사이의 관계를 어떻게 설정하는가에 따른 분류로, '분석적 Analytisch' 판단과 '종합적 Synthetisch' 판단이 여기에 해당한다. 두 번째 기준은 판단이 경험에 의존하는가에 관한 분류로, '경험적 A posteriori' 판단과 '선험적 A priori' 판단으로 나뉜다. 칸트는 이 두 기준을 교차시켜 새로운 유형의 판단, 곧 '선험적 종합 판단 Synthetische Urteile a priori'이라는 개념을 도출한다.

'분석 판단'은 주어 개념 속에 이미 술어 개념이 포함되어 있는 경우로, 이는 단지 개념을 분해함으로써 진리를 파악하는 판단이다. 예컨대 "삼각형은 세 변을 가진 도형이다"라는 문장은 삼각형이라는 개념 속에 이미 '세 변'이라는 속성이 포함되어 있으므로, 추가적인 경험 없이도 이 문장의 진위를 이성적으로 판별할 수 있다. 이러한 판단은 논리적으로 필연적이며, 새로운 지식을 산출하지 않는다.

반면, '종합 판단'은 주어 속에 술어가 포함되어 있지 않으며, 따라서 새로운 정보를 덧붙이는 판단이다. 예를 들어 "이 꽃은 빨갛다"라는 문장은 '꽃'이라는 개념 속에 '빨간색'이라는 성질이 포함되어 있지 않기 때문에, 해당 판단은 어떤 경험적 사실에 근거해야만 성립된다. 이와 같은 종합 판단은 언제나 경험을 통해서만 그 참과 거짓을 알 수 있으며, 그 의미는 개념의 단순한 분석을 넘어선다.

그러나 칸트가 철학사에서 혁신적 존재로 평가되는 이유는, 그가 경험 없이도 새로운 정보를 산출하는 판단, 즉, '선험적 종합 판단'이 가능하다는 사실을 철학적으로 정식화했기 때문이다. 그는 묻는다.
"어떻게 경험에 의존하지 않으면서도 새로운 정보를 줄 수 있는 판단이 가능한가?"
칸트의 대답은 명확하다. 그런 판단은 실제로 존재하며, 그것이야말로 수학, 자연과학, 형이상학의 기초를 이룬다는 것이다. 예를 들어 "7 + 5 = 12"라는 수학 명제는 단순한 개념 분석으로는 '12'라는 결과를 도출할 수 없다. '7'이나 '5'라는 수에 '12'가 포함되어 있지는 않다. 하지만 인간은 덧셈이라는 개념적 규칙을 통해 두 수를 결합하고, 이로부터 새로운 정보를 이끌어낸다. 이 판단은 경험을 통해 검증할 필요 없이 명백하며 보편적으로 적용된다. 따라서 이는 선험적(경험에 앞서는)이며, 동시에 종합적(새로운 정보를 제공하는)이다.

칸트(1724~1804)가 제기한 질문, "어떻게 선험적 종합판단이 가능한가?"는 철학사를 횡단하는 결정적 사유의 출발점이었다. 그는 인간이 경험 이전에도 보편적이고 필연적인 판단을 내릴 수 있는 이유를, 감성과 오성의 선험적 형식에서 찾았다. 이로써 철학은 존재론적 탐구에서 인식 조건의 비판으로 전환되었고, 이후의 철학은 이 질문을 긍정하거나 반박하며 발전하게 된다. 현상학은 후설(1859~1938)을 통해 칸트의 선험성을 의식의 지향 구조로 전환하였고, 하이데거(1889~1976)는 이를 존재론적 탐구로 이어갔다. 프레게(1848~1925), 러셀(1872~1970), 카르납(1891~1970) 등은 선험적 판단을 논리와 언어 분석으로 재구성하였다. 구조주의에서는 레비스트로스(1908~2009)와 푸코(1926~1984)가 선험적 조건을 문화와 제도에 내재한 무의식적 구조로 치환하였다.

이런 점에서 '선험적 종합판단'에 대한 칸트의 질문은 인간이 세계를 이해하고 지식을 구성하는 방식에 대한 철학 전체의 구조를 흔드는 근본 문제였다.

칸트에게 있어 세계는 우리 안의 인식 조건 아래서만 존재한다. 다시 말해, 우리는 사물 그 자체(물자체)를 알 수 없고, 현상으로서의 세계만을 인식할 수 있다. 이처럼 칸트는 인식 주체의 능동성을 철학의 중심에 세움으로써, 경험주의의 수동성과 합리주의의 형이상학을 동시에 비판했다. 그는 단순한 회의주의를 넘어서, 우리가 아는 것은 어떻게 가능한가, 그리고 그 가능성은 어떤 조건 위에서 성립하는가라는 비판철학의 출발점을 제시했다.

칸트의 인식론은 철학이 무엇을 알 수 있으며, 무엇을 알 수 없는지, 그리고 우리는 왜 그렇게밖에 알 수 없는지를 밝히는 과업임을 천명함으로써, 철학의 자기반성과 현대성의 문을 열었다. 그의 사유는 지식의 기원을 거슬러 올라가려는 인간 이성의 자기비판적 노력의 정점이며, 이후의 모든 인식론과 존재론은 칸트라는 질문자 없이 단 한 발짝도 나아갈 수 없게 되었다.

✎ 주요 저술

- **순수이성비판**(Kritik der reinen Vernunft, 1781, 개정판 1787/백종현, 2006) | 인간 인식의 한계와 조건을 탐구하며, 감성과 지성이 어떻게 경험을 구성하는지 분석. 선험적 형식, 현상과 물자체, 인식론의 기초를 체계적으로 제시하였다.
- **실천이성비판**(Kritik der praktischen Vernunft, 1788/백종현, 2019) | 도덕 철학의 기초를 논의하며, 실천이성이 도덕적 법칙을 수립하는 과정을 탐구. 정언명령(Categorical Imperative)을 중심으로 인간의 도덕적 행위를 정당화하는 내용을 담고 있다.
- **판단력비판**(Kritik der Urteilskraft, 1790/백종현, 2009) | 미학과 목적론을 다루며, 자연의 아름다움과 예술, 목적론적 판단을 논의. 감각적 직관과 이성적 판단을 연결하여 미적 경험과 자연 질서를 철학적으로 설명한다.

PART 10

철학과 실천:
생각은 현실을 깨운다

근대 철학은 칸트에서 정점을 이루었고, 이후 철학은 다양한 방향으로 확장되고 분화하기 시작했다. 이러한 변화는 근대 과학 혁명과 프랑스 혁명이 가져온 세계관의 변화와 깊은 연관이 있었다.

이 시기 철학은 더 이상 머릿속 사유에 머무르지 않았다. 사회적 격동 속에서 세계의 변화를 설명하고, 나아가 세계를 바꾸려 하였다.

헤겔(Georg Wilhelm Friedrich Hegel, 1770~1831)은 세계를 끊임없이 변화하는 정신의 드라마로 보았고, 마르크스(Karl Marx, 1818~1883)는 철학이라는 망치를 움켜쥐고 강하게 세상을 내려쳤다.

존재는 정지해 있지 않았다. 인간은 앎을 통해 현실을 이해하고, 현실을 바꾸는 존재가 되었다. 철학은 삶의 변두리가 아니라 삶 그 자체를 움직이는 힘이 되었다. 사유는 행동을 낳고, 행동은 역사를 다시 썼다.

29 | 헤겔 1770~1831
철학은 현실에 어떤 답을 해야 하는가?

"자기의식은 자기 자신이 되기 위하여 타자와 마주쳐야 한다. 그것은 단지 자기 자신의 내면에 머무름으로써가 아니라, 외부의 타자와의 관계 속에서 자신을 매개하여야 한다. 그리고 이 관계는 단순한 인식이 아니라, 살아 있는 욕망과 실천, 투쟁을 통해 성립된다."

―『정신현상학』, 1807

게오르크 빌헬름 프리드리히 헤겔(Georg Wilhelm Friedrich Hegel, 1770~1831)은 독일 관념론 철학의 정점에 위치한 사상가로, '변증법 Dialectic'을 통해 철학적 사고를 혁신적으로 발전시켰다. 그는 존재와 사유, 개인과 사회, 역사와 진리의 상호작용을 다루며 철학적 종합을 시도했다. 이제 철학은 저 높은 관념의 세계에서 현실과 실천이라는 땅으로 내려오기 시작한다.

철학을 현실로 끌어내리다

18세기 후반에서 19세기 초반은 유럽 전체가 거대한 변화를 겪고 있었다. 헤겔이 청년기를 보낼 무렵, 프랑스 혁명(1789)은 유럽 사회를 뒤흔들었다. 왕권 중심의 질서는 붕괴하고, 자유와 평등을 외치는 새로운 시대가 열리고 있었다. 혁명은 갈등과 대립을 동반했다. 자유를 위한 투쟁 속에서 자유의 실현은 단순하지 않으며, 역사적 발전의 긴 과정이 필요함을 보여주었다. 또한 18세기 후반부터 본격적으로 진행된 산업혁명은 유럽 사회의 구조를 근본적으로 변화시켰다. 농업 중심 사회에서 도시 중심 산업사회로 이행하면서, 전통적인 공동체 질서가 붕괴하고 새로운 경제적 계급이 등장했다. 헤겔은 이러한 변화를 목격하며, 철학이 단순히 추상적 사유에 머물러서는 현실을 설명할 수 없다고 보았다.

"이성적인 것은 현실적이고, 현실적인 것은 이성적이다" – 철학은 오랫동안 인간 존재와 인식의 본질을 탐구하는 학문이었다. 고대부터 이어진 형이상학적 사유는 존재란 무엇인가, 인간은 어떻게 세계를 인식하는가와 같은 질문을 던지며, 우리가 살고 있는 세계를 이해하려 했다. 이러한 철학적 전개는 존재와 인식을 논리적으로 설명하는 데 기여했지만, 결정적인 한계를 지니고 있었다. 철학은 점점 개념적으로 정교해졌지만, 현실 세계에서 인간이 살아가는 방식과 변화를 설명하는 데에는 미흡했다. 헤겔은 이러한 한계를 극복하고자 했다. 그는 철학이 추상적인 개념 속에 머무르지 않고, 현실 속에서 작동하는 방식으로 변해야 한다고 생각했다.

헤겔은 철학을 개념적 논리의 영역에서 끌어내어, 현실 세계의 변화 속에서 작동하는 방식으로 이해하려 했다. 그는 인간의 사유와 존재를 고정된 실체가 아니라, 역사와 사회 속에서 발전하는 과정으로 보았다. 그 결과, 철학은 세계가 무엇인가를 묻는 학문에서 벗어나, 세계가 어떻게 변화하는가, 인간 사회가 어떻게 발전하는가라는 질문을 탐구하는 학문으로 확장되었다.

존재란 무엇인가? – 변증법적 존재론

"존재는 그 자체로 정지해 있는 것이 아니라, 자기 발전의 운동이다" – 헤겔 철학의 핵심은 존재가 고정된 실체가 아니라, 끊임없이 전개되는 과정이라는 점이다. 전통 형이상학에서는 존재를 '본질'로서 고정된 것으로 이해했지만, 헤겔은 이를 거부한다. 그는 존재가 단순한 '있음'이 아니라, 변화와 운동을 포함하는 '됨 Werden'의 개념 속에서만 이해될 수 있다고 주장한다.

헤겔은 존재를 세 단계로 구분한다.

첫째, 가장 순수한 의미에서의 '존재 Sein'는 그 자체로 아무런 내용도 없는 추상적인 것이다.

둘째, 그러나 존재는 단순한 있음만으로는 설명될 수 없으며, 그 자체로 '무 Nichts'와 대립하는 개념이 된다.

셋째, 존재와 무는 서로를 부정하면서도 종합되어 '됨 Werden'이라는 개념으로 나아간다.

즉, 존재란 정적인 상태가 아니라, 자기 내부의 대립을 통해 끊임없이 발전하는 변증법적 과정이다. 이러한 변증법적 존재론은 고정된 실체를 상정하는 전통적 형이상학과 달리, 현실을 동적 과정으로 이해할 것을 요구한다.

"변증법은 긍정과 부정, 그리고 그 극복이다" – 이러한 존재의 변화를 나타내는 헤겔의 변증법은 '정립 Thesis', '반정립 Antithesis', '종합 Synthesis'의 개념으로 정리된다. 정립은 초기의 주장 또는 상태, 대립 이전의 안정된 상태를 말한다. 반정립은 정립과 대립하는 모순적 주장 또는 상태, 갈등과 부정의 과정이다. 마지막으로 종합은 정립과 반정립의 갈등을 통합하며, 더 높은 단계로 상승의 단계이다. 정립은 현재 상태나 주장을 의미하며, 이는 곧 모순적 주장을 담은 반정립과 충돌한다. 그러나 이러한 대립은 단순히 갈등으로 끝나지 않고, 갈등을 극복하며 새로운 차원의 통합, 즉 종합으로 나아간다. 예를 들어, 자유 Thesis와 필연성 Antithesis의 대립은 더 높은 단계의 합리적 자유 Synthesis로 발전한다. 이 과정은 반복이 아니라 상승적 운동으로, 헤겔은 이를 '부정의 부정'이라 부르며 진리와 현실의 끊임없는 발전을 설명했다.

주인과 노예의 변증법: 노동 속에서 형성되는 인식

헤겔의 '주인과 노예의 변증법 Dialektik von Herr und Knecht'은 철학사에서 가장 널리 논의된 개념 중 하나다. 일반적으로 이 개념은 사회적·정치적 맥락에서 이해되곤 한다. 지배와 복종, 권력과 억압, 노동과 해방 등의 주제와 연결되어 읽히기 때문이다. 하지만 헤겔이 이 개념을 처음 제시한 『정신현상학(1807)』에서의 핵심 의도는 단순히 사회적 관계를 설명하는 것이 아니었다. 오히려 그는 이 개념을 통해 인식이란 무엇인가, 그리고 '자기의식'은 어떻게 형성되는가라는 보다 근본적인 문제를 탐구했다.

"인정은 두 자기의식 사이에서 일어나는 과정이며 투쟁이다" – 두 개의 의식(A와 B)이 서로 마주하게 될 때, 각자는 자신이 주체로 인정받기를 원한다. 하지만 상대 역시 자신의 주체성을 지키기 위해 이를 거부하고, 결국 생존을 건 투쟁이 벌어진다. 이 과정에서 한 쪽이 굴복하여 '노예'가 되고, 다른 한 쪽이 '주인'의 자리를 차지한다. 처음에는 주인이 승리한 것처럼 보인다. 그러나 여기서 헤겔은 역설적인 진실을 드러낸다. 주인은 세계와의 관계에서 노예를 매개로만 사물을 접한다. 그는 사물을 자신이 직접 다루지 않고, 노동을 통해 가공하지 않는다. 반면 노예는 사물을 직접 변화시키고 다룬다. 그는 주인의 명령에 의해 일하지만, 그 일을 통해 자신이 세계에 영향을 줄 수 있다는 사실을 경험한다. 진정한 인식의 발전은 노예에게서 일어난다.

"노동은 의식을 형성하는 과정이며, 의식은 노동을 통해 세계에 자신을 새긴다"– 헤겔은 노예가 하는 노동을 단지 강제된 활동으로 보지 않는다. 그는 노동을 통해 노예가 자신의 힘을 외부 세계에 구현하고, 그 세계를 변화시키는 동시에 그 변화된 세계 속에서 자신의 흔적을 확인하는 과정을 강조한다. 이러한 과정은 노예로 하여금 자기 자신을 외화外化된 사물 속에서 인식하게 하고, 결과적으로 노예가 진정한 '자기의식'을 획득하게 되는 계기가 된다. 진정한 주체적 인식은 권력을 가지는 데서 오는 것이 아니라, 세계와 관계 맺고 변화시키는 과정 속에서 형성된다. 노동은 이처럼 자기 자신과 세계 사이를 매개하며, 의식이 자기 자신을 대상화하고 반성하게 하는 실천적 과정이 된다.

헤겔의 주인과 노예의 변증법은 인간이 어떻게 실천을 통해 자기 자신을 형성하는가에 대한 근본적인 사유이다. 노동은 인간이 자신의 의식을 대상화하고, 다시 그 대상화를 반성하면서, 자기 자신과 세계를 동시에 변형시키는 실천적 활동이다. 헤겔은 노동을 통해 인간이 철학적 주체로 거듭나는 과정을 보여주었고, 이로써 실천과 형이상학, 자유와 현실성, 인간과 역사를 연결하는 깊은 철학의 흐름을 열어 놓았다.

역사 변증법과 절대정신

"역사는 곧 자유의 발전 과정이며, 세계정신이 현실 속에서 자신을 실현하는 과정이다" – 헤겔은 『역사철학 강의(1831)』에서 역사를 자유의 발전 과정으로 보았다. 인류는 원래부터 자유로운 존재가 아니라, 역사를 거치면서 점차 자유를 획득해왔다. 그리고 이 과정은 변증법적으로 전개되며, '주인과 노예의 변증법'이 역사 속에서 반복된다고 보았다.

고대 사회에서 자유는 오직 군주에게만 존재하였다. 고대의 왕정 사회에서는 한 사람(왕, 지배계급)만이 자유로운 존재였다. 노예와 평민들은 자유가 없었으며, 오직 군주만이 자신의 의지를 실현할 수 있었다. 고대사회는 제국적 지배와 강력한 통합의 원리를 가졌지만, 점차 내부 모순을 드러냈다. 스토아 철학과 초기 기독교는 보편적 인간성과 내면적 자유의 요구의 사상을 정립하였다. 결국 제국의 권위가 흔들리며 기독교와 중세적 질서가 등장하게 된다.

중세 사회는 일부 계급만 자유를 누렸다. 중세 봉건사회에서는 자유가 귀족들에게 확장되었지만, 여전히 대다수의 사람들은 억압받았다. 노예는 사라졌지만, 농노와 시민 계급은 자유를 온전히 획득하지 못했다. 중세사회는 고대사회의 정치적·사회적 질서가 해체된 후, 새로운 신 중심의 질서를 확립한 단계이다. 신 앞에서 인간은 모두 평등하다는 기독교 사상은 자유가 왕(한 사람)에게만 있는 것이 아니라, 인간 내면에 있다는 관념을 정착시켰다. 하지만, 이 과정에서 새로운 질서가 필요했으며, 결국 봉건제라는 위계적 구조가 형성되었다. 왕, 귀족, 기사, 농민 등의 신분제는 고대 왕정의 강력한 군주권과 대중의 완전한 예속 상태를 변증법적으로 조정한 형태였다. 중세 사회는 인간의 자유는 종교적 의미에서 신 앞에서의 보편성을 가졌지만, 신과의 매개 속에서 정치·경제적으로는 계층화가 정당화되고 있었다.

이런 상황에서 르네상스는 인간은 신의 도구가 아니라, 스스로 세계를 이해하고 창조할 수 있는 존재라는 주장으로 인간 중심 사고의 부활을 가져왔다. 계몽주의는 이성이 신을 대신할 수 있으며, 인간이 합리적 질서를 구축해야 한다는 사고를 확산하였고, 결국 프랑스 혁명을 통해 인간이 자유롭게 태어났으며, 누구나 평등한 권리를 가진다는 사상이 현실화된다. 계몽주의와 시민혁명을 거치면서 자유는 더 이상 내면적 문제나 특정 계급의 것이 아니라, 법적·정치적으로 실현되었다. 절대 왕정이 무너지고, 근대적

헌법과 법치 국가 체제가 등장했다.

"자유는 더 이상 신의 뜻에 맡겨진 것이 아니라, 인간 스스로가 실현해야 할 법과 제도의 문제로 전환되었다" – 근대 사회는 자유가 점차 보편화되었다. 계몽주의와 시민 혁명을 통해, 자유의 개념이 점차 확대되었으며, 프랑스 혁명(1789)은 모든 인간이 자유롭다는 원칙을 선언했으며, 근대 시민 사회가 등장했다. 하지만 여전히 불완전한 자유가 존재하며, 경제적 불평등과 새로운 계급 문제(자본가-노동자)가 발생했다. 헤겔은 이런 상황을 신의 섭리 속에서의 내면의 자유는 실현되었으나, 인간사회 속에서의 현실적·정치적 자유는 여전히 숙제로 남아 있다고 보았다. 근대 사회는 여전히 경제적·사회적 불평등이 남아 있으며, 완전한 자유는 아직 실현되지 않았다.

헤겔은 이러한 역사의 전개 과정을 '세계정신Weltgeist'의 자기 전개 과정이라고 보았다. 인간이 점점 더 자유를 인식하고 실현해 나가는 것이 바로 역사의 핵심 동력이라는 것이다. 역사는 그 자체로 변증법적 발전의 결과이며, '인간 정신Geist'이 자기 자신을 인식하고 실현해가는 과정이다. 고대 사회의 권위적 질서(정립)와 근대 초기의 개인주의적 자유(반정립)는 근대 국가라는 합리적 체제(종합)로 통합된다. 이러한 역사의 변증법적 발전은 궁극적으로 '세계정신'이라는 상태에 도달하며, 이는 존재와 사유가 완전히 통합된 상태로 헤겔 철학의 최종 목적을 나타낸다.

헤겔 철학의 중요한 점 중 하나는, 그가 역사는 단순한 사건의 나열이 아니라, 이성이 실현되는 과정이라고 본 것이다. 카를 마르크스(1818~1883)는 이를 물질적 세계에 적용해 계급 갈등과 생산 관계를 설명하는 역사적 유물론Historical Materialism의 핵심 도구로 삼았다. 또한 현대 철학의 비판 이론이나 포스트모더니즘에서도 변증법적 사고는 중요한 틀로 활용되며, 사회적 갈등과 변화를 이해하는 데 기여하고 있다.

역사는 단순한 사건의 나열이 아니다. 그것은 자유를 향한 정신의 위대한 여정이며, 대립과 갈등 속에서 스스로를 정립하는 변증법적 운동이다. 인간은 현실을 변화시키는 노동과 실천 속에서 자기 자신을 발견하고, 그 과정에서 역사는 끊임없이 새로운 자유의 지평을 열어간다. 헤겔의 이런 사유는 오늘에도 세계와 역사의 복잡성을 꿰뚫는 힘을 주고 변화의 본질을 탐구하며, 진리와 자유의 발전 과정에 대한 신념의 토대가 되고 있다.

✒ 주요 저술

- **정신현상학**(Phenomenology of Spirit, 1807/박경범, 2024) | 의식이 자기 자신을 인식하고 절대정신에 도달하기까지의 발전 과정을 탐구한다 정-반-합의 변증법을 통해 주관적 의식에서 객관적 정신, 절대정신으로의 상승 과정을 설명하고 있다.

- **논리학 대전**(Science of Logic, 1812~1816/임석진, 2022) | 존재, 본질, 개념이라는 세 가지 구조를 통해 사유의 논리적 발전을 체계적으로 정리하였다. 헤겔의 형이상학적 체계의 기초를 제시한다.

- **법철학 강요**(Elements of the Philosophy of Right, 1820/서정현, 2020) | 법, 윤리, 국가의 발전 과정을 설명하며, 자유의 실현을 사회적·정치적 구조에서 찾고자 한다. 가족, 시민사회, 국가를 자유의 실현 단계로 제시하고 있다.

- **역사철학 강의**(Lectures on the Philosophy of History, 사후 편집 1831/권기철, 2016) | 고대 동양 세계에서 시작된 제한적 자유 개념이, 그리스·로마 시기를 거쳐 근대 유럽에 이르러 보다 보편적이고 자율적인 자유로 발전하는 과정을 역사철학적으로 해석한 책이다. 헤겔이 말하는 '역사는 자유 의식의 발전 과정'이라는 관점을 체계적으로 풀어낸 저작으로, 세계사에 대한 철학적·논리적 해석을 시도한 대표적인 강의록이다.

30 | 마르크스 1818~1883
철학은 세상을 바꾸는가?

"철학자들은 세상을 단지 해석해 왔을 뿐이다. 중요한 것은 그것을 변화시키는 것이다. 인간의 본질은 추상적인 개체성에 있는 것이 아니라, 그가 맺는 사회적 관계 전체 속에 있다. 인간은 자신을 바꾸는 동시에 자연과 사회를 변화시킨다."

— 『포이에르바하에 대한 테제』, 1845

카를 마르크스(Karl Marx, 1818~1883)는 헤겔(1770~1831) 철학의 변증법적 전통을 계승하면서도, 형이상학적 관념론을 거부하고 유물론적 세계관을 구축하였다. 특히 그는 존재론과 인식론을 사회적·역사적 맥락에서 재해석하며, 철학이 단순한 사유의 문제가 아니라, 현실 속에서 실천적으로 작용해야 한다고 주장했다.

마르크스는 인간 사회와 역사를 물질적 생산관계와 경제적 토대를 중심으로 이해하려 했으며, 사회 변화를 혁명적 실천으로 연결시켰다. 마르크스는 노동자의 소외와 자본주의 체제의 모순을 극복하는 공산주의 사회를 이상으로 제시했다. 그의 사상은 19세기부터 현대까지 정치, 경제, 철학에 지대한 영향을 끼치며 전 세계의 사회운동과 학문적 논의에 중요한 토대를 제공했다. 19세기 혁명 사상가인 칼 마르크스는 서양 철학의 흐름을, 그리고 세계 역사의 흐름을 근본적으로 변화시켰다.

철학사의 제1문제: 물질과 의식의 관계

"의식은 물질을 반영한다" – 칼 마르크스가 철학에서 제기한 가장 중요한 문제는 '물질Matter'과 '의식Consciousness'의 관계였다. 이는 존재론과 인식론의 핵심 질문으로, 인간과 세계, 사고와 실재 간의 관계를 규명하려는 철학적 탐구에서 중심적인 위치를 차지한다. 마르크스는 이 문제를 '유물론Materialism'의 관점에서 접근하며, 물질이 의식을 규정한다고 주장했다.

마르크스가 활동하던 시대에는 헤겔의 관념론이 철학계를 지배하고 있었다. 헤겔의 철학은 의식이 실재를 형성한다는 관념론적 관점을 바탕으로, 세계를 '정신'의 발전 과정으로 이해했다. 그러나 마르크스는 이를 비판하며, 의식이 아니라 물질적 조건이 인간의 사고와 사회적 관계를 규정한다고 주장했다.

마르크스가 영향을 받은 유물론자는 루트비히 포이어바흐(1804~1872)이다. 포이어바흐는 헤겔의 철학이 너무 비현실적이고 신 중심적이라고 비판하며, 초월적 개념 대신 '구체적인 인간'과 '감각적 현실'을 철학의 중심에 놓았다. 그는 "인간은 푸르른 대지 위에 있으며, 푸르른 대지는 철학의 출발점이다"라고 말하였다.

마르크스는 포이어바흐의 유물론을 수용하면서도, 그가 물질적 현실을 단순히 철학적 사유의 대상으로만 간주했다는 점을 비판하며, 물질적 조건과 실천적 변화를 강조하는 자신의 독창적 유물론을 발전시켰다. 칼 마르크스는 존재를 물질적이고 역사적인 사회적 관계 속에서 정의해야 한다고 주장했다. 마르크스는 물질적 존재와 인간 의식의 관계를 명확히 하며, 자신의 유물론을 다음과 같이 정리했다.

"존재가 의식을 규정한다"

"인간의 의식이 그들의 존재를 규정하는 것이 아니라, 반대로 그들의 사회적 존재가 그들의 의식을 규정한다."

사적 유물론

"의식은 최초부터 사회적 산물이다" – 마르크스의 이 주장은 그의 철학과 역사관, 그리고 인간 이해의 출발점이 된다. 인간의 의식은 고립된 정신적 사유의 결과물이 아니라, 물질적 현실 속에서 인간이 행하는 생산 활동과 사회적 관계의 산물이다. 다시 말해, 인간은 단순히 생각하는 존재라기보다는 생존을 위해 자연을 변형하고 노동하는 실천적 존재이며, 이러한 실천 속에서 의식이 형성되고 발전한다. 인간은 자연 속에 던져진 존재가 아니라, 노동을 통해 자연에 능동적으로 개입하는 존재다. 인간은 생존을 위해 자연물을 가공하고, 이를 통해 삶의 조건을 창출한다. 이 과정은 단지 개인적 차원의 활동이 아니라, 사회적 관계 속에서 이루어지는 공동의 행위이다. 따라서 인간의 의식 역시 고립된 내면의 산물이 아니라, 타자와의 관계 속에서, 그리고 물질적 생산과정이라는 사회적 맥락 속에서 형성된다. 마르크스는 이를 통해, 의식이 삶을 결정하는 것이 아니라, 삶의 조건이 의식을 결정한다고 주장한다. 이는 기존의 관념론적 철학, 특히 헤겔의 철학에서 주장되던 정신이 현실을 낳는다는 입장을 근본적으로 뒤집는 것이다.

마르크스는 이러한 관점을 '사적 유물론'으로 체계화했다. 사회는 '토대 base'와 '상부구조 superstructure'로 구성된다. '토대'는 생산수단과 생산관계로 이루어진 경제적 기반으로, 한 사회의 물질적 조건을 규정한다. 반면 '상부구조'는 법, 정치, 종교, 철학, 예술 등 인간의 정신적·사회적 의식 형식을 포괄하며, 토대 위에 구축된다. 중요한 점은 상부구조가 단순히 토대의 일방적 산물이 아니라는 것이다. 마르크스는 상부구조 역시 일정한 조건 하에서 토대에 역으로 영향을 미칠 수 있다고 본다. 예컨대, 정치 제도나 법제도는 단지 경제적 조건을 반영하는 것에 그치지 않고, 생산 관계의 재생산과 변화에 기여하기도 한다. 이처럼 토대와 상부구조는 비대칭적이면서도 상호작용하는 관계를 맺고 있다.

실천적 유물론

"철학자들은 세계를 단지 다양한 방식으로 해석해 왔다. 중요한 것은 세계를 변화시키는 것이다" – 마르크스는 물질과 의식의 관계를 철학적 논의로 끝내지 않고, 이를 실천적으로 해결하려 했다. 마르크스는 철학이 세상을 해석하는 데 머물러서는 안 되며, 세상을 변화시키는 실천적 역할을 해야 한다고 주장했다. 이러한 실천적 유물론은 철학적 탐구를 넘어, 사회적·정치적 변혁을 추구하는 이론으로 이어졌다.

그는 진리가 철학적 탐구로 확정되는 것이 아니라, 실제 현실에 대한 '실천Practice' 속에서 검증되고 변화된다고 주장했다. 세계를 해석하는 데 그치지 않고, 세계를 변혁해야 한다는 태도는 혁명적 실천을 지향하는 마르크스주의의 근간이 되면서, 동시에 올바른 인식을 획득하는 결정적 방법으로도 된다.

"지배적인 이념은 항상 지배 계급의 이념이다" – 마르크스는 인간의 의식이 사회적 존재에 의해 규정된다고 주장하며, 이 의식이 종종 '이데올로기Ideology'의 형태로 나타난다고 설명한다. 이데올로기는 특정 계급의 물질적 이해관계를 반영하는 의식의 체계로, 개인들이 세계를 인식하는 방식을 형성한다. 그는 이를 통해 의식이 단순히 개인적 사고의 결과가 아니라, 특정한 사회적 맥락과 경제적 조건에 의해 형성된다는 점을 강조했다. 마르크스는 지배계급이 생산수단을 장악할 뿐만 아니라, '이데올로기'를 통해 피지배계급의 의식까지 조종한다고 보았다. 지배계급의 이념이 사회를 지배하면서 피지배계급은 자신들의 계급적 이해를 배반하는 허위의식에 사로잡히게 된다. 즉, 노동자들은 자신이 착취당하고 있음을 자각하지 못하는 거짓 의식 속에서 살아가는 셈이다.

자본주의와 인간 본질의 상실

"노동이 인간으로부터 소외된다면, 인간은 자신의 본질로부터 소외된다" – 자본주의 사회에서 인간은 깊은 소외 Entfremdung 상태에 놓여 있다. 이 소외는 단순한 개인적 감정이나 심리 상태가 아니라, 자본주의적 생산 양식, 즉 생산 수단의 사적 소유와 임금 노동에 근거한 객관적인 사회적 현실이다. 인간의 노동은 본래 자기실현의 과정이자 자유로운 생명 활동이어야 하나, 자본주의 하에서는 인간을 지배하는 비인간적인 힘으로 변질된다. 이러한 소외는 다층적인 형태로 나타나며, 인간 존재의 근본적인 측면들을 왜곡시킨다. 마르크스는 1844년에 집필한 『경제학-철학 수고』에서 자본주의 사회의 핵심 문제로 노동의 소외를 지적하였다.

그는 인간이 자본주의 생산 체계 속에서 다음 네 가지 방식으로 소외된다고 설명하였다.

첫째, 노동자는 자신의 노동 생산물로부터 소외된다. 노동자는 자신의 노동을 통해 상품을 생산하지만, 그 상품은 노동자 자신의 것이 아니라 자본가의 소유가 된다. 노동자가 더 많이 생산할수록, 그가 만들어낸 대상적인 세계는 더욱 강력해져 노동자 자신에게 낯설고 적대적인 힘으로 군림하게 된다.

둘째, 노동자는 노동 행위 그 자체로부터 소외된다. 자본주의 하에서의 노동은 자발적이고 창조적인 활동이 아니라, 생존을 위한 강제적이고 외적인 활동이다. 노동 과정 속에서 노동자는 자기 자신을 긍정하는 것이 아니라 부정하며, 행복을 느끼는 것이 아니라 불행을 느낀다. 육체는 고갈되고 정신은 황폐해진다. 노동이 삶의 본질적 부분이 아니라 생존을 위해 견뎌야 하는 고통이 되는 것이다.

셋째, 노동자는 자신의 유적 본질 Gattungswesen로부터 소외된다. 인간은 자유롭고 의식적인 활동, 즉 노동을 통해 자연을 가공하고 자신의 본질을 대상화하며 보편적인 생산을 수행한다. 그러나 자본주의적 노동은 이러한 인간의 자유롭고 의식적인 활동을 단순한 생계유지의 수단으로 전락시킨다. 창조적이고 보편적인 생산 활동이어야 할 노동이 개별적인 생존을 위한 도구로 격하되면서, 인간은 자신의 가장 핵심적인 본질로부터 멀어지게 되는 것이다.

넷째, 인간은 다른 인간으로부터 소외된다. 노동자가 자신의 생산물, 노동 행위, 그리고 유적 본질로부터 소외될 때, 그는 필연적으로 타인으로부터도 소외된다. 인간과 인간의 관계 역시 소외된 노동과 생산물의 관계를 통해 매개된다. 노동자는 자신의 노동과 생산물을 소유하고 통제하는 자본가를 자신에게 적대적인 타자로 인식하게 된다. 또한, 노동 시장에서의 경쟁은 노동자들을 서로 연대하는 동료가 아니라 생존을 위해 다투는 경쟁자로 만든다. 사회적 관계는 인간적인 유대감이 아니라 이해타산적인 관계로 변질되는 경향이 있다.

마르크스는 이 소외를 변혁 가능한 조건으로 보았다. 그는 단순한 철학적 비판에 머무르지 않고, 실천 praxis을 통해 이를 극복해야 한다고 주장하였다. 즉, 소외를 극복하려면 인간의 삶을 구성하는 물질적 조건 자체를 변화시켜야 한다. 노동이 다시 자기실현의 수단이 되고, 생산물이 공동의 삶을 위한 산물로 돌아올 때, 인간은 다시 유적 본질로 회복되는 실천적 존재로서 살아갈 수 있다. 이것은 단지 체제 전복만을 뜻하지 않는다. 노동의 민주화, 생산 방식의 전환, 관계적 인간관의 회복 등 다양한 층위에서의 실천이 가능하며, 이는 인간이 다시 자기 삶의 주인이 되는 과정이기도 하다.

철학과 세계사를 다시 쓰다

19세기 중반 하나의 철학 사조로 탄생한 마르크스주의Marxism는 학문적 담론을 넘어 역사 자체를 움직이는 사유의 힘으로 발전하였다. 칼 마르크스와 프리드리히 엥겔스에 의해 형성된 이 사상은, 그 출발부터 기존 철학을 전복하고자 하는 급진적 기획이었다. 그리고 이 철학은 곧 전 세계에 걸쳐 정치 이념, 사회 운동, 학문 방법론, 예술적 감수성까지를 관통하는 하나의 거대한 흐름으로 확장되었다.

마르크스주의는 철학사적 의미에 머무르지 않고, 20세기 세계사를 실질적으로 재편한 정치적·역사적 기획으로 작동하였다. 1917년 러시아 혁명은 마르크스주의가 현실 정치에서 국가의 형성 원리로 작동한 최초의 사건이었다. 레닌(1870~1924)과 트로츠키(1879~1940), 그리고 볼셰비키는 마르크스의 이론을 '프롤레타리아 독재'의 정치 체계로 구체화하였다. 이후 한반도와 만주, 중국, 베트남 등 동아시아 혁명, 중국 혁명(1949), 쿠바의 무장투쟁(1959), 베트남, 칠레, 아프리카의 민족해방운동까지, 마르크스주의는 사회주의 혁명 및 제3세계 민족주의와 결합하여 식민주의를 넘어서는 해방의 이념으로 작동하였다. 냉전기 동안 마르크스주의는 동서 진영의 이념적 대결의 중심축이 되었으며, 사회주의 블록의 국가 시스템, 경제 계획, 문화 정책에 이르기까지 광범위하게 적용되었다. 노동운동, 여성해방운동, 반식민주의 담론, 해방신학 등 다양한 해방적 실천도 마르크스주의에서 자양분을 얻어 성장하였다.

마르크스주의는 철학만이 아니라, 사회과학, 문학, 미학, 역사학의 분석 도구로 확장되었다. 그것은 이데올로기, 권력, 구조, 계급, 주체성 등 현대 인문학의 거의 모든 핵심 개념에 영향을 미쳤다. 아도르노(1903~1969), 호르크하이머(1895~1973), 마르쿠제(1898~1979) 등 프랑크푸르트 학파는 고전 마르크스주의에 문화 비판과 정신분석을 접목하며, 자본주의 사회의 이데올로기와 인간 소외를 분석하였다. 루이 알튀세르(1918~1990)는 구조주의와 마르크스주의를 결합하여 주체와 국가 장치, 이데올로기의 작동 구조를 새롭게 이론화하였다. 루카치(1885~1971), 그람시(1891~1937), 사르트르(1905~1980), 벤야민(1892~1940) 등 각각의 철학자는 마르크스주의를 자기만의 방식으로 계승하며, 총체성, 헤게모니, 실존적 자유, 역사적 기억 등 다양한 주제로 확장시켰다. 현대에도 포스트마르크스주의적 사상가들, 예를 들어 슬라보예 지젝(1949~), 에티엔 발리바르(1942~), 데이비드 하비(1935~) 등은 마르크스의 기본 구조를 유지하면서도 자본주의의 새로운 형태(금융화, 디지털 경제, 생태위기)에 대응하려는 사유를 이어가고 있다.

마르크스는 의식이 단순히 세계를 반영하는 수동적 기능이 아니라, 세계를 변형하는 실천적 역할을 한다고 주장했다. 인간은 의식을 통해 자신의 환경을 이해하고, 이를 바탕으로 세계를 변화시킨다. 이는 의식이 단순한 반영이 아니라, 물질적 현실을 형성하는 능동적 역할을 수행한다는 점에서 중요한 의의를 갖는다. 결국, 의식은 현실의 그림자가 아니라 현실을 다시 조각하는 손길이다. 변화는 단지 물질에서 오는 것이 아니라, 그 물질을 인식하고 재구성하는 의식에서 비롯된다. 그리고 그 의식이 깨어날 때, 역사는 다시 움직이기 시작한다.

 마르크스주의는 철학적 체계이자 역사적 실천을 위한 사유 장치였다. 그것은 인간 존재에 대한 근본적 재정의였고, 동시에 세계사적 전환을 가능하게 만든 이념의 언어였다. 20세기 후반, 소련 붕괴와 냉전 종식 이후 "마르크스는 끝났다"고 선언되기도 했지만, 오늘날 생태위기, 노동유연화, 불평등, 탈정치의 시대 속에서 다시금 마르크스주의의 핵심 개념들은 소환되고 있다.
철학이 세상을 바꿔야 할 때, 그의 사유는 또다시 돌아올 것이다.

✒ 주요 저술

- 경제학-철학 초고(Economic and Philosophic Manuscripts, 1844/김태희, 2024) | 인간 소외와 노동 문제를 중심으로 초기 유물론적 철학을 전개. 노동의 소외 현상을 분석하며, 인간의 자유로운 자기 실현 가능성을 모색하였다.

- 독일 이데올로기(The German Ideology, 1846/이병창, 2024) | 프리드리히 엥겔스(Friedrich Engels, 1820~1895)와 공동 집필한 저작으로, 역사 유물론의 기본 원리를 제시한다. 이 책은 인간의 역사를 물질적 생산력과 생산 관계의 변화로 설명하며, 존재가 의식을 규정한다는 마르크스주의 역사관의 핵심을 담고 있다.

- 포이어바흐에 관한 테제(Theses on Feuerbach, 1845/김정로, 2019) | 루트비히 포이어바흐(Ludwig Feuerbach, 1804-1872)의 관념론적 유물론을 비판하며, 실천적 유물론을 강조하였다. 철학은 세계를 해석하는 것뿐만 아니라, 변화시켜야 한다는 유명한 테제를 포함하고 있다.

- 정치경제학 비판 서문(A Contribution to the Critique of Political Economy, 1859) | 역사적 유물론과 토대 및 상부구조의 관계를 제시하며, 사회적 존재가 인간의 의식을 규정한다는 마르크스의 핵심 사상을 담고 있다.

PART
11

흐름과 생성:
고정된 세계를 넘어

세계는 단단한 구조물이 아니었다. 그것은 끊임없이 흐르고, 변화하며, 새롭게 태어났다.

셸링(1775~1854)은 자연을 살아 움직이는 '생성'의 힘으로 보았고, 베르그송(1859~1941)은 시간과 생명을 '지속'의 흐름으로 이해했다. 화이트헤드(1861~1947)는 세계를 고정된 존재가 아닌 '과정'으로 다시 그려냈다.

존재는 멈춰 있지 않았다. 자연은 살아 있었고, 세계는 순간순간 새로 태어났다.

앎 역시 고정된 답이 아니었다. 진리는 흐름 속에서 스스로 모습을 바꾸며 열렸다.

철학은 이제 변화 속에서, 생성 속에서 존재의 진실을 찾아야 했다.

31 | 셸링 1775~1854
어떻게 존재는 무로부터 스스로를 드러내는가?

"존재는 단순히 있다기보다는, 스스로를 산출하는 행위이다. 생성은 존재의 본질이며, 존재는 자기 내면의 필연성에 따라 자신을 나타낸다. 존재란 무엇인가를 묻는 것은, 곧 생성이 어떻게 가능한지를 묻는 것이다."

— 『인간 자유의 본질에 관한 철학적 탐구』, 1809

프리드리히 빌헬름 요제프 셸링(Friedrich Wilhelm Joseph Schelling, 1775~1854)은 존재를 단순히 고정된 실체로 보려는 서구 전통에 문제를 제기했다. 그는 존재를 항상 되어가는 것, 끊임없이 생성하는 것으로 이해하고자 했다. 이러한 문제의식은 그를 자연철학, 정체성 철학, 그리고 자유 철학이라는 독자적인 사유 여정으로 이끌었다.

자연철학: 생성하는 자연

"존재는 정지해 있는 것이 아니라, 끊임없이 자신을 산출하는 운동 그 자체다" – 셸링에게 자연은 정지된 물질의 총합이 아니었다. 그의 자연철학 Naturphilosophie에서 자연은 생명력을 지니고 끊임없이 무언가를 낳고 만들어 내는 살아있는 생성성 Generativität 그 자체였다. 그는 자연을 '의식 없는 정신'

이라고 명명하였다. 이는 자연이 아직 스스로를 자각하는 의식에는 도달하지 못했지만, 정신으로 나아가려는 잠재력을 내포한 끊임없는 운동 상태에 있음을 의미한다. 이는 자연이 정적인 구조물이 아니라 끊임없는 흐름이며, 시작과 발생Genesis의 과정임을 강조한다. 물리적 운동에서부터 생명의 출현, 그리고 의식의 발달에 이르기까지, 이 모든 현상은 하나의 거대한 연속적 생성 운동의 다양한 단계로 이해된다.

이러한 근본 원칙 위에서 셸링은 자연을 움직이는 세 가지 기본적 힘, 즉 '포텐츠Potenz'를 규정하였다.

첫째, 가장 기본적인 힘은 '무제한적 활동'이다. 이 힘은 자신을 '억제하는 힘'과의 균형 속에서 양적인 물질을 산출한다. 여기서 '무제한적 활동'은 척력(밀어내는 힘)으로, '억제하는 힘'은 인력(끌어당기는 힘)으로 정의된다. 이 두 힘의 상호작용이 물질 세계의 기초를 이룬다.

둘째, 이 근원적인 '무제한적 활동'은 억제되지 않는 지점에서 다시금 자신을 드러내는데, 이것이 바로 물체의 '움직임'이다. 물질의 운동역학적 법칙뿐만 아니라, 전기 현상, 자기 현상, 나아가 물질의 화학적 성질까지도 이 두 번째 포텐츠의 발현으로 설명된다. 즉, 자연의 역동성은 위치 이동을 넘어 다양한 물리화학적 현상으로 확장된다.

셋째, 앞서 설명한 힘들은 궁극적으로 결합하여 유기체를 구성한다. 유기체 안에서 이 힘들은 '감수성Sensibilität', '반응성Irritabilität', 그리고 '재생성Reproduktion'이라는 새로운 차원의 특성으로 나타난다. 하지만 유기체 세계 내에서도 단계적 차이가 존재한다. 낮은 단계의 유기체에서는 '재생성' 능력이 두드러지는 반면, '감수성'은 상대적으로 덜 발달해 있다. 반면, 더 높은 차원의 유기체로 갈수록 '감수성'이 더욱 발달하여 개체로서의 특수성이 뚜렷하게 드러난다. 이 유기체적 단계의 정점에는 인간이 위치한다. 인간이라는 유기체는 자연이 내포한 관념성, 즉 정신으로 나아가려는 잠재력을 가장 명백하게 드러내는 존재로 간주된다.

동일성과 무근거에서의 생성

"진정한 동일성은 차이를 통하여 자신을 드러낸다" – 셸링 철학의 중요한 축을 이루는 것은 '동일성 철학'이다. 셸링은 자연과 정신, 외부 세계와 자아와 같이 분리된 듯 보이는 모든 것들의 근저에는 하나의 근원적인 '동일성Identität'이 놓여 있다고 보았다. 그에게 있어 존재하는 모든 것은 이 '동일성'이라는 하나의 뿌리에서 나온다. 이 동일성은 주관과 객관, 정신과 자연이 아직 분화되지 않은 무차별점이다. 그러나 이 하나됨은 모든 차이가 사라진 '공허한 동일성'은 아니다. 오히려 그것은 끊임없이 자기 자신 안에서 분화하고 긴장하며 스스로를 드러내는 역동적인 하나이다. '동일성'은 고정된 상태가 아니라 과정 그 자체인 것이다.

"어떤 것도 근거를 갖지 않는다. 존재는 자유로부터 솟아난다" – 셸링의 사유 중심에는 '무근거Ungrund' 라는 독특하고 핵심적인 개념이 자리 잡고 있다. 셸링에 따르면, 우리가 경험하는 세계와 그 안의 모든 존재는 어떤 명확한 논리적 이유나 선험적인 필연성에 의해 존재하는 것이 아니었다. 오히려 그것들은 설명할 수 없는 심연, 마치 무無와 같은 예측 불가능한 자유의 깊은 곳으로부터 비로소 발생한다. 여기서 '무근거'는 존재에 앞서는, 모든 이성적 설명이나 논리적 토대를 넘어서는 근원적 상태를 의미한다. 그것은 어떤 '이유'나 '근거'로 환원될 수 없는 궁극적인 실재이다.

이 '무근거'는 아무것도 없는 공허나 결핍을 의미하지 않는다. 오히려 그것은 모든 것을 가능하게 하는 순수한 잠재성이며, 스스로를 끊임없이 넘어서려는 역동적인 자기 초월의 힘을 간직한 원천이다. 그것은 아직 무엇으로도 규정되지 않았기에 무엇이든 될 수 있는, 절대적인 자유 그 자체이다. 셸링이 보기에 세계는 미리 설계된 필연적인 법칙 체계가 아니라, 바로 이 근원적 자유의 표현이다. 세계의 생성과 존재는 무근거라는 심연으로부터 끊임없이 터져 나오는 원초적 생성의 폭발과 같다.

"존재는 생성하는 것이다. 생성하지 않는 것은 존재하지 않는다" – 이러한 동일성과 무근거의 심연에서 끊임없이 솟구쳐 오르는 생성의 움직임은 특정 대상이나 영역에 국한되지 않는다. 셸링은 자연, 인간, 정신, 그리고 우리가 인식하는 세계 전체가 모두 이 동일성과 근원적인 자유, 즉 무근거로부터 비롯된 역동적인 생성 과정 속에 있다고 파악하였다.

"신 안에도 결코 완전히 빛이 되지 않는 어둠이 있다" – 셸링에게 있어 존재는 단일한 실체가 아니라, 자기 내적 긴장과 분열을 통해 스스로를 생성하는 역동적 구조이다. 셸링은 세계의 기초가 단순한 선이나 조화가 아니라, 빛과 어둠, 통일과 분열, 자유와 필연의 변증적 긴장 속에 있음을 주장한다. 셸링은 동시대 헤겔(1770~1831)의 체계 철학이 간과했던 비합리적인 심연, 존재의 사전적 균열, 그리고 실존의 어두운 조건을 철학적 탐구의 장으로 끌어올린다. 존재는 단순히 논리적으로 파악되는 개념이 아니라, 끊임없는 생성과 저항, 내적 투쟁을 품은 드라마다. '영원한 행위'는 이러한 생성의 심연에서 벌어지는 존재의 자기열림이자, 자유와 악의 발생을 함께 사유하려는 시도다.

셸링의 철학은 존재의 내면에서 벌어지는 끊임없는 생성과 분열, 조화와 긴장의 드라마를 사유한다. 그는 존재의 심연 속에서 솟아오르는 어둠과 빛, 자유와 필연의 원초적 교차지점을 응시했다. 우리가 존재한다고 말할 수 있는 모든 것은, 그 내면에 하나의 "영원한 행위", 즉 스스로를 부정하고 동시에 생성하는 움직임을 품고 있다.

생성과 시간: 영원한 행위

"시간은 세계가 자기 자신을 드러내는 영원한 행위이다"– 셸링의 철학에서 시간 개념은 우리가 일상적으로 시간을 이해하는 방식, 즉 과거-현재-미래로 이어지는 선적인 흐름과는 근본적으로 다른 차원에서 파악된다. 그 당시 시간은 모든 사건과 변화가 그 안에서 발생하는 일종의 배경이나 틀처럼 여겨졌다. 그러나 셸링에게 '생성'은 이러한 미리 주어진 시간 속에서 일어나는 변화가 아니다. 오히려 그는 생성 자체가 시간을 구성하고 가능하게 하는 더 근원적인 힘이라고 보았다. 그에 따르면, 시간은 존재의 변화를 담는 외적인 조건이나 형식이 아니다. 시간은 존재 자체의 근원적인 운동성, 즉 끊임없이 자신을 낳고 동시에 넘어서는 생성의 과정 그 자체로부터 발생한다. 만약 존재가 완전히 정지해 있다면 시간이라는 것도 의미를 잃을 것이다. 존재가 본질적으로 역동적인 생성의 과정이라면, 바로 이 생성의 역동성이 우리가 시간이라고 부르는 것의 본질이다.

셸링에게 생성은 우연히 발생하는 일련의 사건들이 아니라, 존재의 가장 본질적인 존재 방식이었다. 그리고 시간은 바로 이 본질적인 생성 활동이 스스로를 펼쳐 보이는 리듬이자 자기 현시의 과정이다. 존재는 시간을 통해, 그리고 시간으로서 생성하며 자신을 영원히 드러내는 것이었다.

"존재는 단순히 주어진 것이 아니라, 스스로를 실현하는 과정이다"– 셸링이 말한 '영원한 행위 ewige Handlung'라는 표현은 시간이 단순히 수동적으로 흘러가는 것이 아니라, 존재 또는 세계(궁극적으로는 절대자)가 끊임없이 자신을 현실화하고 드러내는 능동적이고 지속적인 과정임을 강조한다. 시간은 존재가 자신의 잠재성을 펼쳐 보이는 창조적 활동 그 자체인 것이다. 따라서 존재는 매 순간순간 새롭게 자신을 드러내며, 동시에 그 순간 이전의 자신을 넘어서는 방식으로 존재한다. 과거는 사라지는 것이 아니라 현재의 생성 활동 속으로 통합되어 존재의 깊이를 이루고, 미래는 현재의 생성 속에서 가능성으로 열린다. 이런 의미에서 셸링에게 시간은 과거, 현재, 미래가 분리되어 흘러가는 단선적인 과정이라기보다는, 생성의 활동이 영원히 지속되는 '영원한 현재' 로서의 성격을 강하게 띤다. 현재는 덧없이 스쳐 지나가는 찰나가 아니라, 존재가 자신을 끊임없이 생성하고 드러내는 영속적인 장場이다.

셸링은 존재를 질서나 조화의 산물로 보지 않았다. 그는 오히려 존재가 스스로를 분열하고, 자신을 넘어서는 힘을 통해 존재하게 되는 창조적 행위로 보았다. 바로 이때 존재는 단순한 것은 아니며, 항상 어둠과 빛의 싸움, 질서와 무질서의 공존, 자유와 악의 가능성을 품은 열린 가능성의 장이다. 그의 철학은 끝내 하나의 교리를 말하려는 것이 아니라, 존재의 근원을 다시 묻는 질문의 형식, 그리고 그 질문을 끝까지 열어두려는 철학적 용기이다.

🖋 주요 저술

- **자연철학에 관한 이념**(Ideen zu einer Philosophie der Natur, 1797/한자경, 1999) | 자연을 하나의 생성하는 운동적 전체로 보는 초기 철학을 다루고 있다. . 자연은 정적인 것이 아니라, 스스로를 산출하는 생명력으로 주장한다.
- **인간 자유의 본질에 관한 철학적 탐구**(Philosophische Untersuchungen über das Wesen der menschlichen Freiheit, 1809/김혜숙, 2014): 후기 철학의 출발점을 이룬 저술이다. 무근거, 자유와 존재의 생성 개념 등을 다룬다.

32 | 베르그송 1859~1941
생명은 시간 속에서 어떻게 도약하는가?

"실재는 끊임없이 생성되고 있다. 그것은 고정된 것이 아니라, 창조적 흐름이며, 예측할 수 없는 방향으로 나아간다. 지성은 이 흐름을 잘라 낸 조각들로 이해하려 하지만, 그렇게 구성된 세계는 죽은 모형에 불과하다. 오직 직관만이 이 생성의 리듬을 따라가며, 존재의 본질에 직접적으로 닿을 수 있다."

— 『시간에 대한 이해의 역사』, 1903

19세기 말에서 20세기 초는 과학 기술의 급격한 발전으로 인해 자연을 기계적이고 분절적으로 이해하려는 경향이 두드러진 시기였다. 과학은 자연을 분해하고 측정할 수 있는 대상으로 간주하며, 복잡한 현상도 단순한 기계적 원리로 설명하려 했다.

이러한 기계론적 관점에 도전하며 앙리 베르그송(Henri Bergson, 1859~1941)은 근본적인 물음을 던졌다.

우리가 느끼는 지금 이 순간에서 다음 순간으로 흐르는 살아 있는 시간은 과연 시계로 재는 물리적 시간과 동일한가?

생명과 진화가 단순히 기계적 원리로 설명될 수 있다면, 자연이 보여주는 창발성과 다양성은 어떻게 이해해야 할 것인가?

이런 질문들을 통해 그는 시간과 생명을 새롭게 해석하는 철학적 길을 열었다.

라 뒤레, 엘랑 비탈, 기억

"지속은 시간의 연장이 아니다. 그것은 연속적인 창조이며, 동일한 상태가 반복되지 않는 순수한 질적 변화이다" – 서양 형이상학은 전통적으로 존재를 고정된 '실체substance'나 '형상form'의 차원에서 규명하려 했다. 근대 철학에서도 기계론적 실체 개념이 중심적인 역할을 하면서, 존재는 분석적이고 분할 가능한 것으로 간주되었다. 베르그송은 이러한 실체적 존재 개념을 비판하며, 존재는 '완성된 상태'가 아니라, '지속적인 창조의 흐름' 속에서만 이해될 수 있다고 주장했다. 이런 배경 속에서 베르그송의 철학은 시간의 본질에 대한 탐구로부터 출발한다.

베르그송은 인간이 경험하는 시간의 본질을 '지속(la durée, 라 뒤레, duration)'이라는 개념으로 설명했다. 우리가 실제로 체험하는 시간은 단순히 수학적으로 등분된 선분이 아니다. 그것은 과거, 현재, 미래가 서로 스며드는 유기적이고 연속적인 흐름이다. 음악을 듣는 경험을 예로 들면, 개별 음들은 분리된 소리가 아니라 앞선 음과 현재의 음, 그리고 다가올 음이 연결되며 하나의 멜로디를 형성한다. 이와 마찬가지로, 우리의 삶과 의식이 체험하는 시간 역시 끊어낼 수 없고 서로 겹치며 깊어지는 지속적 과정이라는 것이다. 베르그송은 뉴턴적 시간을 순간들의 단순한 연속으로 양적으로 측정 가능하며, 외부적 공간적 배열이라고 보았다. 반면, '라 뒤레la durée'는 질적으로 변화하는 흐름으로 내면적, 의식적 경험이며, 하나의 유기적 변화로 직관을 통해서만 파악 가능하다고 보았다.

"생명은 이전에 존재하지 않았던 것을 끊임없이 낳는다. 생명의 깊은 곳에서는, 과거의 반복이 아니라, 순수한 창조가 일어난다" – 베르그송은 시간의 본질에 대한 논의를 생명과 진화로 확장했다. 그는 진화의 과정을 유전적 돌연변이와 자연 선택의 축적으로 이해하는 다윈주의를 수용하면서도, 그 이론이 생명의 내면적 역동성을 포착하지 못한다고 보았다. 다윈(1809~1882)은 진화를 환경과의 적응과 생존 경쟁의 결과로 설명했지만, 베르그송은 이에 더해 생명 자체가 '새로움을 낳고자 하는 창조적 의지'를 내포하고 있다고 주장했다. 베르그송은 이를 '생의 충동(élan vital, 엘랑 비탈)'이라고 명명하며, 생명의 본질을 기계론적 관점이 아닌 유기적이고 창의적인 관점에서 이해해야 한다고 주장했다.

"우리의 기억은 단순한 저장소가 아니다. 그것은 현재와 과거를 끊임없이 연결하고 재구성하는 하나의 살아있는 과정이다" – 베르그송 이전의 철학과 심리학은 기억을 과거 경험이 저장되는 장소로 이해했다. 데카르트(1596~1650)는 기억을 정신 속에 저장되는 정보로, 칸트(1724~1804)는 감각 경험을 조직하는 이성의 능력으로, 실증주의 심리학은 뇌 속에 저장된 후 필요할 때 꺼내 쓰는 기능으로 보았다. 그러나 베르그송은 이러한 기억 개념이 공간적인 것으로 오해되었다고 비판하며, 기억은 단순한 물리적 저장이 아니라 시간과 함께 살아있는 의식적 경험이라고 주장했다.

베르그송은 기억을 두 가지 유형으로 구분했다. 첫번째는 '습관적 기억 Mémoire habitude'이다. 습관적 기억은 반복적인 학습과 습관을 통해 자동화된 기억으로, 신체적 활동과 밀접한 관련이 있다. 자전거 타기, 피아노 연주 등이 습관적 기억의 일종이고, 이 기억은 특정 외부 자극이 있을 때 즉각적으로 반응한다. 습관적 기억은 의식보다는 신경 체계에 의해 작동한다. 두번째는 '순수 기억 Mémoire pure'이다. 순수 기억은 과거의 특정한 경험을 보존하는 기억이다. 어린 시절의 특정 순간을 떠올릴 때와 같이 의식하여 떠올릴 수 있는 과거의 기억이자, 현재 속에서 재구성되는 기억이다. '순수 기억'의 개념에 따르면, 과거는 단순히 사라지는 것이 아니라 현재와 상호작용하며 새로운 행동과 생각을 창출하는 기반이 된다. '순수 기억'은 단순한 정보 저장이 아니라, 우리의 정체성과 내면적 경험을 형성하는 역할을 하는 것이다.

지성과 직관

베르그송은 우리가 자연과 삶을 이해하는 방식에 두 가지 상이한 접근법이 있다고 보았다. 하나는 사물과 세계를 분할하고 수량화하는 '지성intellect'이며, 다른 하나는 사물의 본질적 흐름을 파악하려는 '직관intuition'이다.

"지성은 사물을 고정된 개념과 도식으로 환원하지만, 실재는 고정된 것이 아니라 변화하고 있다" – 지성은 분석하고, 분류하고, 고정된 개념 속에 사물을 담아내는 능력이다. 이는 과학적 사고의 기반이 되며, 우리가 일상에서 사물들을 명확하게 이해하고 구분지을 수 있게 해주는 중요한 인식 도구다. 그러나 베르그송은 지성에는 근본적인 한계가 있다고 지적한다. 실재는 본질적으로 유동하고 생성되고 있는 흐름임에도 불구하고, 지성은 그것을 정적인 단위로 나누고 이름 붙여 이해하려 한다. 지성은 사물을 고정된 덩어리로 분절함으로써 실제로 살아 있는 흐름을 간과한다. 예컨대 과학이 '운동'을 설명할 때, 그것은 실제의 흐름을 수많은 정지된 순간(프레임)으로 나눈 뒤, 그 차이를 계산하여 속도와 방향을 구한다. 하지만 실제의 움직임은 그런 불연속의 총합이 아니라, 하나의 연속적인 흐름이다. 즉, 지성은 실재를 도식과 기호, 수량으로 환원하면서 그 생생함을 놓치게 된다. 이런 점에서 베르그송은 전통적인 인식론이 지성 중심의 분석적 사고에 치우쳐 실재의 본질을 왜곡하고 있다고 비판하였다.

"직관은 사물과 하나가 되는 경험이며, 실재를 있는 그대로 파악한다" – 직관은 세계를 있는 그대로, 전체적으로 체험하려는 능력을 의미한다. 직관은 사물을 외부에서 쪼개보는 것이 아니라, 그 내부에 들어가 그 흐름과 리듬을 함께 느끼려는 시도이다. 이로써 베르그송은 철학의 과제가 단지 개념을 통해 세계를 기술하는 것이 아니라, 세계와 동조하고 그것을 살아내는 것에 있다는 새로운 철학적 입장을 제시하였다. 이 직관의 사고는 시간 durée 개념과도 깊이 연결된다. 시간은 단지 수량화된 연속이 아니라, 중첩되고 흐르며, 창조적으로 확장되는 생생한 리듬이다. 우리는 이를 살아가면서 느낄 수 있지만, 지성은 그것을 공간화된 시간(시계 시간)으로 환원해버린다. 직관만이 그 살아 있는 시간의 질감에 닿을 수 있다. 이는 시간과 생명을 바라보는 새로운 철학적 틀을 제시하는 출발점이었다.

베르그송의 철학은 시간, 생명, 그리고 경험에 대한 새로운 통찰을 제공하며, 현대 철학, 특히 현상학, 실존철학, 생성철학 등에 깊은 영향을 미쳤다. 베르그송에게 있어 철학은 단지 개념을 배열하는 기술이 아니라, 삶의 내적 흐름에 접속하려는 실존적 노력이다. 지성은 우리의 일상과 과학에 유용하지만, 그것만으로는 생명과 시간의 깊이를 담아낼 수 없다. 직관은 우리가 존재와 함께 호흡하고, 생성과 함께 걷는 방식이다. 참된 철학은 그 흐름 속으로 걸어들어가는 용기를 필요로 한다.

🪶 주요 저술

- **시간에 대한 이해의 역사, 강의**(1902~1903년 강의, 조현수, 2024년) | '시간과 지속'이라는 주제를 콜레주 드 프랑스에서 강의하며, 시간 개념의 철학적 역사적 발전을 체계적으로 논의한 내용을 담고 있다.

- **사유와 운동**(Thought and Motion, 1934/이광래, 2012) | 인간 사유와 움직임의 관계를 분석하며, 사유의 동적 본질을 강조. 이성적 사고와 직관적 사고의 조화를 통해 실재에 접근할 수 있음을 주장하고 있다.

33 | 화이트헤드 1861~1947
존재는 흐르는 것인가?

"실제 세계는 하나의 과정이며, 이 과정은 실제적 존재들의 생성이다.
존재의 본성은 '생성의 잠재성'으로 있는 것이다.
이것이 바로 '과정의 원리'이다."

— 『과정과 실제』, 1929

알프레드 노스 화이트헤드(Alfred North Whitehead, 1861~1947)는 기존 형이상학의 틀을 넘어서 '과정'과 '생성'을 중심 개념으로 하는 새로운 존재론, 즉 과정철학 Process Philosophy을 제안하였다. 화이트헤드에게 세계는 사물로 이루어진 것이 아니라, 사건과 과정의 끊임없는 흐름으로 구성되어 있다. 그는 존재를 시간적이며 상호 관계적인 실재로 재정립한다. 그의 철학은 인간과 자연, 신과 우주, 감각과 이성 사이의 이분법을 넘어, 세계 전체가 유기적으로 얽힌 상호작용의 장이라는 새로운 사유의 지평을 연다.

과정과 사건 중심의 존재론

"세계는 실제적 존재의 상호 관계 속에서 형성된다" – 알프레드 노스 화이트헤드의 존재론은 근대 형이상학의 핵심을 이루던 '고정된 실체' 중심의 사고를 철저히 비판하고, '사건event'과 '과정process' 중심의 새로운 존재론적 틀을 제안한다. 이 철학적 전회는 그가 존재란 무엇인가라는 물음에 대한 전통적 대답, 즉 영원불변의 실체 혹은 본질적 주체에서 근본적으로 벗어나고자 했기 때문이다. 화이트헤드에 따르면, 세계의 궁극적 실재는 물질적 대상도, 추상적 개념도 아닌 '실제적 존재actual entities'이다. 이러한 '실제적 존재'는 전통적인 실체 개념과 다르다. 그것들은 시간 속에서 발생하고 사라지는, 하나하나의 독립적 사건이자 경험의 단위로 이해된다. 따라서 존재란 더 이상 고정된 '것'이 아니라, 지속적으로 일어나는 '일', 즉 생성되고 관계 맺으며 사라지는 사건적 흐름이다.

"각각의 실제적 존재는 하나의 창조적 행위이며, 과거를 받아들이되 단순히 반복하지 않고, 그 안에서 새로운 질서와 가치를 창출한다" – 화이트헤드는 이 실제적 존재들을 자기-형성적self-creating 사건들로 본다. 각 '실제적 존재'는 그 이전의 세계 상태를 받아들이는 '받아들임prehension'을 통해 자신을 형성하고, 이를 창조적으로 조직하여 새로운 상태, 곧 새로운 '사건'으로 도약한다. 이러한 존재의 방식은 정태적인 존재론과는 대척점에 서 있다. 존재란 단지 어떤 속성을 가진 것이 아니라, 항상 '되어가는 것'이며 '응답하고 창조하는 과정'인 것이다.

"존재한다는 것은 다른 존재들과 함께 반응하며, 그 관계 속에서 자신의 형식을 정립하는 것이다" – 세계는 사건들의 네트워크로 구성되어 있다. 각 사건은 고립된 점이 아니라, 다른 사건들과의 관계 속에서 형성되며, 그 관계 자체가 존재의 의미를 창출한다. 화이트헤드는 이를 '상호내재interpenetration', 혹은 '공동적 창조co-creativity'로 묘사한다. 이 관점에서 세계는 더 이상 고정된 구조의 총합이 아니라, 끊임없이 생성되고 해체되며, 의미를 갱신하는 살아 있는 우주로 나타난다. 모든 존재는 단지 있는 것이 아니라, 다른 존재와 '되며', 그 관계 속에서 스스로를 형성해가는 과정적 존재인 것이다. 예를 들어, 한 나무는 단지 독립된 물체가 아니라, 햇빛, 물, 흙, 바람, 곤충, 인간과의 무수한 상호작용 속에서 존재의 의미를 부여받는다. 이는 인간 역시 독립적인 존재가 아닌, 수많은 객체 및 환경과의 공생적 과정 속에서 탄생하고 변화하는 존재자임을 의미한다.

수용적 지각: 세계를 수용하는 감각적 존재론

"각 실제적 존재는 다른 존재들을 수용함으로써 자신을 형성한다" – 화이트헤드는 세계를 고정된 실체나 물질의 총합으로 보지 않는다. 그는 우주를 생성과 변형, 관계와 감응이 끊임없이 얽히는 유기적 전체로 이해하며, 그 핵심 개념으로 '수용적 지각prehension'을 제시한다. 이 개념은 우리가 일반적으로 떠올리는 감각이나 지각과는 본질적으로 다르다. '수용적 지각'은 존재가 존재하게 되는 가장 원초적인 방식이며, 세계를 받아들이고 응답하며 자기화하는 작용이다.

화이트헤드는 전통 철학에서 감각이 외부 세계를 주체 내부로 복제하는 작용이라고 본 시각에 반대하며, '수용적 지각'을 존재론적 사건, 즉 존재자가 다른 존재자들과의 관계 속에서 자신을 생성하는 방식으로 본다. 이 감응은 의식 이전의 원초적 작용이며, 존재는 항상 과거의 영향을 수용하고, 그것을 조직하며 미래로 열린다. 감각은 주체의 기능이 아니라 모든 존재의 구조이며, 인식은 대상을 복제하는 것이 아니라 수용과 응답의 사건이다. 세계는 분리된 객체들의 모음이 아니라, 끊임없는 상호 수용과 감응의 그물망이다.

화이트헤드는 모든 존재자가 서로를 '수용적 지각'한다고 본다. 인간뿐 아니라 동물, 식물, 사물, 에너지, 원자까지도 세계와 관계 맺고 응답한다. 그렇게 볼 때 우주는 단절된 요소들의 모음이 아니라, 감응의 흐름으로 이루어진 거대한 네트워크이며, 모든 존재는 이 흐름 속에서 타자의 영향을 받아들이고, 그 영향에 대한 고유한 응답을 통해 자신을 창조해 간다.

"수용적 지각은 단지 과거의 수용이 아니라, 그 과거를 미래로 밀어내는 창조의 씨앗이다" – 수용적 지각은 단지 감각에 대한 철학이 아니다. 그것은 존재론, 인식론, 관계론, 시간론이 하나로 얽힌 사고의 중심축이다. 이 개념은 과거와 현재, 미래를 연결하는 시간의 흐름을 존재의 내적 구조로 통합한다. 각 존재자는 과거의 사건들을 단순히 반복하지 않고, 그것을 자기 방식으로 재구성하여 미래로 나아간다. 이 과정이 바로 자기발생이며, 그 동력은 '수용적 지각'에서 비롯된다. 결국 화이트헤드에게 존재한다는 것은 응답한다는 것이다. 존재는 고립된 실체가 아니라 세계의 영향을 감응하고, 수용하고, 다시 응답하면서 자기 자신을 구성해 나가는 하나의 사건이다. 존재의 방식이 곧 지각이고, 시간이며, 세계다. "나는 생각한다, 고로 존재한다"는 데카르트식 선언은 화이트헤드에게 "나는 감응하고, 수용하며, 응답한다"는 과정적 실존으로 도약한다.

지각과 경험의 구조

"우리의 몸은 단지 사물의 집합이 아니다. 그것은 과거의 세계가 현재 안으로 스며든 흔적이며, 우리는 그것을 통해 실재의 깊이를 경험한다" – 화이트헤드는 지각perception의 구조를 두 가지 방식으로 구분한다. '직접적 감각presentational immediacy'과 '인과적 효능causal efficacy'이다. '직접접 감각'은 우리가 일상에서 익숙하게 경험하는 지각 방식이다. 예컨대 눈앞에 보이는 사물의 색채, 형태, 위치와 같은 현재 중심의 이미지들이 여기에 속한다. 이 감각은 명료하고 구체적이지만, 표면적인 층위에 머물러 있다. '인과적 효능'은 우리의 경험 속에 과거 세계의 영향력이 침투하는 방식이다. 예컨대 통증, 습관적 반응, 정동적 여운, 향기와 얽힌 기억처럼 직접 보이지 않지만 존재에 깊게 각인된 흔적들이다. 화이트헤드는 이것이 존재의 연속성과 깊이를 구성하는 핵심이라고 보았다. '인과적 효능'은 명료하고 뚜렷한 '직접적 감각'과는 달리, 더 근원적이고, 모호하며, 신체적이고 정서적인 차원에서 강하게 느껴지는 지각이다. 이러한 감각 이론은 존재 경험이 단지 '직접적 감각'에 머무르지 않고, 과거와의 관계, 미래에 대한 기대, 정동, 기억 등의 복잡한 층위로 이루어져 있음을 시사한다.

"실재는 경험을 통해 이루어지며, 경험이란 곧 지각이다. 존재한다는 것은 관계에 응답하고, 그것을 새롭게 형성하는 감각의 과정 속에 있는 것이다" – 화이트헤드에게 세계는 지각 가능한 객체들의 총합이 아니라, 상호작용하고 응답하며 함께 생성되는 존재들의 장field이다. 즉, 존재한다는 것은 지각되고 지각하며, 세계와 관계 속에서 반응하는 사건이 되는 것이다. 이러한 지각 구조는 존재가 스스로 폐쇄된 실체가 아니라, 과거와 미래, 타자와의 관계 안에서 형성되는 구조임을 보여준다. 따라서 우리는 단지 '세계 안에 있는 존재'가 아니라, '세계와 함께 되어가는 존재'이다.

화이트헤드 철학에서 지각은 단순한 인식론이 아니라 존재론의 구성 요소이다. 지각은 실재와 분리된 인식이 아니라, 실재가 존재로서 발생하는 방식이며, 사건의 중심이다. 각 실제적 존재actual entity는 과거 세계를 지각하고 수용하는 것prehension으로부터 시작하여, 그 지각을 토대로 새로운 관계와 사건을 창출한다. 즉, 지각은 존재자 사이의 상호작용을 매개하며, 그것이 바로 생성과 변화의 동력이 된다. 화이트헤드는 우리에게 철학이 존재를 고정된 형상으로 파악하려는 시도에서 벗어나, 존재를 흐르고 감응하며 변화하는 살아 있는 과정으로 이해할 것을 제안한다. '지각'은 단지 보는 것이 아니라, 응답하고 관계 맺는 사건이다. 그리고 세계는 그러한 지각하는 존재들의 총체적 유기체이다.

과정으로서의 신God과 가능성의 질서

"신은 모든 존재가 현실화될 수 있는 가능성의 원천이며, 생성의 모든 순간에 그것들을 제시한다" - 화이트헤드에게 신은 더 이상 전통신학에서 말하는 초월적이고 절대적인 통치자가 아니다. 그는 신을 형이상학적 전체 구조 속에서 작동하는 핵심 원리이자 만물을 통제하는 권위자가 아니라, 우주가 끊임없이 창조적 흐름을 유지할 수 있도록 가능성의 장을 여는 존재로 이해한다. 화이트헤드 철학에서 신은 우주와 별개로 떨어져 있는 인격적 신이 아니라, 생성과 과정이 가능한 구조적 틀을 제공하는 존재론적 기반이다. 그는 신을 모든 존재가 현실화될 수 있는 가능성의 원천이라 말하며, 매 순간 그 가능성들을 제시한다고 본다. 기독교 전통에서 신은 완전하고 전지전능하며, 시간 밖에서 불변하는 존재로 간주된다. 그러나 화이트헤드에게 신은 시간 속에서 움직이며, 우주의 흐름에 참여하고 변화에 응답한다. 신은 생성하는 세계 속에 내재하며, 존재자에게 자유롭게 창조할 수 있는 가능성과 방향을 제시할 뿐, 그들을 통제하거나 강제하지 않는다.

"신은 명령하는 자가 아니라, 설득하는 자이다" - 화이트헤드 철학에서 가장 중요한 신의 역할은 바로 형상적 가능성의 제공이다. 이것은 모든 존재에게 '어떻게 존재할 수 있는가'에 대한 가능한 형상들을 제시하는 역할이다. 신은 세계를 미리 정해진 설계에 따라 구성하지 않는다. 오히려 가능한 모든 형태를 열어두고, 각 존재자가 그 중 어떤 형상을 취할 것인지 스스로 선택하도록 돕는다. 그래서 그는 신을 명령자가 아닌 설득자로 표현한다. 신은 존재자 대신 결정을 내리는 것이 아니라, 존재자가 결정할 수 있는 조건과 질서를 조용히 제안하는 존재다.

"신은 가능한 질서의 근원이며, 실현되지 않은 것들의 영원한 보유자이다. 세계는 그로부터 가능성을 얻고, 그 가능성 속에서 자신을 창조한다" — 이러한 관점에서 우주는 본질적으로 열려 있는 창조의 장이다. 모든 실제적 존재는 과거의 영향을 받으면서도, 매 순간 창조적 결정을 통해 자신의 미래를 열어간다. 신은 이 가능성을 끊임없이 제공하고, 우주 전체가 무질서에 빠지지 않도록 형상의 리듬과 질서를 유지하게끔 돕는다. 자유와 창조는 인간만의 특성이 아니라, 존재 그 자체의 성질이며, 신은 그러한 가능성의 원천으로서 전체 우주 안에 퍼져 있는 형상화의 원리이자, 질서이며, 유도자다. 화이트헤드는 신을 가능한 질서의 근원이라 부르며, 실현되지 않은 모든 것들의 영원한 보유자라고 말한다. 세계는 신에게서 가능성을 받고, 그 가능성 속에서 스스로를 창조한다.

여기서 중요한 점은 신과 세계 사이의 관계가 일방향이 아니라는 것이다. 신이 존재자에게 가능성을 제시하듯, 존재자 역시 신에게 영향을 미친다. 각 존재의 경험은 신 안에 보존되며, 신은 그 경험들을 기억하고 감응한다. 이것이 신의 경험적 측면이며, 신 역시 세계와 함께 감동하고 성장하는 존재로 이해된다. 그는 존재자에게 창조적 가능성과 형상적 질서를 제시하는 유동적 원리이며, 우주가 자율성과 조화를 유지하도록 끊임없이 설득하고 응답하는 파트너다.

화이트헤드의 철학은 고정된 실체 중심의 세계관을 넘어, 과정 process과 관계 relation로 구성된 살아 있는 우주의 이미지를 제시한다. 이러한 사유는 근대 철학이 놓친 시간성과 생성, 상호성의 구조를 복원하려는 철학적 시도이며, 존재론의 패러다임을 전환하는 사상적 제안이다.

그는 사유와 실재, 과학과 철학, 인간과 자연을 분리된 실체가 아니라 상호작용하고 공진화하는 유기적 전체로 보았다. 이 전체 속에서 지각은 능동적 판단이 아니라, 먼저 '수용적 지각 prehension'으로 세계와 연결된다. 우리는 세계를 의식적으로 구성하기 이전에, 이미 살아 있는 전체와의 접촉 안에 놓인 존재인 것이다.

그의 사유는 오늘날 우리가 과학기술, 생태, 인공지능, 의식 등 복잡하게 얽힌 세계를 다시 성찰하고 '관계 속의 존재'로서 우리 자신을 재위치시키는 데 깊은 영감을 제공한다. 화이트헤드는 세계가 살아 있다는 것을, 그리고 그 세계를 우리는 함께 만들어가고 있다는 것을 다시금 일깨워준다.

🪶 주요 저술

- **자연의 개념**(The Concept of Nature, 1920/안호성, 2025) | 화이트헤드의 과학철학적 배경을 보여주는 초기 주요 저술로, 현대 과학이 사용하는 '자연', '시간', '공간', '사건' 등의 개념을 철학적으로 분석하고 과정 중심의 세계관을 암시한다.
- **과정과 실재**(Process and Reality, 1929/오영환, 2003) | 화이트헤드 철학의 핵심 저작이자, 과정 존재론과 유기체적 세계관을 정립한 철학적 대작이다.

PART 12

생각의 실험:
진리는 움직인다

진리는 고정된 것이 아니라, 삶 속에서 시험되고 다듬어져야 했다.
퍼스(1839~1914)는 진리를 '공동체가 도달'한 결과로 보았고, 제임스(1842~1910)는 진리를 '작동되는 것'이라고 했다. 로티(1931~2007)는 진리를 절대적인 것이 아니라, 대화 속에서 열려 있는 것으로 이해했다.
철학은 추상적인 체계를 쌓는 것이 아니라, 현실 속에서 작동하는 힘이 되어야 했다.
생각은 삶 속에서 실험되고, 의미는 끊임없이 다시 만들어졌다. 진리는 더 이상 먼 곳에 있는 것이 아니었다. 우리 삶 한가운데서 매 순간 새롭게 만들어졌다.

34 | 퍼스 1839~1914
진리는 공동체가 도달한 것인가?

"과학의 방법은 탐구자 공동체의 방법이다. 개인은 오류에 빠질 수 있지만, 공동체는 결국 진리에 가까워진다. 왜냐하면 진리란, 탐구에 참여한 모든 이들이 궁극적으로 동의하게 될 운명의 견해이기 때문이다."

—『신념의 고정』, 1877

찰스 샌더스 퍼스(Charles Sanders Peirce, 1839~1914)는 철학, 수학, 논리학, 과학 이론, 기호학 등 다양한 영역을 넘나든 미국 철학사의 다빈치라 불릴 수 있는 인물이다. 그는 형식 논리와 실험 과학, 존재론과 언어 철학 사이의 경계를 허물며 근대 이성의 틀을 넘어선 새로운 '실용주의 pragmatism' 철학적 세계관을 제시했다.

실용주의 원리

'실용주의' 사조의 출발점은 흔히 찰스 샌더스 퍼스에게서 찾는다. 퍼스에게 있어 진리란 어떤 절대적 실체가 아니라, 경험을 통해 점진적으로 다듬어지고, 장기적으로는 지적 공동체의 합의에 의해 확립되는 것이다. 그는 이 과정을 '탐구의 종착점'이라는 말로 표현하며, 진리는 현재의 확신이 아니라,

계속되는 검증과정 끝에 도달하게 될 이성적 공동합의라고 주장했다.

"우리가 어떤 개념의 대상이 가질 수 있다고 생각하는 실용적인 효과들을 고려하라. 그러면 이러한 효과들에 대한 우리의 개념이 그 대상에 대한 전체 개념이다" – 퍼스 실용주의의 핵심 개념은 바로 '실용주의 원리 the pragmatic maxim'이다. 이는 어떤 개념이나 사상의 의미는 그것이 실제로 불러일으키는 결과들, 다시 말해 현실 속에서 우리가 기대하거나 예측할 수 있는 작용과 효과의 총체로 이해되어야 한다는 입장이다. 예컨대, '딱딱함 hardness'이라는 개념은 '어떤 것이 다른 것에 의해 긁히지 않는 성질'이라는 식의 경험 가능한 설명으로 환원될 수 있어야 하며, 그런 방식으로만 철학적 개념들이 유효성을 가질 수 있다는 것이다. 퍼스의 실용주의는 개념의 의미를 모호한 언어가 아니라 명확하고 측정 가능한 결과로 환원하려는 시도였다. 그가 말하는 실용주의는 단순히 '쓸모 있는 것이 진리'라는 식의 통속적 해석이 아니라, 개념의 의미는 그것이 만들어내는 실제적 효과에 의해 규정된다는 의미론적 원리이다.

"진리란, 충분한 시간과 조건이 주어진다면, 모든 탐구자가 결국 도달하게 될 그 믿음이다" – 퍼스는 진리를 절대적 실체로 보는 것이 아니라, 탐구과정의 이상적 종착점으로 이해한다. 또한 퍼스는 진리의 담지자를 고립된 개인이 아니라 '탐구 공동체'로 보았다. 퍼스는 이 공동체를, 신념과 의심을 반복하며 실험과 검토를 거듭하는 과학적 사유의 집단으로 간주했다.

퍼스는 사유를 다음과 같은 구조로 보았다.

1. 신념 Belief – 안정된 정신 상태로, 의심이 없을 때 생김
2. 의심 Doubt – 사고의 불안정 상태, 신념이 흔들릴 때
3. 탐구 Inquiry – 의심을 해소하고 신념을 회복하려는 과정

이 사이클은 개인적 심리작용이 아니라, 공적 언어, 기호, 실험, 반박, 검증

등 과학적 방법에 따라 전개된다. 즉, 과학은 반복 가능한 탐구의 구조 속에서 진리를 구성하며, 실용주의는 그 철학적 메타구조를 해명하는 이론인 것이다.

퍼스의 실용주의에서 가장 눈에 띄는 특징은 바로 진리에 대한 공동체적 정의이다. 그는 개인이 어떤 것을 참이라고 느낀다고 해서 그것이 진리가 될 수는 없다고 본다. 진리는 개인의 직관, 문화, 선호에 의존하지 않고, 경험적으로 검증 가능한 합의의 결과물이어야 한다. 이 합의는 단기적 일치가 아니라, 장기적으로 반복되는 검증, 반론, 재해석, 교정의 과정을 통해 도달하게 되는 것이다.

퍼스의 삼원성과 존재의 유기적 구조

퍼스의 철학을 꿰뚫는 핵심 개념은 '삼원성 범주three categories'이다. 퍼스는 존재와 경험, 기호, 의미작용 등을 이 세 가지 기본 범주로 해석하고 분석함으로써, 철학을 형이상학적 추상에서 해방시키고자 했다. 퍼스는 이 세 범주가 단순한 분류 체계가 아니라, 존재의 모든 층위에 적용 가능한 근본 구조라고 보았다. 물리적 세계, 심리적 경험, 언어와 기호, 사회적 관계, 심지어 시간의 흐름까지도 삼원성의 틀 안에서 설명할 수 있다는 것이다.

"일원성은 다른 것과 무관하게 있는 그대로인 것의 존재 양식을 의미한다" – 일원성Firstness은 존재가 어떤 관계나 맥락 없이, 그 자체로 있는 상태를 의미한다. 이는 사물의 순수한 질, 가능성, 감각적 느낌의 차원이다. 우리가 경험하기 전 색채의 붉음, 특정한 향기, 고요함의 느낌과 같이, 이들은 아직 명확한 원인도, 대상도, 목적도 부여되지 않은 즉자적인 순수이다. 일원성은 그래서 어떤 의미에서 존재의 가장 원초적인 상태이며, 잠재성의 차원을 대표한다. 퍼스의 '일원성'은 인식 이전의 질적 존재로 칸트의 '물 자체'와 유사한 것으로 자칫 오해할 수 있다. 그러나 칸트의 '물 자체'는 결코 인식될 수 없으며 오직 현상을 가능케 하는 근거일 뿐인데 비해, 퍼스의 '일원성'은 우리 경험 이전의 가능성으로 존재하는 어떤 질로서 우리 경험을 통해 '의미' 구성의 일부로 기능하며, 이는 이원성, 삼원성으로 발전한다.

"이원성은 다른 것과의 관계 속에서 드러나는 존재 양식을 의미한다" – 하지만 세계는 고립된 질의 모음으로 구성되지 않는다. 여기서 이원성 Secondness이 개입한다. 이원성은 어떤 것이 다른 것과 관계 맺는 순간 발생하는 저항, 충돌, 힘의 상호작용을 가리킨다. 이는 현실 속에서 우리가 맞닥뜨리는 사실성과 대립의 차원이다. 문을 밀었을 때 반작용을 느끼는 물리적 경험, 타인과의 우연한 마주침, 계획의 좌절 같은 경험들이 이에 속한다. 이원성은 세상이 우리에게 외부로서 다가오는 순간, 즉 관계와 실재의 개입을 상징하며, 인간 주체와 세계 사이의 대면이 일어나는 지점이다.

"삼원성은 어떤 것과 또 다른 어떤 것을 연관짓는 것으로서 존재 양식을 의미한다" – 일원성과 이원성만으로는 세계를 충분히 설명할 수 없다. 인간은 단순히 질을 느끼고, 관계를 겪는 존재가 아니라, 그것들을 해석하고, 규칙화하고, 일반화하는 존재다. 바로 이 해석과 일반화의 차원이 삼원성 Thirdness이다. 삼원성은 패턴, 법칙, 규칙성, 해석자의 개입을 뜻하며, 퍼스가 말하는 의미작용 semiotic의 중심이기도 하다. 언어, 논리, 기호, 과학적 추론, 사회적 규범, 시간의 연속성 등은 모두 삼원성의 범주에서 발생하는 요소들이다. 삼원성은 일원성과 이원성을 단순히 잇는 것이 아니라, 그것들을 통해 새로운 의미의 차원을 생성하고 지속하는 매개자 역할을 수행한다.

기호의 세계, 해석의 삶

"우리는 오직 기호로만 생각한다" – 찰스 샌더스 퍼스는 현대 '기호학 semiotics'의 창시자 가운데 한 명으로 언급된다. 세계 자체를 기호적 구조로 사유한 존재론적 기호학의 창시자라 할 수 있다. 퍼스에게 세계란 사물들이 배열된 총합이 아니라, 끊임없는 해석 작용을 통해 의미가 생성되는 과정이며, 인간은 그 안에서 기호를 읽고, 해석하며, 또 다른 기호를 생성하는 존재다. 이러한 관점은 세계를 고정된 실체가 아니라, 영속적으로 의미가 생겨나는 유기적 네트워크로 전환시킨다.

"기호는 누군가에게 무언가를 대리하는 것이다" – 퍼스의 기호 개념은 이원 구조, 즉 기호와 대상으로 환원되지 않는다. 그는 모든 기호 작용이 세 가지 요소로 구성된다고 보았다. '기호 자체 Representamen', '대상 Object', 그리고 '해석자 Interpretant'이다. 먼저 기호 자체는 어떤 대상을 가리키는 매개물이다. 이는 우리가 보는 언어, 이미지, 몸짓처럼 무언가를 나타내는 역할을 수행하는 형식이다. 다음으로 대상은 그 기호가 지시하거나 지칭하는 실제 혹은 개념이다. 마지막으로 해석자는, 그 기호가 어떻게 이해되는지, 어떤 방식으로 수용되고 해석되는지를 설명하는 요소로, 단지 사람만이 아니라 해석의 가능한 효과를 모두 포함한다.

"모든 기호는 무한히 계속되는 해석 과정 속에서 다른 기호로 번역된다" – 이러한 기호의 삼항 구조에서 가장 혁명적인 요소는 바로 '해석자'의 개념이다. 퍼스는 의미란 결코 고정되어 있는 것이 아니며, 어떤 기호든 간에 그것이 어떻게 해석되느냐에 따라 끊임없이 새로운 의미가 생겨난다고 본다. 그는 이를 '무한 해석 infinite semiosis'이라고 불렀다. 하나의 기호는 특정한 의미를 생성하고, 그 의미는 또 다른 기호로 표현되며, 다시 새로운 해석자를 불러오고… 이 과정은 이론상 끝이 없다. 기호는 닫힌 체계가 아니라, 열린 해석의 과정이며, 이 점에서 의미란 생성되고, 변형되고, 확장되는 살아있는 실재다.

이러한 관점에서 볼 때, 세계는 더 이상 물리적 사물의 총합이 아니다. 퍼스에게 있어 세계는 곧 해석의 네트워크이며, 모든 경험은 기호를 통해 매개된다. 우리가 세상을 인식한다는 것은 곧 기호를 해석한다는 것이다. 색을 보고, 단어를 읽고, 사회적 표정을 감지하고, 과학적 데이터를 분석하는 모든 행위는 기호 해석의 한 방식이다. 그리고 그 해석은 개인의 주관뿐 아니라 문화적 맥락, 역사적 조건, 인지 구조와 깊이 연결되어 있다.

귀추와 진리

"귀추는 설명적 가설을 형성하는 과정이다. 이는 새로운 아이디어를 도입하는 유일한 논리적 작용이다" – 찰스 샌더스 퍼스의 사유에서 가장 독창적이면서도 시대를 앞선 통찰 중 하나는 바로 그가 재발견하고 강조한 '귀추abduction' 개념이다. 전통 논리학에서 추론은 주로 '연역deduction'과 '귀납induction'이라는 두 가지 틀로 설명되어 왔다. 연역은 전제가 참이라면 결론도 반드시 참이라는 형식적 추론을, 귀납은 반복된 관찰을 통해 일반적인 법칙을 도출하는 경험적 추론을 의미한다. 하지만 퍼스는 이 두 방식으로는 실제 인간의 사유 방식, 특히 창조적 사고와 과학적 발견의 과정을 충분히 설명할 수 없다고 보았다.

그는 이러한 틈새를 메우는 제3의 추론 방식으로 '귀추abduction'를 제시한다. 귀추는 가장 그럴듯한 설명을 가정하는 추론, 즉 만일 이 가설이 참이라면이라고 생각하는 방식이다. 이는 모든 새로운 아이디어와 발견의 출발점이라고 퍼스는 강조한다. 과학적 법칙도 처음엔 완전한 정보 없이 어떤 현상을 설명할 가능한 가설로 시작된다. 예술적 영감, 일상 속 직관적 판단, 문제 해결 과정에서의 돌파구 또한 모두 귀추의 방식으로 발생한다.

귀추법적 추론은 특정한 관찰로부터 시작된다. 먼저, 설명이 필요한 놀라운 사실 P를 인지한다. 예를 들어, 아침에 일어났을 때 마당의 땅이 예고 없이 젖어 있는 상황을 발견하였다. 다음 단계는 이 사실 P를 가장 잘 설명할 수 있는 가설 H를 고려하는 것이다. 만약 '밤새 비가 내렸다'(H)는 가설이 참이라면, '땅이 젖어 있는 것'(P)은 매우 자연스러운 결과가 된다. 이러한 논리적 연결을 바탕으로, 귀추법은 마지막 단계에 이른다. 즉, 가설 H가 관찰된 사실 P를 성공적으로 설명하므로, H가 실제로 참일 것이라고 잠정적으로 결론 내리는 것이다. 따라서 우리는 '밤새 비가 왔을 가능성이 높다'고 추론하게 된다.

이러한 귀추법의 작동 방식에는 몇 가지 중요한 특징이 내재되어 있다. 첫째, 귀추법은 본질적으로 '설명 추구'의 성격을 지닌다. 현상을 기술하는 것을 넘어, 그 현상이 왜 발생했는지에 대한 이유를 탐색한다.

둘째, 이는 '가설 생성'의 창의적 과정과 밀접하게 연관된다. 관찰된 사실로부터 이전에 생각지 못했던 새로운 아이디어나 가능성을 떠올리게 한다.

셋째, '최선의 설명으로의 추론 Inference to the Best Explanation'이라는 원칙을 따른다. 경쟁하는 가설들 중에서 가장 그럴듯하고, 간결하며, 주어진 사실들을 포괄적으로 설명하는 가설을 선택하는 합리적 과정을 포함한다.

마지막으로, 귀추법을 통해 얻어진 결론은 '개연성'에 기초한다. 연역법처럼 논리적 필연성을 보장하지는 않으며, 어디까지나 현재까지의 정보에 기반한 가장 그럴듯한 추정이다. 따라서 새로운 증거나 반박 논리가 나타나면 언제든지 수정되거나 폐기될 수 있는 잠정적인 성격을 가진다.

그의 귀추론은 진리 개념으로도 자연스럽게 확장된다. 퍼스는 진리를 고정된 절대적 실체로서의 진리가 아니라, 지식 공동체가 시간이 흐르며 점진적으로 수렴해가는 이상ideal으로 이해했다. 진리는 절대로 완결된 상태로 주어지지 않으며, 우리가 의심하고 검증하고 수정해 나가는 과정 속에서만 의미를 갖는다.

퍼스의 진리관은 철저히 과정 중심적이며 반독단적이다. 진리는 완전히 도달 가능한 종착점이 아니라, 지적 진화의 항로에 놓인 이정표와 같다. 이는 신념이나 견해를 불변의 것으로 고정시키려는 모든 시도에 대한 철학적 경계선이며, 진리에 대한 사유를 개인적 확신이 아니라 사회적 검증과 개방적 탐구의 흐름 속에 위치시키는 급진적 전환이라 할 수 있다.

오늘날 그의 사유는 기호학, 언어철학, 인식론, 인공지능 이론, 생태철학, 정보철학에 이르기까지 폭넓게 영향을 미치고 있으며, '분석과 창조', '논리와 가능성', '질서와 우발성'이 교차하는 지점에서의 철학적 사유를 가능케 하고 있다. 그는 미래로 열린 사유의 가능성을 가장 강력하게 제시한 철학자 중 한 명이었다.

✒ 주요 저술

- **퍼스의 기호 사상**(Peirce on Signs: Writings on Semiotic, 1877~1903/김성도, 2006) | 퍼스의 기호 사상 관련 여러 논문을 종합한 저술. 기호의 삼항 구조(기호 자체, 대상, 해석자)와 무한 해석의 개념 등을 다룬다.

35 | 제임스 1842~1910
작동되는 것이 곧 진리인가?

"우리가 진리의 존재를 믿고 그것이 중요하다고 여긴다면, 우리는 증거가 불충분한 경우에도 믿음을 바탕으로 행동할 준비가 되어 있어야 한다. 왜냐하면 어떤 종류의 진리는 그런 믿음을 통해서만 다가올 수 있기 때문이다."

— 『신념의 의지』, 1897

19세기 후반, 철학은 개인의 경험과 실천 속에서 진리가 어떻게 작동하는지를 제대로 설명하지 못하고 있었다. 추상적인 개념 속에서 진리를 찾으려는 시도는 현실과의 괴리를 낳았고, 철학은 삶과 동떨어진 죽은 학문이라는 비판에 직면하게 되었다.

윌리엄 제임스(William James, 1842~1910)는 이러한 시대적 배경 속에서 철학이 현실과 연결되지 않으면 의미가 없다고 보았다. 그는 철학이 추상적 개념 속에 머물러 있다면 죽은 학문과 다름없다고 비판하며, 철학이 현실적 경험 속에서 작동해야 한다고 주장했다. 윌리엄 제임스는 '실용주의 Pragmatism' 철학을 내세워, 철학적 진리를 삶의 실질적 경험과 유용성의 관점에서 재정의하였다. 이러한 접근은 철학을 추상적 이론의 영역에서 끌어내려, 실천적이고 인간의 일상적 경험과 깊이 연결된 것으로 재구성하였다.

찰스 퍼스(1839-1914)가 '실용주의'의 논리적·과학적 뼈대를 세웠다면,

윌리엄 제임스는 '실용주의'에 보다 인간적이고 실존적인 차원을 불어넣었다. 심리학자이자 철학자였던 제임스는, 진리란 단지 탐구 공동체의 장기적 합의에 머무는 것이 아니라, 개인의 삶 속에서 실질적인 결과와 유용한 효과를 가져오는 것이어야 한다고 주장했다. 즉 어떤 믿음이 삶을 잘 살아가게 만들고, 우리의 경험을 능동적으로 형성할 수 있다면, 그것은 진리로 간주될 수 있다는 것이다.

진리에 대한 새로운 기준

"진리는 고정된 것이 아니라, 그것이 우리의 경험 속에서 작동할 때 의미를 가진다" – 그는 진리를 고정된 실체나 영원불변의 원리로 보지 않았다. 오히려 진리는 개인의 삶 속에서 유익한 결과를 낳고, 실질적인 변화를 만들어낼 때 비로소 진리로 인정받을 수 있다고 주장했다. 어떤 신념이 우리 삶에 긍정적인 영향을 주고, 희망이나 용기를 주며, 행동을 변화시킨다면 그것은 진리로 받아들여질 수 있다는 것이다. 진리는 추상적인 정의가 아니라, 작동하는가 아닌가에 따라 판단된다고 그는 보았다. 예를 들어 신의 존재처럼 과학적으로 증명하기 어려운 신념이라 할지라도, 그것이 개인에게 삶의 의미를 부여하고 도덕적 행동을 이끌어낸다면, 그 자체로 진리로 간주할 수 있다고 보았다. 이는 진리가 단순한 객관적 사실이 아니라 실천과 경험 속에서 의미를 갖는다는 것을 뜻한다.

"진리는 경험과 함께 변화한다" – 제임스는 여기서 멈추지 않았다. 그는 진리가 유용하다고 해서 언제나 고정된 채로 존재하는 것은 아니라고 보았다. 어떤 신념이나 이론이 한때는 유용했지만 시간이 지나 더 나은 설명이 나타나면 그 진리는 얼마든지 폐기될 수 있다. 진리는 고정된 진술이 아니라 변화하는 삶과 함께 움직이는 유동적인 개념이다. 오늘의 진리가 내일의 오류가 될 수 있다는 생각은 제임스의 철학에서 핵심적인 위치를 차지한다. 이러한 유동적 진리관은 진리를 하나의 완성된 결과가 아니라 과정으로 본다. 우리는 진리를 발견하는 것이 아니라, 경험 속에서 구성해가며 수정하고 보완해 나간다. 세계는 끊임없이 변화하고, 인간의 경험도 그렇기 때문에, 진리 또한 그것을 따라 유연하게 움직여야 한다. 제임스에게 있어 진리는 언제나 열려 있으며, 특정한 시대와 조건 속에서 기능하는 것일 뿐이다.

경험과 다원성으로서의 실재

"실재란 그것이 우리에게 경험되는 방식 그대로 존재한다" – 그가 주장한 진리의 유동성과 실용성은 곧 그의 존재론으로도 확장된다. 제임스는 전통 형이상학이 존재를 본질적이고 고정된 실체로 설명하려 한 데에 의문을 제기했다. 존재는 그 자체로 고정된 실체가 아니라, '순수 경험'으로부터 구성된다. 제임스는 경험 이전의 독립된 실체를 상정할 필요가 없다고 보았다. 세계는 우리가 인식하기 이전에 이미 우리의 경험 속에서 구성되는 것이며, 실재는 그 구성의 과정 속에서 드러난다. 그렇기 때문에 존재는 고정되어 있지 않고, 경험의 흐름 속에서 끊임없이 변화하고 유동한다.

"세계는 하나의 고정된 실체가 아니라, 다양한 경험적 요소들이 결합된 다원적 실재이다" – 또한 그는 세계가 단일한 실재에 의해 통일되어 있다는 생각도 거부했다. 플라톤(BC 427~347)의 이데아나 헤겔(1770~1831)의 절대정신처럼 하나의 궁극적 실재를 전제하기보다는, 다양한 경험적 요소들이 상호작용하며 구성하는 다원적 실재를 강조했다. 현실은 단일한 원리로 환원될 수 있는 대상이 아니라, 여러 층위와 관점에서 다양하게 경험될 수 있는 복합적 세계이다. 제임스에게 존재란 이러한 복잡하고 다면적인 현실의 총체이며, 하나로 수렴되지 않는다. 그는 존재를 경험과 분리된 초월적 실체로 보지 않았다. 존재는 우리의 경험 속에서 드러나고, 그 경험을 통해 의미가 구성된다.

신념의 의지와 진리

"어떤 종류의 진리는 믿음을 통해서만 다가올 수 있다" – 철학은 종종 이론과 논증의 영역에 갇혀 인간의 실존적 갈등을 외면하곤 한다. 그러나 윌리엄 제임스는 『신념의 의지』를 통해 철학을 삶의 구체적인 선택의 장으로 다시 불러낸다. 그는 우리가 신념을 형성하는 과정이 단지 논리와 증거에 근거한 판단이 아니라, 삶의 조건과 밀접하게 얽힌 실천적 결정임을 강조한다. 이를 위해 제임스는 '살아 있는 선택living option', '강제적 선택forced option', '중대한 선택momentous option'이라는 세 가지 개념틀을 도입하며, 신념의 정당성을 판단하는 실천적 기준을 제시한다.

'살아 있는 선택'이란 개인의 마음과 정서에 의미 있고 실감나게 다가오는 선택지를 가리킨다. 예컨대 기독교를 믿을 것인가, 불교를 믿을 것인가라는 선택은 종교에 관심이 있는 사람에게는 '살아 있는 선택'이지만, 종교에 전혀 관심 없는 사람에게는 '죽은 선택dead option'에 불과하다. 제임스는 신념이 정당화되기 위해서는 선택의 양측이 모두 현실적으로 가능하고 심리적으로 진지한 선택지로 다가와야 한다고 보았다. 따라서 살아 있는 선택은 단순히 인지적 수준에서의 가능성이라기보다는, 실존적·정서적 참여를 요구하는 결정 조건이다.

'강제적 선택'이란, 선택을 회피할 수 없는 상황, 즉 중립을 취하거나 판단을 유예하는 것조차 사실상 하나의 선택이 되는 경우를 의미한다. 예컨대 지금 이 배를 탈 것인가 말 것인가와 같은 선택은, 잠시 생각해보자는 결정을 하는 순간 이미 배를 놓치는 결과를 낳게 된다. 선택을 유보하는 것조차도 선택의 효과를 낳는 결정이라는 것이다. 종교적 신념의 경우도 마찬가지다. 신의 존재를 믿을지 말지는 어떤 사람에게는 단순한 이론적 문제가 아니라, 도덕적 삶의 방향성과 실존적 의미의 기반이 되기에, 유보하는 태도는 결국 믿지 않는 쪽으로의 실천적 선택으로 간주될 수 있다. 강제적 선택의 핵심은, 우리가 원하든 원하지 않든 선택하지 않을 자유조차 없는 조건 속에서 결단을 내려야 한다는 점이다.

'중대한 선택'은, 그 결과가 삶에 중대한 영향을 미치고, 일회적이며, 되돌릴 수 없는 성격을 가지는 선택을 뜻한다. 이러한 선택은 삶의 방향을 바꾸는 결단이며, 때로는 운명적인 무게를 가진다. 예컨대 사랑의 고백, 종교적 개종, 삶의 방식에 대한 전환 등이 여기에 속한다. 이러한 선택은 영구적 변화의 가능성, 결정의 유일성, 그리고 삶 전체를 재구성할 수 있는 중대성을 수반한다. 제임스는 이 조건을 충족하는 경우, 증거가 불충분하더라도 믿음을 가질 정당성이 존재한다고 주장한다. 왜냐하면 그 믿음이 없으면 우리는 삶에서 중대한 가능성을 영원히 상실할 수도 있기 때문이다.

"진리는 우리가 그것을 믿고, 실천하며, 그것이 우리 삶에서 작동할 때 실현된다" – 이 세 가지 선택 기준은 삶을 살아가는 방식 자체를 보여주는 실존 구조다. 제임스는 인간이 불확실성 속에서도 결단을 내려야 하는 존재이며, 이러한 결단은 삶을 형성하는 핵심적인 힘이라고 보았다. 진리는 증명되어서 주어지는 것이 아니라, 선택되고 실천됨으로써 만들어지는 것이다. 이러한 관점은 전통적인 지식관, 즉 진리는 객관적 증거를 통해 확증된다는 입장에 근본적인 도전을 던진다.

윌리엄 제임스의 실용주의는 진리를 고정된 절대적 실체로 간주하는 관점을 넘어, 삶의 경험과 유용성 속에서 재정의하려는 시도였다. 그는 진리가 실천과 결과를 통해 검증되고, 변화 가능하며, 개인적 신념과 맥락 속에서 다양하게 나타날 수 있음을 보여주었다.

그는 철학을 삶의 도구로, 진리를 살아 있는 실천의 과정으로 되돌려놓았다. 진리는 정지된 것이 아니라 변화하고, 신념은 증거 이전에 실천의 조건이며, 존재는 추상 이전에 경험으로 다가온다. 이러한 관점은 단지 인식론적 패러다임의 수정에 그치지 않는다. 제임스의 실용주의는 삶에 대한 존중의 철학, 다양성에 대한 포용의 윤리, 그리고 가능성에 대한 긍정의 실존적 태도이기도 하다. 그는 진리를 인간과 세계의 상호작용적 관계 속에서 생성되는 과정으로 바라보며, 철학을 추상적 사유가 아닌, 구체적 삶의 도구로 되돌려 놓는다.

✒ 주요 저술

- **심리학의 원리**(The Principles of Psychology, 1890/정명진, 2018) | 심리학의 기초를 체계적으로 다루며, 인간 의식, 주의, 습관, 정서 이론 등을 포괄적으로 논의. 심리학을 독립된 학문으로 정립하였다.
- **신념의 의지**(The Will to Believe, 1897) | 신념(belief)의 형성과 그것이 삶에서 어떤 역할을 하는지에 대한 철학적 논의를 담고 있다. 특히 객관적으로 증명되지 않은 신념을 선택할 수 있는가라는 질문을 중심으로, 종교적 신념과 윤리적 믿음 등의 문제를 다룬다.
- **진리란 무엇인가**(The Meaning of Truth, 1909/정명진, 2022) | 진리에 대한 실용주의적 관점을 확장하며, 진리가 경험과 실용적 효과 속에서 확인되는 것임을 주장하였다

36 | 로티 1839~1914
진리는 연대 속에서 만들어지는가?

"나는 어떤 것도 '고유한 본질'을 가지고 있다고 믿지 않는다. 잘 논증하는 능력보다, 다르게 말할 줄 아는 능력이 문화 변화를 이끄는 가장 중요한 도구라고 생각한다."

— 『우연성, 아이러니, 연대성』, 1989

리처드 매케이 로티(Richard McKay Rorty, 1931~2007)는 퍼스(1839~1914)와 제임스(1842~1910)의 실용주의를 이어받되, 진리와 언어, 주체의 문제를 형이상학이 아닌 문화와 담론의 문제로 전환함으로써 실용주의를 현대 철학의 중심 무대 위로 다시 끌어올렸다. 진리는 더 이상 '발견'되는 것이 아니라, 담론 안에서 '만들어지는 것'이며, 철학은 진리를 규명하는 학문이 아니라 공통의 언어와 세계관을 구성하는 문화적 실천이 되어야 한다는 것이 로티의 핵심 주장이다.

진리의 해체: 표상주의와 기초주의 비판

"진리는 발견되는 것이 아니라 만들어지는 것이라는 생각이 실용주의의 핵심이다" – 퍼스가 진리를 공동체적 합의로, 제임스가 실천적 유용성으로 이해했다면, 리처드 로티는 실용주의의 사유를 한 걸음 더 밀고 나아가, 진리 자체를 해체하고 재구성하려는 철학적 혁신을 시도한다. 로티는 실용주의를 단지 '진리는 유용한 것이다'라는 명제를 반복하는 철학이 아니라, 철학 자체의 존재 방식과 언어적 토대를 비판적으로 재고하는 작업으로 전환했다. 그는 실용주의를 통해 철학의 근대적 역할, 특히 진리 탐구라는 임무 자체에 근본적인 회의를 던졌다.

"세계는 말하지 않는다. 말하는 것은 우리뿐이다" – 로티의 대표 저작인 『철학과 자연의 거울(1979)』에서 그는 서양 근대 철학의 핵심 전통, 특히 '표상주의 representationalism'와 '기초주의 foundationalism'를 정면으로 비판하며, 철학 자체의 정체성을 근본적으로 재구성했다.

로티가 비판한 표상주의란, 인간의 마음이 외부 세계를 정확히 반영하거나 재현하는 '거울'과 같은 역할을 한다는 인식론적 신념이다. 이 전통은 데카르트(1596~1650)에서부터 칸트(1724~1804), 현대의 분석철학에 이르기까지 서양 철학의 깊은 뿌리를 형성해왔다. 즉, 철학은 마치 과학처럼 진리의 기반을 정확히 포착하고, 그 기반 위에 지식 체계를 세우는 역할을 해야 한다는 전제가 그것이다. 하지만 로티는 이 '거울'의 비유야말로 철학을 환상에 빠뜨린 은유적 오류라고 주장한다. 인간의 인식은 세계를 투명하게 반영하지 않으며, 우리가 세계를 이해하는 방식은 본질적으로 언어적이고 해석적인 활동이라는 것이다.

함께 비판된 기초주의는 철학이 반드시 절대적으로 의심 불가능한 인식의 기반 위에서 시작되어야 한다는 입장이다. 이는 데카르트의 '나는 생각한다. 고로 존재한다'에서부터, 현대 논리실증주의의 '감각자료' 이론까지 계승되어온 서구 철학의 기반 신념이었다. 그러나 로티는 이러한 기초주의 역시 환상에 불과하다고 본다. 모든 인식은 언어적 전통과 사회적 맥락에 의해 구성되며, 완전히 객관적이고 중립적인 출발점은 존재하지 않는다는 것이다. 철학은 더 이상 그런 기초를 찾아 헤매는 과업이 아니라, 사회와 언어 속에서 의미를 구성해가는 문화적 실천이다.

진리의 전환: 객관성에서 연대로

"진리란 당신의 동시대 사람들이 용인해주는 말이다" – 리처드 로티는 그의 저서 『우연성, 아이러니, 연대성(1989)』에서 그의 진리관을 근본적으로 재구성한다. 그는 진리를 더 이상 사물에 일치하는 말로 보지 않고, 우리가 서로에게 어떻게 말하고 행동하느냐에 충실한 실천적 표현으로 본다. 이로써 로티는 진리를 '객관성 objectivity'이 아닌 '연대 solidarity'의 개념으로 대체하는 철학적 전환을 시도한다. 그는 진리란 어떤 대상에 대한 정확한 기술이 아니라, 공동체 안에서 합의되고 실용적으로 받아들여지는 언어 사용의 결과라고 본다. 이 점에서 로티는 퍼스나 제임스와 달리 진리를 경험이나 실험의 결과로 간주하지 않는다. 오히려 진리는 담론 속에서 '설득에 성공한 표현', 즉 '우리가 더 이상 의심하지 않게 된 것'에 가깝다고 말한다.

로티는 진리를 우리 공동체가 말하는 방식에 대한 충실성이라고 정의한다. 여기서 진리란 더 이상 '발견'되는 것이 아니라, '합의'되고 '정당화'되는 것이다. 따라서 진리는 변할 수 있으며, 공동체가 사용하는 언어와 규범이 바뀌면 진리 역시 바뀔 수 있다. 그는 공동체의 대화와 해석, 서로에 대한 반응과 책임 속에서 '지금 여기서 이 말이 왜 중요한가'를 묻는다. 철학의 역할은 더 이상 진리를 규명하는 것이 아니라, 더 나은 대화를 가능케 하는 언어를 고안하고, 억압 없이 서로를 이해할 수 있는 담론의 조건을 마련하는 일이다.

"인간은 시인과 같다" – 이 진리관의 급진성은 로티가 인간을 어떻게 보는가와도 직결된다. 그는 인간을 본질 없는 존재, 다시 말해 자신의 정체성을 끊임없이 재구성하는 시적 존재로 파악한다. 우리는 언어의 선택과 비유의 창조를 통해 스스로를 서술하고, 변화시키며, 윤리적 존재로 성장한다. 우리는 자신을 철학적으로 정의하기보다, 새로운 언어와 이야기 속에서 자기 자신을 계속 써 내려가는 존재이다. 따라서 로티의 진리 개념은 단지 인식론의 문제가 아니라, 윤리학이자 정치철학의 지반이다. 그는 철학의 과제를 '진리의 탐색'에서 '연대의 구성'으로 이동시키며, 더 많은 고통을 줄이고, 더 많은 목소리가 이야기될 수 있는 사회를 상상한다. 이 과정에서 필요한 것은 보편적 이성이 아니라, 다른 사람의 고통에 공감할 수 있는 상상력이다. 철학은 분석의 기술이 아니라, 연민과 해석의 윤리적 실천으로 탈바꿈해야 한다.

우연성의 시대, 아이러니한 자유주의자의 탄생

"아이러니스트는 자신을 진지하게 받아들이지 못한다. 그들이 자신을 설명하는 언어가 언제든 바뀔 수 있음을 인식하고 있기 때문이다" – 로티는 고전 형이상학이 주장해 온 진리, 본질, 도덕의 객관적 토대를 해체하고, 우리가 믿는 신념조차 역사적이고 우연적인 산물임을 강조한다. 그에 따르면, 언어나 개념, 가치관은 우리가 선택한 담론적 틀에 따라 구성되며, 이러한 틀은 절대적인 기준 없이도 유용성과 연대의 가능성을 생산할 수 있다. 이는 곧 '우연성Contingency'의 철학이다. 존재는 필연적인 본질에서 비롯되지 않으며, 진리도 우리가 구성해낸 언어적 게임 안에서만 성립할 뿐이다. 이런 관점에서, 로티는 '아이러니한 자유주의자ironist liberal'라는 독특한 윤리적·정치적 인물을 제시한다. 아이러니스트는 자기 언어와 신념이 절대적이지 않음을 끊임없이 성찰하며, 언제나 자신의 입장을 상대화할 준비가 된 존재다. 그러나 이 회의주의는 냉소나 무책임으로 흐르지 않는다. 오히려, 자신이 절대적 진리를 가졌다고 생각하지 않기에, 타인의 고통에 민감하고, 타자와의 연대에 더 개방적일 수 있다. 아이러니한 자유주의자는 그러한 인식적 겸손 속에서, 고통의 감소라는 실용적 윤리의 토대 위에 정치적 연대를 구축하려는 존재다.

"세계 그 자체의 언어란 없다. 오직 사회적 실천들만 있을 뿐이다" – 로티에게 자유주의는 더 이상 보편적 도덕 원칙의 수호가 아니라, 자기 서사에 충실한 사람들이 서로 간섭하지 않고 공존할 수 있는 공간의 구성이다. 우리는 다르게 생각하고 말할 자유를 가지고 있지만, 이 자유는 '보편적 진리'라는 깃발 아래에서가 아니라, 역사적 우연성과 사회적 감수성 속에서 이루어진다.

"진리는 덜 중요하고, 고통은 더 중요하다" – 로티의 실용주의는 포스트모던의 냉소와 전통 형이상학의 확신 사이를 관통하며, 새로운 철학적 태도와 정치적 실천의 윤리를 제안한다. 이 간결한 문장은 그가 철학에 요구한 윤리적 전환의 정수를 담고 있다. 로티에게 철학이란 더 이상 '존재의 본질'을 해명하는 작업이 아니라, 서로 다른 사람들이 더 적게 고통받고, 더 많이 이야기하며, 각자의 이야기 속에서 공존할 수 있게 하는 실용적 도구인 것이다. 이 시대의 자유는 아이러니 속에서 유지된다. 그것은 우리가 절대적 답을 찾기보다는, 자신이 가진 언어를 의심하고, 타인의 이야기에 귀 기울일 수 있는 능력을 가졌을 때 비로소 성립한다. 로티가 남긴 철학적 유산은, 그 어느 시대보다도 정답에 대한 집착과 갈등이 증폭되는 오늘날, 서로 다른 믿음과 가치가 공존할 수 있는 사유의 공간을 여는 데 중요한 영감을 제공한다.

실용주의의 전환과 확장

로티는 '진리'를 해체하고, 그 자리에 '이해 가능성', '공감 능력', '담론의 생산력'을 배치하였다. 그는 진리를 더 이상 철학적 논증이나 과학적 검증의 대상이 아니라, 인간들이 서로를 이해하고 협력할 수 있는 대화의 산물로 보았다. 이로 인해 로티의 사상은 윤리적 상대주의, 언어철학, 후기구조주의적 사유와 깊은 연관을 맺으며, 현대 철학 전반에 폭넓은 영향을 끼쳤다.

로티의 실용주의는 철학의 외연을 학문 내부에서 사회 전반으로 확장시키는 데 결정적인 기여를 했다. 예를 들어 문학에서 그는 철학이 더 이상 과학과 경쟁하는 설명체계가 아니라, 시처럼 새로운 표현 방식을 창조하는 작업이라고 강조했다. 정치철학에서는 로티의 실용주의가 '아이러니한 자유주의자'라는 개념을 통해 절대적 원칙이 아니라 유연하고 성찰적인 태도를 기반으로 한 시민사회를 지향하게 만든다. 법철학에서는 '객관적 정의' 보다는 사회적 합의와 법적 담론의 조율 가능성이 강조되는 탈형이상학적 법이론들과도 공명하며, 로티는 이를 통해 자유주의적 관용과 비폭력적 상호이해의 윤리를 제시했다. 또한 교육철학에서는 전통적 지식 전달이 아닌, 비판적 사고력과 공감 능력, 상상력을 기르는 과정으로 교육을 재정의하는 흐름 속에서 로티의 사유가 활발히 인용된다. 그는 교육이란 고정된 진리를 전수하는 것이 아니라, 새로운 세계를 해석하고 구성하는 언어를 습득하는 문화적 훈련 과정이라고 본다.

이처럼 로티는 실용주의를 단지 철학 내부의 논쟁을 위한 입장이 아니라, 현대 사회를 구성하고 변화시키는 실천적 지침으로 전환했으며, 이를 통해 실용주의는 다시금 시대와 공명하는 살아 있는 철학으로 자리매김하게 되었다.

로티는 철학을 과학의 보조수단이나 절대 진리의 해석자가 아닌, 사회와 인간 삶의 언어적·상상적 재구성의 일부로 보았으며, 이를 통해 철학이 가진 위상과 책임을 새롭게 정의했다. 그가 주장한 '아이러니한 자유인'의 이상은 진리에 대한 집착을 넘어, 끊임없는 반성, 공감, 그리고 해석의 유연성을 요청한다.

이러한 실용주의의 흐름은 철학이 고정된 진리를 좇는 형이상학적 과업에 그치는 것이 아니라, 시대와 사회, 인간의 삶을 향해 끊임없이 열려 있는 사유의 운동임을 보여준다. 실용주의는 철학이 다시금 삶의 한복판에서 말 걸고, 의심하고, 해석할 수 있는 언어가 되게 하는 작업으로 되돌아가야 함을 우리에게 상기시킨다. 바로 그 점에서, 실용주의는 철학의 퇴보가 아니라 오히려 철학 본연의 생명력을 되살리는 사유의 혁신이라 할 수 있다.

🖋 주요 저술

- **철학 그리고 자연의 거울**(Philosophy and the Mirror of Nature, 1979/박지수, 1998) | 로티의 대표작으로 서구 근대 철학의 핵심 전제, 즉 마음이 세계를 반영하는 '거울'이라는 관념을 비판하면서, 철학을 진리 탐구가 아닌 언어적 구성과 문화적 담론의 일부로 전환시킨다.
- **우연성, 아이러니, 연대**(Contingency, Irony, and Solidarity, 1989/이유선, 2020) | 진리, 자아, 윤리를 모두 역사적 우연성과 언어적 구성물로 이해하며, 철학은 보편적 도덕체계가 아니라 공감과 상상력을 바탕으로 한 자유주의적 윤리를 추구해야 한다는 내용을 담고 있다. '아이러니한 자유인'이라는 개념은 로티 사유의 핵심이며, 철학과 문학, 윤리와 정치의 경계를 허무는 작업의 절정이라 할 수 있다.

PART
13

언어와 세계:
말이 닿는 곳

세계는 무엇으로 구성되는가? 우리는 무엇을 어떻게 말할 수 있는가?

세계는 사실들의 집합이다. 러셀(1872~1970)은 프레게(1848-1925)의 언어학을 무기로 세계를 명확한 논리적 구조로 분석하려 했다.

비트겐슈타인(1889~1951)은 언어의 경계가 곧 세계의 경계이고, 세계가 언어 속에서 살아 움직인다고 보았다.

말은 단순한 그림이 아니다. 말은 행위다. 말은 삶의 한 방식이다.

우리는 언어를 통해 세계를 이해하고, 세계를 만든다.

철학은 이제 말의 사용을 따라가야 했다. 삶의 흐름 속에서, 언어는 그때그때 다른 얼굴을 가졌다. 진리는 고정된 구조가 아니라, 우리가 살아가며 만들어내는 언어의 리듬 속에 있었다.

37 | 러셀 1872~1970
고유명과 기술적 표현은 참과 거짓을 구별하는가?

"우리가 이해할 수 있는 명제는 우리가 직접 아는 구성 요소들로 이루어져야 한다. 기술된 지식이란 우리가 기술된 대상을 지칭할 수 있게 해주는 어떤 직접적인 인식을 전제로 할 때에만 가능하다."
— 『철학의 문제들』, 1912

    서양 철학은 오랫동안 존재란 무엇인가, 그리고 우리는 그것을 어떻게 인식할 수 있는가라는 두 가지 질문을 중심으로 전개되어 왔다. 그러나 19세기 말과 20세기 초, 논리학과 수학의 발전, 그리고 언어의 철학적 역할에 대한 각성은 철학의 지형을 전혀 다른 방향으로 이끌었다.

    이 전환의 중심에 선 인물이 바로 버트런드 러셀(Bertrand Russell, 1872~1970)이다. 그는 존재와 인식을 더 이상 형이상학적 사유의 대상이 아닌, 언어와 논리의 구조 속에서 명료하게 분석 가능한 개념으로 다루고자 했다. 러셀은 철학적 난제를 대부분 언어의 혼란 또는 문장 구조의 오류에서 비롯된 것으로 보고, 논리적 분석을 통해 이를 해결하는 것이 철학의 본령이라 보았다. 러셀의 철학은 '분석철학analytic philosophy'의 문을 연 동시에, 철학이 스스로의 언어를 반성하는 시대로 나아가는 출발점이 되었다.

프레게: 언어는 사물을 '표현'하는 방식이다

러셀의 언어분석철학은 고틀로프 프레게(Gottlob Frege, 1848~1925)의 언어학을 기초로 하고 있다. 프레게는 19세기 후반, 수학이 갖는 진리성과 정합성을 철학적으로 설명하고자 하였다. 프레게는 수학의 논리적 기초를 정립하고자 하였으며, 이는 곧 언어의 형식적 정제라는 새로운 철학적 과제로 이어졌다.

프레게는 일상 언어가 지닌 모호함과 다의성, 그리고 문법적으로 표현된 말들 뒤에 숨어 있는 논리적 구조의 불명확성을 철학의 주된 장애물로 보았다. 그는 수학의 문제는 철학의 문제이며, 그 해결은 논리의 엄밀성에 달려 있다고 주장하였다. 이러한 인식은 그를 1879년 출간된 『개념표기법』의 집필로 이끌었다. 『개념표기법』은 철학과 수학이 공유할 수 있는 형식 언어의 창조였으며, 현대 '기호 논리학 formal logic'의 효시로 평가된다. 프레게는 이 책에서 명제를 함수와 변수로 구성된 구조로 분석하고, 문장들의 논리적 연산을 수학의 공리처럼 정식화할 수 있음을 보여주었다. 그는 진리를 논리의 기호적 조작을 통해 접근할 수 있다는 믿음 아래, 철학의 형식을 과학적 방법론에 가깝게 정돈하고자 하였다.

더 나아가 『개념표기법』은 의미를 단지 단어와 대상의 1:1 대응 관계로 보지 않고, 언어 내부의 구조와 사용 맥락 속에서 의미가 형성된다고 주장하였다. 이러한 관점은 이후 프레게가 더욱 명확하게 정식화한 '의미 Sinn'와 '지시 Bedeutung' 개념에서 절정을 이룬다. 프레게는 1892년 발표한 논문 「의미와 지시」에서, 동일한 지시 대상을 가리키는 표현이라 하더라도, 서로 다른 '의미'를 가질 수 있다고 주장하였다. 그는 개별 표현은 단지 그 대상의 이름이 아니라, 그것을 가리키는 방식에 따라 구별된다고 하였다. 예컨대

'샛별'과 '개밥바라기별'은 모두 금성 Venus을 지시하지만, 두 표현은 전혀 다른 의미 작용을 불러일으킨다. 이런 관점은 어떤 문장의 진리 여부뿐 아니라, 그 문장이 어떤 인식 구조를 통해 받아들여지는가 역시 철학의 대상이 되어야 한다는 점을 강조한 것이다. 그는 언어가 사물을 단순히 명명하거나 지시하는 수단이 아니라, 그것을 어떻게 표현하고, 어떤 방식으로 인식하게 하는가를 포함한 철학적 장치임을 보여주었다.

'직접 지식'과 '기술된 지식'

러셀은 지식을 '직접 지식 Knowledge by Acquaintance'과 '기술된 지식 Knowledge by Description'으로 구분했다. '직접 지식'은 감각 경험이나 내면적 경험, 논리적 직관 등을 통해 직접적으로 얻는 지식이다. 예를 들어, 빨간색을 보는 경험이나 자신의 감정을 아는 것과 같이 직접적인 감각 경험을 통해 아는 것이 '직접 지식'에 해당한다. '직접 지식'은 그 자체로 자명한 수학적 혹은 논리적 명제(예: 2+2=4의 자명성)도 포함한다. '직접 지식'은 비개념적이며, 언어적 설명이 없어도 성립한다. 또한 '직접 지식'은 특별한 경우(착시 등)를 제외하고는 오류의 가능성이 낮다. 예시로, '지금 빨간 원이 보인다'는 지각은 직접 지식에 속하며, 이는 어떤 언어적 기술 없이도 참으로 받아들일 수 있다.

"나는 『웨이버리』의 저자가 스콧이라는 것을 알지만, 스콧을 직접 아는 것은 아니다. 따라서 나의 스콧에 대한 지식은 오직 '기술된 것'일 뿐이다" — '기술된 지식'은 직접 경험하지 않은 대상이나 개념에 대해 언어적, 개념적 설명을 통해 논리적 분석을 거쳐 구성된 지식이다. 예를 들어, 태양은 지구를 공전하지 않고, 지구가 태양을 공전한다는 지식은 우리가 직접 경험한 것이 아니라, 과학적 탐구와 논리적 추론을 통해 얻어진다. 러셀의 '기술된 지식' 개념은 우리가 직접 경험하지 않은 대상에 대한 지식을 어떻게 습득할 수 있는지를 설명하는 핵심 개념이다. 이는 철학, 과학, 역사, 언어학 등 다양한 분야에서 중요한 의미를 가지며, 특히 과학적 탐구, 논리적 분석, 언어철학에서 필수적인 개념으로 자리 잡았다.

"철학의 임무는 사유를 언어로 표현 가능한 형태로 정제하는 것이다" - 러셀은 '기술된 지식'이 진리로서 의미 있으려면, 그것이 논리적 분석을 통해 그 타당성이 입증되어야 한다고 보았다. 그리고 이 입증을 위해서는 언어로 기술된 명제가 어떤 방식으로 대상을 지시하고 구조화하는가를 논리적으로 분해하는 것이 우선이고, 이는 철학의 출발점이라고 러셀은 생각하였다. 이러한 태도는 그 이후 분석철학, 수리논리학, 언어철학의 기본 골격을 이루었으며, '기술된 지식의 분석'이라는 러셀의 목표는 그의 철학에서 주춧돌과 같은 역할을 하고 있다.

러셀의 '기술 이론'

러셀은 프레게의 언어에 대한 통찰을 적극적으로 수용하면서도, 자연언어의 애매함과 모순을 제거하고 명확한 논리 형식으로 환원하려는 분석철학적 방향을 더욱 발전시켰다. 1905년 러셀은 『지칭에 관하여 On Denoting』를 통해 '기술 이론 Theory of Descriptions'을 제시하면서 언어철학의 새로운 전환을 가져온다.

"정관사 'the'는 유일한 대상을 가리키지만, 종종 우리가 지칭하는 것은 존재하지 않을 수도 있다. 기술 이론은 이러한 것들에 대해 존재를 가정하지 않고도 의미 있게 말할 수 있게 해준다" - 러셀은 "프랑스의 왕은 대머리다"라는 문장을 예시로 들어 언어적 오류가 어떻게 존재론적 문제로 이어질 수 있는지 설명했다. 프랑스에는 현재 왕이 없기 때문에 이 문장은 참도 거짓도 아니다. 전통적인 논리학으로는 이러한 문장의 진리값을 판별할 수 없지만, 러셀은 '기술 이론'을 통해 이러한 문제를 해결할 수 있다고 보았다. 그는 위 문장을 "프랑스에는 현재 단 한 명의 왕이 존재하며, 그는 대머리다"라는 문장으로 재구성한다. 이렇게 함으로써 원래 문장이 내포하고 있던 존재론적 가정을 명확히 드러내고, 문장의 진리값을 판별할 수 있게 된다. 즉, "프랑스의 왕은 대머리다"라는 원래의 문장은 프랑스에 현재 왕이 존재한다는 전제를 포함하고 있으며, 이 전제가 거짓이므로 전체 문장 역시 거짓이 된다.

'기술된 지식'이 유효하려면 그 대상이 특정한 방식으로 명확히 규정될 수 있어야 하는데, 이를 '유일한 기술'이라고 한다. 예를 들어, '프랑스의 현재 단 한 명의 왕'이라는 기술은 유일한 대상을 지칭하므로 유효한 기술이지만, '프랑스의 왕'이라는 기술은 과거의 왕일 수도 있고, 현재의 왕일 수도 있으며, 미래의 왕일 수도 있다. 이 경우 기술이 너무 모호하여 특정 대상을 지칭할 수 없다. '기술된 지식'이 의미 있으려면 해당 기술이 오직 하나의 대상을 특정할 수 있어야 한다.

'고유명'과 '기술적 표현'

러셀의 논문 『지칭에 관하여』에서 전개된 '고유명 proper name'과 '기술적 표현 definite description'의 구분은 현대 언어철학과 의미론의 핵심 이론적 기초로 자리 잡았다. '고유명'은 어떤 대상을 직접적으로 지시하는 언어 표현이다. 예컨대, 소크라테스, 서울, 에베레스트와 같은 이름은 단순히 하나의 대상을 가리키는 듯 보인다. 하지만 러셀은 이러한 일상적인 고유명조차도 철학적으로는 엄밀한 의미의 고유명이라 보기 어렵다고 주장한다. 왜냐하면 진정한 고유명은 화자가 '직접 지각acquaintance'하고 있는 대상에만 적용되어야 한다는 입장을 취하기 때문이다. 이 기준에 따르면, 우리가 직접 인식할 수 있는 것은 '감각 자료sense-data'나 '나 자신' 정도에 불과하며, 그 외의 대부분의 이름들은 사실상 기술적 표현으로 환원되어야 한다.

"현재 프랑스의 왕은 대머리이다라고 말할 때, 우리는 대머리인 누군가를 말하는 것이 아니라, 존재와 유일성에 대한 논리적 구조의 명제를 말하고 있는 것이다" – 반대로 '기술적 표현'은 어떤 대상을 특성의 묶음으로 서술하는 방식이다. 현재 프랑스의 왕, 세계 최초의 여성 우주비행사, 가장 가까운 은하 등의 표현은 단순히 대상을 지시하지 않고, 일정한 조건을 통해 그 대상을 규정한다. 러셀은 이러한 표현들이 문장 속에 들어갈 때 어떤 의미를 갖는지를 논리적으로 분석하였다. 그의 기술이론에 따르면, "the F is G"라는 문장은 세 가지 명제를 포함한다. 1) F라는 속성을 가진 대상이 존재한다, 2) 그 대상은 유일하다, 3) 그리고 그 대상은 G라는 속성을 가진다. 이 분석을 통해 러셀은 철학적으로 가장 까다로운 문제 중 하나인 존재하지 않는 것에 대해 말할 수 있는가라는 질문에 답하고자 했다.

이러한 분석은 실재하지 않는 존재를 다룰 수 있게 해주는 강력한 논리적 도구가 된다. 예를 들어, "유니콘은 초원을 달린다"라는 문장을 생각해보자. 표면적으로는 '유니콘'이 마치 실재하는 고유명처럼 보인다. 하지만 러셀에 따르면 '유니콘'은 "문학적 상상력에 의해 구성된, 뿔이 하나 달린 말과 유사한 생물체"라는 기술적 표현으로 치환된다. 따라서 해당 문장은 "그러한 특성을 지닌 x가 존재하며, 그 x는 초원을 달린다"는 복합 명제로 환원된다. 그런데 현실 세계에는 그러한 x가 존재하지 않으므로, 전체 문장은 논리적으로 거짓이다. 바로 이 점에서 러셀은 존재하지 않는 것에 대한 언급조차도 논리적으로 분석할 수 있다는 강점을 확보하게 된다.

버트런드 러셀의 언어철학과 그 유산

러셀은 철학이 더 이상 모호한 언어로 존재론과 인간 본성을 노래하는 시가가 아니라, 논리와 언어의 정밀한 분석으로 나아가야 한다고 보았다. 러셀은 '존재하는 것에 대해 말하는 방식'이 철학의 핵심 문제이며, 언어가 철학의 도구이자 대상이 되어야 한다고 주장했다. 러셀의 철학적 업적 중 가장 결정적인 것은 '기술 이론'으로, 이를 통해 그는 언어에서 기인한 존재론적 혼란을 제거할 수 있는 기술적 방법을 제시하였다.

러셀의 언어철학은 직접적으로 루트비히 비트겐슈타인(1889~1951)에게 결정적인 영향을 미쳤다. 비트겐슈타인의 『논리-철학 논고(1921)』는 러셀의 지도 아래 완성되었으며, '세계는 사실들의 총체'라는 형이상학적 명제는 러셀의 논리적 원자론과 깊은 친연성을 갖는다.

또한 G.E. 무어(1873~1958)와 함께 러셀은 일상언어의 명료화를 통한 철학을 주창하며, 케임브리지 학파의 주류를 형성했다. 무어는 일상적 신념을 존중하는 '상식의 철학'을 주장하며 철학적 회의주의에 맞섰다. 이는 나중에 옥스퍼드의 길버트 라일(1900~1976), 오스틴(1911~1960) 등을 거쳐 일상언어철학으로 발전한다. 라일은 데카르트의 이원론을 '범주 오류 category mistake'로 비판하며 '정신은 몸 안에 있는 또 하나의 실체가 아니라, 사람의 행동 양식을 가리키는 표현'일 뿐이라고 하였다. 오스틴은 발화가 단지 사실을 서술하는 진술이 아니라, 행위 자체가 될 수 있음을 주장하면서, 일상언어의 실제 쓰임새를 철학적으로 분석하는데 주력하였다. 이들은 철학이 일상적 말과 삶 속의 맥락을 회복하는 작업으로 나아가야 한다고 보았다.

러셀의 언어철학은 단지 철학 내부에 머물지 않았다. 그의 기호 논리학적 분석은 논리실증주의(카르납 등), 인지과학, 언어학의 기초 개념 등에 영향을 미쳤다. 특히 논리적 구조와 참값 조건에 대한 그의 사유는 현대 컴퓨터 언어, 인공지능의 규칙 기반 시스템 설계에도 반영되었다. 예컨대 오늘날 AI의 자연어 처리(NLP)는 단어가 정확히 무엇을 지시하는지를 파악하는 알고리즘을 구현하고자 하며, 이는 러셀의 '지시 대상 없는 문장도 논리적으로 분석 가능하다'는 통찰에 기반한 분석 방식과 밀접하게 연관된다.

러셀 이후의 철학자들도 그의 문제의식을 계승하거나 반성하면서 사유를 이어갔다. 콰인(1908~2000)은 러셀의 논리적 명료성을 계승하되, '의미'가 전체 체계에 의존한다는 전체론적 의미론을 주장하며 러셀의 고전적 논리철학을 비판했다. 솔 크립키(1940~2022)는 러셀의 지시 이론을 바탕으로 새로운 고정 지시자 이론을 발전시켜, 실재론적 의미론을 정립했다.

이처럼 러셀은 언어와 의미의 정밀한 구조 분석을 통해 형이상학적 모호성과 존재론적 오류를 철학에서 제거하고자 한 근대 철학의 정점이었다. 버트런드 러셀은 철학이 언어를 해석하는 방식에 따라, 존재론도 윤리도 과학도 달라질 수 있음을 보여주었다. 그는 철학을 언어 분석이라는 엄밀한 기술을 통해 현실 세계와 연결시키고자 했다. 이러한 러셀의 사유는 철학이 더 이상 신비로운 질문의 무대가 아니라, 언어와 논리, 분석을 통해 삶의 질서를 재구성하는 지성의 도구임을 보여준다.

러셀은 존재, 지식, 의미라는 철학의 핵심 개념들을 언어와 논리의 분석을 통해 새롭게 조명하였다. 그는 철학의 목표가 더 이상 '세계 너머의 본질'을 탐구하는 것이 아니라, 우리가 사용하는 언어와 개념이 어떻게 세계를 구성하고 오해하게 만드는가를 분석하는 데 있다고 보았다. 그의 '직접 지식-기술된 지식'과 '기술 이론'은 우리가 언어를 통해 사고하고, 사고를 통해 존재를 이해하며, 궁극적으로 철학의 과제 자체를 다시 정의할 수 있다는 가능성을 열어준 것이었다.

그는 철학을 사변에서 논리로, 본질에서 분석으로, 신비에서 명료성으로 옮겨놓음으로서, 그 스스로가 20세기 철학의 전환점으로 되었다. 바로 그 지점에서, 철학은 자기 언어를 성찰하고, 그 언어를 통해 세계를 재구성할 수 있는 근대 이후의 철학적 실천으로 거듭날 수 있었다.

✒ 주요 저술

- **지칭에 관하여**(On Denoting, 1905/김혜연 외, 2018): 기술어(descriptions)와 지시어(denoting expressions), 기술어의 논리적 분석(logical form) 등을 다룬 러셀의 논문으로 현대 언어철학과 논리학의 결정적인 전환점으로 평가된다.
- **철학의 문제**(The Problems of Philosophy, 1912/서상원, 2013) | 러셀이 철학의 핵심 개념을 쉽게 설명한 입문서로, 분석철학의 기초를 제공한다. '직접 지식'과 '기술된 지식' 개념을 다루고 있고, 인식론에서 경험론과 합리론을 조화시키려는 시도를 담고 있다.
- **서양철학사**(History of Western Philosophy, 1945/서상복, 2020) | 서양 철학의 흐름을 종합적으로 정리한 책으로, 철학사 입문서로 널리 사용된다. 러셀 특유의 비판적 시각이 반영되었으며, 사회·정치철학적 관점에서 철학사를 조망한다.

38 | 비트겐슈타인 1889~1951
언어와 사고의 관계는?

"단어의 의미는 그것이 사용되는 방식, 즉 그 언어가 속한 '언어 게임' 안에서의 역할에 의해 결정된다. 언어를 이해한다는 것은 그 언어를 사용하는 삶의 형태, 즉 '생활양식(Form of Life)'을 이해하는 것이다. 언어의 규칙은 고정된 것이 아니라, 인간의 행위, 문화, 관습 속에서 살아 있다."

―『철학 탐구』, 1953

루트비히 비트겐슈타인(Ludwig Wittgenstein, 1889~1951)은 20세기 가장 영향력 있는 철학자 중 한 명으로, 언어철학과 논리철학의 발전에 지대한 공헌을 했다. 그의 사상은 두 주요 단계로 나뉘며, 초기 저작『논리철학 논고(1921)』와 후기 저작『철학 탐구(1953)』에서 각기 다른 방식으로 언어와 사고의 관계를 탐구했다. 초기에는 언어와 논리를 통해 세계의 본질을 규명하는 '논리 실증주의Logical Positivism' 사유를 전개했으며, 후기에 이르러서는 언어의 사용과 실천을 중심으로 철학적 문제를 접근하는 '언어철학Language Philosophy'을 제시했다.

존재와 언어

"세계는 사실들의 총체이다" – 서양 철학의 오랜 전통 속에서 존재는 흔히 '사물things'의 층위로 사유되어 왔다. 아리스토텔레스(BC 384~322)에서부터 하이데거(1880~1976)에 이르기까지, 존재자는 무엇보다 '있다'는 것의 주체로 간주되며, 세계는 그러한 존재자들의 총합으로 이해되곤 했다. 그러나 루트비히 비트겐슈타인은 그의 초기 저작 『논리철학 논고』에서 이 관점을 근본적으로 전환한다. 그는 존재를 '사물의 집합'이 아니라 '사실의 총체'라고 선언하며, 전통 형이상학에 대한 논리적 대안을 제시한다.

"모든 사물은 가능성의 공간 속에 있다" – '사물things'은 세계를 구성하는 최소 단위, 더 이상 분해할 수 없는 존재론적 원자들이며, '사실facts'은 그러한 사물들이 특정한 방식으로 결합하여 이루는 상태, 즉 존재하는 의미 있는 사건이나 상황이다. 이때 중요한 점은, 사물 자체는 의미를 갖지 못한다는 것이다. 개, 사람, 책이라는 각각의 사물은 분명 존재하지만, 그것이 어떤 방식으로 서로 연관되지 않는다면, 그것은 의미를 생산하지 못하는 침묵의 존재일 뿐이다. 반면, "개가 책 위에 앉아 있다"는 사실은 사물들 사이에 특정한 관계가 설정된 구조이며, 이 구조 속에서 의미가 발생한다. 세계는 그런 사실들의 논리적 배열로 구성된다. 존재는 곧 관계이며, 형식이며, 기술 가능한 구조다.

비트겐슈타인은 우리가 세계를 이해한다는 것은 곧, 세계의 '사실'을 언어적으로 기술한다는 것이라고 보았다. 세계는 말할 수 있는 것의 총합이며, 말할 수 있다는 것은 그것이 논리적 언어 형식 속에 들어올 수 있다는 것이다. 이러한 입장은 존재론 자체를 일종의 언어론적 구조로 전환시킨다. 전통 형이상학이 존재를 사물 중심으로 파악했다면, 비트겐슈타인은 존재를 기술 가능한 사실, 즉 언어 속에서 드러나는 관계의 배열로 본다. 이는 세계에 대한 이해를 '무엇이 존재하는가'에서 '어떻게 말할 수 있는가'로 이끌어가며, 철학을 존재론적 사유에서 논리적, 언어적 사유로 이행시키는 결정적 전환이다.

언어는 그림이다 : 초기

"언어는 세계의 그림이다" – 비트겐슈타인의 초기 철학은 고틀로프 프레게Gottlob Frege(1848~1925)와 버트런드 러셀(1872~1970)의 논리학적 연구에 영향을 받아 형성되었다. 그의 초기 저작 『논리철학 논고(1921)』에서는 언어를 세계의 논리적 구조를 반영하는 그림으로 보았다. 이 관점에서 언어는 세계를 묘사하는 도구이며, 언어의 논리적 구조와 세계의 구조가 일치해야만 의미가 성립한다고 주장했다. 언어는 세계의 구조를 반영하며, '명제proposition'는 현실을 묘사하는 논리적 그림이다. 예를 들어, "고양이가 의자 위에 있다"라는 문장은 세계의 상태를 하나의 '논리적 기술'로 표현하는 방식이다.

"언어의 한계는 세계의 한계다" – 비트겐슈타인은 전통적 형이상학의 제반 주제들이 본질적으로 언어의 한계를 넘어서기 때문에 무의미하다고 보았다. 즉, 과학적으로 검증될 수 없는 형이상학적이며, 윤리적·종교적 진술은 언어의 범위를 넘어선 것으로 철학이 다룰 필요가 없고 또 다룰 수도 없다고 주장했다. 이로써 언어는 사고를 표현하는 도구일 뿐만 아니라, 사고의 경계를 설정하는 틀로 작용한다. 이러한 관점에서 그는 언어가 표현하지 못하는 영역, 예컨대 윤리적, 미학적, 형이상학적 문제 등 우리가 말할 수 없는 것에 대해서는 침묵해야 한다고 주장한 것이다. 그러나 이후 비트겐슈타인은 이러한 입장을 수정하고, 언어의 사용과 실천 속에서 존재와 의미가 형성된다는 새로운 철학적 패러다임을 제시하게 된다.

언어는 게임이다 : 후기

"언어의 의미는 그 사용에 있으며, 언어는 게임과 같다" – 초기 비트겐슈타인은 언어를 '세계의 그림'이라고 보았지만, 후기 저작『철학 탐구(1953, 사후 출간)』에서 그는 언어의 의미는 그 사용 방식과 맥락에 의해 결정된다고 보았다. 그는 자신의 초기 철학을 스스로 강하게 비판하며 완전히 새로운 언어철학을 제시했다. 언어는 고정된 논리적 구조를 가진 것이 아니라, 사회적 맥락 속에서 사용됨으로써 의미를 형성한다. 언어는 단순한 논리적 체계가 아니라, 인간의 활동 속에서 다양한 방식으로 사용되며 의미가 형성된다. 언어는 '그림 picture'이 아니라 '행위 activity'이며, 의미는 '언어 게임 language-game' 속에서 형성된다. 언어는 마치 게임처럼 규칙에 따라 사용되는 활동으로, 우리는 말을 할 때, 마치 체스를 두거나 축구를 하는 것처럼 특정한 규칙과 맥락 안에서 언어를 사용한다.

"언어를 이해하려면 그것이 사용되는 규칙을 이해해야 한다" – 언어는 개별적인 의미 단위가 아니라, 사회적 규칙 속에서 작동하는 유동적인 체계이다. 언어의 의미는 단순히 사물과 일대일로 대응하는 것이 아니라, 그 사용과 규칙에 의해 결정된다. 예를 들어, "빵을 주세요."라는 문장은 빵을 요청하는 맥락에서 의미를 가지지만, 이 문장을 논리적으로 분석하는 것만으로는 그 의미를 파악할 수 없다. 언어는 정적인 것이 아니라, 실제 생활의 맥락과 상황 속에서 그 의미가 결정된다. 이처럼 언어는 특정 맥락에 따라 사고를 제한하기도 하고 반대로 우리의 사고와 표현 가능성을 확장시키기도 한다. 이런 점에서 우리는 특정 언어 게임의 틀 내에서만 사고할 수 있으며, 이는 우리의 이해와 표현을 제한한다.

비트겐슈타인은 언어가 사고를 제한하는 이유를 몇 가지로 설명한다.

첫째, 언어는 사회적 규칙에 의존하기 때문이다. 우리의 언어는 사회적 규칙과 관습을 반영하며, 이 규칙 안에서만 유효하다. 특정 언어적 표현은 문화적 맥락에서만 이해될 수 있기 때문에, 우리의 사고 역시 그 문화적 맥락에 제한된다. 언어는 공동체 속에서 규칙이 형성되며, 공통된 의미를 가져야만 의미 있는 사용이 가능하다. 따라서 언어는 개인적 체험이 아니라, 사회적 맥락 속에서 의미를 형성하는 도구가 된다. 그러나 감정이나 내면적 경험이 완전히 공유될 수 없는 점을 고려하면, 언어가 우리의 주관적 경험을 완벽하게 전달하는지는 여전히 논쟁의 여지가 있다.

둘째, 표현 불가능한 것이 존재하기 때문이다. 비트겐슈타인은 '표현할 수 없는 것'의 개념을 도입하며, 윤리적 진리, 미적 판단, 초월적 경험 등은 언어로 완전히 표현할 수 없다고 보았다. 예를 들어, '아름다움'이나 '도덕성'은 우리의 언어로 일부 표현되지만, 그것이 우리의 경험을 완전히 대변하지 못한다.

셋째, 언어적 구조의 고정성 때문이다. 언어는 개념을 분류하고 체계화하는 도구이지만, 동시에 이 고정된 구조는 우리가 세계를 바라보는 방식을 틀 짓는다. 이러한 구조가 없는 현상은 사고나 표현의 영역에서 제외된다.

언어와 인식의 한계와 극복 과정

"의미는 그것의 사용 속에 있다" – 후기 비트겐슈타인은 언어가 단순한 논리 체계가 아니라, 실제 사용 속에서 의미가 형성된다고 주장했다. 즉, 말할 수 없는 것은 무의미하다는 초기 입장이 잘못되었음을 인정하고, 오히려 언어의 의미는 그 사용 속에서 결정되며, 이런 점에서 형이상학적이거나, 윤리적·종교적 표현도 특정한 언어 게임 속에서는 의미가 있다고 보았다. 더 이상 침묵할 필요가 없게 된 것이다. 후기 비트겐슈타인의 이런 주장은 언어와 사고의 관계가 제한과 창조의 변증법적 상호작용에 의해 형성된다는 점을 강조한다.

"사유는 머릿속 그림을 따라 움직이지 않는다. 그것은 훈련된 기술이다" – 언어는 우리의 사고를 틀 짓는 동시에, 새로운 사고를 열어가는 도구로 기능한다. 이러한 통찰은 철학이 단지 언어적 문제를 분석하는 작업이 아니라, 언어의 한계를 넘어 새로운 가능성을 모색하는 창조적 과정임을 보여준다. 비트겐슈타인의 통찰은 언어와 사고의 관계를 제한과 가능성 중 하나로 국한하지 않고, 이 둘이 끊임없이 상호작용하며 발전한다고 보았다. 언어는 사고의 틀을 제공하는 동시에, 사고의 필요에 따라 변화하고 확장된다. 이는 인간이 언어를 통해 세계를 이해하는 동시에, 언어의 한계를 자각하고 이를 넘어서는 노력을 통해 새로운 사고와 현실을 창조할 수 있음을 시사한다.

러셀과 비트겐슈타인 이후, 언어철학의 지형

20세기 언어분석철학은 버트런드 러셀과 루트비히 비트겐슈타인에 의해 그 기초가 마련되었으나, 그들의 사유는 시작점에 불과했다. 이후 언어분석철학은 언어를 철학의 중심 문제로 삼으며, 형식과 사용, 의미와 진리, 사회적 맥락 등 다양한 방향으로 전개되었다.

루돌프 카르납(1891~1970)은 논리실증주의의 대표 인물로서 철학을 과학 언어의 명료화 작업으로 전환하였다. 그는 의미론과 형식 언어를 접목하여, 철학이 과학적 논리 구조에 기반해야 하며, 철학의 사명은 명제의 구조와 용법을 밝히는 작업이라고 주장하였다. A. J. 에이어(1910~1989)는 그 영향을 받아 '검증 가능성의 원칙'을 강조하며, 의미 있는 문장과 형이상학적 무의미를 구분하는 기준을 제시하였다. 철학은 더 이상 세계의 본질을 논하는 것이 아니라, 언어의 분석을 통해 의미를 명료히 하는 작업이 되어야 한다는 입장이었다.

하지만 J. L. 오스틴(1911~1960)은 이러한 형식주의적 접근에 도전하며, 언어는 현실에서 사용되는 방식, 곧 일상 언어 속의 행위로 이해되어야 한다고 주장한다. 그는 말하기가 단순한 사실 진술이 아니라, 실제로 어떤 일을 수행하는 '언어 행위performance'라는 점을 강조하였다. 예컨대, "나는 이 결혼을 선언합니다"라는 말은 진술이자 동시에 행위이다. 이는 언어를 단지 사실의 기술로만 보는 입장을 넘어서, 언어가 곧 사회적 실천이며 규범이라는 인식으로 나아간다. 그의 입장은 후속 세대에게 커다란 영향을 미쳤고, 특히 폴 그라이스(1913~1988)는 일상 대화 속 암묵적 의미의 구조를 분석하며, 언어 사용이 협력과 함축을 전제로 한다는 '협력 원칙Cooperative Principle' 개념을 정립하였다. 이는 우리가 대화를 통해 단순한 정보 전달을 넘어서, 관계와 맥락 속에서 의미를 생성해나간다는 사실을 부각시켰다. 도널드 데이비슨(1917~2003)은 한 걸음 더 나아가 의미와 진리의 관계를 탐구하며, '진리조건 의미론truth-conditional semantics'이라는 새로운 해석 이론을 전개하였다. 그는 언어의 의미는 그것이 어떤 조건에서 참이 되는지를 기준으로 파악해야 한다고 보았으며, 이는 이후 의미론적 외재주의로 이어지는 중요한 흐름을 형성하였다.

결과적으로, 언어철학은 한편으로는 과학적·논리적 명료화를 지향하는 형식주의적 분석(카르납, 에이어)과, 다른 한편으로는 언어의 사회적 실천성과 맥락적 층위를 중시하는 일상 언어철학(오스틴, 그라이스, 데이비슨)이라는 두 흐름으로 나아갔다. 이들은 모두 철학을 언어를 통해 다시 쓰고자 했으며, 그 시도는 윤리학, 인식론, 논리학, 심리철학 등 현대 철학 전반에 결정적인 영향을 남겼다. 언어철학은 단지 언어에 대한 철학이 아니라, 철학 그 자체를 언어의 관점에서 재구성하려는 야심찬 기획이었다.

비트겐슈타인은 언어를 통해 인간 사고의 윤곽과 한계를 드러낸다. 그는 『논리-철학 논고』에서 제시된 '언어는 세계의 그림'이라는 명제에서 출발해, 『철학적 탐구』에서는 언어를 사회 속에서 작용하는 실천으로 파악하는 데 이른다. 즉, 비트겐슈타인은 언어를 통해 사고의 가능 조건뿐 아니라 인간 삶 속에서 의미가 생성되는 과정을 탐구했다.

비트겐슈타인의 언어철학은 인간 사고를 언어 속에서 성찰하고, 의미의 생성과 한계 속에서 '인간다운 사고'의 가능성을 밝힘으로써 철학의 지평을 전환시켰다. 그의 업적은 지금도 언어·사고·의미를 다루는 거의 모든 철학적 대화 속에서 계속 살아 숨 쉬며, 시대를 관통하는 지적 자극과 실천적 통찰로 작용하고 있다.

주요 저술

- **논리철학 논고**(Tractatus Logico-Philosophicus, 1921/이영철, 2020) | 언어와 세계의 논리적 관계를 탐구하며, 언어의 한계는 세계의 한계라는 주장을 통해 언어의 구조와 사고의 범위를 논하였다.
- **철학 탐구**(Philosophical Investigations, 1953, 사후 출간/ 이승종, 2016) | 후기 철학의 대표작으로, 언어 게임과 언어의 사용을 중심으로 철학적 문제를 접근하며, 언어의 다원성과 맥락성을 강조하였다.

PART
14

절대의 균열:
상대성, 그리고 불확정성

세계는 더 이상 단순하고 확실한 무대가 아니었다.

아인슈타인(1879~1955)은 시간과 공간을 절대적인 배경이 아니라, 질량과 에너지에 따라 휘어지는 관계로 보았다. 세계는 상호작용 속에서 끊임없이 변했다.

하이젠베르크(1901~1976)는 자연을 정확히 알 수 없다고 말했다. 입자 하나의 위치와 운동량조차 동시에 확정할 수 없었다. 세계는 본질적으로 불확정하고, 가능성 속에 흔들리고 있었다.

괴델(1906~1978)은 불완전성 정리를 증명하며, 수학적으로 완전한 체계의 구성은 불가능함을 입증하였다.

진리는 더 이상 완벽한 재현이 아니었다. 그것은 관찰자의 위치에 따라 달라지는, 유동적이고 열려 있는 세계였다. 또한, 진리는 인간의 언어와 수학적 체계 속에서 근본적으로 완전한 체계가 불가능한 끊임없이 변화하고 유동하고 이동할 수 밖에 없는 운명을 타고났다. 철학은 이제, 존재의 근본적 불확실성을 정면으로 받아들여야 했고, 완전한 인식에 도달하는 것이 불가능함을 알게 되었다.

39 | 아인슈타인 1879~1955
시간은 공간과 어떤 관계인가?

"
$$R_{\mu\nu} - \frac{1}{2} R g_{\mu\nu} + A g_{\mu\nu} = \frac{8\pi G}{c^4} T_{\mu\nu}$$

물질(에너지)은 시공간을 휘게 만들고, 휘어진 시공간은 물질의 운동을 결정한다."

— 『일반상대성이론』, 1915

철학은 오래도록 인간과 세계, 인식과 존재 사이의 관계를 규명하려 해 왔다. 근대에 들어와 데카르트(1596~1650)의 주체 중심 철학, 그리고 뉴턴(1643~1727)의 절대 공간과 시간이라는 물리학적 틀과 맞물리며 객관적 실재는 시간과 공간 위에 놓인 질서로 정립되었다. 그러나 20세기 초, 알베르트 아인슈타인(Albert Einstein, 1879~1955)의 상대성 이론은 이 세계관을 근본적으로 뒤흔든다.

알베르트 아인슈타인은 20세기 과학을 대표하는 물리학자로, 특수 상대성 이론(1905)과 일반 상대성 이론(1915)을 통해 시공간과 중력에 대한 우리의 이해를 혁신적으로 변화시켰다. 그는 고전 물리학에서 절대적이고 독립적으로 여겨졌던 공간과 시간을 상대적이고 상호 연결된 존재로 재해석하며, 현대 물리학의 기초를 구축했다. 아인슈타인의 상대성 이론은 에너지와 질량이 등가임을 설명하는 유명한 공식 $E=mc^2$로 대표되며, 빛의 속도가 관찰자와 상관없이 일정하다는 사실을 기반으로 한다.

시간과 공간과 관찰자, 그리고 질량

"관찰자와 그 움직임에 따라 시간과 공간은 다르게 나타난다" – 1905년, 알베르트 아인슈타인은 '특수 상대성이론Special Relativity'을 발표하며 시간과 공간에 대한 우리의 이해를 완전히 뒤바꿔 놓았다. 이전까지는 시간과 공간이 절대적이며 모든 관찰자에게 동일하게 적용된다고 믿었다. 마치 지구에서 1초가 흐르면 우주에서도 똑같이 1초가 흐르는 것처럼 말이다. 하지만 아인슈타인은 시간과 공간이 절대적인 것이 아니라 관찰자의 운동 상태에 따라 상대적으로 변한다는 사실을 밝혀냈다.

뉴턴 역학에서는 속도를 단순히 더하거나 뺄 수 있다고 생각했다. 예를 들어, 기차 안에서 10m/s로 던진 공은 기차 밖에서는 '기차 속도 + 공의 속도'로 보인다고 여겼다. 그러나 1887년 마이켈슨-몰리 실험을 통해 빛의 속도는 관찰자의 운동 상태와 상관없이 일정하다는 사실이 밝혀졌다. 이를 토대로 아인슈타인은 뉴턴의 절대 시간·공간 개념을 버리고 빛의 속도가 항상 일정하다는 새로운 이론을 제시했다. 그는 '상대성 원리'와 '광속 불변 원리'라는 두 가지 기본 가정을 세웠다. '상대성 원리'는 모든 물리 법칙은 모든 관성 좌표계에서 동일하다는 것이고, '광속 불변 원리'는 빛의 속도는 모든 관찰자에게 동일하며 어떤 경우에도 변하지 않는다는 것이다. 이 두 가지 가정을 바탕으로 아인슈타인은 '시간 지연time dilation', '길이 수축length contraction', '질량 증가Mass Increase'와 같은 놀라운 결론에 도달했다. 시간 지연은 빠르게 움직일수록 시간이 느려진다는 것을 의미한다. 즉, 운동하는 시계는 정지한 시계보다 느리게 간다. 길이 수축은 빠르게 움직일수록 물체가 짧아진다는 것을 의미한다. 운동하는 물체는 운동 방향으로 길이가 짧아진다. 질량 증가는 속도가 증가할수록 질량이 증가한다는 것을 의미한다. 물체가 빨라질수록 질량이 증가하며, 광속에서는 무한대의 질량이 되어 가속할 수 없다.

"존재는 절대적 실체가 아니라, 시공간 구조와 관찰자의 관계 속에서 드러난다" – 특수 상대성 이론은 시간과 공간에 대한 우리의 이해를 완전히 바꾸어 놓았다. 시간과 공간은 절대적인 것이 아니라 관찰자의 운동 상태에 따라 변하며, 광속은 모든 관찰자에게 동일하며 어떤 물체도 이를 초과할 수 없다. 시간 지연, 길이 수축, 질량 증가 등의 효과는 실제로 관측되었으며 실험적으로 검증되었다.

"질량은 시공간을 휘게 만들고, 휘어진 시공간은 질량이 어떻게 움직이는지를 결정한다" – 1915년, 아인슈타인은 '일반 상대성 이론General Theory of Relativity'을 통해 '중력gravity'을 새롭게 정의했다. 뉴턴의 고전 역학에서는 '중력'을 두 물체 간의 끌림으로 설명했지만, 아인슈타인은 이를 '시공간의 곡률Curvature of Spacetime'로 해석했다. 그는 질량과 에너지가 시공간을 휘게 만들고, 휘어진 시공간 속에서 물체가 자연스럽게 움직인다고 보았다. 예를 들어, 지구는 태양이 휘게 만든 시공간 곡률을 따라 공전하는 것이다. 즉, 중력은 단순한 당기는 힘이 아니라 시공간의 기하학적 구조가 휘어짐으로써 나타나는 효과이다. 중력은 물체가 직선 운동을 하는 것이 아니라 휘어진 시공간 속에서 최단 경로를 따라 움직이는 결과인 것이다.

아인슈타인은 또한 질량과 에너지가 본질적으로 동일하며 서로 변환될 수 있다는 것을 밝혔다. 이는 $E=mc^2$라는 유명한 공식을 통해 표현된다. 이 공식은 핵반응에서 질량이 에너지로 변환되는 원리를 설명하며, 핵폭탄과 원자력 발전의 기초가 되었다.

일반 상대성 이론은 중력이 강한 곳에서는 시간이 느리게 간다는 '중력에 의한 시간 지연Gravitational Time Dilation'현상을 예측했다. 지구 표면보다 국제우주정거장에서 시간이 더 빨리 흐르는 것이 그 예이며, 이는 GPS 시스템에서 반드시 보정해야 하는 중요한 요소이다. 또한, 빛은 중력의 영향을 받아 휘어진 시공간을 따라 진행하므로 거대한 천체 근처를 지나는 빛은 휘어져 보인다. 일반 상대성 이론은 블랙홀과 같은 현상도 설명할 수 있다. 블랙홀은 엄청난 질량이 작은 공간에 집중되어 시공간을 극도로 휘게 만든 상태로, 빛조차 빠져나올 수 없는 곳이다. 블랙홀 중심에는 중력장이 무한대가 되는 특이점이 존재한다.

시간과 공간 개념과 상대성 이론

서양 철학에서 시간과 공간 개념의 기초는 고대 그리스 철학자들에 의해 마련되었다. 플라톤(BC 427~347)은 시간과 공간을 '이데아 세계'와 '현상 세계'의 관계 속에서 설명하였다. 그는 공간을 물리적 사물이 존재하는 '받아들임의 영역'으로 보았으며, 이는 자체적인 실체라기보다는 형상을 구성하는 틀로 간주되었다. 또한, 시간은 '영원한 이데아의 그림자'로서 변화를 설명하는 도구로 이해되었다. 아리스토텔레스(BC 384~322)는 시간의 개념을 '운동의 척도measure of motion'로 정의하였으며, 이는 절대적인 것이 아니라 사물의 변화 속에서 상대적으로 경험되는 것이라고 보았다. 또한, 공간은 '사물들이 차지하는 장소'로 간주되었으며, 이 개념은 이후 유클리드 기하학의 발전에 큰 영향을 주었다.

중세에 들어서면서 신학적 관점이 시간과 공간 개념에 중요한 변화를 주었다. 아우구스티누스(354~430)는 시간은 인간의 경험 속에서만 존재하는 개념임을 주장하였으며, 신의 관점에서는 과거, 현재, 미래가 모두 동시에 존재한다는 상대적 시간 개념을 암시하였다.

근대 철학에서는 절대적 시간과 공간 개념이 체계화되었다. 데카르트는 공간을 '연장된 실체 Res Extensa'로 보면서 독립적인 실체로 이해하였고, 기계론적 세계관을 형성하는 기반을 마련하였다. 이어 뉴턴은 '절대적 공간 absolute space'과 '절대적 시간 absolute time' 개념을 정립하였다. 뉴턴은 시간은 독립적으로 흘러가며, 공간은 변하지 않는 '신의 그릇'과 같은 존재라고 보았다. 뉴턴의 이런 생각은 고전역학의 근본적 토대를 이루었다.

동양 철학에서는 시간과 공간을 독립적인 실체로 보기보다는 변화와 관계 속에서 이해하였다. 노자(BC 571~471)는 공간이 '도道'의 흐름 속에서 형성되며, 고정된 실체가 아니라는 점을 강조하였다. 노자는 무無는 공간을 이루고, 유有는 시간 속에서 변화한다고 설명함으로써, 공간과 시간이 정적인 것이 아니라 유동적이며 관계 속에서 드러난다는 점을 암시하였다. 또한, 장자(BC 369~286)는 시간은 관점에 따라 다르게 경험되는 상대적 개념임을 보여주었다. 그의 '호접지몽 胡蝶之夢'은 현실과 시간의 상대성을 철학적으로 탐구한 대표적인 사례로, 동양 철학에서 시간과 공간이 고정된 실체가 아니라 변화와 관계 속에서 존재함을 시사하였다. 불교에서는 '연기'의 관점에 따라 시간과 공간이 독립적으로 존재하는 것이 아니라 모든 것이 상호 관계 속에서 나타난다고 보았다.

아인슈타인의 시공간의 통합적 개념은 존재를 관계적이고 동적인 것으로 이해하도록 했으며, 중력과 시공간의 곡률은 물질과 실재의 상호의존성을 명확히 했다. 상대성이론은 실재와 인간의 관계를 이해하는 데 있어 새로운 틀을 제공했다. 실재는 더 이상 고정된 것이 아니라, 관찰자와의 관계 속에서 끊임없이 변화하는 동적이고 맥락적인 현상이다. 이는 현대 세계에서 실재를 바라보는 시각뿐 아니라, 우리가 스스로를 이해하는 방식에도 중요한 전환을 가져왔다.

아인슈타인의 상대성 이론은 과학 혁명에 머물지 않고, 철학 그 자체의 좌표를 이동시킨 사유의 전환점이었다. 그는 절대라고 믿었던 시간과 공간의 기반을 흔들어, 우리가 인식하고 존재하는 방식마저도 재구성하게 만들었다. 아인슈타인은 우리에게 알려준다 세계는 정해진 틀이 아니라, 관계 속에서 드러나는 구조이며, 진리는 고정된 위치가 아니라 관점의 지평 속에서 떠오르는 사건이라는 것을…

철학은 더 이상 과학의 외부에서 관조할 수 없으며, 바로 그 움직이는 세계 속에서 다시 질문을 시작해야 한다.

✒ 주요 저술

- **상대성이론이란 무엇인가?**(The meaning of relativity, 1921/고중숙, 2011) | 프린스턴대학 초청으로 이루어진 아인슈타인의 강연을 엮었다 상대성이론에 대한 대중적 이해를 제공한다.

40 | 하이젠베르크 1901~1976
위치와 운동량은 동시에 측정할 수 없는가?

"우리가 관찰하는 것은 자연 그 자체가 아니라, 우리가 질문하는 방식에 따라 드러난 자연이다. 원자나 기본 입자는 그 자체로 실재하는 것이 아니며, 사물이나 사실의 세계가 아닌, 가능성들의 세계를 형성한다. '가능한 것'이 '실제적인 것'으로 전환되는 순간은 관측이 이루어지는 행위에서 발생한다."

— 『물리와 철학』, 1958

워너 하이젠베르크(Werner Heisenberg, 1901~1976)는 독일의 이론물리학자로, 양자역학의 핵심 인물 중 한 명이다. 그는 '불확정성 원리 Uncertainty Principle'를 제안하며, 관찰자와 측정 행위가 물리적 시스템에 개입하여 결과에 영향을 미칠 수 있음을 밝혔다. 이 발견은 물리학에서 존재와 인식의 관계를 근본적으로 재정의하며, 고전적 결정론적 관점에 도전했다.

고전역학의 한계와 코펜하겐 해석

"측정은 물리적 실재에 개입하여 그 상태를 변화시킨다" – 고전 물리학, 특히 뉴턴 물리학에서는 물체가 우리가 보든 보지 않든 항상 하나의 확정된 상태로 존재한다고 가정했다. 예를 들어, 공이 굴러가고 있다면 우리는 공의 정확한 위치와 속도를 동시에 측정할 수 있으며, 공은 언제나 특정한 위치에 있다고 보았다. 이 전통적 접근은 물리적 실재를 독립적이고 고정된 존재로 간주하였으며, 시간과 공간을 변하지 않는 배경으로 설정하였다.

그러나 20세기 초, 전자와 같은 미시 세계의 입자들에서 고전 물리학으로 해석이 불가능한 여러 현상들이 발견되었다.

첫째, 전자와 같은 입자가 마치 파동처럼 퍼져 있다가 측정하면 입자처럼 한 지점에서 발견되는 입자와 파동의 이중성 현상이다.

둘째, 입자의 위치나 속도를 정확히 알 수 없고 특정한 확률로만 예측 가능한 확률적 성격이다.

셋째, 측정하기 전까지 입자는 여러 상태가 동시에 존재하는데 측정 순간 하나의 상태로 확정되는 측정 문제(파동 함수 붕괴)가 발생하였다.

이런 배경 속에서 하이젠베르크를 포함하여 막스 보른(1822~1970), 닐스 보어(1885~1962) 등 양자역학 분야의 물리학자들은 훗날 '코펜하겐 해석'이라고 불려지는 일련의 물리학적 가설들을 내놓는다.

첫 번째, 양자 상태는 측정 전까지 확정되지 않으며, 입자는 측정 전에는 '어느 한 곳'에 존재하는 것이 아니라 확률적으로 여러 위치에 존재하며, 이는 확률적 도구인 파동함수(ψ)로 표현된다는 주장이다. 여기서 파동함수는 입자의 '실제 위치'를 가리키는 것이 아니라, 물리량이 측정될 확률을 예측하는 수학적 도구이다.

두 번째, 측정이 파동함수를 '붕괴'시킨다 Wavefunction Collapse는 주장이다. 측정 전까지 입자는 여러 상태의 중첩 superposition에 있지만, 측정이 이루어지는 순간, 하나의 확정된 상태로 '붕괴'한다. 이는 이중슬릿 등 다양한 과학적 실험을 통해 검증된다.

세 번째, 보완성 원리 Complementarity Principle이다. 특정한 양자 현상은 서로 배타적인 방식으로만 기술될 수 있다. 예를 들어 빛은 실험에 따라 파동처럼도,

입자처럼도 행동한다. 그러나 동시에 두 성질을 모두 보여주지는 않는다.

네 번째, 불확정성 원리 Uncertainty Principle이다. 양자의 위치(x)와 운동량(p)은 동시에 정확히 측정할 수 없다는 원리로 하이젠베르크의 주장이다.

다섯 번째, 관찰자 효과 Observer Effect로 실재는 관찰자와 독립적으로 존재하는 것이 아니라, 관찰 행위 속에서 확정된다. 측정 행위는 더 이상 단순한 정보 수집이 아니라, 양자 시스템 자체를 변화시키는 능동적 행위이다.

불확정성 원리

1927년, 베르너 하이젠베르크는 과학사에 길이 남을 전환점을 만들어낸다. 그때까지 고전 물리학에서는 관찰자와 관찰 대상이 독립적이며, 측정 행위가 실재의 상태에 영향을 미치지 않는다고 가정했다. 이 관점에서는 물리적 실재가 관찰 여부와 무관하게 확정적으로 존재한다고 여겨졌다. 이런 관점을 배경으로 과학자들과 철학자들은 언젠가 세계의 본질, 즉 궁극적 진리를 알 수 있을 것이라고 가정하고 있었다. 그러나 하이젠베르크가 제시한 불확정성 원리는 이러한 고전적 가정에 본질적인 도전을 제기했다. 하이젠베르크가 1927년에 제안한 아래 수식은 양자역학에서 특정한 물리량(예: 위치와 운동량)을 동시에 정확히 측정하는 것이 불가능함을 의미한다.

$$\Delta x \, \Delta p \geq \frac{h}{4\pi}$$

여기서 'Δx = 입자의 위치 불확정성'이고, 'Δp = 입자의 운동량 불확정성'이며, 'h = 플랑크 상수'이다. 이 수식은 위치(x)를 정확하게 알수록 운동량(p)의 불확실성이 커지고, 반대로 운동량을 정확히 측정할수록 위치의 불확실성이 커짐을 의미한다.

"불확정성 원리는 물리적 세계에 대한 우리의 인식이 본질적으로 제한적임을 보여준다" – 불확정성 원리는 입자의 '위치Position'와 '운동량Momentum'을 동시에 정확하게 측정할 수 없음을 명시적으로 주장한다. 이러한 원리는 물리적 세계에 대한 지식이 본질적으로 불완전하다는 사실을 드러낸다.

'불확정성 원리'는 측정 기술의 부족에서 비롯된 한계가 아니라, 자연법칙 그 자체에서 비롯된 근본적 한계이다. 자연은 우리가 동시에 모든 정보를 정확히 측정하는 것을 허용하지 않고 있는 것이다. 불확정성 원리는 뉴턴 역학에서처럼 모든 물리적 변수를 완벽하게 알고 미래를 예측하는 것이 불가능하다는 것을 시사한다.

실재의 해체와 재구성 – 확률적 존재와 관찰자

"자연의 상태는 관측 이전에는 오직 가능성일 뿐이다. 그것이 실재가 되려면 관측이라는 행위가 개입되어야 한다" – 하이젠베르크의 사유는 미시 세계를 설명하는 새로운 과학 이론을 넘어, 철학사에서 오랫동안 이어져 온 핵심 질문, 즉 실재란 무엇인가라는 물음을 전혀 다른 방식으로 다시 열어젖힌다. 그는 입자와 원자가 고정된 위치에서 존재하는 실체가 아니며, 측정되기 전까지는 존재조차 확정되지 않는다고 주장했다. 우리가 실제로 다루는 것은 '입자 그 자체'가 아니라, 그 입자가 어떤 상태일 가능성을 보여주는 파동함수(ψ)라는 수학적 구조일 뿐이다. 이 파동함수는 어떤 입자가 특정 위치에 있을 확률을 말해줄 수는 있지만, 그 입자가 측정되기 전까지 어디에 있는지를 확정적으로 말해주지는 않는다. 예컨대, 전자는 원자핵 주위를 돌고 있지만, 그것의 궤적은 마치 행성의 궤도처럼 그려질 수 없다.

그 대신 우리는 '전자가 어느 범위 안에 존재할 가능성'만을 알 수 있다. 다시 말해, 양자세계에서 존재란 더 이상 '있는 것'이 아니라, '어디에 있을 수 있는가'라는 가능성의 구조로만 표현된다. 즉, 존재는 '측정에 의해 고정되기 전까지는' 오직 가능성의 상태로만 존재한다. 존재는 고정된 실체가 아니라, 인식의 조건 아래에서만 드러나는 잠재성인 것이다.

하이젠베르크는 자연이 우리를 기다리고 있는 독립적 실체가 아니라, 관찰자와의 관계 속에서만 구체화되는 현실이라고 말한다. 이는 실재를 독립된 객체object가 아니라 관계적 사건event으로 이해하는 방향으로 철학을 전환시킨다. 실재는 측정 전까지는 단지 수학적 가능성의 구름 속에 있고, 인간의 인식과 관측은 그 구름 속에서 하나의 현실을 '결정짓는' 행위가 된다.

"실재는 관찰자와의 상호작용 속에서 드러난다" – 하이젠베르크의 양자역학은 물리학에서뿐 아니라, 근대 인식론 전체에 균열을 가져온 전환점이었다. 그의 이론은 '인식 주체'와 '대상 세계' 사이의 관계를 근본적으로 재정의하였다. 고전 물리학, 특히 뉴턴적 세계관에서는 관찰자는 철저히 중립적이고 객관적인 존재로 간주되었다. 하지만 하이젠베르크는 이 관념을 뿌리째 흔들었다. 그는 양자역학의 세계에서는 관찰자가 관찰 대상을 '그저 바라보는 것만으로도' 그 상태를 바꾸어버릴 수 있다고 주장했다. 즉, 입자의 위치나 운동량을 측정하려는 순간, 그 측정 행위 자체가 입자의 상태를 변화시킨다. 이로써 관측자란 단순히 결과를 읽어내는 존재가 아니라, 결과를 '결정짓는' 존재이다. 이러한 전환은 과학에서 흔히 말하던 '객관성'의 개념 자체를 재검토하게 만들었다. 측정은 정보의 수집이 아니라, 세계와의 상호작용이다. 존재란 더 이상 독립된 실체가 아니라, 관찰자와의 관계 속에서 드러나는 사건으로 이해되어야 한다.

베르너 하이젠베르크의 '불확정성 원리'는 단순히 물리학의 이론적 혁신에 그치지 않고, 인간의 지식과 인식에 대한 철학적 논의를 새롭게 정의했다. 측정의 한계와 지식의 불확실성은 인간 인식의 본질을 재고하게 만들었으며, 주관성과 객관성의 경계를 모호하게 함으로써 인식론에서의 전통적인 믿음을 흔들었다.

나아가 불확정성 원리는 존재에 대한 인류의 사유에서도 근본적인 혁신을 강요하였다. 존재는 관측, 즉 인식 이전에 실체로서 존재하지 않으며 오직 확률적인 모호함으로만 존재한다. 관측이 이 모호함을 실체로 확정한다.

하이젠베르크는 과학의 이름으로 철학에 다시 이렇게 묻는다.
"존재란, 측정되기 전에도 실재하는가? 아니면, 우리가 그것을 측정하고 해석할 때 비로소 존재하게 되는가?"

🖋 주요 저술

- **양자론의 기초**(Die Physikalischen Prinzipien der Quantentheorie, 1930) | 양자역학의 수학적 기초와 물리적 원리를 체계적으로 정리. 불확정성 원리의 개념을 상세히 다루며, 양자론의 철학적 함의를 논의한다.

- **물리와 철학**(Physics and Philosophy: The Revolution in Modern Science, 1958/조호근, 2018) | 양자역학이 철학적 사유에 미친 영향을 탐구. 관찰자와 관찰 대상 간의 상호작용과 실재의 본질에 대한 논의를 포함하고 있다.

- **부문과 전체**(Physics and Beyond: Encounters and Conversations, 1971/ 유영미, 2023) | 과학적 연구와 철학적 사유를 대화 형식으로 풀어낸 저서로, 양자역학의 발전 과정, 원자물리학, 철학적 논의, 그리고 동시대 과학자들과의 관계 등을 다루고 있다.

41 | 괴델 1906~1978
체계는 무모순성을 스스로 증명할 수 있는가?

"어떤 체계 안에는, 그 체계 안에서 증명할 수 없는 참인 명제가 있다."
—『형식 체계에서 결정할 수 없는 명제들에 관하여』, 1931

아인슈타인(1879~1955)의 상대성 이론과 하이젠베르크(1901~1976) 등의 양자역학이 물리적 세계에 대한 고전적 직관을 해체하며 존재론과 인식론에 혁명적 변화를 가져왔다면, 논리학자이자 수학자인 쿠르트 괴델 Kurt Gödel(1906~1978)은 인간 이성의 가장 확실한 영역으로 간주되었던 수학과 논리의 토대에 예기치 않은 균열을 드러냈다. 그의 '불완전성 정리 Incompleteness Theorems'는 수학적 발견을 넘어, 확실성, 진리, 증명 가능성, 그리고 인간 지식의 한계에 대한 철학적 사유에 지울 수 없는 깊은 파장을 남겼다.

확실성을 향한 거대한 꿈: 힐베르트

19세기 말과 20세기 초, 수학은 눈부신 발전을 거듭하며 새로운 영역들을 개척하고 있었다. 그러나 그 이면에서는 수학의 가장 근본적인 토대에 대한 불안감과 의문이 증폭되고 있었다. 게오르크 칸토어(1845~1918)의 집합론에서 발견된 역설들paradoxes, 비유클리드 기하학의 출현으로 인한 기하학적 직관의 불확실성 등은 수학이라는 지식 체계의 확실성에 심각한 도전이 되었다. 이러한 '수학 기초론의 위기' 속에서, 당대의 수학자들과 철학자들은 수학의 확실성을 재확립하고 그 토대를 견고히 다지기 위한 지적 탐구에 몰두하였다. 이 과정에서 여러 흐름이 등장했는데, 그중 가장 대표적인 것이 버트런드 러셀(1812~1970) 등이 주창한 논리주의Logicism와 다비트 힐베르트(1862~1943)가 이끈 형식주의Formalism였다.

힐베르트는 20세기 초반 수학 기초론 논쟁을 종식시키고 수학 전체에 확고한 기반을 제공하기 위한 구체적인 프로그램을 제시하였다. 이 프로그램의 궁극적인 목표는 수학 전체(혹은 적어도 수학의 주요 부분)를 포괄하는 하나의 거대한 공리적 형식 체계를 구축하고, 이 체계가 다음의 세 가지 핵심적인 성질을 만족함을 증명하는 것이었다.

첫째, 완전성 Completeness으로, 형식 체계 내에서 올바르게 구성된 모든 수학적 명제는 그 체계 내에서 증명되거나 혹은 반증(그것의 부정이 증명됨)될 수 있어야 한다. 즉, 참이지만 증명할 수 없거나 거짓이지만 반증할 수 없는 '결정 불가능한' 명제가 존재해서는 안 된다.

둘째, 무모순성 Consistency으로, 구축된 형식 체계 내에서는 어떠한 모순도 발생하지 않아야 한다. 즉, 어떤 명제 P에 대해 P와 －P(P가 아니다)가 동시에 증명될 수 없어야 한다. 그리고 이 무모순성 자체는 의심의 여지가 없는 유한적 메타수학적 방법으로 증명되어야 했다.

셋째, 결정 가능성 Decidability, Entscheidungsproblem으로, 형식 체계 내의 어떤 임의의 명제가 주어졌을 때, 그 명제가 체계 내에서 증명 가능한지 아닌지를 유한한 단계 안에 기계적으로 판정할 수 있는 명확한 절차(알고리즘)가 존재해야 한다. 만약 이것이 가능하다면, 원칙적으로 모든 수학 문제는 컴퓨터와 같은 기계적 절차를 통해 풀 수 있게 될 것이었다.

힐베르트 프로그램은 수학의 모든 기초론적 의문을 해결하고, 수학적 진리의 절대적 확실성을 보장하며, 나아가 모든 수학 문제에 답할 수 있는 보편적이고 기계적인 방법을 제공하려는, 그야말로 웅대한 꿈이었다.

무너진 확실성의 꿈: 괴델의 불완전성 정리

1931년, 오스트리아의 젊은 논리학자 쿠르트 괴델은 '불완전성 정리 Incompleteness Theorems'를 다룬 논문을 발표하였고, 이는 당시 힐베르트를 포함하여 러셀 등 당대의 지성들이 꿈꾸었던 완전한 지식에 대한 낙관적인 전망에 찬물을 끼얹으며 수학과 철학의 역사를 영원히 바꾸어 놓았다. 괴델의 정리는 힐베르트 프로그램의 심장을 겨누었고, 수학적 확실성에 대한 우리의 이해에 근본적인 전환을 가져왔다.

"어떤 체계 안에는, 그 체계 안에서 증명할 수 없는 참된 명제가 있다" – 괴델의 첫 번째 정리는 힐베르트 프로그램의 핵심 목표 중 하나였던 '완전성'에 대한 직접적인 반증이었다. 괴델은 먼저, 기본적인 자연수 연산(덧셈, 곱셈)을 포함할 만큼 충분히 강력한 어떤 형식 체계를 고려하였다. 괴델은 놀라운 독창성으로 이러한 체계 내에서 "나는 이 체계 내에서 증명될 수 없다"는 의미를 갖는 특수한 수학 명제, 이른바 '괴델 문장Gödel sentence'을 구성해냈다. 이 괴델 문장의 논리적 귀결은 충격적이었다. 만약 이 문장이 해당 형식 체계 내에서 증명 가능하다면, 그 문장이 주장하는 내용("증명될 수 없다")과 모순되므로, 이는 곧 체계 자체가 모순적임을 의미한다. 반대로, 만약 우리가 그 형식 체계가 모순이 없다고 가정한다면(일반적으로 수학자들이 받아들이는 가정이다), 그 괴델 문장은 체계 내에서 증명될 수 없어야만 한다. 그런데 "증명될 수 없다"는 바로 그 괴델 문장 자체가 주장하는 내용이므로, 이 경우 괴델 문장은 참true이 된다. 즉, 참이지만 증명될 수 없는 명제가 최소한 한 개가 존재한다.

결론적으로, 이는 어떠한 형식 체계도 그 체계 내에서 표현 가능한 모든 수학적 진리를 증명해 낼 만큼 '완전'할 수는 없음을 의미한다. 수학적 진리의 세계는 우리가 구축하는 어떤 형식 체계의 증명 능력보다도 더 넓다는 것이 드러난 순간이었다. 완전한 형식 체계를 통해 모든 수학적 진리를 포착하려던 힐베르트의 꿈은 원리적으로 불가능함이 밝혀졌다.

"체계는 자기 자신의 '모순 없음'을 체계 내부에서 증명할 수 없다" – 힐베르트 프로그램에서 완전성만큼이나, 혹은 그 이상으로 중요했던 것은 바로 형식 체계의 '무모순성'을 증명하는 것이었다. 힐베르트에게 있어서 이는 수학의 확실성을 위한 최후의 보루로 여겨졌다. 그러나 괴델의 두 번째 정리는 이러한 희망마저 앗아갔다. 그는 주어진 형식 체계의 '무모순성' 자체를 그 체계 내의 언어로 표현된 하나의 수학적 명제로 나타낼 수 있음을 보였다. 그리고 더 나아가, 만약 그 형식 체계가 실제로 무모순이라면, 그 체계는 자기 자신의 무모순성을 나타내는 그 명제를 스스로 증명할 수 없다는 것을 증명하였다. 쉽게 설명하기 위해 예시를 들어보겠다.

당신이 아주 철저하고 똑똑한 회계사이고, 당신은 "내가 작성한 모든 회계 보고서는 오류가 없다"라고 주장한다고 생각해보자.

사람들이 묻는다.

"그걸 누가 보증해줄 수 있나요?"

당신이 답한다.

"내가 스스로 보증합니다"

스스로 보증한다면 그 보증의 신뢰성은 또 어떻게 담보되어야 하는가?
이를 담보하기 위해서 만일 당신이 "나는 진실만을 말합니다"라고 말한다면, 그 말의 신뢰는 또 어떻게 담보되는가?
대체로 이 경우 사람들은 자신들이 신뢰하는 또 다른 사람이나 공적인 기관의 자료 등에 의지해서 문제를 해결하려고 한다. 즉, 어떤 체계는 스스로 자기자신의 무모순성을 증명할 수 없다는 의미이다.

이는 실로 심대한 결과를 가져왔다. 어떤 강력하고 일관된 형식 체계도 자기 자신의 건전함, 즉 무모순성을 내부적인 수단만으로는 보장할 수 없다. 체계의 무모순성을 증명하기 위해서는 반드시 그 체계 외부의, 더 강력한 가정이나 원리를 필요로 한다. 수학적 확실성을 보장해 줄 최후의 보루는 시스템 외부에서 찾아야만 했고, 이는 힐베르트 프로그램에 치명타를 안겼다.

괴델의 두 불완전성 정리는 수학계와 철학계에 엄청난 충격을 안겨주었다. 힐베르트 프로그램이 추구했던 수학의 완전하고, 무모순하며, 결정 가능한 단일 형식 체계 구축이라는 원대한 꿈은 근본적으로 실현 불가능함이 명백해졌다. 이는 수학에 '근본적인 위기'를 다시 한번 불러일으켰으며, 수학적 확실성에 대한 믿음에 큰 타격을 주었다.

하지만 괴델의 정리는 파괴적인 측면만 있었던 것은 아니다. 그것은 수학의 본성, 진리와 증명의 관계, 인간 이성의 한계 등에 대한 철학적 논쟁을 완전히 새로운 국면으로 이끌었다.

수학적 진리란 무엇인가?

그것이 형식적 증명을 넘어선다면 우리는 어떻게 그것을 알 수 있는가?

계산 가능성의 한계는 어디까지인가?

이러한 질문들이 더욱 첨예하게 제기되었고, 이후 알론조 처치(1903~1995)

와 앨런 튜링(1912~1954) 등의 작업을 통해 계산 이론과 컴퓨터 과학의 발전으로 이어지는 중요한 계기가 되었다.

괴델의 거울: 형식 체계의 한계와 인식론적 심연

"진리는 체계 밖에도 존재한다" – 괴델 정리의 가장 핵심적인 인식론적 함의 중 하나는 '진리'와 '형식 체계 내에서의 증명 가능성'이 동일하지 않다는 점을 명백히 한 것이다. 불완전성 정리 이전에는, 특히 형식주의 진영에서는, '진리'의 의미는 결국 그 형식 체계 내에서의 증명 가능성으로 환원될 수 있다는 생각이 지배적이었다. 즉, '참이다'라는 것은 '증명 가능하다'는 것과 같다고 여겨졌다.

하지만 괴델은 참이면서도 주어진 형식 체계 내에서는 결코 증명될 수 없는 명제(괴델 문장)가 존재함을 보임으로써 이러한 등식을 깨뜨렸다. 이는 '증명할 수 없다'는 사실이 곧 '거짓이다'를 의미하지 않음을 보여준다. 오히려 우리가 가진 형식적 방법론의 그물망을 벗어나는, 더 깊고 넓은 '진리의 심연'이 존재할 수 있음을 시사한다. 진리는 우리가 구축한 형식 체계의 능력보다 더 풍부하며, 우리의 증명 능력은 그 진리의 일부만을 포착할 뿐이라는 것이다. 이는 진리의 객관적 성격과 인간 인식 능력의 한계에 대한 근본적인 질문을 다시 던지게 만들었다. 그렇다면 인간은 어떻게 그러한 '증명 불가능한 진리'를 알 수 있는가?

이 질문은 인간의 앎과 이성의 능력에 대한 중요한 철학적 성찰로 이어진다. 괴델의 정리는 기호 조작과 규칙 적용이라는 형식적 절차만으로는 인간의 수학적 지식 전체를 설명할 수 없음을 강력히 시사한다. 이는 직관intuition이나 통찰insight 과 같이, 형식적 알고리즘으로 환원되기 어려운 정신적 능력의 중요성을 부각시킨다. 우리는 때때로 엄밀한 증명 이전에 어떤 명제가 참이라는 것을 '직관적으로 파악'하곤 하는데, 괴델의 결과는 이러한 비형식적 인식 능력에 철학적 정당성을 부여하는 근거로 해석될 여지를 제공한다.

쿠르트 괴델의 불완전성 정리는 수학의 형식주의적 이상에 균열을 일으켰을 뿐만 아니라, 근대 이성의 자기완결성에 대한 철학적 회의를 불러일으켰다. 그것은 단순히 특정 형식 체계의 한계를 보여주는 것이 아니라, 언어와 이성, 논리와 실재 사이에 불가해한 틈이 존재함을 밝힌 선언문이었다. 특히, '모든 참을 증명할 수 없다'는 괴델의 증명은 진리와 증명, 의미와 기호 사이의 관계에 대해 철학이 다시 묻도록 만들었다.

괴델 이후, 철학은 더 이상 모든 것을 논리적 구조로 환원하려는 시도를 순진하게 지속할 수 없게 되었으며, 인간 이성은 오히려 자신의 한계를 자각함으로써 더 깊은 성찰에 도달해야 한다는 과제를 안게 되었다. 불완전성 정리는 우리에게 수학과 논리의 위대함을 재확인시켜 주는 동시에, 그 경계 너머의 사유와 존재의 세계를 향한 겸허한 태도를 요구하는 것이다. 그리고 바로 그 점에서, 괴델은 한 수학자를 넘어, 철학적 이성과 사유의 지평을 확장시킨 사상가로 남는다.

주요 저술

- 형식 체계에서 결정할 수 없는 명제들에 관하여(On Formally Undecidable Propositions of Principia Mathematica and Related Systems, 1931) | : 괴델 제1, 제2 불완전성 정리 발표한 논문이다.

PART
15

진리의 기준:
검증, 반증, 패러다임

진리는 어떻게 검증될 수 있는가? 우리는 무엇을 믿을 수 있는가?

카르납(1891~1970)은 과학을 논리적 분석과 검증 가능성 위에 세우려 했다. 진리는 명확한 언어와 경험적 증거 속에서만 살아남을 수 있었다.

포퍼(902~1994)는 여기에 반기를 들었다. 과학은 결코 진리를 확증할 수 없다. 중요한 것은 반증 가능성, 즉 틀릴 수 있는 용기였다.

쿤(1922~1996)은 과학을 또 다른 방식으로 보았다. 과학은 논리의 연속이 아니라, 패러다임의 전환을 통해 급격히 변한다. 진리는 절대적이 아니라, 시대와 공동체 안에서 정의된다.

과학은 단순한 사실의 축적이 아니었다. 그것은 하나의 삶의 방식, 그리고 시대마다 다른 질문과 답변의 구조였다. 진리는 언제나 다시 물어져야 했다.

42 | 카르납 1891~1970
철학은 언어를 분석해야 하는가?

"철학의 기능은 외관 뒤의 '실재'를 묘사하는 것이 아니다.
오히려 그것은 과학 언어의 논리적 분석이다.
모든 진술은 논리적으로 분석적이거나, 경험적으로 검증 가능하거나,
그렇지 않으면 무의미하다."

―『언어의 논리적 구문』, 1934

루돌프 카르납(Rudolf Carnap, 1891~1970)은 20세기 분석철학과 과학철학을 대표하는 인물 중 한 명이다. 그는 과학적 지식의 확실성을 강조하며 형이상학적 주장을 비판하고, 언어의 논리적 분석을 통해 철학적 문제를 해결하고자 하였다. 특히, 귀납 논리와 확률 개념을 연구하며 과학적 방법론에 큰 영향을 미쳤으며, 의미론 연구를 통해 언어와 세계의 관계를 탐구하였다.

과학을 사유하는 철학의 탄생

"철학은 과학과 협력해야 하며, 독립적인 형이상학적 탐구를 포기해야 한다" – 20세기 초, 철학은 커다란 전환의 길목에 서 있었다. 오랫동안 형이상학이 철학의 중심축을 이루며 존재의 본질, 실재의 근원, 진리의 궁극적

조건을 탐구해왔지만, 이 전통적 물음들은 급변하는 과학의 진보 앞에서 점차 시대착오적인 울림을 갖게 되었다. 아인슈타인(1879~1955)의 상대성 이론, 양자역학의 도전, 수학기초 위기의 여진 속에서, 철학은 더 이상 관념적 형이상학의 틀 안에서 머무를 수 없었다. 이제 철학은 새로운 언어와 방법을 요구받았다. 과학과 더불어 사유하는 철학, 즉 경험과 논리, 분석과 언어를 중심으로 과학 자체의 성격과 구조를 사유하는 새로운 철학의 시대가 열린 것이다. 이러한 전환기에서 루돌프 카르납의 과학철학의 사유가 탄생하였다.

"철학은 과학적 지식을 생산하는 학문이 아니라, 과학적 언어를 명확하게 정리하는 학문이다" – 그의 사유는 독특하게도 전통 철학이 늘 던졌던 질문인 과학은 어떻게 가능한가에서 출발하지 않는다. 즉, 과학적 인식이 어떻게 성립하고 정당화될 수 있는가를 묻지 않는다. 카르납의 물음은 훨씬 더 분석적이고 기술적이다. 그는 과학은 어떻게 말하는가라고 묻는다. 이 물음은 곧 과학이 사용하는 언어의 형식, 그 진술이 갖는 논리적 구조, 그리고 그것이 의미를 갖기 위한 기준을 분석하려는 시도다. 이런 물음은 철학이 더 이상 실재를 직접 사유하려 하지 않고, 과학이라는 담론의 '언어적 조건'을 사유하는 메타-작업으로 이행했음을 보여준다.

논리실증주의와 비엔나 서클

"모든 철학적 문제는 결국 언어적 문제다" – 루돌프 카르납의 철학을 이해하기 위해서는, 그가 속했던 지적 공동체인 비엔나 서클 Vienna Circle의 사상적 배경과 기획을 살펴보는 것이 필요하다. 비엔나 서클은 1920년대 오스트리아 빈에서 수학자, 물리학자, 철학자들이 모여 결성한 학술적 모임으로, 공통된 문제의식은 과학과 철학의 관계에 대한 근본적 재정립이었다. 비엔나 서클은 언어의 명제가 참이나 거짓이 될 수 있으려면, 그것이 어떤 방식으로든 경험적으로 확인 가능한 것이어야 한다고 보았다. 이로부터 도출된 것이 바로 '검증 가능성 원리 Verifiability Principle'이다. 이에 따르면, "영혼은 육체와 별개의 실체이다", 혹은 "세계에는 목적이 있다"와 같은 명제는 경험적으로 검증될 수 없기 때문에, 의미 있는 명제가 아니라 무의미한 소음에 불과하다. 루돌프 카르납은 '검증 가능성 원리'를 경험주의적 직관으로 받아들이는 데서 멈추지 않고, 이를 논리적 형식 수준에서 다듬고 체계화했다.

"과학적 명제는 검증될 수 있어야 하며, 그렇지 않다면 철학적으로 무의미하다" – 이는 형이상학적이고 경험적으로 검증할 수 없는 진술은 의미가 없다는 관점이다. 이러한 주장을 뒷받침하는 핵심 개념이 바로 '검증 원리 Verification Principle'이다. '검증 원리'는 의미 있는 진술과 무의미한 진술을 구분하는 명확한 기준을 제시한다.

'검증 원리'는 크게 두 가지 종류로 나뉜다. '강한 검증 Strong Verification'은 진술이 완전히 경험적으로 증명될 수 있는 경우를 의미한다. 예를 들어 "이 물체의 온도는 100°C이다"와 같은 진술은 온도계를 통해 직접 측정하여 확실하게 증명할 수 있다. 반면 '약한 검증 Weak Verification'은 진술이 논리적으로 확실하지 않더라도 경험적으로 입증 가능성이 있는 경우를 의미한다. 예를 들어 "모든 백조는 하얗다"와 같은 진술은 모든 백조를 관찰하는 것이 불가능하므로 완전한 증명은 어렵지만, 경험적인 관찰을 통해 어느 정도 입증할 수 있다.

"진술은 논리적으로 분석적이거나, 경험적으로 검증 가능하거나, 그렇지 않으면 무의미하다" – 카르납이 제시한 명제의 의미 조건은 철학의 모든 언어를 두 가지 범주로 나누었다. 하나는 분석적 진술로, 이는 그 참이나 거짓 여부가 오직 그 안에 들어 있는 단어의 정의와 논리적 관계만으로 판별될 수 있는 문장이다. 예컨대 "모든 총각은 결혼하지 않은 남자이다"라는 문장은 단지 단어의 정의에 따라 항상 참이 되므로 분석적이다. 다른 하나는 경험적 진술로, 이는 직접적인 관찰이나 측정, 혹은 경험을 통해 그 진위 여부를 검토할 수 있는 문장이다. "물이 100도에서 끓는다"는 진술은 실험을 통해 검증이 가능하므로 의미 있는 명제가 된다.

카르납의 실체 구분과 언어

"존재는 논리적 체계 내에서 정의될 수 있으며, 철학적 실재론은 논리적 분석을 통해 검토되어야 한다" – 루돌프 카르납의 철학은 단지 과학의 명제를 분석하는 데 그치지 않고, 과학이 세계를 서술할 때 사용하는 존재자 entity 개념에 대해서도 철저한 언어적 사유를 수행했다. 이러한 배경 아래에서 등장한 것이 바로 그의 '실체 삼분법', 즉 '논리적 실체', '과학적 실체', '경험적 실체'이다.

"논리와 수학의 변수는 실제 객체가 아닌 논리적 실체를 의미한다" – 카르납이 정의한 '논리적 실체 logical entities'는 수학과 논리 언어 안에서 사용되는 형식적 대상들이다. 수, 변수, 함수, 양화사(∀, ∃)와 같은 존재자들이 여기에 해당한다. 이들은 경험과 무관하게, 오직 언어 체계 내 규칙에 따라 정의되고 작동하는 존재자들이다. 그가 이러한 구분을 설정한 이유는, 철학이 종종 수나 논리 구조물에 대해 실재하는가라는 존재론적 물음을 던질 때, 그 물음이 잘못된 언어적 맥락에서 제기되었기 때문이라고 보았기 때문이다. 정확한 질문은, 수는 어떤 언어 체계 안에서 어떻게 정의되고 사용되는

가이다. 이러한 입장은 곧 언어와 논리의 규칙이 존재를 결정한다는 명제로 이어진다.

"존재의 문제는 언어적 틀의 내부에 있다. 전자를 받아들이는 것은 전자와 같은 과학적 실체가 유용하기 때문이다" – '과학적 실체 scientific entities'는 물리학, 생물학 등 구체적인 과학 이론 안에서 등장하는 존재자들이다. 전자, 블랙홀, 유전자와 같은 개념은 직접 관찰이 불가능하지만, 이론적 모델 안에서 중요한 설명적 역할을 담당한다. 카르납에게 이런 존재자들은 과학적 언어의 내부 구조에 의해 정의되는 개념적 대상이다. 그 존재 여부는 실험 장비로 직접 확인 가능하다는 의미가 아니라, 이론 전체의 설명력을 높이고 논리적 정합성을 유지하는 데 기여하는가에 따라 평가된다. 즉, 그들은 현실 속에 '존재'하는 것이 아니라, 언어 내에서 기능적으로 '도입'된 것이다. 과학의 언어는 명백히 구성된 것이며, 따라서 이론 속 존재자 역시 논리적 규칙과 정의를 따라 탄생한 것으로 간주된다.

"경험적 실체는 관찰 술어로 정의되어야 하며 검증 절차와 연계되어야 한다" – '경험적 실체 empirical entities'는 카르납의 사유 구조에서 과학 명제를 검증할 수 있는 실제적 기준을 제공한다. 이들은 온도계, 측정값, 감각 자료, 실험 결과 등으로 구성되며, 직접적으로 관찰 가능한 존재자들이다. 카르납은 과학의 명제가 의미 있으려면, 반드시 이 경험적 실체와 연결되어야 한다고 보았다. 다시 말해, 경험적 실체에 대한 언급이나 검증이 없는 명제는 의미가 없다는 것이 그의 핵심 입장이었다. 이 기준은 바로 논리실증주의의 중심이 되는 '검증 원리'를 구성하는 핵심 요소다.

루돌프 카르납은 철학이 과학과 더불어 살아남기 위해 어떤 조건을 충족해야 하는가를 누구보다 집요하게 물었다. 형이상학의 모호한 울림에서 철학을 끌어내려, 과학과 나란히 설 수 있는 명료한 언어와 논리의 기반 위로 철학을 재배치하려 한 그의 시도는, 단순한 방법론적 제안이 아니었다. 그것은 철학의 존재 방식에 대한 근본적인 전환 요청이었다.

"우리는 무엇을 말할 수 있는가?"

"그 말은 어떤 구조를 가져야 하는가?"

"그것은 왜 의미 있는가?"

이러한 질문들은 철학이 과학을 단순히 반성하거나 비판하는 것을 넘어, 과학적 담론 그 자체의 조건을 탐색하는 작업으로 나아가게 했다.

📝 주요 저술

- **언어의 논리적 구문**(Logische Syntax der Sprache, 1934) | 형식언어(언어의 형식적 구조)와 의미론적 분석. 철학적 논의는 실질적인 세계를 다루는 것이 아니라, 언어의 구조를 분석하는 것이라고 주장하였다.

- **의미와 필연**(Meaning and Necessity, 1947) | 의미론적 분석과 기호 논리학. 언어의 의미론적 분석이 가능하다는 것을 보인 중요한 저작이다.

- **철학적 기초 논문**(Introduction to Symbolic Logic and Its Applications, 1958/윤용택, 1993) | 기호 논리학과 철학적 응용. 철학적 논의가 논리적으로 체계화될 수 있음을 제시하였다.

- **과학철학입문**(Philosophical Foundations of Physics, 1966/윤용택, 1993) | 물리학과 과학의 철학적 기초를 논리실증주의 관점에서 정리한 입문서로, 과학적 명제의 검증 가능성, 물리학과 논리학의 관계, 의미론적 분석, 과학적 설명 모델 등을 다룬다.

43 | 포퍼 1902~1994
반증 가능성은 과학적 사고를 어떻게 지탱하는가?

"과학이라는 게임은 원칙적으로 끝이 없다. 어느 날 과학적 명제가 더 이상 검토될 필요가 없다고 믿고, 그것이 최종적으로 입증되었다고 선언하는 자는, 그 순간 과학의 게임에서 스스로 퇴장한 사람이 되는 것이다."

─『탐구의 논리』, 1934

루돌프 카르납(1891~1970)은 의미 있는 명제를 논리적 분석과 경험적 검증 가능성으로 엄격히 구획하며, 과학을 명료한 언어 체계 안에 수렴시키려 했다. 그러나 포퍼(Karl Raimund Popper, 1902~1994)는 과학의 본질은 검증이 아니라 반증, 즉 예측의 실패 가능성에 있다고 보았다. 그에 따르면 과학적 명제는 언제든지 오류 가능성을 내포해야 하며, 이 오류 가능성, 즉 '반증 가능성 falsifiability'이야말로 과학을 사이비와 구분하는 기준이 된다는 것이다. 이는 과학을 고정된 형식 속에서 다루려 한 카르납의 사유에 대한 근본적 반론이자, 과학을 역동적인 비판 과정으로 재정의하려는 시도였다.

반증주의: 과학적 사고의 핵심 원리

"진정한 과학적 이론은 검증될 수 있는 것이 아니라, 반증될 수 있는 것이다" – 기존의 논리실증주의가 과학의 본질을 '경험적 검증Verification'에 둔 것과 달리, 카를 포퍼는 '반증 가능성' 개념을 통해 과학적 방법론을 새롭게 정립했다.

'검증Verification'과 '반증Falsification'은 과학적 방법에서 중요한 개념이다. 검증은 어떤 주장이 참임을 확인하는 과정이다. 예를 들어, "모든 백조는 하얗다"라는 명제를 검증하려면, 우리는 여러 지역에서 많은 백조를 관찰하고 그들이 모두 하얀색인지 확인하면 된다. 반면, 반증은 어떤 주장이 틀릴 가능성을 찾는 과정이다. 위의 명제는 검증을 통해 수많은 하얀 백조를 발견했더라도, 단 한 마리의 검은 백조가 발견되면 반증되며 틀린 것으로 판명된다. 검증은 반복적인 확인을 통해 주장을 뒷받침하는 과정이지만, 반증은 단 하나의 사례로도 기존 이론을 무너뜨릴 수 있다.

"과학은 반증될 가능성이 있는가에 따라 그 가치를 판단한다" – 반증 가능성은 특정 조건에서 이론이 거짓임을 입증할 수 있는 가능성을 의미하며, 이는 과학적 엄밀성을 보장하는 기준으로 작용한다. 포퍼는 과학적 이론이 강력해지려면 단순히 많은 데이터를 설명하는 것에 그치지 않고, 엄격한 반증의 시험을 견뎌야 한다고 강조했다.

포퍼는 과학과 비과학을 구별하는 기준으로 '반증 가능성'을 제시했다. 어떤 이론이 과학적이려면, 반증될 수 있는 방법이 명확히 제시되어야 한다. 뉴턴 역학은 특정한 조건에서 틀릴 수 있는 가능성을 포함하므로 과학적이지만, 프로이트의 정신분석학은 모든 경우를 설명할 수 있도록 구성되어 반증될 수 없으므로 비과학적이라는 것이 포퍼의 논리였다.

"과학의 방법은 대담한 추측과, 그것을 논박하려는 정교하고 치열한 시도들로 구성된다" – 칼 포퍼의 『추측과 논박(1963)』은 과학적 지식이 어떻게 발전하는지를 설명하는 비판적 합리주의의 대표 저술이다. 포퍼는 이 책에서 과학을 단순한 지식의 누적 과정이 아니라, 문제-추측-반증-대체라는 비판적 탐구 과정으로 이해하고 있다. 이 책에서 칼 포퍼는 과학의 본질을 '참을 쌓아가는 과정'이 아니라, '오류를 제거해가는 과정'으로 보았다. 그는 과학이 신화나 직관에서 출발할 수 있음을 인정하면서도, 그 다음 단계는 반드시 비판과 반증이 뒤따라야 한다고 강조한다. 지식의 성장은 확증의 반복이 아니라, 지속적인 논박과 교정의 반복, 즉 'error elimination'을 통해 이뤄진다는 것이다.

포퍼의 관점은 비판적 합리주의critical rationalism로 불린다. 이는 단지 회의주의나 상대주의가 아니라, 오류를 제거하면서 점점 더 나은 이론으로 가까워지려는 열린 합리성이다. 바로 이 점에서, 포퍼는 과학을 정지된 지식이 아니라 끝없이 진화하는 탐구의 체계로 그려냈다. 과학은 진리의 축적이 아니라, 오류를 인식하고 그것을 버리는 용기에서 출발한다.

반증 가능성을 둘러싼 다양한 논쟁

포퍼의 '반증 가능성' 기준은 다양한 논란 가능성이 있고, 그에 따른 여러 철학적 반론들이 제기되었다.

토머스 쿤(1922~1996)은 과학이 포퍼가 말하는 것처럼 단순히 이론이 반증되면 폐기되는 방식으로 발전하지 않는다고 주장했다. 쿤에 따르면 과학은 하나의 패러다임을 중심으로 진행되며, 과학자들은 기존 패러다임 안에서 문제를 해결하려고 노력한다. 과학은 축적적으로 발전하는 것이 아니라, 패러다임 혁명을 통해 단절적으로 변화한다는 것이다.

피에르 듀엠(1861~1916)과 윌러드 밴 오먼 콰인(1908~2000)은 어떤 이론이 반증될 때, 실제로 반증되는 것은 이론 하나가 아니라 전체 이론 체계라고 주장했다. 과학 이론은 개별적으로 존재하는 것이 아니라, 하나의 거대한 네트워크 속에서 작동한다는 것이다. 따라서 특정한 이론이 반증될 경우, 문제가 이론 자체에 있는 것이 아니라 실험 조건이나 다른 요소에 있을 수도 있다는 것이다. 뉴턴 역학이 초신성 폭발을 설명하지 못한다고 해서 뉴턴 역학을 즉시 폐기하지 않는 대신, 과학자들은 실험 기구의 오류, 측정 방식, 다른 보조 가설을 먼저 의심하는 것이 그 예이다.

임레 라카토슈(1922~1974)는 포퍼의 '반증 가능성' 이론이 너무 단순하며, 과학 이론의 발전 과정을 제대로 반영하지 못한다고 비판했다. 그는 과학은 단순한 반증이 아니라, '연구 프로그램' 단위로 발전한다고 주장했다. 과학은 '핵심 이론'과 '보조 가설'로 구성되며, 반증 사례가 등장하면 핵심 이론을 바꾸는 것이 아니라, 보조 가설을 수정하여 대응하려 한다는 것이다. 즉, 과학은 '점진적 수정'을 통해 발전하며, 단순히 반증으로 인해 즉시 폐기되는 것이 아니다. 아인슈타인(1879~1955)의 상대성 이론이 등장했다고 해서 뉴턴 역학이 즉시 폐기되지 않고, 특수한 조건에서 여전히 유효한 이론으로 남게 된 것이 그 예이다.

포퍼는 반증 가능성을 기준으로 과학과 비과학을 구별하려 했지만, 실제 사례에서 이 기준이 명확하게 적용되지 않는 경우가 많다. 실제로 반증될 가능성이 없다고 보이는 이론도 과학적일 수 있으며, 반증이 어려운 이론도 과학적 연구의 일부로 포함될 수 있다는 '경계 문제'가 제기되었다. '빅뱅 이론'은 초기에는 관찰 증거가 부족했지만, 이후 증거가 발견되면서 과학적 이론으로 인정되었다. '초끈 이론'은 현재까지 직접적인 실험적 반증이 불가능하지만, 여전히 과학적 연구로 간주된다. 즉, 어떤 이론이 초기에는 반증이 어려워 보이더라도, 과학적 발전 과정에서 반증 가능성이 높아질 수 있다. 따라서 반증 가능성을 절대적인 기준으로 삼기에는 한계가 있다는 비판이 제기되었다.

포퍼의 3세계 이론

"물리적 과정이 반드시 정신적 경험을 완전히 설명할 수 있는 것은 아니다" – 칼 포퍼는 과학 철학뿐만 아니라 존재론에서도 독창적인 이론을 제시하였다. 그는 '3세계 이론'을 통해, 우리가 경험하고 이해하는 실재 reality를 세 가지 범주로 나누었다. 이 개념은 물리적 실체와 정신적 실체뿐만 아니라, 인간이 창조한 지식과 문화의 세계까지 포괄한다.

제1세계는 '물리적 세계 The Physical World'로 자연적이고 물질적인 실재를 의미한다. 우리의 감각 경험을 통해 직접 접할 수 있는 대상을 포함하며, 물리적 법칙과 자연 현상 속에서 존재한다. 예를 들어 산, 바다, 행성, 인간의 신체, 물리적 법칙(중력, 전자기력), 생명체, 신경 시스템, 컴퓨터 하드웨어 등이 제1세계에 속한다.

제2세계는 '심리적 세계 The Mental World'로 의식과 정신적 활동의 세계를 의미한다. 인간의 감정, 사고, 신념, 주관적 경험 등을 포함하며, 순수한 물질적 법칙(제1세계)으로 완전히 설명할 수 없다. 예를 들어 생각, 감정, 의지, 의식적 경험 ("기분이 좋다"), 지각된 감각("빨간색을 보고 있다") 등이 제2세계에 속한다. 제1세계와 제2세계는 밀접하게 연결되어 있다. 예를 들어, 뇌(제1세계)는 물리적 기관이지만, 생각과 감정(제2세계)은 순수한 물리적 과정만으로 설명하기 어렵다.

제3세계는 '지식과 문화의 세계 The World of Knowledge & Culture'로 인간이 창조한 객관적인 지식과 문화적 산물의 세계를 의미한다. 개인의 정신(제2세계)에서 시작되지만, 독립적인 실재로 존재하며, 인간이 사라져도 그 자체로 존재할 수 있다. 예를 들어 수학적 공식($E=mc^2$), 과학 이론(뉴턴 역학, 양자역학), 문학과 예술(셰익스피어의 희곡, 베토벤의 교향곡), 철학적 개념(자유주의, 민주주의), 법률과 제도(헌법, 형법) 등이 제3세계에 속한다. 인간의 사고(제2세계)는 제3세계의 지식과 문화를 만들어내고 이해하고 활용하지만, 제3세계의 지식과 문화 자체는 독립적으로 존재하고 발전한다.

"우리가 만든 이론과 개념들은 우리를 초월하여 독립적으로 존재하며, 우리는 이를 수정하고 발전시켜야 한다" – 포퍼는 인간이 창조한 개념과 이론이 독립적인 존재로 기능한다고 주장하며, 과학과 철학이 단순한 인간의 주관적 인식을 넘어 독립적인 탐구로 발전할 수 있음을 강조했다. 이는 인간이 만들어낸 개념과 논리가 독립적인 존재로 기능한다는 점에서 독특한 철학적 입장이었다. 과학철학과 인식론에 있어서도 포퍼의 3세계 이론은 중요한 영향을 미쳤다. 그는 과학적 이론이 단순한 관찰(제1세계)과 사고(제2세계)로 끝나는 것이 아니라, 제3세계 속에서 축적되고 발전한다고 보았다. 즉, 과학은 개별 인간의 지식을 넘어 집단적이고 지속적인 체계로 형성된다.

열린 사회와 열린 탐구

"독재적 사고는 질문을 하지 않는다. 열린 사회는 질문을 던진다" – 포퍼의 반증주의적 태도는 단지 과학이론의 성격을 재정의하는 데 그치지 않고, 사회와 정치의 문제에 대해서도 유사한 사유 구조를 적용하게 하였다. 그는 『열린 사회와 그 적들(1945)』에서, 전체주의적 사상, 즉 플라톤(BC 427~347), 헤겔(1770~1831), 마르크스(1818~1883) 등의 역사관을 비판하며, 역사나 사회를 완결된 이론이나 법칙으로 설명하려는 모든 시도는 위험하다고 주장했다.

인간 사회는 결코 예측 가능한 법칙의 지배를 받지 않으며, 완벽하게 계획될 수도 없다. 오히려 사회는 끊임없는 비판과 수정, 논쟁과 검토를 통해 발전하는 열린 구조여야 한다. 포퍼에게 있어 열린 사회란, 정치적 다원성과 비판 가능성을 제도적으로 보장하는 사회, 다시 말해 과학에서 반증이 중요한 것처럼, 사회에서도 비판과 대안 제시가 가능해야 한다는 원칙 위에 성립하는 것이다.

"완벽한 진리를 찾았다고 선언하는 순간, 열린 탐구는 끝나고 독재적 사고가 시작된다" – 이와 연결되는 개념이 바로 그의 역사주의 비판이다. 포퍼는 마르크스를 비롯한 역사주의 사상가들이 주장하는 '역사의 법칙', '사회 발전의 필연성' 같은 개념을 강하게 반대했다. 그는 이러한 역사주의가 결국 미래를 예측하고 통제할 수 있다는 환상을 낳고, 이는 전체주의와 독재의 철학적 토대가 된다고 보았다. 역사는 결코 예언될 수 없으며, 미래는 인간의 비판적 사유와 자유로운 선택의 결과로 구성된다는 것이 그의 입장이다. 따라서 철학이 해야 할 일은 미래를 설명하거나 계획하는 것이 아니라, 현재 제도와 신념을 비판하고 개선 가능한 방향으로 끊임없이 수정해 나가는 것이어야 한다.

포퍼의 반증주의, 3세계 이론, 열린 사회와 역사주의 비판은 각각 독립된 영역에서 전개되는 이론처럼 보이지만, 그 이면에는 비판을 통한 진보라는 하나의 통일된 철학이 흐른다. 그는 닫힌 이론, 닫힌 사회, 닫힌 역사 해석이 지니는 위험성을 일관되게 지적하며, 모든 진리는 잠정적이며, 모든 체계는 반박될 수 있고, 모든 제도는 개선될 수 있어야 한다는 원칙을 철학의 중심에 놓았다. 과학에서든, 사회에서든, 철학에서든, 포퍼는 완결된 진리가 아니라, 끊임없이 반박당할 준비가 되어 있는 열린 주장만이 진보를 가능하게 한다고 믿었다.

오늘날 과학적 이론들이 실패를 통해 진보한다는 과학 인식론, 민주주의 사회에서 비판과 반론이 제도화되어야 한다는 정치 철학, 예측 불가능성과 복잡성을 전제로 하는 역사 해석은 모두 포퍼의 이러한 통찰에 기반하고 있다. 그는 진리가 완전한 형태로 존재할 수 없음을 강조하며, 우리는 오직 더 나은 설명과 비판적 사고를 통해 점진적으로 실재에 접근할 수 있을 뿐이라고 주장했다. 포퍼는 아래와 같이 묻고 있다.

"과학적 탐구와 민주적 사회는 어떻게 더 개방적이고 비판적인 형태로 발전할 수 있을까?"

주요 저술

- **탐구의 논리**(Logik der Forschung, 1934) | 과학적 발견의 논리를 다룬 이 책은 포퍼의 초기 주요 저작으로, 과학적 방법론에 대한 그의 독창적인 견해를 제시한다.

- **열린 사회와 그 적들**(The Open Society and Its Enemies, 1945/이한구 외, 2006) | 전체주의에 대한 비판과 열린 사회의 중요성을 강조한 이 책은 두 권으로 구성되어 있으며, 플라톤, 헤겔, 마르크스의 사상을 비판적으로 분석한다.

- **역사주의의 빈곤**(The Poverty of Historicism, 1957년) | 역사주의에 대한 비판을 담은 이 책에서 포퍼는 역사적 예측의 불가능성과 사회과학의 방법론에 대한 새로운 관점을 제시한다.

- **추측과 논박**(Conjectures and Refutations: The Growth of Scientific Knowledge, 1963/이한구, 2001) | 과학적 지식의 발전 과정을 추측과 반박의 연속으로 설명한 이 책은 포퍼의 과학 철학을 이해하는 데 중요한 저작이다.

- **객관적 지식: 진화적 접근**(Objective Knowledge: An Evolutionary Approach, 1972/이한구 외, 2013) | 지식의 객관성과 진화론적 접근을 다룬 이 책에서 포퍼는 지식의 성장과 그 구조에 대한 심도 있는 분석을 제공한다.

44 | 쿤 1922~1996
패러다임은 어떻게 변화하는가?

"과학혁명 과정에서 그들은 이전에 보았던 장소에서 익숙한 도구를 들고 익숙한 대상을 바라보면서도, 전혀 새로운 것들을 본다. 익숙한 사물들이 완전히 다른 빛 아래에서 보이고, 그 옆에는 이전에는 전혀 존재하지 않던 사물들이 새롭게 출현한다."
—『과학혁명의 구조』, 1962

　　카르납(1891~1970)은 과학의 언어를 논리적으로 정제하고 분석함으로써 검증 가능한 의미 있는 진술의 구조를 밝히고자 했고, 포퍼(1902~1994)는 검증이 아니라 반증을 통해 진보하는 개방된 합리성을 주장했다. 두 사람은 과학은 궁극적으로 점진적으로 축적되며, 보다 정교한 이론으로 발전한다는 과학의 연속성과 합리성에 대한 믿음은 공통되었다. 토머스 쿤(Thomas Kuhn, 1922~1996)은 이러한 사유의 지형에 근본적인 균열을 일으키며, 과학의 실제 발전 양상이 '패러다임paradigm'의 변화를 통해 비약적으로 진행된다고 주장했다.

과학 혁명과 패러다임 전환

　　"정상과학은 패러다임이 제공하는 문제와 답의 범위 안에서 연구를 수행한다" – 쿤은 과학 활동을 '정상과학Normal Science'과 '혁명적 과학Revolutionary Science'으로 구분하였다. 정상과학은 특정 패러다임 하에서 이루어지는 과학 활동이다. 과학자들은 패러다임이 제시하는 틀 안에서 문제를 해결하고, 연구를 수행하며, 지식을 축적한다. 그러나 정상과학이 진행되는 과정에서 기존 패러다임으로 설명할 수 없는 '이상 현상Anomalies'이 발생한다. 처음에는 이러한 '이상 현상'들을 무시하거나, 기존 패러다임 내에서 해결하려고 시도한다. 하지만 이상 현상이 누적되면 과학자들은 기존 패러다임에 대한 의문을 품기 시작하고, 과학은 '위기Crisis'에 직면하게 된다.

"위기는 기존 틀의 한계를 드러내며, 새로운 패러다임의 필요성을 부각시킨다" – 위기가 심화되면 기존 패러다임은 더 이상 과학자들에게 만족스러운 해답을 제공하지 못한다. 이때 새로운 패러다임이 등장하여 기존 패러다임을 대체하게 되는데, 이 과정을 '과학 혁명'이라고 한다. 패러다임 전환은 단순히 새로운 이론이나 발견이 추가되는 것이 아니다. 세계를 바라보는 방식, 문제를 해결하는 방식, 데이터를 해석하는 방식 등 과학 활동의 근본적인 변화를 의미한다. 이는 기존 과학철학, 특히 칼 포퍼의 반증주의와 대비되는 혁신적인 관점이었다.

천동설에서 지동설로, 뉴턴 역학에서 양자역학으로

쿤은 과학의 역사를 단지 지식의 축적이 아니라, 서로 양립할 수 없는 패러다임들 사이의 단절과 전환으로 이루어진다고 주장했다. 이러한 패러다임 전환의 구조는 과학의 가장 상징적인 발전 과정들, 곧 천동설에서 지동설로의 이행, 그리고 뉴턴 역학에서 상대성 이론과 양자역학으로의 도약에서 생생하게 드러난다.

"패러다임의 변화는 과학자들이 세계를 보는 방식 자체를 변화시킨다" – 이 모든 과정은 쿤이 말한 바와 같이, 단순한 이론의 개량이 아니라 인식의 틀이 완전히 교체되는 패러다임 전환의 사례였다. 천동설과 지동설, 뉴턴 역학과 상대성 이론은 단지 계산 방식이 다른 것이 아니라, 세계가 어떻게 구성되어 있고, 인간이 그 세계를 어떻게 이해할 수 있는지를 전혀 다르게 전제한다. 결국 과학의 역사는 끊임없는 축적이 아니라, 위기의 축적과 그것에 대한 이론적 응답, 그리고 완전히 다른 방식으로 세상을 다시 구성하려는 지적 시도들의 연속이다.

"과학적 진리는 패러다임에 상대적이다" – 패러다임이 변화함에 따라 과학적 실재에 대한 이해도 변화한다. 쿤은 이를 통해 과학적 지식이 절대적인 진리가 아니라, 특정 패러다임에 상대적인 것임을 보여주었다. 즉, 과학적 진리는 절대적인 것이 아니라 특정 패러다임 내에서만 유효하다는 것이다. 새로운 패러다임이 등장하면 이전 패러다임에서 통용되던 과학적 진리는 그 의미를 상실하거나 수정될 수 있다.

"과학은 사회적 활동이다" – 쿤은 궁극적으로 과학 활동이 사회적 요소와 밀접하게 연관되어 있다고 보았다. 과학자들은 학문 공동체를 형성하고, 공통된 패러다임을 공유하며 연구를 수행한다. 새로운 패러다임은 학문 공동체의 합의와 수용을 통해 정당성을 얻는다. 따라서 과학은 사회적, 역사적 맥락 속에서 이루어지는 활동이며, 절대적인 객관성을 갖는다고 보기 어렵다.

패러다임 이론의 파장과 논쟁

토머스 쿤의 패러다임 이론은 과학사 연구를 넘어 철학과 사회과학 전반에 큰 영향을 미쳤다. 쿤의 이론은 과학에 대한 기존의 관점을 근본적으로 뒤흔들었으며, 과학의 발전 과정을 새로운 시각으로 조망할 수 있는 틀을 제공했다. 하지만 쿤의 이론은 과학적 진보에 대한 상대주의적 해석을 낳을 수 있다는 비판과 함께 다양한 논쟁을 불러일으켰다. 쿤의 이론은 다음과 같은 점에서 기존의 과학관에 큰 파장을 일으켰다.

첫번째는 과학은 절대적 진리를 향해 나아가는 것이 아닌가라는 의문을 제기하였다. 기존에는 과학이 점진적으로 발전하며 진리에 접근한다고 여겨졌지만, 쿤은 과학이 절대적 진리를 향하는 것이 아니라 시대마다 다른 패러다임을 따른다고 주장했다. 즉, 한 시대의 과학이 '절대적 진리'라고 단정할 수 없다는 것이다.

두번째로 과학은 객관적이지 않으며, 사회적·심리적 요인에 의해 결정되는가라는 의문을 제기하였다. 과학자들이 새로운 패러다임을 받아들이는 과정은 단순한 논리적 검증이 아니라, 사회적 합의, 철학적 신념, 시대적 흐름에 영향을 받는다. 쿤은 과학적 방법론이 하나가 아니며, 과학의 발전이 논리적이라기보다는 역사적이고 사회적 과정 속에서 이루어진다고 보았다. 이러한 쿤의 주장은 과학이 절대적 진리를 추구하는 객관적 과정이라는 기존 견해를 흔들어 놓았다.

쿤의 과학혁명론은 혁신적인 이론이었지만, 여러 반대 의견도 존재한다. 먼저 포퍼(1902~1994)의 반증주의와 대립한다. 포퍼는 과학이 오류를 수정하며 점진적으로 진리를 향해 나아간다고 보았으며, 쿤의 '패러다임 전환'은 과학의 발전을 단절적으로 설명한다고 비판했다.

다음으로 점진적 과학적 진보에 대한 입장으로부터의 논쟁이 제기된다. 과학자들은 과학은 패러다임이 바뀌더라도 점점 더 정밀한 설명을 만들어 가는 과정이라고 반박한다. 뉴턴 역학이 상대성이론으로 대체되었지만, 상대성 이론은 뉴턴 역학을 포괄하고, 뉴턴 역학은 여전히 자신의 영역에서는 유효한 과학 이론으로 남아 있는 것이 그 예이다.

마지막으로 패러다임의 기준이 모호하다는 비판이 있다. 패러다임이 어떻게 형성되고, 언제 변화하는지에 대한 명확한 기준이 부족하다는 비판이다.

쿤의 과학철학은 과학적 지식의 본질과 발전 과정에 대한 심오한 질문을 던졌다. 그의 이론은 과학의 역사적, 사회적 맥락을 강조하며, 과학적 진리의 상대성을 인정한다. 쿤의 과학혁명론은 과학철학뿐만 아니라 다양한 학문 분야에 영향을 미치고 있으며, 지식의 본질과 변화에 대한 논의를 풍부하게 했다.

그의 패러다임 개념은 과학 지식의 변화와 발전을 이해하는 새로운 틀을 제공했으며, 과학의 사회적, 역사적 측면을 강조하였다. 쿤의 이론은 과학자들이 자신의 연구 활동을 성찰하고, 새로운 패러다임의 가능성에 열린 마음을 갖도록 촉구한다.

주요 저술

- **과학 혁명의 구조**(The Structure of Scientific Revolutions, 1962/김명자, 2013) | 쿤의 대표작으로, 과학 지식의 발전이 패러다임 전환을 통해 이루어진다는 혁명적인 주장을 담고 있다.
- **코페르니쿠스 혁명**(The Copernican Revolution, 1957/정동욱, 2016) | 천문학 혁명을 중심으로 과학적 사고의 변화를 분석한 책이다.
- **현대과학철학 논쟁**(Criticism and the Growth of Knowledge, 1977/조승옥 외, 2002) | 1965년에 런던에서 개최된 국제 과학철학 세미나를 토대로 그 후 몇 년에 걸쳐 재구성되었다. 주로 '토마스 쿤의 과학관'에 대한 논의들을 담고 있다.

PART 16

주체: 의식, 실존, 몸

주체는 더 이상 세상 바깥에서 세계를 바라보는 존재가 아니었다.
후설(1859~1938)은 의식이 세계를 지향한다는 사실을 밝혀냈다. 주체는 세상을 받아들이는 수동적 거울이 아니라, 세계를 구성하는 능동적 지평이었다.
하이데거(1889~1976)는 주체와 객체의 구분을 거부하고, 인간을 '세계-내-존재'로 재정의했다. 우리는 세계 안에 던져져 있으며, 존재는 인간을 통해 스스로 드러난다.
메를로-퐁티(1908~1961)는 주체를 몸으로 끌어내렸다. 생각하는 주체가 아니라 느끼고 움직이는 주체로서, 인식은 이성과 논리가 아니라 살아 있는 몸을 통해 일어난다.
존재와 인식은 분리될 수 없었다. 주체는 세계의 바깥이 아니라, 세계의 한복판에 있었다. 철학은 이 새로운 주체를 다시 찾아야 했다.
이제, 우리는 의식, 자아, 몸이라는 세 가지 키워드를 통해 인간 존재의 심연을 탐구한 사상가들의 통찰 속으로 깊이 들어가 본다.

45 | 후설 1859~1938
순수한 의식경험은 어떻게 가능한가?

"우리는 끊임없이 그 근원으로, 직관의 원초적 자료로, 자기-주어짐의 방식으로 주어진 것으로 되돌아가야 한다. 우리가 아는 모든 것, 세계에 대해 말하는 모든 것은, 세계가 우리에게 주어지는 그 원초적 증거의 영역으로 되돌려져야 한다."

— 『순수 현상학과 현상학적 철학의 이념』, 1913

에드문트 후설(Edmund Husserl, 1859~1938)은 20세기 초 독일의 철학자로, '현상학Phenomenology'의 창시자이다. 그의 철학은 당시 유럽 학문의 위기를 극복하고 철학을 엄밀한 학문으로 정초하려는 치열한 문제의식에서 출발하였다. 후설은 의식과 경험의 본질을 탐구함으로써 세계와 인식의 근원을 밝히고자 하였으며, 그의 사상은 이후 실존주의, 해석학, 구조주의 등 다양한 철학 분야에 지대한 영향을 미쳤다.

현상학 철학의 탄생 배경

"현대 과학은 세계를 기술하지만, 인간의 삶에 대해 아무것도 말하지 않는다" – 19세기 말에서 20세기 초 유럽은 과학기술이 눈부신 발전을 이룩하며 사회 전반에 걸쳐 실증주의와 자연주의가 팽배하던 시기였다. 물리학,

화학, 생물학 등 자연과학의 성공은 인간의 이성과 합리성에 대한 신뢰를 높였고, 객관적이고 측정 가능한 지식만이 진정한 지식으로 간주되는 경향을 낳았다. 그러나 이러한 과학의 승리 이면에는 깊은 그림자가 드리워져 있었다. 과학은 외부 세계의 법칙을 설명하고 물질문명을 풍요롭게 하는 데는 기여하였으나, 정작 인간 삶의 의미, 가치, 정신적 세계와 같은 근본적인 문제에 대해서는 침묵하거나 무력한 모습을 보였다. 인간의 주관적 경험, 의식의 내면세계는 과학적 탐구의 객관적 대상에서 배제되었고, 인간 존재의 의미는 점차 상실되어 갔다. 후설은 이러한 상황을 '유럽 학문의 위기'라고 진단하였다. 그에게 있어 이 위기의 본질은 학문, 특히 과학이 인간의 삶과 동떨어져 객관주의의 함정에 빠짐으로써, 정작 학문이 봉사해야 할 인간 삶의 의미 기반을 망각한 데 있었다.

"심리학은 사실들의 학문이다. 그러나 논리는 규범들의 학문이다" – 당시 철학의 상황 또한 혼란스럽기는 마찬가지였다. 한편에서는 심리학주의 Psychologism가 득세하여 논리학이나 수학의 객관적 법칙마저도 인간의 주관적 심리 과정으로 환원하려 시도함으로써 진리의 상대주의를 초래할 위험을 안고 있었다. 후설은 그의 초기 저작인 『논리 연구(1901)』를 통해 이러한 심리학주의를 비판하며 논리적 진리의 객관성을 옹호하였다. 다른 한편에서는 관념론적 전통이 다양한 형태로 변주되었으나, 명확하고 확실한 학문적 토대를 제공하지 못하고 사변적인 논쟁에 머무르는 경향도 있었다. 후설이 보기에 철학은 본래 모든 학문의 근거를 제공하고 시대를 이끄는 등대의 역할을 해야 함에도 불구하고, 방향 감각을 상실한 채 표류하고 있었던 것이다.

"현상학은 사실의 과학이 아니라, 본질의 과학이다" – 이러한 지적 위기 상황 속에서 후설은 철학을 모든 학문의 근본이 되는 '엄밀학strenge

Wissenschaft'으로 정초하고자 하는 강렬한 열망을 품게 되었다. 그는 기존의 철학적 전통이나 과학적 성과를 무비판적으로 수용하는 대신, 모든 선입견과 가정을 배제하고 의심할 수 없는 가장 확실한 출발점에서부터 철학을 재건해야 한다고 생각하였다. 그의 유명한 구호 '사태 자체로!Zu den Sachen selbst!'는 바로 이러한 문제의식을 압축적으로 보여준다. 이는 모든 이론적 구성물이나 해석 이전에, 우리 의식에 직접적으로 주어지는 순수한 현상, 즉 경험 그 자체로 돌아가 대상을 있는 그대로 기술하고 분석하겠다는 현상학적 태도의 선언이었다.

의식의 지향성

"모든 의식은 무언가에 대한 의식이다" – 후설의 현상학에서 '지향성 Intentionalität' 개념은 그 철학 체계 전체를 관통하는 가장 핵심적인 초석이라 할 수 있다. '지향성'이란 간단히 말해, 인간의 의식은 그 본질상 항상 무엇인가를 향하고 있으며, 무엇인가에 '대한' 의식이라는 근본적인 특징을 일컫는다. 우리가 무엇인가를 지각할 때, 기억할 때, 상상할 때, 판단할 때, 혹은 사랑하거나 미워할 때, 우리의 의식은 결코 텅 빈 상태로 머무르지 않는다. 그것은 언제나 특정한 대상을 향해 뻗어 나간다. 예를 들어, '나무를 본다'는 지각 행위는 '나무'라는 대상을 향하며, '어제를 회상한다'는 기억 행위는 '어제의 일'이라는 대상을 향한다. 심지어 유니콘을 상상하거나 소설 속 인물에 대해 생각하는 것처럼 그 대상이 현실에 실재하지 않는 경우에도, 의식은 여전히 그 가상적 대상을 향하고 있다. 이는 의식이 수동적으로 외부 자극을 받아들이는 일종의 '용기'가 아니라, 능동적으로 대상을 포착하고 관계 맺는 활동임을 보여준다.

지향성 개념의 현대적 재조명은 후설의 스승인 프란츠 브렌타노 (1838~1917)로부터 시작되었다. 브렌타노는 중세 스콜라 철학의 '지향적 내재intentional inexistence' 개념을 부활시켜, 지향성을 물리 현상과 구별되는 심리 현상의 고유한 기준으로 제시하였다. 그에게 있어 지향성은 의식 속에 대상이 '내재적으로 존재함'을 의미했다. 후설은 브렌타노의 이러한 통찰을 계승하였으나, 이를 심리학적 기술을 넘어 철학의 근본 문제와 연결시켰다. 후설에게 지향성은 의식이 어떻게 대상을 파악하고 의미를 부여하며, 나아가 객관적 세계를 구성해 나가는지를 해명할 수 있는 열쇠였다. 그는 지향성을 통해 의식과 세계의 관계를 새롭게 정립하고, 이를 토대로 철학을 엄밀한 학문으로 만들고자 하였다.

"노에시스는 행위의 방식이며, 노에마는 그것이 의식에 의해 지시되는 대상의 의미이다" – 후설은 더 나아가 지향적 의식 활동의 구조를 '노에시스noesis'와 '노에마noema'라는 한 쌍의 개념을 통해 정교하게 분석하였다. '노에시스'는 지향적 행위 그 자체, 즉 의식의 작용적 측면을 의미한다. 예를 들어, 지각 작용, 기억 작용, 판단 작용 등이 이에 해당한다. 이는 '어떻게' 의식하는가의 문제와 관련된다. '노에마'는 그러한 지향적 행위에 의해 파악된 대상, 즉 의식된 내용 또는 의미 내용을 가리킨다. 지각된 나무의 '의미', 기억된 사건의 '의미', 판단된 명제의 '의미' 등이 노에마에 속한다. 이는 '무엇을' 의식하는가의 문제와 관련되며, 대상 그 자체가 아니라 의식에 주어진 '대상적 의미'이다.

예를 들어, 동일한 물리적 대상인 '저기 있는 사과'라 할지라도, 그것을 무심하게 '지각하는' 노에시스와 그 결과로서의 '지각된 사과(노에마)와 그것을 '욕망하는' 노에시스와 그 결과로서의 '욕망된 사과(노에마)'는 서로 다른 지향적 구조를 이룬다. 이처럼 노에시스와 노에마의 상관관계를 분석함으로써 후설은 의식이 세계에 의미를 부여하는 방식을 해명하고자 하였다.

괄호 안에 넣기: 에포케와 현상학적 환원

후설의 현상학에서 의식의 본질적 특징인 '지향성'을 순수하게 탐구하기 위해서는 특별한 철학적 방법론이 요구된다. 바로 '에포케Epoché'와 '현상학적 환원phänomenologische Reduktion'이 그것이다. 이 두 가지는 후설 현상학의 핵심적인 방법론적 장치로서, 우리가 세계와 사물을 바라보는 일상적인 태도에서 벗어나 '사태 자체로' 나아가기 위한 필수적인 절차이다.

"나는 세계에 대한 존재 판단을 괄호 안에 넣는다" – 우리는 일상생활 속에서 '자연적 태도natürliche Einstellung'를 취하며 살아간다. 자연적 태도란 우리 자신과 타인, 그리고 시간과 공간 속에 존재하는 세계가 우리 의식과는 독립적으로 '저기 바깥에' 실제로 존재한다고 확신하는 너무나도 당연하고 소박한 믿음이다. 이러한 태도 속에서 우리는 세계의 존재를 의심하지 않으며, 그 안에서 다양한 경험을 하고 실천적 활동을 수행한다. 그러나 후설에 따르면, 철학이 진정으로 엄밀한 학문이 되기 위해서는 이처럼 무반성적으로 받아들여지는 자연적 태도, 즉 세계가 실제로 존재한다는 믿음을 그대로 전제해서는 안 된다. 이러한 전제들은 의식이 세계의 의미와 현상을 '구성하는' 역할을 가리게 되기 때문이다.

이러한 자연적 태도를 넘어서기 위해 후설이 제시한 첫 번째 단계가 바로 '에포케Epoché'이다. 그리스어에서 유래한 에포케는 '멈춤', '중지', '보류'를 의미한다. 후설 철학의 맥락에서 에포케는 자연적 태도, 즉 세계의 실존에 대한 판단을 의식적으로 중지하거나 보류하는 행위를 뜻한다. 이는 세계의 존재를 부정하거나 의심하는 회의주의적 태도와는 근본적으로 다르다. 후설의 에포케는 세계의 존재 자체를 부정하는 것이 아니라, 그 존재에 대한 '판단'을 괄호 안에 넣어 그 효력을 일시적으로 정지시키는 방법론적 중립성의 확보다. 에포케의 목적은 우리의 시선을 외부 세계의 실존 여부에서 돌려, 그것이 우리 의식에 어떻게 나타나고 경험되는지, 그리고 그러한 경험을 가능하게 하는 의식 자체의 영역으로 향하게 하는 데 있다.

"세계가 존재하는지 여부에 대한 믿음을 중단함으로써, 나는 오직 '나에게 나타나는 것'을 탐구의 대상으로 삼는다" – 에포케를 통해 시작되고 유지되는 과정이 바로 '현상학적 환원 phänomenologische Reduktion'이다. '환원'은 말 그대로 '본래적인 것으로 되돌아간다 re-ducere'는 의미를 지닌다. 현상학적 환원은 자연스럽게 받아들여졌던 세계와 그 안의 모든 대상들을 순수한 현상으로, 그리고 이러한 현상들을 경험하는 순수 의식의 영역으로 되돌리는 과정이다. 이 환원을 통해 시간과 공간 속에 존재하는 세계 전체, 심지어 우리 자신의 경험적 자아마저도 하나의 '현상'으로 간주되며, 이를 관조하는 '몰입하지 않는 관찰자 uninteressierter Zuschauer', 즉 순수 의식조차 탐구 대상이 된다. 현상학적 환원은 한 번에 완성되는 것이 아니라 에포케, 형상적 환원, 초월적 환원 등 여러 층위를 가지며, 궁극적으로는 모든 경험의 가능 조건인 순수 의식과 그 구조를 드러내는 것을 목표로 한다.

현상의 본질:형상적 환원

"우리는 개별 사실을 넘어서, 그것들의 본질을 직관적으로 파악함으로써 보편적 지식을 얻는다" – 후설의 현상학적 방법론에서 에포케를 통해 일단 순수한 현상의 영역이 확보되면, 그 다음으로 중요한 단계는 바로 '형상적 환원 eidetic reduction'이다. 이는 개별적이고 우연적인 사실들로부터 보편적이고 필연적인 '본질Wesen'을 파악해내는 과정이다. 후설에게 철학은 단순한 사실의 기술을 넘어 본질에 관한 학문, 즉 '본질 과학Wesenswissenschaft'이 되어야 했으며, 형상적 환원은 이러한 목표를 달성하기 위한 핵심적인 방법이었다.

후설이 본질 탐구에 주목한 이유는 경험적 사실에만 의존하는 학문의 한계를 넘어설 필요성을 느꼈기 때문이다. 경험과학들은 개별적인 사실들을 관찰하고 기술하며 일반적인 법칙을 도출하려 하지만, 그 결과는 항상 개연적인 수준에 머무른다. 경험과학은 어떤 것이 '그러하다'는 사실을 말해 줄 수는 있어도, 그것이 '본질적으로 무엇이며', '왜 그러할 수밖에 없는지'에 대한 필연적인 근거를 제시하지는 못한다. 후설에 따르면, 철학이 모든 학문의 근본을 이루는 엄밀한 학문이 되기 위해서는 이처럼 변화무쌍한 경험적 사실들을 넘어, 모든 가능한 경우에 타당한 보편적이고 필연적인 진리, 즉 '본질'을 탐구해야 한다. '본질'이란 어떤 대상을 바로 그것이게끔 하는 '무엇임Was-sein', 즉 그 대상의 정체성이자 불변하는 핵심적 특성들의 총체를 의미한다. 예를 들어, '인식'의 본질, '판단'의 본질, '사랑'의 본질, 혹은 '성스러움'의 본질 등이 그것이다.

"상상적 변형을 통해 본질이 드러나는 지점을 포착할 수 있다" – 형상적 환원을 통해 이러한 본질을 파악하는 구체적인 방법으로 후설은 '자유로운 상상적 변경freie Variation in der Phantasie'을 제시하였다. 이 방법은 다음과 같은 과정을 거친다. 우선, 에포케를 통해 특정 대상이나 경험의 실제 존재 및 개별적 특성에 대한 판단을 중지하고, 그것을 순수한 현상으로 간주한다. 그런 다음, 이 개별 현상을 출발점으로 삼아 상상 속에서 그 현상의 다양한 측면들을 자유롭게 변경시켜 본다. 예를 들어, 어떤 특정한 상황에서 '성스러움sacredness'을 경험했다고 가정해 보자. 우리는 그 경험의 대상을 바꾸어 상상해 볼 수 있다 (예: 장엄한 자연, 종교적 의식, 예술 작품, 타인의 숭고한 행위). 또한 그 경험이 일어나는 맥락(개인적 체험, 공동체적 경험)이나 동반되는 감정(경외감, 평온함, 압도감) 등도 다양하게 변경시켜 볼 수 있다. 이러한 자유로운 변경 과정 속에서도 여전히 그 경험을 '성스러움의 경험'으로 인식하게 만드는, 즉 그것이 없다면 더 이상 성스러움의 경험이라고 부를 수 없는 어떤 핵심적이고 불변하는 요소들이 드러나게 된다. 예를 들어, 일상적인 것을 초월하는 어떤 가치나 실재와의 마주침, 깊은 경외심이나 특별한 의미를 느끼게 하는 어떤 근원적인 경험 등이 그것이다. 이렇게 모든 가능한 변화 속에서도 동일하게 유지되는 핵심적인 공통분모, 즉 불변의 것이 바로 그 현상의 '본질' 또는 '형상'이다.

이렇게 파악된 본질은 몇 가지 중요한 특징을 지닌다.

첫째, 본질은 '선험적 a priori'으로 인식된다. 즉, 수많은 경험적 사례를 관찰함으로써 귀납적으로 얻어지는 것이 아니라, 단 하나의 사례를 통한 상상적 변경만으로도 파악될 수 있으며, 그 타당성은 경험적 실존 여부와는 무관하다. 예를 들어, 의자가 '앉을 수 있는 구조'라는 본질을 가진다는 것은 수천 개의 의자를 관찰해야만 알 수 있는 것이 아니다. 하나의 의자를 상상 속에서 다리 없이 바꿔보거나 등받이를 제거해보는 등의 형상적 환원을 진행하다 보면, 어느 지점에서부터 '더 이상 그것이 의자라고 불릴 수 없는 순간'을 발견하게 된다. 이 순간, 우리는 의자의 본질적 구조, 즉 '앉기 위한 기능적 지지체'라는 필연적 구성요소를 직관하게 된다. 이처럼 본질은 경험을 넘어선 가능성의 지평에서 선험적으로 파악되며, 그것이 실제 존재하는지 여부와는 무관하게, 의식 속에서 의미로 구성되는 방식 자체에 속한다. 이것이 후설이 말하는 본질 인식의 선험성 a priori이다.

둘째, 본질은 '보편적이고 필연적'이다. 특정 종류의 모든 가능한 대상에 대해 예외 없이 타당하며, 그 대상이 바로 그 대상이게끔 하는 필연적인 규정이다.

셋째, 본질은 현실적 대상이 아니라 '이념적 대상ideale Gegenstände'이다. 물리적 사물처럼 시간과 공간 속에 존재하는 것이 아니라, 그 자체로 완결된 의미를 지닌 이념적인 존재 방식을 갖는다.

순수 의식의 궁극적 지평: 초월론적 환원

"초월적 자아는 세계를 의미 있는 대상으로 구성하는 근원이다" – '에포케'를 통해 우리는 세계의 실존에 대한 자연적 태도의 판단을 중지하고, '형상적 환원'을 통해 개별 현상들 너머의 보편적 본질을 파악하였다. 그러나 이러한 과정들만으로는 여전히 탐구의 주체가 세계 내의 한 개인, 즉 경험적이고 심리적인 자아로 남아있을 수 있다. '초월론적 환원transcendental reduction'은 이러한 경험적 자아마저도 하나의 현상으로 간주하고, 그 근저에 있는 더욱 근원적인 의식의 차원으로 시선을 돌린다. 즉, '나'라는 한 인간으로서의 심리적 자아, 개인적 역사와 경험적 특징을 지닌 이 자아 자체도 초월론적 의식에 의해 구성되는 하나의 의미 단위로 파악하는 것이다. 이는 '무엇이' 경험되는가(본질 포함)에 대한 물음에서, 그러한 경험과 세계, 그리고 본질 자체가 '어떻게' 순수 의식에 의해 구성되는가의 물음으로 심화되는 결정적인 전환이다.

초월론적 환원을 통해 드러나는 '초월론적 자아'는 전통적인 의미에서의 실체나 사물이 아니다. 그것은 의식 생활에서 궁극적이고 더 이상 환원 불가능하며, 모든 지향적 행위가 그것으로부터 발원하고 모든 경험이 그것으로 귀속되는 중심이다. 이 자아가 '초월론적'이라고 불리는 이유는, 그것이 대상과 세계에 대한 모든 경험의 가능 조건이기 때문이다. 초월론적 자아는 세계 '안에' 있는 존재가 아니라, 오히려 의미 있는 현상으로서의 세계가 그것을 '위해' 존재하며 그것에 '의해' 구성되는 그러한 존재이다. 여기서 '세계 구성 Weltkonstitution'이라는 후설의 핵심 개념이 등장한다. 이는 초월론적 의식이 지각, 기억, 판단, 수동적 종합, 상호주관성 등 복합적인 지향적 활동들을 통해 우리가 경험하는 세계에 형태와 의미, 객관적 타당성을 부여하는 과정을 지칭한다. 이는 무無로부터의 창조creatio ex nihilo가 아니라, 끊임없는 '의미 부여 Sinngebung'의 과정이다.

경험의 뿌리: 생활세계와 발생적 현상학

"모든 과학적 세계는 생활세계 위에 성립한다" – '생활세계 Lebenswelt'는 후설이 『상호주관성(1975)』에서 집중적으로 탐구한 개념으로, 모든 과학적, 이론적 사유 이전에 우리가 직접적으로 경험하고 살아가는 구체적이고 자명한 세계를 의미한다. 이것은 우리가 태어나면서부터 마주하며, 의심 없이 받아들이는 일상적 삶의 지평이자, 모든 의미와 활동의 원초적인 토대이다.

생활세계의 주요 특징은 다음과 같다.

첫째, 그것은 '전前과학적' 세계이다. 모든 정교한 과학적 이론이나 추상화는 궁극적으로 이 생활세계적 경험에 뿌리내리고 있으며, 그것으로부터 파생된 것이다.

둘째, 생활세계는 '역사적, 문화적으로 조건지어진' 세계이다. 그것은 특정 시대와 문화 공동체 구성원들이 공유하는 전통, 관습, 가치관, 언어 등으로 짜여 있으며, 끊임없이 변화하고 생성되는 역사성을 지닌다.

셋째, 생활세계는 본질적으로 '상호주관적' 세계이다. '나' 홀로 경험하는 세계가 아니라, 타인들과 함께 공유하고 소통하며 살아간다.

"의식은 시간 속에서 구성되고 성장하는 생의 흐름이다" – '발생적 현상학'은 생활세계라는 지평 위에서 의미와 경험이 어떻게 '생성'되고 '발전'하는가의 과정을 탐구하는 방법론적 접근이다. 이는 초기 현상학이 이미 완성된 의미 구조나 본질을 정태적으로 분석하는 데 중점을 두었던 것(정태적 현상학)과 대비된다. 발생적 현상학은 우리가 의식하기 이전에 이미 배경에서 이루어지는 연상, 습관화, 시간의 흐름 등이 어떻게 경험 형성에 기여하는지를 밝히고자 한다. 나아가 개인의 경험 발생을 넘어, 의미가 역사적 전통 속에서 어떻게 전승되고 침전되며, 새로운 상황에서 어떻게 다시 활성화되는지의 역사적 발생 과정에도 주목한다. 이러한 발생적 탐구는 자아 자체가 고정된 실체가 아니라, 경험과 시간 속에서 끊임없이 자기를 형성해 나가는 과정 속에 있음을 보여준다.

에드문트 후설의 현상학은 의식이 어떻게 세계를 경험하고 의미를 구성하는지에 대한 근원적인 탐구를 통해, 당대의 지적 위기에 응답하고자 한 철학적 거인의 집요한 노력이었다. '지향성'이라는 개념을 통해 의식과 대상의 본질적 연결고리를 밝힌 것을 시작으로, '에포케'와 다층적인 '현상학적 환원'(형상적, 초월론적 환원)이라는 정교한 방법론은 순수 의식과 그 본질 구조, 나아가 세계 구성의 주체인 초월론적 자아에 이르는 길을 제시하였다.

더욱이 후기에 제시된 '생활세계'와 '발생적 현상학'은 그의 사유를 인간의 구체적이고 역사적인 삶의 현실로 확장시켜, 추상적 이론에 머무를 수 있는 현상학에 생생한 현실성과 역동성을 불어넣었다. 비록 그의 철학이 제기하는 문제의 심오함과 방법론의 난해함으로 인해 여전히 많은 논의의 대상이 되고 있지만, 후설이 철학에 부여하고자 했던 엄밀성과 인간 경험의 근원에 대한 그의 끊임없는 천착은 20세기 이후 실존주의, 해석학, 인지과학 등 다양한 분야에 지대한 영향을 미쳤다. 오늘날 우리가 직면한 복잡다단한 세계 속에서 의미와 진리의 기반을 묻는 한, 후설의 현상학적 탐구는 여전히 중요한 철학적 영감과 성찰의 계기를 제공하고 있다.

주요 저술

- **논리 연구**(Logische Untersuchungen, 1901/이종훈, 2018) | 논리와 언어의 관계를 분석하며, 현상학적 방법론의 기초를 마련. 의미의 의도성이라는 개념을 제시하며 인식론적 문제를 탐구한다.

- **순수 현상학과 현상학적 철학의 이념**(Ideen zu einer reinen Phänomenologie und phänomenologischen Philosophie, 1913/이종훈, 2021) | 현상학의 본질과 방법론을 체계적으로 설명. '에포케'와 '지향성' 개념을 중심으로, 철학적 탐구의 새로운 방향을 제시하였다.

- **형식논리학과 선험논리학**(Formale und transzendentale Logik: Versuch einer Kritik der logischen Vernunft, 1929/이종훈, 2019) | 논리학을 '선험적' 차원에서 분석하고, 형식 논리학과 현상학적 논리학의 관계를 규명하는 후설의 후기 주요 저작이다.

- **직관적 재현의 현상학**(Phänomenologie der Anschauung und des Ausdrucks. Theorie der phänomenologischen Reduktion, 1988, 사후출간/김태희, 2024) | 후설의 직관 개념과 '현상학적 환원 방법론'을 체계적으로 다룬 저작이다.

- **상호 주관성**(Zur Phänomenologie der Intersubjektivität, 1975, 사후출간/이종훈, 2021) | 후기현상학을 다루고 있다. '상호주관성' 개념을 중심으로 타자의 경험과 세계 공동 구성을 상세하게 설명하고 있다.

46 | 하이데거 1889~1976
존재는 어떻게 파악될 수 있는가?

"현존재는 단지 다른 존재자들 사이에 놓여 있는 하나의 존재가 아니다. 그것은 자기 자신의 존재에 대해 문제 삼는 존재라는 점에서 존재론적으로 특이하다. 현존재는 자신의 존재에 대해 관계 맺고 있으며, 이러한 관계 자체가 존재 방식의 하나다. 이것이 바로 존재 이해이다."
— 『존재와 시간』, 1927

마르틴 하이데거(Martin Heidegger, 1889~1976)는 20세기 철학사에서 가장 독창적이고도 심대한 영향을 미친 사상가 중 한 명으로 꼽힌다. 그의 사유는 실존주의, 해석학, 해체주의, 신학 등 광범위한 분야에 걸쳐 깊은 족적을 남겼으며, 오늘날까지도 수많은 논쟁과 연구의 대상이 되고 있다. 이처럼 거대한 철학적 영향력의 중심에는 그의 평생을 관통하며 철학적 탐구를 이끌었던 단 하나의 근본적인 물음, 즉 '존재의 의미는 무엇인가?Was ist der Sinn von Sein?'라는 '존재 물음Seinsfrage'이 자리하고 있었다.

존재의 의미를 묻다

"존재를 질문하지 않는 삶은, 이미 길을 잃은 삶이다" – 하이데거에 따르면, 고대 그리스 철학, 특히 파르메니데스(BC 515~445경)나 헤라클레이토스(BC 535~475)와 같은 초기 사상가들에게 존재의 물음은 철학의 핵심이었으나, 이후 서양 형이상학의 역사 속에서 이 물음은 점차 망각되거나 왜곡되어 왔다. 플라톤(BC427~347)과 아리스토텔레스(BC 384~322)를 거치면서 '존재Sein'는 점차 '존재자Seiendes'와 혼동되거나, 특정 유형의 존재자(예: 신, 실체, 주체, 객체) 또는 가장 보편적이고 공허한 개념으로 간주되었다. 존재 자체의 의미를 묻는 대신, 철학은 존재자들의 종류와 범주, 그것들의 근거나 원인만을 탐구하는 데 그쳤다는 것이다. 하이데거는 이러한 서양 철학사의 과정을 '존재 망각'의 역사로 규정하였다. 그에게 이 망각은 단순한 학문적 태만이 아니라, 서구 문명 전체가 자신과 세계를 이해하는 방식에 깊숙이 뿌리내린 근본적인 문제였다.

따라서 하이데거가 설정한 철학의 최우선 과제는 이처럼 망각된 존재의 의미 물음을 다시 일깨우고, 그것을 근본적으로 새롭게 제기하는 것이었다. 그의 주저 『존재와 시간(1927)』은 바로 이러한 거대한 기획의 첫 단추로서, 우선 존재에 대해 물음을 던질 수 있는 유일한 존재자인 인간 '현존재Dasein'의 존재 구조를 분석함으로써 존재 일반의 의미를 해명하려는 시도였다. 비록 『존재와 시간』은 미완으로 남았지만, 그가 제기한 존재의 의미 물음은 그의 철학 전체를 이끌어가는 원동력이 되었으며, 인간 실존, 역사, 언어, 예술, 기술 등 다양한 주제에 대한 그의 심오한 분석들의 근간을 이루었다. 하이데거 철학은 존재 망각의 시대를 넘어 존재의 진리를 향한 끊임없는 사유의 여정이었다.

현존재와 세계-내-존재

"존재는 현존재를 통해 드러난다" – 하이데거가 서양 철학의 오랜 '존재 망각'을 극복하고 '존재의 의미'라는 근본 물음을 다시 제기하고자 했을 때, 그는 이 거대한 질문에 접근하기 위한 특정한 출발점을 명확히 하였다. 그것은 바로 존재에 대해 물음을 던지고, 자신의 존재에 대해 관심을 가지며, 존재를 이해하는 독특한 존재자인 '현존재Dasein'에 대한 분석이었다.

하이데거가 존재 물음의 실마리를 현존재 분석에서 찾고자 한 이유는 현존재가 다른 어떤 존재자와도 구별되는 독특한 존재론적 위상을 지니기 때문이다.

첫째로, 현존재는 다른 사물들처럼 단지 '있음'이 아니라, 자신의 존재가 스스로에게 문제되는 방식으로 존재한다. 즉, '현존재'는 자신의 존재에 대해 이런저런 방식으로 관계 맺으며, 자신의 존재 가능성을 문제 삼는다.

둘째로, 현존재는 이러한 존재적 특성에 힘입어 비록 막연하게나마 '존재를 이해하고' 있다. 자신의 존재를 이해하고 존재 일반에 대해 물음을 제기할 수 있는 능력은 오직 현존재에게만 고유하다.

"세계는 어떤 것 위에 있는 것이 아니라, 존재자 자신의 존재 방식이다" — 하이데거에 따르면, 현존재의 '본질 Wesen'은 그의 '실존 Existenz'에 있다. 현존재는 미리 정해진 본질을 가지고 태어나는 것이 아니라, 오히려 끊임없이 자신의 존재 가능성을 향해 자신을 내던지며 스스로를 만들어가는 존재이다. 현존재의 또 다른 중요한 특징은 '각자성'이다. 현존재는 언제나 '나의' 현존재, '너의' 현존재로서, 대체 불가능한 각자의 존재이다. 그 누구도 나의 존재를 대신 살아줄 수 없으며, 나의 죽음을 대신할 수 없다.

현존재의 이러한 실존적 특징들을 포괄하는 가장 근본적인 구조로서 하이데거는 '세계-내-존재 In-der-Welt-sein'를 제시한다. 이는 현존재, 세계, 그리고 '안에 있음'이라는 세 요소가 분리될 수 없는 하나의 통일된 구조를 이루고 있음을 의미한다. 현존재는 세계로부터 분리된 주체가 아니라, 처음부터 이미 세계와 더불어 관계 맺고 그 안에서 살아가는 존재이다.

"손안의 것은 사용 가운데 사라지고, 눈앞의 것은 고장이나 중단을 통해 드러난다" – '세계-내-존재' 구조에서 '세계 Welt' 또한 사물들의 총합이나 공간적 배경을 의미하지 않는다. 하이데거에게 세계는 현존재의 관심과 실천적 활동을 통해 의미 있게 구조화된 '의미연관' 또는 '지시연관'의 총체이다. 세계 안의 사물들은 일차적으로 이론적 관조의 대상인 '눈앞의 것(Vorhandenes, 전재자)'으로 마주쳐지는 것이 아니라, 현존재의 실천적 목적과 관련된 '손안의 것(Zuhandenes, 용재자)', 즉 '도구 Zeug'로서 경험된다. 망치는 못을 박기 위한 것이고, 못은 나무판자를 고정하기 위한 것이며, 이는 다시 집을 짓거나 어떤 작업을 완성하기 위한 것으로 지시 연관을 이룬다. 이러한 '…하기 위하여'의 구조가 바로 세계의 '세계성'을 이루며, 세계는 현존재에게 의미 있는 삶의 맥락으로 다가온다.

세인: 평균적 일상성의 그늘

"세인은 아무도 아니다. 각자 자신이지만, 다시 말해 아무도 아니다" – 현존재는 평균적 일상성 속에서는 자신의 고유한 가능성이나 개별적인 책임을 명시적으로 자각하지 못한다. 대신, 현존재는 세상이 돌아가는 방식, 사람들이 일반적으로 생각하고 행동하는 방식에 따라 자신을 이해하고 세계와 관계 맺는다. 하이데거는 이러한 평균적 일상성의 익명적인 주체를 '세인 das Man'이라고 명명하였다. '세인'은 특정 개인이나 집단을 지칭하는 것이 아니라, "사람들이 그렇다고들 하더라", "원래 그렇게 하는 것이다"와 같이 불특정 다수의 방식으로 현존재의 생각과 행동, 느낌을 규정하는 존재 양태이다. 현존재는 '세인'의 시선과 판단 기준에 따라 살아가며, '세인'이 제공하는 해석의 틀 안에서 안정을 느끼지만, 동시에 자신의 고유한 가능성으로부터 멀어지고 평균화되는 경향을 보인다.

"세인은 현존재의 일상적 존재 방식이며, 해석의 권위를 장악한다" – '세인'의 지배는 몇 가지 특징적인 양상을 통해 드러난다.

첫째는 '평균화'이다. 세인은 모든 것을 평균적인 수준으로 끌어내리며, 특출하거나 개별적인 것을 허용하지 않는다.

둘째는 '공공화'이다. 세인은 모든 것을 공공연한 것으로 만들지만, 이는 피상적 수준에 머무르며 사태 자체에 대한 심층 이해나 본질 물음을 가로막는다. 모든 것이 이미 알려져 있고 해석된 것처럼 여겨지게 만든다.

셋째는 '부담 면제'이다. 세인은 현존재로 하여금 스스로 선택하고 책임져야 하는 실존의 무거운 부담으로부터 벗어나게 해준다. "남들도 다 그렇게 하니까"라는 익명성에 기대어 자신의 결단을 회피할 수 있게 되는 것이다.

"잡담, 호기심, 애매성은 서로를 강화하며, 세인의 세계를 구성한다" – 이러한 '세인'의 지배 하에서 나타나는 비본래적 실존의 구체적인 양태들로 하이데거는 '잡담', '호기심', 그리고 '애매성'을 제시한다.

'잡담'은 사태 자체에 대한 진지한 이해나 책임 있는 언어 사용 없이, 그저 사람들이 말하는 대로 피상적인 이야기를 퍼뜨리고 반복하는 의사소통 방식이다. 이는 진정한 이해를 가로막고 현존재의 시야를 왜곡시킨다.

'호기심'은 한 가지 사태에 진득하게 머무르며 그것을 깊이 이해하려 하기보다는, 끊임없이 새로운 것만을 추구하며 이리저리 주의를 분산시키는 피상적인 관심이다. 이는 단지 '보기만' 할 뿐 진정한 앎에 이르지 못하게 하며, 현존재를 불안정하게 만든다.

'애매성'은 잡담과 호기심의 결과로 나타나는 현상으로, 무엇이 진정으로 이해된 것이고 무엇이 단지 피상적으로 알려진 것인지 불분명해지는 상태를 의미한다. 모든 것이 이미 다 알려진 것처럼 보이지만, 실제로는 아무것도 이해되지 않은 상황 속에서 현존재는 결단을 내리지 못한다.

"세인의 세계는 진정한 자기 자신으로부터 도피하는 세계다" – 이처럼 현존재가 '세인'의 지배에 빠져 잡담, 호기심, 애매성 속에서 자신을 상실하고 세계 속에 몰두하는 경향성을 하이데거는 '퇴락Verfallen'이라고 부른다. '퇴락'은 도덕적이거나 종교적인 의미에서의 '타락'이 아니라, 현존재의 근본적인 존재 방식, 즉 세계-내-존재의 한 운동 양상이다. 현존재는 자신의 가장 고유한 존재 가능성으로부터 '떨어져 떨어지면서', 자신이 관심을 두는 세계 속의 사물들과 '세인'이라는 공공성 속에 깊이 '휘말려드는' 것이다. 이러한 퇴락 속에서 현존재는 안정을 얻는 듯하지만, 실제로는 자기 자신으로부터 소외되고 진정성을 상실하게 된다. 퇴락은 현존재가 세계와 관계 맺고 살아가는 한 완전히 벗어날 수 없는 실존론적 구조이지만, 중요한 것은 이러한 퇴락의 상태를 자각하고 그로부터 본래적인 자기 자신을 되찾으려는 가능성이 현존재에게 열려 있다는 점이다.

죽음을 마주한 실존: 본래성과 결단성

"불안은 존재자가 세계-내-존재로서 근본적으로 자유롭다는 사실을 드러낸다" – 현존재가 비본래적 일상성으로부터 벗어나는 중요한 계기는 '불안Angst'이라는 근본 기분 상태이다. 하이데거는 불안을 '공포'와 명확히 구별한다. 공포는 세계 내의 특정한 대상이나 상황에 대한 것이지만, 불안은 그러한 명확한 대상이 없다. 불안 속에서 현존재는 일상적으로 관계 맺던 세계 전체가 무의미하게 가라앉는 듯한 경험을 하며, 자신이 세계 속에 내던져진 존재(피투성, Geworfenheit)이자 동시에 무한한 가능성 앞에 놓인 자유로운 존재임을 문득 깨닫게 된다. 즉, 불안은 현존재를 세인이 제공하는 안락한 익명성으로부터 떼어내어, 자기 자신과 대면하게 만들며, 이를 통해 자신의 가장 고유한 존재 가능성과 '세상에 제대로 뿌리내리지 못함(Unheimlichkeit, 섬뜩함)'을 자각하게 한다. 불안은 이처럼 현존재를 개별화시키고 본래적인 자기 존재로 나아갈 수 있는 가능성을 열어주는 근원적인 기분이다.

"양심의 소리는 존재자에게 자신의 진정한 가능성을 일깨운다" – 비본래성에 빠져 있는 현존재를 본래적인 자기 자신으로 되돌아오도록 촉구하는 또 다른 현상은 '양심의 부름'이다. 하이데거에게 양심은 외부의 권위(신, 사회, 도덕법칙)에서 오는 소리가 아니라, 현존재 자신이 자기 자신에게 보내는 침묵의 부름이다. 이 부름은 불안의 기분 속에서 이루어지며, '세인' 속에 빠져 자기 자신을 상실한 현존재를 향해 그것의 가장 고유한 '죄책-있음 Schuldigsein'으로 돌아오라고 촉구한다. 여기서 '죄책 Schuld'은 도덕적 과오나 채무 관계를 의미하는 것이 아니라, 현존재의 근본적인 존재론적 구조를 가리킨다. 현존재는 스스로 자신을 창조하지 않았고 자신의 근거가 아니라는 점(피투성)에서, 그리고 항상 자신의 가능성에 미치지 못하며 어떤 가능성을 선택함으로써 다른 가능성을 배제한다는 점(결여로서의 존재)에서 근원적으로 '죄책-있는' 존재이다. '양심의 부름'은 바로 이러한 자신의 존재론적 죄책을 인정하고, 자신의 존재에 대한 책임을 떠맡으려는 현존재의 태도를 의미한다.

"죽음은 존재자가 그 존재 전체로서 직면해야 하는 가장 고유한 가능성이다" – 현존재를 가장 첨예하게 자기 자신의 고유한 존재 가능성 앞에 세우는 것은 바로 '죽음을 향한 존재 Sein zum Tode'라는 실존론적 구조이다. 하이데거에게 죽음은 단순히 생명이 끝나는 생물학적 사건이나 경험적으로 관찰될 수 있는 현상이 아니다. 그것은 현존재에게 있어 가장 '고유하고', 타인이 대신할 수 없으며, 그리고 결코 넘어설 수 없다. 즉, 죽음은 현존재에게 더 이상의 실존이 불가능해지는 가능성 그 자체이다. 평균적 일상성 속에서 현존재는 죽음을 회피하거나, 그것을 남들에게나 일어나는 사건으로 치부하며 '세인'의 방식대로 죽음을 은폐하려 한다. 그러나 본래적인 방식으로 죽음을 향해 존재하는 것은, 죽음을 하나의 가능성으로서 끊임없이 '앞질러 달려가 보는' 것이다. 이러한 죽음의 가능성에 대한 선구적 직면은 현존재를 '세인'의 지배로부터 해방시키고, 유한한 자유 속에서 자신의 삶 전체를 조망하며 본래적인 가능성을 선택하도록 이끈다.

"결단은 외적인 실행이 아니라, 존재 전체에 대한 개방이다" – 이처럼 불안을 통해 자신의 존재 가능성을 자각하고, 양심의 부름을 통해 자신의 근원적 죄책을 받아들이며, 죽음이라는 가장 고유한 가능성을 선구적으로 직시함으로써 현존재는 '결단성 Entschlossenheit'이라는 본래적인 실존 양태에 도달하게 된다. 결단은 자신의 가장 고유한 '죄책-있음'으로 스스로를 불러내려는 의지이며, 불안 속에서 드러난 자신의 유한한 자유를 책임적으로 떠맡는 태도이다. 이는 일회적인 결심이 아니라, 매 순간의 구체적인 상황 속에서 '세인'의 방식에 휩쓸리지 않고 자신의 고유한 가능성을 선택하고 실현하려는 지속적인 자기 기투의 방식이다.

시간성, 현존재의 궁극적 의미

하이데거는 현존재의 존재 구조를 통일적으로 파악하는 존재론적 명칭으로 '관심 Sorge'을 제시하였다. '관심'은 일상적인 의미에서의 '걱정'이나 '염려'와 같은 심리적 감정이 아니라, 현존재의 존재 전체를 규정하는 근원적인 실존론적 구조이다.

"관심의 구조는 '기투Entwurf – 피투Geworfenheit – 전락Verfallen'의 삼중 구조다" – 하이데거의 현존재 분석의 궁극적인 목표는 현존재의 존재 의미를 밝히고, 이를 발판 삼아 존재 일반의 의미 물음에 답하는 것이었다. 하이데거는 현존재의 존재 의미를 '시간성Zeitlichkeit'이라고 규정하였으며, 이는 그의 철학에서 가장 핵심적이고도 독창적인 통찰 중 하나이다. 현존재의 존재 구조인 '관심Sorge'은 그 본질상 시간적인 구조를 지닌다.

현존재는 끊임없이 자신의 가능성을 향해 자신을 기투企投하는 존재이며, 이러한 '자기-앞서-있음'은 시간성의 일차적인 탈자태Ekstas인 미래에 근거한다.

현존재는 자신이 선택하지 않은 특정 상황과 조건 속에 이미 '내던져진' 존재로서, 이러한 피투성은 자신이 '이미 있어왔음'을 떠맡는 과거에 근거한다. 현존재는 세계 내의 존재자들과 관계 맺으며 그들에게 몰입하는데, 이는 현재라는 탈자태에서 비롯된다.

"존재는 시간 안에 있는 것이 아니라, 시간으로 존재하는 것이다" – 시간성은 현존재로 하여금 자신의 유한한 실존 전체를 통일적으로 파악하고 책임지도록 한다. 현존재의 존재인 '관심'의 구조적 계기들은 각각 미래, 과거, 현재라는 시간의 탈자태들 속에서만 그 의미가 해명될 수 있다. 현존재는 자신의 가능성을 향해 기투하고(미래), 이미 주어진 과거를 떠맡으며(과거), 현재의 상황 속에서 세계 내 존재자들과 관계 맺는다(현재). 이러한 시간적 펼쳐짐 없이는 현존재의 존재 방식 자체가 불가능하다. 따라서 시간성은 관심으로 규정되는 현존재의 존재가 가능하기 위한 궁극적인 존재론적 조건이며, 현존재의 존재가 그것으로부터 비로소 이해 가능하게 되는 지평이다. 하이데거가 현존재의 존재 의미는 시간성이라고 선언한 것은 바로 이러한 이유 때문이다.

『존재와 시간』 이후

『존재와 시간』은 그 원래의 구상 전체를 완성하지 못한 미완의 저작으로 남았다. 하이데거는 본래 현존재의 시간성 분석(제1부)을 토대로, 시간Zeit 일반을 존재 일반Sein überhaupt의 의미를 해명하기 위한 초월론적 지평으로 나아가는 제2부를 계획하였다. 하지만 출간된 『존재와 시간』은 제1부의 현존재 분석만을 담고 있으며, 현존재의 시간성으로부터 존재 일반의 의미로 이행하는 결정적인 부분(제1부 제3편 및 제2부 전체)은 끝내 저술되거나 출간되지 못하였다.

『존재와 시간』 이후 하이데거의 사유는 종종 '전향Kehre'이라고 불리는 중요한 전환을 맞이하게 된다. 이는 현존재 중심의 분석에서 벗어나, 존재 자체가 스스로를 드러내고 또 은폐하는 역사적 과정, 즉 '존재의 역사'와 그 '운명'에 대한 사유로 나아갔음을 의미한다. 후기 사유에서 그는 진리를 명제와 대상의 일치가 아닌 존재의 '탈은폐'로, 존재가 자신을 드러내는 열린 장소를 '존재의 빛터'로, 그리고 존재와 인간의 근원적 상호 귀속을 '고유사건'이라는 개념을 통해 사유하고자 하였다. 나아가 '언어'를 '존재의 집'으로, '예술 작품'을 '진리가 스스로 정립되는 사건'으로 규정하였으며, 현대 '기술'의 본질을 '게슈텔(Gestell, 틀-세움)'로 파악하며 그것이 존재 망각을 심화시키는 동시에 새로운 사유의 가능성을 품고 있음을 통찰하였다.

하이데거의 철학 전체를 관통하는 것은 존재의 의미를 향한 끊임없는 물음과 그에 응답하려는 치열한 사유의 여정이었다. 그의 언어는 종종 난해하고 개념들은 심오하여 독자에게 인내심 있는 독해와 참여를 요구하지만, 그의 철학은 완성된 교리 체계가 아니라 함께 사유의 길을 걸어가자는 초대이기도 하다.

마르틴 하이데거가 제기한 존재의 의미 물음은 기술 문명이 고도로 발달하고 삶의 의미가 파편화되기 쉬운 현대 사회에서 여전히, 아니 더욱 절실하게 우리에게 다가온다. 하이데거의 철학은 수많은 도전과 논쟁에도 불구하고, 인간 실존의 근본 조건과 존재의 신비를 탐구하고자 하는 모든 이들에게 여전히 마르지 않는 사유의 샘이자 중요한 철학적 자산으로 남아 있다.

🖋 주요 저술

- **존재와 시간**(Sein und Zeit, 1927/전양범, 2023) | 하이데거의 가장 중요한 저서이며, 20세기 철학의 기념비적 작품이다. 존재란 무엇인가라는 근본적인 질문을 중심으로, 현존재, 세계-내-존재, 시간성과 죽음 등의 개념을 제시하고 있다.

- **형이상학이란 무엇인가?**(Was ist Metaphysik?, 1929/박휘근, 2023) | 하이데거의 무(無, Nichts) 개념을 중심으로 존재와 형이상학의 관계를 논의한 저작이다. 왜 존재하는 것이 있고, 무(無)가 없는가라는 질문이 등장한다. 전통 형이상학이 존재를 연구하면서도, 존재의 근본적인 문제를 망각했다고 비판하고 있다.

- **기술의 문제**(Die Frage nach der Technik, 1954) | 기술 문명에 대한 비판적 성찰을 담은 책으로, 현대 기술 사회에서 '존재의 망각'이 심화되고 있음을 경고한다. 기술을 단순한 도구적 사고로 이해하는 전통적 접근을 거부하고, 기술이 존재를 드러내는 방식 자체를 형성한다고 주장하고 있다.

47 | 메를로 퐁티 1908~1961
우리는 몸으로 현실을 구성하는가?

"지각은 세계에 대한 과학도, 하나의 행위도, 의식적인 입장도 아니다. 그것은 모든 행위와 판단이 떠오르는 바탕이다."

— 『지각의 현상학』, 1945

철학은 오랫동안 인간을 '사유하는 존재'로 정의해왔다. 그러나 우리는 세계를 단순히 '생각'만으로 이해하는 것이 아니다. 우리는 세계를 보고, 만지고, 듣고, 움직이며 경험한다. 우리의 몸이 없다면, 세계를 어떻게 경험할 수 있을까?

모리스 메를로 퐁티 (Maurice Merleau-Ponty, 1908~1961)는 20세기 프랑스 현상학의 대표적 철학자로, 신체와 지각을 중심으로 인간의 경험을 탐구했다. 그의 철학은 '몸', '지각', 그리고 '세계와의 관계'를 중심으로 전개된다.

메를로 퐁티의 출발 : 지각의 현상학

에드문트 후설(1859~1938)은 철학을 '순수한 의식의 경험 분석'으로 정의하며 현상학이라는 강력한 철학적 방법론을 제시했다. 그는 세계에 대한 경험이 단순히 감각 정보의 수용이 아니라, 의식의 지향성에 따라 의미를 구성하는 활동임을 주장했다. 메를로-퐁티는 후설의 구성주의적 입장을 비판하면서도 그 철학적 유산을 계승해, 새로운 형태의 현상학을 제시한다. 그의 철학은 '지각perception'을 철학의 근본 출발점으로 삼으며, 이는 의식의 내용이 아니라 몸의 세계와의 직접적 접촉으로 이해된다.

"지각은 어떤 내용을 의식 속에 운반하는 것이 아니라, 하나의 존재 방식이다" – 후설은 지향성 개념을 통해 모든 의식은 어떤 대상에 대한 의식이라고 주장했다. 의식은 외부 대상과 관계를 맺는 방식으로 작동하며, 이때 대상은 의식에 의해 구성된다. 여기서 메를로-퐁티는 결정적인 전환을 시도한다. 메를로-퐁티에게 지각은 단순히 의식 속에 '들어온' 정보가 아니라, 세계 안에서 몸으로 살아가는 경험 그 자체이다. 지각은 세계와 나 사이의 살아 있는 접촉의 순간이며, 그 안에는 사물, 공간, 시간, 타자와의 관계가 직접적으로 얽혀 있다. 이러한 접근은 철학을 다시 일상성, 구체성, 감각성과 연결시키며, 지각의 경험을 통해 세계가 먼저 존재하며, 의식은 그에 응답한다는 관점을 가능하게 한다.

"지각은 모든 인식, 모든 반성, 모든 철학의 기초다" – 철학은 전통적으로 이성, 개념, 판단을 중심에 두어왔다. 인식론적 문제의 핵심은 우리는 어떻게 세계를 알 수 있는가라는 질문이었고, 이는 종종 추상적 사유나 과학적 인식을 통해 다루어졌다. 하지만 메를로-퐁티는 전혀 다른 길을 제시한다. 그는 철학의 시작점이자 바닥은 사유가 아니라, '지각'이라고 선언한다. 인간은 세계의 외부에서 세계를 보는 객관적 관찰자가 아니라, 세계 안에서 살아가며 몸으로 관계 맺는 존재다. 몸은 세계와 상호작용하는 구조적 장場이다. 지각은 감각 입력의 총합이 아니다. 오히려 메를로-퐁티에게 지각은 사유를 가능하게 하는 조건, 즉 존재 방식 자체다. 지각을 통해 우리는 세상에 '있게' 되며, 그 안에서 살아간다. 예컨대 우리는 물을 마실 수 있는 무엇으로 느낀다. 이처럼 지각은 개념 이전의, 의미가 육화된 경험이다. 즉, 세상은 '이해되어 있는 상태'로 먼저 주어진다. 메를로-퐁티는 지각이 비추상적, 맥락적, 육체적임을 강조한다. 지각은 언제나 상황 속에 있다. 나는 단지 어떤 사물을 보는 것이 아니라, 어떤 문화적 배경, 기억, 기대감 속에서 그것을 본다. 지각은 개별적이며 역사적이며, 신체와 분리될 수 없다. 따라서 '객관적 지각'은 존재하지 않으며, 모든 지각은 몸을 통해 세계를 살아가는 방식이다.

몸과 세계의 얽힘

"몸은 우리가 존재하는 방식이다" – 서구 철학 전통에서 인간은 종종 '몸과 정신'이라는 두 개의 독립된 실체로 구분되어 왔다. 데카르트(1596~1650)에게 있어서 몸은 기계이고, 정신은 그것을 조종하는 존재였다. 칸트(1724~1804)는 몸은 감각적 경험의 원천이고, 이성은 그것을 분석하고 판단한다고 보았다. 메를로-퐁티는 이러한 이원론적 사고를 거부한다. 그는 인간이 세계와 관계 맺는 방식이 '사유' 이전에 '신체적 경험'을 통해 이루어진다고 보았다. 우리는 단순히 몸을 '가지고' 있는 것이 아니라, 몸을 '통해' 세상과 소통하고 의미를 형성한다. 몸과 정신은 분리된 것이 아니다. 인간은 몸을 통해서만 사고하고, 존재할 수 있다. 몸은 세계와 능동적으로 상호작용하며 의미를 형성하는 주체다.

"몸은 나의 시각, 청각, 촉각의 수렴점이며, 나의 세계 안의 지평이다" – 눈으로 사물을 본다고 하지만, 사실상 우리는 몸 전체를 통해 세계를 경험한다. 시각, 청각, 촉각, 운동감각 등 모든 감각이 통합적으로 작용하여 세계를 이해하게 만든다. 지각이란 몸을 통해 세계와 관계 맺는 방식이다. 메를로-퐁티는 세계가 객관적 실재로 주어지는 것이 아니라, 신체적 경험을 통해 드러난다고 보았다. 예를 들어, 동일한 방이라도 앉아 있는 사람과 서 있는 사람이 경험하는 공간이 다를 수 있다.

"내 몸은 객체가 아니라, 내가 세계를 경험하는 주체이다" – 메를로-퐁티는 전통적인 주체 개념에 도전하면서, '몸-주체 corps-sujet'라는 새로운 존재 개념을 제안한다. 이 개념은 몸이 세계를 이해하고 해석하고 반응하는 존재로서의 주체임을 뜻한다. '몸-주체'는 다음과 같은 방식으로 철학적 사유를 변혁시킨다. 몸은 대상과 주체의 경계를 흐리게 만든다. 나는 컵을 '보는' 동시에, 그 컵에 의해 '보여진다'. 몸은 나와 타자의 연결선이다. 타인의 몸은 나처럼 세계에 놓인 존재로서 공감의 가능성을 열어준다. 몸은 행위의 현장이다. 지각과 행동은 분리되지 않으며, 몸은 지각-행위의 통일체다.

몸은 '생각하지 않고도' 기능하는 존재 방식이다. 메를로-퐁티는 이를 '신체적 의식 Embodied Consciousness'이라고 불렀다. 예를 들어, 피아니스트는 손가락의 움직임을 논리적으로 계산하지 않고도 연주를 할 수 있으며, 우리는 걷는 동안 발을 어디에 놓아야 하는지를 굳이 생각하지 않는다. 이는 몸이 개념적 지식 없이도 환경과 조응하며, 지각적·실천적 지식을 가지고 있음을 보여준다. 인식은 논리적 사고가 아니라, 몸의 감각과 움직임을 통해 형성된다.

지각 속에서 열리는 세계

"세계는 대상의 집합이 아니라, 내가 그것들 속에 거주하는 장場이다" – 서양의 전통 형이상학은 세계를 '존재하는 것들의 총합'으로 간주해왔다.

세계는 어떤 객관적 실체로 전제되고, 인간은 그것을 관찰하거나 분석하는 존재로 설정되었다. 그러나 메를로-퐁티는 이 같은 관점을 근본적으로 뒤집는다. 그의 관점에서 세계는 완성된 전체가 아니라, 항상 지금 여기에서 내 몸의 지각 속에서, 행위의 흐름 속에서 드러나는 현존의 장이다. 우리가 컵을 보는 순간에도 단순히 시각 정보가 들어오는 것만이 아니라, 내 몸과 세계 사이의 관계가 새롭게 조직되는 사건이 일어난다. 사물을 바라보고, 만지고, 걷고, 말을 건네는 모든 행위 속에서 세계는 끊임없이 새로운 의미의 층위를 형성하며 나에게 응답한다. 세계는 그저 '존재하는 것'이 아니라, 지각되고 살아지는 어떤 방식으로 나에게 나타나는 것이다.

메를로-퐁티가 말하는 세계는 공간과 시간의 장이기도 하지만, 그것은 물리학적 의미의 절대적인 시간이나 공간이 아니다. 공간은 언제나 나의 몸을 중심으로 의미화된다. 앞과 뒤, 위와 아래, 가까움과 멀어짐 같은 구조는 살아 있는 몸의 지각을 따라 구성된다. 시간 역시 과거-현재-미래로 나열되는 선형적인 흐름이 아니라, 기억과 기대, 지금의 감각이 얽혀 있는 현존의 장이다. 세계는 객관적으로 주어진 무대가 아니라, 나의 감각과 경험, 행위와 감정이 뒤얽힌 상황적이고 유동적인 공간이다.

신체성과 타자: 함께 존재하는 몸들

"타인의 몸은 나의 몸이 세계 속에 있다는 사실을 증명하는 두 번째 육체다" – 인간은 언제나 타자와의 관계 속에서 존재하며, 신체는 이러한 관계의 직접적인 매개체가 된다. 우리의 몸은 다른 사람과 소통하고, 그들과 관계 맺으며 형성되는 존재이다. 우리는 타인을 만날 때, 먼저 그들의 언어를 듣거나 그들의 사상을 분석하지 않는다. 그들의 몸짓, 표정, 움직임, 시선,

목소리의 억양을 통해 감정을 읽고, 의미를 파악한다. 누군가 얼굴을 찡그리면 우리는 그 사람이 불편함을 느끼고 있음을 직관적으로 이해한다. 누군가 미소를 지으면 우리는 그 사람이 긍정적인 감정을 갖고 있음을 자연스럽게 받아들인다. 이처럼 우리는 언어 이전에 신체적 감각을 통해 타자와 연결되며, 우리의 신체는 타자의 신체를 마주하는 순간에 더욱 분명하게 드러난다. 우리는 타인을 인식하는 것이 아니라, 타인의 몸을 통해 내 몸을 경험하는 것이다. 타자는 나와 동시에 세계 속에 있는 몸으로, 내가 지닌 살아 있는 몸의 반영이다.

"나는 타자의 몸을 통해 다시 나 자신을 만난다" – 메를로-퐁티는 인간 존재를 근본적으로 사회적이라고 본다. 사회성이란 외적 관계가 아니라, 존재 자체의 방식이다. 그는 이를 '공존'이라는 개념으로 설명한다. 공존은 다음과 같은 특징을 가진다. 먼저 시간적/공간적 공존이다. 우리는 항상 다른 이들과 함께 시간과 공간을 살아간다. 다음으로는 지각적 공존이다. 내가 세계를 지각하는 것처럼, 타자도 세계를 지각한다는 사실을 몸으로 느낀다. 마지막으로 의미의 공존이다. 나의 말과 행동은 언제나 타자의 응답 가능성을 전제한다. 즉, 대화적 존재로서 인간이 정의된다. 이 공존은 단순히 '옆에 있다'는 것이 아니라, 서로가 서로의 존재 조건이 되는 방식으로 작동한다. 이는 주체가 자폐적 존재가 아니라, 항상 타자를 통해 구성된다는 의미다. 나는 타자의 시선 속에서, 타자의 반응을 통해 나를 반성하고, 내가 누구인지 다시 묻는다.

몸으로 말하기, 타자와 공존

"의미는 말해짐을 통해 육화된다" – 언어는 종종 사유의 결과를 전달하는 도구로 여겨졌다. 고대 철학에서부터 현대 언어학에 이르기까지, 언어는 이데아를 지시하거나 기호를 조작하는 체계로 설명되곤 했다. 그러나 메를로-퐁티에게 언어는 단순한 전달의 장치가 아니다. 그는 언어를 몸을 통해 이루어지는 존재의 행위, 즉 '말하는 몸parler-corps'의 표현으로 파악한다. 말은 단지 정보를 전달하는 것이 아니라, 세계 속으로 침투하는 몸의 행위이며, 타자와 접촉하는 하나의 방식이다. 언어는 살아 있는 경험이 자신을 표현하는 방식이고, 그 안에서 의미는 '말해짐'을 통해 육화된다. 말하기는 머리에서 만들어진 개념의 출력이 아니라, 몸이 세상과 관계를 맺는 행위다. 말은 손짓이나 시선처럼 몸의 연장이며, 우리가 세계에 의미를 던지는 방식이다. 이때 언어는 이성과 감각, 추상과 구체, 자아와 세계 사이의 경계를 허무는 매개로 기능한다. 말은 개념 이전의 감각과 정동을 세계에 열어주는 형식이며, 그 자체로 하나의 살아 있는 지각 행위다.

"언어는 타자와의 공통된 세계를 열어주는 창이다. 말은 타자의 육화된 지평에서 의미를 가진다" – 우리는 말하기를 통해 세계 속으로 나아가고, 타자에게 다가가며, 관계를 맺는다. 이러한 언어 이해에서 타자의 역할은 핵심적이다. 말은 언제나 누군가를 향한 것이며, 응답을 전제한다. 타자 없이 말하기는 존재할 수 없고, 말은 본질적으로 대화적이다. 말은 타자의 이해 가능성을 호명하는 행위이며, 타자는 그 호명에 응답함으로써 나와 함께 세계를 구성해 나간다. 이처럼 말은 타자와 공존하는 장을 형성하고, 말하는 나는 고립된 주체가 아니라 타자와의 관계 속에서 성립된다. 언어는 단지 사유의 외피가 아니라, 공존의 실현 방식이며, 타자와 함께 존재하기 위한 행위다.

메를로-퐁티는 후설의 현상학적 환원 개념을 수용하면서도, 전통적 주관

객관 이분법을 거부했다. 그는 세계가 절대적 객관성이 아니라 경험 속에서 구성된다고 보았다. 우리의 경험은 지각을 통해 의미를 얻으며, 개별적이고 주관적인 방식으로 몸을 통해 세계와 관계를 맺는다. 따라서 우리는 객관적 세계를 인식하는 것이 아니라, 몸을 통해 구성된 세계를 경험할 뿐이다.

그에게 철학은 이미 있는 세계를 해명하는 작업이 아니라, 세계와 함께 다시 태어나는 창조적 행위였다. 이로써 그는 후설과 하이데거를 잇는 현상학의 흐름을 확장시켰고, 현대 철학과 예술·정치·심리학에까지 깊은 울림을 남겼다. 말로 다 표현되지 않는 삶의 깊이를 사유하려 했던 그의 작업은, 여전히 우리에게 철학은 말해지지 않는 것을 말하기 위한 끊임없는 시도임을 상기시킨다.

주요 저술

- **행동의 구조**(La structure du comportement, 1942/김웅권, 2008) | 인간 행동을 설명하는 기존 이론(기계론적 접근 vs. 목적론적 접근)을 비판하고, 행동의 구조(structure) 개념을 제시하였다. 행동은 단순한 반응이 아니라, 환경과의 총체적 관계 속에서 형성됨을 논증한다.
- **지각의 현상학**(Phénoménologie de la perception, 1945/류의근, 2002) | 그의 가장 중요한 저서로, 지각(perception)을 중심으로 한 현상학적 철학을 전개한다. 이 책에서 그는 '신체적 주체(Le corps propre)' 개념을 통해 신체는 단순한 기계적 구조가 아니라, 세계와 상호작용하며 의미를 형성하는 지각적 주체임을 주장한다.
- **보이는 것과 보이지 않는 것**(Le visible et l'invisible, 1964, 사후 출간/남수인 외, 2004) | 후기 메를로-퐁티의 사상을 집대성한 미완성 원고로 세계와 신체의 관계를 보다 근본적인 존재론 차원에서 탐구하였다.

PART
17

언어와 구조:
의미의 숲

세계는 언어로 구조화된다. 우리가 보는 것, 아는 것, 믿는 것은 구조가 만들어낸 질서 안에 있다.

소쉬르(1857~1913)는 언어를 자의적 기호의 체계로 이해했다. 의미는 사물에 고정되어 있지 않고, 차이 속에서만 발생한다.

레비스트로스(1908~2009)는 이 언어의 구조를 인간 문화 전반으로 확장했다. 신화, 관습, 관계까지도 숨은 구조를 따라 움직인다.

현대 해석학의 창시자 한스-게오르크 가다머(1900-2002)는 이해와 언어의 문제를 해명하면서 대화를 통한 지평 융합의 방법을 제시한다.

롤랑 바르트(1915~1980)는 여기서 한 발 더 나아갔다. 의미는 고정된 것이 아니라 끊임없이 흩어지고 새롭게 쓰인다. 저자는 사라지고, 독자가 세계를 다시 짓는다.

세계는 주어지지 않았다. 세계는 끊임없이 읽히고, 해석되고, 다시 쓰이는 것이다.

48 | 소쉬르 1857~1913
언어는 존재를 반영하는가? 존재를 구성하는가?

"언어 체계 안에는 절대적인 의미란 없다. 의미는 끊임없는 차이 속에서 상대적으로 구성된다. 언어는 단지 명명하는 것이 아니라, 우리가 세계를 인식하는 방식을 규정한다. 결국 사물은 언어의 차이 속에서 존재하게 된다."

— 『일반언어학 강의』, 1916

페르디낭 드 소쉬르(Ferdinand de Saussure, 1857~1913)는 언어를 단순한 명명 수단이나 기호의 집합으로 보지 않았다. 그는 언어를 '차이의 체계'로 파악함으로써, 언어의 본질이 개별 기호의 고정된 의미에 있지 않고, 기호들 사이의 관계 속에서 발생하는 구조적 차이에 있다고 보았다. 이러한 통찰은 언어를 실재에 대한 반영이 아니라, 실재를 구성하는 조건으로 보게 만들었고, 나아가 인간 인식 전체를 구조 속에서 새롭게 읽는 사유의 문을 열었다.

이로써 그는 언어학을 본질적으로 구조의 학문으로 전환시켰고, 이후 구조주의, 기호학, 후기구조주의에 이르는 20세기 인문학의 사유를 근본적으로 뒤흔든 지적 혁신을 제공했다. 소쉬르의 언어철학은 언어학의 영역을 넘어, 철학, 문학, 인류학, 정신분석학 등 광범위한 사유체계에 언어 중심적 전환을 불러일으킨 결정적 계기였다.

언어와 실재

"세계는 존재하는 것이 아니라, 우리가 부르는 이름에 따라 언어적 차이를 통해 구성된다" – 인간은 언어를 통해 세계를 설명하고 소통한다. 고전적인 언어관에 따르면, 이 과정은 비교적 단순하다. 세계에는 이미 사물이 존재하고, 언어는 그 사물에 이름을 붙이는 작업일 뿐이다. 나무라는 실재가 먼저 있고, 우리는 그것을 "나무"라 부르거나, 영어로는 "tree", 중국어로는 "木"이라고 표현한다. 단어는 다르지만 가리키는 대상은 같으므로, 언어는 현실을 있는 그대로 반영하는 수단이라는 생각이 오랫동안 지배적이었다. 이를 '반영론적 언어관'이라고 부른다.

페르디낭 드 소쉬르는 이 단순한 그림에 결정적인 문제를 제기한다. 그는 묻는다. 왜 하필 'tree'가 나무를 뜻해야 하는가? 왜 '나무'는 반드시 그 특정한 사물을 지칭해야 하는가? 이 질문은 언뜻 단순해 보이지만, 언어와 현실 사이의 관계를 근본적으로 뒤흔든다. 소쉬르에 따르면, 언어기호는 현실의 사물과 본질적·자연적 연관을 가지지 않는다. 즉, '나무'라는 단어와 실제 나무 사이에는 필연적인 연결 고리가 없으며, 이 관계는 전적으로 '자의적'이다. 이것은 언어가 더 이상 현실의 거울이 아니라는 뜻이며, 언어는 현실을 구성하는 체계로 이해되어야 한다는 방향으로 사고가 전환되는 지점이다.

이런 관점에서 보면, 언어마다 같은 현실을 다르게 표현한다는 사실은 세계를 구분하는 틀이 언어마다 다르다는 증거가 된다. 예를 들어, 영어에서는 'snow'라는 단어 하나로 눈을 표현하지만, 이누이트어에는 눈을 구분하는 수십 개 단어가 있다. 'aqilokoq'는 부드러운 눈을, 'piegnartoq'는 썰매에 적합한 단단한 눈을 의미한다. 이 차이는 어휘의 다채로움을 넘어, 해당 언어를 사용하는 사회가 무엇을 중요하게 구분하고, 어떤 구분을 언어화할 필요를 느끼는지를 보여준다. 소쉬르는 이를 통해 언어가 현실을 '복제'하는 것이 아니라, 우리가 현실을 어떻게 구분하고 인식할지를 결정짓는 구조적 장치임을 드러낸다. 언어는 대상의 이름표가 아니라, 세계를 바라보는 창문이다.

기표와 기의

"기표와 기의는 동전의 양면처럼 분리할 수 없다" – 소쉬르의 가장 중요한 개념은 '기호' 이론이다. 그는 기호를 두 가지 요소로 구분했다. 첫 번째는 '기표(Signifiant, 시니피앙)'로 소리나 문자 등의 물리적 형태의 기호이다. 두 번째는 '기의(Signifié, 시니피에)'로 기호가 의미하는 개념을 의미한다. 예를 들어 개를 가르켜 우리 말로는 '개'라고 하고 영어로는 'dog'라고 할 때 '개'와 'dog'라는 언어나 글자가 '시니피앙'이고, '시니피에'는 바로 '개'와 'dog'가 가르키는 바로 '그 네발 달린 동물의 개념'을 의미한다. 여기서 중요한 점은 'dog'나 '개'라는 '기표(시니피앙)'는 실재를 직접 반영하지 않으며 '개념'을 지칭한다는 것이다. 이는 언어가 실재를 직접 반영하지 않으며, 오직 의미의 망을 통해 작동함을 의미한다. 즉, 언어는 '실재'를 있는 그대로 반영하는 것이 아니라, 인간이 개념화하고 구조화하는 방식에 따라 존재를 규정하는 것이 된다.

"언어는 기표들의 체계이며, 기표 간의 차이가 의미를 만든다" – 언어의 의미는 개별 단어 자체에 있는 것이 아니라, 다른 단어와의 '차이 difference' 속에서 결정된다. 예를 들어, '밤'이라는 단어의 의미는 그것이 '낮'과 구별되기 때문에 성립한다. '차가움'은 '더움'이 존재하기 때문에 의미가 생긴다. 단어는 독립적으로 존재하는 것이 아니라, 다른 단어와의 관계 속에서만 의미를 가진다. 이런 점에서 존재는 고정된 실체가 아니라, 기호의 체계 속에서 '차이'에 의해 결정되는 상대적인 것으로 볼 수 있다.

랑그와 빠롤

"랑그는 가능성을 제공하고, 빠롤은 그 가능성을 실현하는 것이다" – 소쉬르의 철학에서 '시니피앙'과 '시니피에'에 이어 두 번째로 중요한 개념은 '랑그Langue'와 '빠롤Parole'의 구분이다.

'랑그'는 '사회적으로 공유되는 언어의 체계'를 의미한다. 이는 우리가 특정한 언어(예: 한국어, 영어, 불어)를 배울 때 습득하는 문법, 어휘, 발음, 구조적 규칙을 포함한 전체 시스템이다. 소쉬르는 랑그를 '사회적 기억social memory'으로 보았다. 즉, 개인이 사용하는 단어나 문장이 아니라, 우리가 공유하는 언어 규칙과 구조 전체를 의미한다. 이러한 점에서, 랑그는 개인의 의사결정이 아니라, 사회적 합의에 의해 유지되는 체계라고 할 수 있다. 소쉬르에 따르면, 인간은 랑그라는 구조 바깥에서 세계를 인식할 수 없다. 우리의 사고는 언어 체계에 갇혀 있으며, 의미는 구조 내에서만 탄생한다. 이는 칸트의 '선험적 범주'와 유사하지만, 언어를 매개로 한 사회적 합의를 강조한다는 점에서 차별적이다.

'빠롤'은 개인이 실제로 말하거나 쓰는 개별적인 언어 행위를 의미한다. 즉, '랑그'라는 언어 체계를 사용하여 우리가 실제로 발화하는 방식이다. 소설가가 동일한 언어 체계를 사용하더라도 독특한 문체와 표현을 사용하는 것도 '빠롤'의 예이다. 회화 중에 일어나는 어순의 어긋남, 발음의 실수 등도 '빠롤'에 속한다. 예를 들어, "나는 밥을 먹었어"를 "나는 밥 먹었어"라고 말하는 경우, 이는 공식적인 '랑그' 규칙에서 약간 벗어나지만 실제 언어 사용에서는 흔히 볼 수 있는 '빠롤' 현상이다.

랑그는 우리가 언어를 사용하기 위한 '규칙집'과 같고, 빠롤은 그 규칙집을 바탕으로 실제로 만들어지는 '문장'이나 '발화'이다. 비유하자면 음악의 악보(랑그)와 실제 연주(빠롤)를 생각해 볼 수 있다. 모든 연주자가 같은 악보를 기반으로 연주하지만, 연주마다 느낌이나 표현은 조금씩 다른 것과 유사하다.

우리는 사회적 맥락 속에서만 세계를 인식한다

"언어는 인간의 사고를 결정한다" – 언어는 우리의 인식 구조를 형성하며, 세계를 보는 방식을 결정한다. 인간은 사물 자체를 직접 인식하는 것이 아니라, '언어적 범주 language categories'를 통해 사물을 이해한다. 예를 들어, 무지개를 바라볼 때, 우리가 몇 개의 색깔을 구분하는지는 문화와 언어에 따라 다르다. 이런 점에서 소쉬르는 우리가 언어를 통해서만 세계를 인식할 수 있으며, 언어 없이는 세계를 제대로 이해할 수 없다고 본다.

"우리가 세계를 이해하는 방식은 언어가 허락한 범위 안에서만 가능하다" – 세계는 언어 구조에 의해 다르게 해석되며, 인간의 인식은 언어의 틀 속에서만 이루어진다. 언어는 사유를 표현하는 도구가 아니라, 사유 그 자체를 구성하는 틀인 것이고, 언어는 사회적 합의에 의해서 형성되는 것이고, 결국 우리는 사회적 맥락을 통해 의미를 형성한다.

이러한 관점은 인식론을 넘어서 존재론적 함의를 내포한다. 다시 말해, 세계는 단순히 '있는 그대로' 주어지는 것이 아니라, 언어를 통해 '구성'된다는 것이다. 우리가 '존재한다고 말할 수 있는 것들'은 모두 언어 안에서 위치를 부여받은 것들이다. 이처럼 소쉬르의 기호학은 언어를 현실의 반영이 아니라, 현실의 구조화 방식으로 이해하며, 언어는 세계를 '명명'하는 것이 아니라, 세계를 '구성'한다. '세계는 구성된다'는 말은 곧, 세계는 언어를 통해 존재하게 된다는 뜻이며, 이때 구성은 단지 표현의 문제가 아니라, 존재론적 형성의 문제인 것이다.

소쉬르는 언어를 단순한 의사소통의 수단이 아니라, 존재와 인식을 구성하는 결정적 요소로 보았다. 그는 존재를 고정된 실체가 아니라, 기호적 차이를 통해 형성되는 것으로 이해했다. 또한, 인식론적으로 언어 없이 세계를 이해하는 것은 불가능하며, 언어 구조 속에서만 의미가 형성된다는 점을 강조했다.

소쉬르의 언어학은 구조주의가 문화, 사회, 인지 등 다양한 영역에서 표면 이면의 구조를 탐색하는 분석 틀로 기능하게 된 결정적 전환점을 제공했다. 단어 하나하나의 고유한 본질을 찾는 것이 아니라, 차이와 관계를 통해 구성되는 의미의 네트워크를 바라보게 된 순간, 인문학은 실체 중심의 탐색에서 관계 중심의 분석으로 이동하게 된 것이다. 그리고 이 지적 전환은 곧 '존재'에 대한 사유 방식까지 근본적으로 재편하게 되는 철학적 혁명을 이끌었다.

주요 저술

- **일반언어학 강의**(Course in General Linguistics, 1916/김현권, 2022) | 소쉬르의 제자들(샤를 발리, 알베르 세슈에)이 강의 내용을 정리하여 출판한 책으로, 현대 언어학과 기호학의 기초를 제공했다.
- **일반 언어학 및 비교문법에 대한 노트**(Notes for a Course in General Linguistics, 1957) | 소쉬르가 남긴 노트들을 정리한 것으로, 『일반언어학 강의』에 포함되지 않은 개념들과 더 구체적인 설명이 담겨 있다.

49 | 레비스트로스 1908~2009
존재와 인식은 구조의 산물인가?

"인간은 결코 자기 문화를 초월하지 못한다. 우리는 언제나 우리 자신의 체계 안에서만 생각할 수 있다. 따라서 우리가 타 문화를 이해한다는 것은, 결국 우리 자신의 범주로 그들을 번역해내는 일이다."
―『슬픈 열대』, 1955

20세기 철학의 주요 전환점 중 하나는 세계를 인식하는 방식으로서의 '구조' 개념의 부상이다. 이는 더 이상 인간의 주관적 사유나 의도에 의존하지 않고, 의미가 형성되는 보편적 원리를 탐색하려는 시도로부터 비롯되었다. 구조주의라는 지적 흐름은 바로 이러한 질문에 응답한다. 클로드 레비스트로스(1908~2009)는 소쉬르(1857~1913)의 언어학적 구조를 문화 전체로 확장하여, 신화, 친족, 음식 등의 체계 속에서 의미를 구성하는 구조를 파헤친 철학적 인류학자였다.

구조주의 인류학: 신화 속의 질서

"신화는 항상 스스로를 반복하고, 변형하며, 같은 구조 속에서 다른 이야기로 돌아온다" – 클로드 레비스트로스는 문화란 무질서하거나 무작위적인 축적이 아니라, 그 이면에 일정한 질서와 규칙성이 내재된 구조적 시스템이라고 보았다. 이러한 사유는 그가 본격적으로 전개한 신화 연구에서 가장 뚜렷하게 드러난다. 그의 대표작 가운데 하나인『신화와 의미(1978)』에서 레비스트로스는 고대 그리스, 아메리카 원주민, 오세아니아, 아프리카 등지의 다양한 신화를 비교 분석하며, 그 내용은 매우 상이하지만 그 기저에는 일정한 패턴과 규칙이 반복된다는 점을 강조한다.

"신화는 구조를 갖고 있고, 그 구조는 이성의 질서이다" – 이때 그가 주목한 것은 표면적으로 드러나는 서사의 다양성이 아니라, 그 서사들이 구성되는 심층 구조였다. 레비스트로스는 신화를 구성하는 가장 작은 의미 단위를 '신화소mytheme'라고 명명한다. 이는 언어학에서 문장을 구성하는 문법 단위처럼, 신화를 해체하고 분석할 수 있는 기본 단위다. 그는 신화를 수백, 수천 개의 신화소로 나누고, 이들이 각기 어떤 식으로 조합되고 대립하며 변형되는지를 면밀히 분석하였다. 이러한 방식은 마치 소쉬르가 기호들을 체계적으로 분석하듯, 신화를 하나의 언어로 간주하고 그 문법과 구조를 해독하려는 시도였다.

"인간의 정신은 만물을 이항대립의 구조로 조직함으로써 세계를 이해한다" – 레비스트로스가 밝혀낸 신화 속의 질서는 곧 인간이 세계를 분류하고, 의미를 부여하며, 긴장과 모순을 통합하려는 사고 방식 그 자체다. 이 질서는 경험적이지 않고, 논리적이며 형식적이다. 인간은 자신의 삶 속에서 직면하는 모순, 즉, 자연과 인간, 죽음과 삶 등을 신화적 상상력으로 조화시키려 하며, 이 과정에서 반복되는 구조를 만들어낸다. 특히 그는 신화 속에서 반복되는 이항대립 구조에 주목했다. 예를 들어, 자연과 문화, 생과 사, 날것과 익힌 것, 남성과 여성 등의 대립은 신화 속에서 끊임없이 변주되며 반복된다. 이를 통해 레비스트로스는 신화가 표면적으로는 지역적이고 고유한 이야기처럼 보이지만, 그 기저에는 인간 사고의 보편적 구조, 즉 무의식적으로 작동하는 인식의 법칙이 깔려 있음을 보여주었다. 그는 이러한 구조를 '변형 가능한 코드'라고 불렀고, 신화는 이 코드를 통해 끊임없이 재조합되며 각기 다른 문화를 통해 표출된다고 보았다.

구조의 심층: 무의식과 문화의 언어

"나는 인간이 만든 이야기와 관습의 숲 속에서 구조를 읽어내려 한다" – 레비스트로스의 구조주의 인류학이 가장 근본적으로 전환시킨 지점은 '의식적 주체'로서의 인간이라는 근대적 전제에 대한 문제제기였다. 그는 인간의 문화적 산물들, 예를 들어 신화, 음식, 친족 제도, 금기 등이 의식적으로 기획된 결과가 아니며, 인간 정신에 내재한 무의식적 구조에 의해 생산된 것이라고 주장했다.

"구조는 경험을 초월해 있으며, 의미는 차이의 체계 속에서만 발생한다" – 레비스트로스에 따르면, 인간 문화에 반복적으로 나타나는 구조는 외부 경험이나 후천적 학습에 의해 형성되는 것이 아니다. 오히려 그는 이 구조가 인간 정신의 인지적 조건, 즉 인간이 세계를 이해하고 분류하는 방식에서 비롯된다고 보았다. 이러한 구조는 만들어지는 것이 아니라, 이미 존재하는 것이며, 선험적인 인지 기제에 가까운 것이다.

인간은 혼란스럽고 복잡한 세계 속에서 사물을 분류하고 관계를 파악하며 의미를 구성하려는 본능적 경향을 지닌다. 이때 사용되는 방식은 대립의 구분, 범주의 서열화, 변환 가능한 조합 등인데, 이러한 인식 행위는 언어가 작동하는 방식과 매우 유사하다. 레비스트로스는 특히 소쉬르의 언어학에서 큰 영향을 받았다. 소쉬르는 언어의 의미가 개별 기표가 아니라, 기표들 사이의 차이와 관계를 통해 형성된다고 보았는데, 레비스트로스는 이를 신화나 문화에도 그대로 적용했다.

문화는 단순한 관습이나 감성의 산물이 아니라, 인간이 본질적으로 가지고 있는 기호 작동 체계를 통해 세계와 상호작용한 결과라는 것이다. 따라서 신화나 친족제도, 음식 분류 체계 등은 겉으로는 서로 다르지만, 그 이면에는 공통적인 사고의 틀이 작동하고 있으며, 이것이 바로 문화의 구조다. 이 구조는 특정 사회나 시대가 고안한 것이 아니라, 인간 모두에게 보편적으로 내재된 의미 구성 장치로 작동한다.

"인간은 의미 생산 구조 속에서만 자신을 규정할 수 있다" – 인간은 세계를 있는 그대로 경험하는 존재가 아니라, 구조를 통해 중개된 방식으로만 인식하고 존재할 수 있다. 이 구조란 언어, 신화, 친족, 규칙, 금기 등 인간 사회 전반을 관통하는 기호적 네트워크이다. 즉, 인간은 언제나 자신이 속한 문화와 언어의 구조 속에서만 현실을 인식할 수 있으며, 의식 너머에서 작동하는 질서에 의해 사유의 한계와 방향이 결정된다. 이 말은 곧, 우리가 마주하는 '현실' 또는 '실재'란 어떤 객관적이고 독립된 실체라기보다는, 언어적·문화적 구조 안에서 구성된 결과물이라는 의미이다.

사르트르와 레비스트로스 논쟁

레비스트로스의 구조주의는 사르트르(1905~1980)의 실존주의와 근본적인 충돌을 빚게 된다. 구조를 중심으로 인간의 사유와 존재를 재배치하려는 레비스트로스와, 인간의 자유와 선택, 주체적 결단을 철학의 출발점으로 삼은 사르트르는 '인간이란 무엇인가'를 둘러싸고 정면으로 대립한다. 이 논쟁은 20세기 철학의 주체 개념과 인간관, 그리고 실재 이해를 둘러싼 결정적인 철학적 분기점이 되었다.

  사르트르가 보기에 레비스트로스의 구조주의는 인간을 기계적으로 작동하는 문화적 코드의 집합체로 전락시킴으로써, 인간이 갖는 역사적 의식, 창조성, 해방의 가능성을 무력화시킨다. 실제로 사르트르는 레비스트로스의 『야생의 사고』를 비판하며, 그것이 '역사 없는 사유', '자기반성 없는 사유'라고 규정했다.

  "인간은 신화를 만든 것이 아니라, 신화가 인간을 만든 것이다" – 레비스트로스는 이러한 비판에 대해, 실존주의가 근대적 인간 중심주의를 고수하고 있다고 응수했다. 그는 사르트르가 제시한 '자유로운 인간'은 사실상 서구 계몽주의가 만들어낸 허구적 신화이며, 인류학적으로도 존재하지 않는 개념이라고 지적했다. 그에게 있어 사르트르의 인간은 철학적 낭만주의에 불과하며, 문화와 인간 삶을 분석할 수 있는 이론적 힘을 갖지 못한다.

  이 논쟁의 또 다른 중요한 축은 '역사'와 '구조'의 관계이다. 사르트르는 인간의 존재를 시간 속에서 끊임없이 선택하고 변형되는 역사적 실존으로 보았다. 반면 레비스트로스는 역사보다 구조가 선행하며, 역사는 구조의 표면적 표현, 즉 '변형transformations'일 뿐이라고 보았다. 역사란 구조가 만들어낸 서사의 한 국면일 뿐, 구조 자체를 초월하지는 못한다. 이처럼 구조주의는 시간성보다 공간성, 변화보다 반복과 대립의 패턴에 주목하며, 역사적 진보라는 개념을 상대화한다.

  레비스트로스와 사르트르 사이의 논쟁은 단순히 인류학과 철학의 교차점에서 벌어진 의견 충돌이 아니라, 20세기 사유의 패러다임이 주체 중심에서 구조 중심으로 이동하는 과정에서 필연적으로 나타난 문명 내부의 철학적 긴장이었다. 이 논쟁을 통해 구조주의는 인간을 탈중심화하고, 존재를 구조화된 맥락 속에서 새롭게 사유하려는 시도를 통해 철학의 새로운 지평을 열었다. 사르트르가 인간을 존재의 주체로 복권시키려 했다면, 레비스트로스는 인간을 언어와 구조의 생성적 효과로 해체함으로써, 철학의 무대를 인간 바깥으로 확장하고자 했던 것이다.

클로드 레비스트로스는 구조주의 사상의 핵심에서 언어, 신화, 문화라는 다양한 층위를 횡단하며, 인간 존재에 대한 새로운 해석의 지평을 열었다. 구조주의는 세계가 의미를 갖는 방식, 즉 '현실'이 어떻게 구성되는가를 묻는 철학적 사유의 심화였다. 이 흐름은 이후 포스트구조주의로 이어지며, 현대 인문학의 핵심 문제로 자리잡게 된다.

주요 저술

- **슬픈 열대**(Tristes Tropiques, 1955/박목출, 1998) | 자전적 여행기이자 인류학적 성찰이 결합된 저술로, 브라질 원주민 사회에 대한 관찰을 토대로 서구 문명의 자기중심성과 인류학의 윤리를 비판하며, 문화의 상대성과 구조의 보편성을 사유한다.

- **야생의 사고**(La Pensée Sauvage, 1962/박목출, 2022) | 서구 중심의 '문명 vs. 미개' 이분법을 해체하며, 이른바 '야만인'의 사고 또한 논리적이고 구조적인 지식을 생성한다는 주장을 전개한다.

- **신화와 의미**(Myth and Meaning, 1978/임목희, 2000) | 인간이 신화를 만들고, 신화가 다시 인간을 구성하는 과정을 설명하며, 신화를 언어처럼 분석하는 기호학적 접근을 보여준다.

- **신화학**(Mythologiques, 시리즈, 1964~1971/임봉길, 2021) | 총 4부작으로 『날것과 익힌 것』, 『꿀에서 재까지』, 『테이블의 기원』, 『벌거벗은 인간』으로 구성. 방대한 신화 분석 프로젝트로, 남미 원주민 신화를 대상으로 수천 개의 신화를 해체하고 비교 분석하여 그 기저의 구조를 추적한다.

50 | 가다머 1712~1778
이해는 어떻게 가능한가?

"이해는 단순히 어떤 정신적 작용이 아니라, 존재의 방식이다. 이해는 하나의 '사건'이며, 이 사건은 해석자의 전이해와 전통, 그리고 텍스트의 지평이 만나는 데서 발생한다. 우리는 텍스트를 해석하는 것이 아니라, 그것과의 대화 속에서 이해되며, 그 영향 속에 놓여 있다."

— 『진리와 방법』, 1960

한스-게오르크 가다머(Hans-Georg Gadamer, 1900~2002)는 20세기 독일 철학자 중 한 명으로, 그의 철학적 해석학은 인문학 전반에 심대한 영향을 미쳤다. 그의 주저 『진리와 방법(1960)』은 해석학을 텍스트 이해의 기술을 넘어선 보편적인 철학적 문제로 격상시켰다. 가다머는 '이해 Verstehen'의 본질과 역사성, 그리고 언어의 역할을 중심으로 독창적인 철학 체계를 구축하였다.

해석학적 전환과 선입견의 재평가

가다머 철학의 출발점은 19세기 낭만주의 해석학과 역사주의에 대한 비판적 성찰에 있다. 본래 해석학 Hermeneutics은 고대 그리스의 신들의 메시지를 인간에게 전달하는 헤르메스 Hermes 신의 역할에서 유래한 용어로서, 넓은 의미에서 해석과 이해의 이론이자 기술, 나아가 철학적 탐구를 지칭한다. 초기에 성서나 고전 문헌과 같은 특정 텍스트의 올바른 의미를 파악하는 방법론으로 출발하였으나, 점차 그 범위가 확장되어 인간의 모든 경험과 표현, 그리고 세계 이해의 근본적인 조건과 과정을 탐구하는 보편적인 철학적 분과로 자리매김하였다.

가다머는 프리드리히 슐라이어마허(1768~1834)나 빌헬름 딜타이(1833~1911) 등이 추구했던, 저자의 의도나 과거의 원형을 객관적으로 복원하려는 '방법론적' 해석학의 한계를 뛰어넘어 해석학의 새로운 지평을 열었다. 가다머에게 있어 이해는 주관이 객관을 파악하는 단순한 인식 과정이 아니라, 이해하는 주체의 역사적 상황과 전통 속에서 이루어지는 존재론적 사건이다.

"모든 이해는 선이해를 전제로 한다" – 이러한 관점에서 가다머는 계몽주의 이래 부정적으로 간주되어 온 '선입견Vorurteil'의 개념을 재평가하였다. 계몽주의 사상가들은 선입견을 주로 비합리적인 권위, 맹목적인 전통, 또는 개인의 자율적 판단을 흐리는 미신과 동일시하며, 순수한 이성적 인식에 도달하기 위해 반드시 제거해야 할 장애물로 여겼다. 즉, 선입견은 객관적 진리에 도달하는 길을 가로막는 극복의 대상이었던 것이다. 그러나 가다머는 이러한 계몽주의의 '선입견에 대한 선입견'에 도전하며, 선입견이 단순히 이해를 왜곡하거나 방해하는 부정적 요소가 아니라, 오히려 인간 이해를 가능하게 만드는 근본적이고 생산적인 선행 조건임을 역설하였다.

"선입견은 이해의 장애물이 아니라 가능 조건이다" – 인간은 결코 역사의 진공상태나 문화적 백지상태에서 세계와 대면하는 추상적 존재가 아니다. 모든 개인은 태어나는 순간부터 자신이 속한 특정한 역사적 전통, 문화적 배경, 그리고 언어 공동체 안에서 성장하며, 이러한 환경으로부터 알게 모르게 수많은 가치 판단, 기대 지평, 그리고 세계를 바라보는 특정한 관점들을 내면화하게 된다. 이러한 선입견이 없다면, 우리는 무한한 대상과 정보의 홍수 속에서 무엇에 주목하고 어떤 질문을 던져야 할지조차 알 수 없는 막막함에 빠질 것이며, 이해의 과정 자체가 불가능해질 것이다. 선입견은 일종의 잠정적 판단으로서, 우리가 세계에 접근하고 의미를 구성해 나가는 출발점의 역할을 수행한다.

물론 가다머가 모든 종류의 선입견을 무비판적으로 옹호하거나 정당화한 것은 결코 아니다. 그는 정당하고 생산적인 선입견, 즉 이해를 촉진하고 지평을 넓히는 선입견과, 그릇되고 맹목적이어서 오히려 이해를 가로막고 왜곡하는 선입견을 명확히 구분해야 한다고 강조하였다. 인간은 자신의 선입견들을 끊임없이 의식하고 반성하며, 이를 텍스트나 타자와의 진지한 만남과 대화 속에서 끊임없이 검증하고 시험대에 올려야 할 책무가 있다. 텍스트가 지닌 '낯섦' 또는 타자의 '다름'은 해석자가 지닌 기존의 선입견에 도전장을 내미는 것과 같으며, 이러한 도전에 진지하게 응답하는 해석학적 실천 과정에서 기존의 선입견은 수정되거나 폐기되기도 하고, 혹은 반대로 더욱 확고하게 정당화되기도 한다. 이처럼 선입견과 대상 사이의 끊임없는 변증법적 상호작용을 통해 우리는 닫힌 선입견의 한계에서 벗어나 보다 열리고 확장된 이해의 지평으로 나아갈 수 있으며, 이것이야말로 가다머가 말하는 진정한 해석학적 경험의 핵심을 이루는 것이다.

역사적 효과 의식과 지평 융합

"해석자는 텍스트 바깥에서 그것을 지켜보는 관찰자가 아니라, 그것의 역사적 효과 속에 놓여 있는 존재이다" – 가다머 철학의 핵심 개념 중 하나는 '역사적 효과 의식wirkungsgeschichtliches Bewusstsein'이다. 이는 우리가 역사적 존재로서 과거의 영향력 아래 놓여 있으며, 동시에 그 영향을 의식하고 성찰할 수 있음을 의미한다. 우리는 역사를 객관적으로 관찰하는 방관자가 아니라, 역사 자체의 일부로서 그 효과의 연관 속에 참여한다. 따라서 과거 텍스트나 사건에 대한 이해는 과거 자체를 있는 그대로 복원하는 것이 아니라, 과거가 현재의 우리에게 미치는 효과를 파악하는 과정이다.

"이해란 나의 지평과 타자의 지평이 융합하는 사건이다" – 이러한 이해의 과정은 '지평 융합Horizontverschmelzung'이라는 개념으로 설명된다. '지평'이란 우리가 사물을 보고 이해하는 관점과 범위를 의미한다. 텍스트는 그것이 산출된 과거의 역사적 지평을 가지고 있으며, 해석자는 자신이 처한 현재의 지평을 가지고 있다. 이해는 이 두 지평이 서로 만나 대화하고 융합하는 과정에서 발생한다. 이 과정에서 과거의 지평은 현재의 지평으로 흡수되거나, 현재의 지평이 과거의 지평에 종속되는 것이 아니라, 양자가 서로를 확장시키며 새로운 하나의 지평을 형성한다. 이는 이해가 고정된 의미를 발견하는 것이 아니라 끊임없이 생성되는 과정임을 시사한다.

해석학적 인간과 언어

가다머는 해석학적 경험의 원리가 신학이나 법학, 문헌학과 같은 특정 학문 분야의 방법론에 국한되는 것이 아니라, 인간이 세계와 관계 맺고 의미를 파악하는 모든 경험 영역에 보편적으로 적용된다고 주장하였다. 이는 해석학을 단순한 텍스트 해독 기술의 차원을 넘어, 인간 존재의 본질적 특성과 맞닿아 있는 철학적 문제로 심화시킨다.

그에 따르면, 우리는 타자와의 대화에서 상대방의 말뜻을 헤아리려 할 때, 역사적 문헌이나 사건을 접하며 그 의미를 숙고할 때, 자기 자신을 성찰하며 삶의 방향을 모색할 때 등 끊임없이 삶에서 이해와 해석을 시도한다. 이처럼 인간은 본질적으로 세계와 자신을 해석하는 존재, 즉 '해석학적 인간homo hermeneuticus'이며, 따라서 해석학은 인간 실존의 핵심적 차원을 해명하고 인간 이해의 보편적 조건을 탐구하는 철학적 과제를 수행한다.

"언어는 표현 수단이 아니라, 존재가 드러나는 장場이다" – 가다머 철학에서 언어는 해석학적 경험의 보편성을 뒷받침하고 구체화하는 가장 근본적인 토대이다. 그에게 있어 언어는 인간이 이미 머릿속에 형성해 놓은 생각이나 감정을 사후적으로 표현하거나 전달하기 위한 도구이거나 혹은 의사소통의 효율성을 높이기 위한 임의적인 기호 체계에 머무르지 않는다. 언어는 우리가 세계를 경험하고, 사물을 인식하며, 나아가 의미를 구성하고 궁극적으로 이해하는 과정 전체를 가능하게 하는 근본적이고 선험적인 매체이자, 우리가 세계와 처음으로 만나는 지평 그 자체이다. 이 언어적 지평을 통해서만 비로소 세계는 우리에게 무의미한 자극의 총체가 아닌, 질서있고 의미 있는 현실로서 다가올 수 있다. 우리가 몸담고 있는 역사적 '전통Überlieferung' 역시 본질적으로 언어적인 형태로 우리에게 전달되고 그 생명력을 이어간다. 과거 세대들의 지혜, 축적된 문화적 가치, 사회적 규범과 제도 등은 신화, 이야기, 문학 작품, 역사 기록, 법전과 같은 다양한 언어적 표현물들을 통해 현재의 우리에게 끊임없이 말을 걸어오며 영향을 미친다. 따라서 가다머에게 해석학적 경험이란 근본적으로, 그리고 본질적으로 언어적 경험일 수밖에 없으며, 이해의 모든 과정은 언어 속에서 시작되고, 언어를 통해 전개되며, 궁극적으로는 새로운 언어적 표현을 향해 나아간다고 할 수 있다.

"이해될 수 있는 존재는 언어이다" – 가다머의 이 명제는 언어의 존재론적 위상과 그 포괄성을 압축적으로 표현한다. 인간에게 의미 있는 방식으로 파악되고 이해될 수 있는 모든 것은 필연적으로 언어의 지평 안으로 들어와 언어적으로 매개되고 분절될 수밖에 없다. 우리의 모든 사유와 경험, 그리고 이해는 언어라는 빛을 통해서만 그 구체적인 모습을 드러낼 수 있으며, 우리가 사용하는 언어의 풍부함과 한계가 곧 우리 이해의 폭과 깊이를 규정짓는 경계가 되는 것이다.

대화와 타자

"대화는 해석학의 본질이며, 타자의 말에 스스로를 노출시키는 일이다" – 보편적이고 근원적인 언어적 경험의 가장 핵심적이고 역동적인 형태로 가다머는 '대화Gespräch'를 제시한다. 그에게 대화는 서로 다른 배경과 지평을 가진 참여자들이 공동으로 진리를 탐구하고 상호 이해의 지평을 넓혀가려는 열린 시도이다. 진정한 대화는 고정된 결론을 미리 상정하지 않고, 질문과 답변의 끊임없는 상호작용을 통해 이루어진다.

"진정한 대화란, 그것이 우리를 어디로 이끌지 모를 때에만 가능하다" – 이 과정에서 참여자들은 자신의 선입견이나 기존의 이해를 절대적인 것으로 고집하는 대신, 타자의 낯선 관점과 주장에 자신을 겸허하게 개방하고 자신의 입장을 기꺼이 시험대에 올릴 수 있는 용기가와 준비되어 있어야 한다. 이러한 상호 존중과 개방성 속에서, 대화는 참여자 각자의 주관적 의견들의 단순한 합을 넘어서서, 논의되고 있는 '사태 자체 die Sache selbst'가 스스로 그 모습을 드러내도록 이끄는 힘을 지닌다. 대화의 참여자들은 이 공동의 탐구 과정 속에서 기존의 선입견들을 비판적으로 성찰하고 수정함으로써, 개인의 한계를 넘어선 보다 폭넓고 깊이 있는 새로운 이해의 지평으로 함께 나아가게 되는 것이다. 이처럼 대화는 언어를 매개로 한 지평 융합의 구체적인 실현 과정이자, 해석학적 이해가 생성되고 확장되며 살아 숨쉬는 가장 역동적인 현장이라고 할 수 있다.

가다머의 철학적 해석학은 이해의 역사성, 선입견의 생산적 역할, 지평 융합의 역동성, 그리고 언어의 존재론적 중요성을 강조함으로써 인간 이해의 본질에 대한 심오한 통찰을 제공하였다. 그는 주관주의적 상대주의나 객관주의적 독단론을 넘어, 전통과의 끊임없는 대화 속에서 이루어지는 이해의 과정을 해명하였다.

가다머는 진리는 항상 누군가와의 대화 속에서 형성되며, 이 대화의 열림이야말로 해석학의 핵심이라고 보았다. 이러한 통찰은 우리로 하여금, 타자의 말과 과거의 전통, 낯선 문화와 언어 속에서도 자기 중심적 이해를 넘어서려는 윤리적 태도를 요구하게 만든다.

가다머의 철학은 인문학뿐만 아니라 사회과학, 법학, 신학 등 다양한 분야에서 진리의 문제를 새롭게 조명하고, 타자와의 소통, 문화 간 이해의 중요성을 역설하였다는 점에서 오늘날에도 여전히 중요한 철학적 의의를 지닌다.

주요 저술

- **진리와 방법**(Wahrheit und Methode, 1960/이길우 외, 2012) | 진리는 과학적 방법이 아니라, 예술·역사·언어 속에서 대화적으로 드러나는 사건이라고 주장하였다. 전이해, 전통, 지평의 융합, 대화, 언어의 존재론 등을 다룬다.

51 | 바르트 1915~1980
해석에 한계가 존재하는가?

"저자는 죽었다. 저자는 텍스트의 과거이며, 텍스트는 지금 이 순간, 오직 독자의 탄생과 함께 시작된다. 텍스트는 다차원의 공간이며, 그 속에서 다양한 기표들이 서로 충돌하고 교차한다."

―『저자의 죽음』, 1967

구조주의의 흐름 속에서, 사유는 점차 존재 그 자체보다는 존재가 어떻게 인식되는가에 관심을 기울이기 시작했다. 소쉬르(1857~1913)가 언어의 자의성을 통해 세계를 설명한 이래, 레비스트로스(1908~2009)는 신화와 친족 구조 속에서 인간 사고의 보편성을 찾았다.

롤랑 바르트(Roland Barthes, 1915~1980)는 이 흐름을 계승하면서도 그것을 해체하는 새로운 전환점을 제시했다. 롤랑 바르트는 20세기 프랑스 지성사에서 단일한 철학적 체계로 규정하기 어려운, 끊임없이 변화하고 경계를 넘나든 사상가이다. 그러나 그의 지적 여정 전체를 관통하는 하나의 중요한 관점은, 그가 당대의 지배적 담론이었던 구조주의와 전통적 해석학의 한계를 인식하고 이를 해체함으로써, 질 들뢰즈(1925~1995)나 자크 데리다(1930~2004)와 같은 후기 구조주의 및 해체철학의 사상가들에게 결정적인 매개의 역할을 수행했다는 점이다.

기호 해체와 의미의 이데올로기

"신화는 제2의 기호 체계이다. 기표가 다시 기의로 기능하게 된다" – 이 말은 소쉬르의 구조주의 언어학에서 비롯된 것으로, 언어에서 '기표'와 '기의'가 만나 하나의 기호를 형성한다는 전제에서 출발한다. 하지만 바르트는 이 기호를 또 다른 구조의 기표로 전환함으로써, 이차적 의미 생산의 층위, 곧 신화적 기호가 성립한다고 설명한다.

예를 들어, 바르트가 분석한 유명한 사례 중 하나는 프랑스 잡지 『Paris Match』의 표지에 실린 한 흑인 병사의 이미지를 통해 나타난다. 그 병사는 프랑스 식민군의 제복을 입고 프랑스 국기를 향해 경례하고 있다. 이 이미지는 '기표'이며, 여기에 "프랑스의 충성스러운 식민지 병사"라는 설명이 붙으면, 그것이 '기의'가 되어 하나의 1차 기호가 된다. 그런데 이 전체 장면이 다시 기표로 기능하게 되는 순간, 프랑스 제국주의의 이상화된 이미지, 즉 "프랑스는 차별 없는 통합의 나라다"라는 신화적 메시지가 탄생한다.

"나는 신화를 해체하고, 그것을 언어로 되돌리고자 한다" – 롤랑 바르트는 『신화론(1957)』에서, 우리가 일상에서 접하는 수많은 이미지와 담론들이 정보 전달의 기호체계를 넘어서, 특정한 사회적 의미를 자연스러운 것처럼 가장하는 '신화'로 기능하고 있다고 지적한다. 신화는 어떤 정치적·사회적 메시지를 마치 말 없는 자연의 진리처럼 포장함으로써, 그 의미의 정치성과 역사성을 은폐한다. 이는 바로 기호를 통한 이데올로기의 은밀한 침투이며, 우리가 '사실'이라고 믿는 것들이 실제로는 의도된 의미 구조 안에서 구성된 환상일 수 있음을 보여준다.

그는 신화 자체를 거짓이라 비난하려는 것이 아니라, 그것이 어떻게 의미를 조작하고, 또 어떻게 자연을 가장한 인위로 작동하는가를 분석하고자 한다. 이 작업은 곧 기호학적 해체이며, 동시에 현대적 인식론을 흔드는 철학적 실천이다.

기표와 기의의 분리 – 의미는 멈추지 않는다

"기호는 사물에 고정되어 있지 않다. 기호는 생성되고, 확장되고, 재구성된다" – 롤랑 바르트는 기호의 구조가 결코 고정된 하나의 의미를 전달하지 않으며, 오히려 의미는 끊임없이 움직이고 미끄러진다는 사실을 강조한다. 즉, 기표와 기의 사이의 관계는 불안정하며, 하나의 기표가 언제든 새로운 기의를 낳을 수 있다는 것이다.

이러한 사유는 특히 이미지와 광고 같은 시각적 기호에서 더욱 분명하게 드러난다. 광고 속 웃는 아이의 사진은 단지 '행복한 아이'를 나타내는 것이 아니라, 그 이미지가 실리는 맥락, 예를 들어 분유 광고, 아동복 브랜드, 국가 캠페인 등에 따라 전혀 다른 의미로 작동한다. 동일한 기표(웃는 아이)는 '순수함', '건강', '국가 미래', '소비자 신뢰' 등 다양한 기의를 낳는다. 바르트는 이것이 의미 생산의 핵심이라 보았다. 의미는 결코 하나의 진리나 본질로 환원되지 않으며, 문화적 코드와 해석의 관계 속에서 끊임없이 변화하고 이동한다. 그는 이를 '의미의 유동성', 혹은 '기표의 유희'라고 불렀으며, 이는 후기 구조주의와 해체주의에 깊은 영향을 미친 통찰이다. 바르트는 특히 사진과 같은 시각 이미지에 대해 다음과 같은 통찰을 남긴다.

"사진은 사물을 보여주지만, 그것이 말하는 것은 사회가 결정한다" – 즉, 어떤 이미지가 자연스럽고 '객관적'으로 보일지라도, 그것은 사실상 문화적 코드와 이데올로기에 의해 해석되도록 프로그램된 의미의 결과이다. 예컨대, 고급 자동차 광고에 등장하는 도시 야경과 남성의 실루엣은 단순한 시각적 요소가 아니라, '성공', '지배력', '엘리트'와 같은 기의를 이끌어내는 기표로 작동한다. 이러한 논의는 의미가 고정된 본질이 아니라 사회적 장치이며, 정치적 힘의 산물이라는 사실을 선명히 드러낸다. 의미는 '발견'되는 것이 아니라 '생산'되며, 이 생산의 과정은 언제나 역사적, 문화적 맥락에 깊이 의존한다. 그는 언어뿐 아니라 이미지, 텍스트, 패션, 음식, 스포츠 등 모든 기호가 이러한 유동적 구조 안에 존재한다고 보았다. 따라서 기호는 해석자에 따라, 맥락에 따라 끊임없이 변주되며, 고정된 진리를 말하는 것이 아니라 권력, 감정, 이데올로기, 문화적 감수성의 얽힘을 담는 매개체가 된다.

저자의 죽음: 주체의 탈중심화와 텍스트의 해방

"문학은 이제 저자의 생명 속에 있지 않다. 문학은 독자의 탄생과 함께 저자의 죽음을 요구한다" – 롤랑 바르트는 에세이 「저자의 죽음(1967)」에서 문학과 철학, 나아가 인식론 전체를 지배해 온 '주체 중심주의'에 대한 과감한 해체 선언을 감행한다. 바르트에게 '저자'란 근대의 산물이며, 의미의 중심이자 기원의 보증자 역할을 수행하는 권력적 위치였다. 저자가 말했기 때문에 그것은 '의미'가 되었고, 저자의 의도는 곧 해석의 기준이 되었다. 그러나 바르트는 이러한 구조가 텍스트의 다의성과 해석의 자유로움을 억압한다고 보았다. 그는 이를 해방시키기 위해 '저자'라는 중심축을 제거하고, 그 자리에 '읽는 자', 곧 독자를 세운다. 이는 단순히 작가의 전기적 배경이나 의도를 무시하자는 의미가 아니다. 그것은 더 근본적으로, 근대 이래 지식의 구조를 지탱해 온 주체-객체 구도, 즉 데카르트적 인식 모델을 문학과 언어의 장에서부터 무너뜨리는 선언이다.

"텍스트는 그것을 쓰는 자가 아니라, 그것을 읽는 자를 향해 열려 있다"

― 바르트의 주장은 텍스트를 고정된 의미의 '그릇'이 아닌, 언제나 새로운 해석의 가능성을 품은 살아 있는 구조로 재정의한다. 여기서 텍스트는 하나의 종결점이 아니라, 기표들의 유희가 끊임없이 작동하는 공간이 되며, 독자는 그 유희에 참여하는 능동적 생산자로 탈바꿈한다. 이는 존재에 대한 새로운 이해로 연결된다. '존재'는 더 이상 고정된 실체가 아니라, 텍스트 안에서, 기호의 흐름 속에서 구성되는 관계적 사건이 된다. 존재는 인식의 객체가 아니라, 기호적 구성의 효과이며, 독자가 그것을 읽어낼 때에만 의미화된다. 바르트는 인식 주체(저자)의 해체를 통해, 존재의 조건 자체를 재구성하는 포스트구조주의적 전회를 이끌어낸다.

"텍스트는 수많은 기표의 네트워크이며, 저자는 그 네트워크를 종합하는 이름일 뿐이다" ― 텍스트는 저자 이전에 존재하며, 저자는 텍스트가 말하는 것들을 그저 혼합하는 자일 뿐이다. 저자의 죽음은 의미의 죽음이 아니라, 의미의 해방이다. 그것은 권위에서 해석으로, 통제에서 다원성으로 이행하는 사유의 흐름이며, 바르트는 그 사유의 최전선에서 '죽은 저자'를 지우고, 살아 있는 독자의 무한한 창조성에 자리를 내어주었다.

롤랑 바르트의 철학은 기호와 구조, 텍스트와 주체, 언어와 감성이라는 다층적 사유의 지형을 끊임없이 유랑한 여정이었다. 그는 고정된 진리나 단일한 중심을 신뢰하지 않았고, 오히려 의미란 끊임없이 생성되고 미끄러지는 것이라고 보았다. 그래서 바르트는 '의미의 유희자', 혹은 '기호의 탐색자'라 불릴 자격이 있는 인물이다.

바르트에게 철학은 명징한 체계나 논리적 단일성이 아니라, 텍스트처럼 흘러가고 흔들리며, 때로는 명확하지 않은 감각과 결이 섞인 사유의 몸체였다.

그가 "저자는 죽었고, 독자가 태어난다"고 선언했을 때, 그것은 단순한 이론적 자극이 아니라, 텍스트의 세계를 다원성과 해석의 자유로 열어젖히는 인문학적 선언이었다. 그의 사유는 인간이 텍스트를 해석하는 것이 아니라, 텍스트가 인간의 의미 작용을 반영하는 장이라는 깨달음으로 이끈다. 이런 점에서 바르트는 단지 문학비평가가 아니라, 언어를 철학적으로 탐색한 현대 사유의 창조자였다.

오늘날 롤랑 바르트의 철학은 여전히 유효하다. 포스트트루스post-truth, 이미지 정치, 다중 감각의 시대 속에서 '기호는 어떻게 구성되고, 누가 그것을 읽는가'라는 물음은 여전히 유력한 지적 과제이기 때문이다. 우리가 그에게서 배울 수 있는 가장 중요한 교훈은, 언어를 의심하고, 기호를 탐색하며, 텍스트를 사랑하는 자세일 것이다. 바르트에게 철학은 엄밀한 체계가 아니라, 읽고, 쓰고, 감응하고, 무너지는 '지속적인 탐색의 과정'이었다. 그리고 그 열린 과정 속에서 우리는, 텍스트라는 또 다른 삶의 공간을 마주하게 된다.

🖋 주요 저술

- **글쓰기의 영도**(Le Degré zéro de l'écriture, 1953/김웅권, 2007) | 글쓰기의 정치성을 다룬다. 고전주의 이후로 역사 및 사회와 맺는 관계로서의 '글쓰는 방식' 자체가 이데올로기의 구조를 드러낸다고 주장한다. '영도의 글쓰기'란 어떤 규범적 스타일에도 얽매이지 않는, 비권력적 글쓰기를 의미한다.

- **신화론**(Mythologies, 1957/정현, 1995) | 현대 사회의 신화는 이데올로기적 기호체계임을 주장한다. 광고, 패션, 잡지, 스포츠 등 대중문화 현상은 현대의 신화로, 신화는 기호(sign)를 통해 권력을 은폐하고 자연화한다고 주장한다.

- **텍스트의 즐거움**(Le Plaisir du texte, 1973) | 독서란 단지 의미 해석이 아니라, 쾌락적 사건이라고 주장하면서, '즐거움의 텍스트'와 '도취의 텍스트'를 구분하고 있다. 구조분석의 냉철함을 넘어, 감각·쾌락·감정의 층위로 텍스트를 재구성한다.

PART 18

세계의 해체:
차이, 흔들림, 차연

세계는 더 이상 하나의 체계로 묶일 수 없었다.
들뢰즈(1925~1995)는 존재를 고정된 실체가 아니라, 끊임없이 흐르고 분기하는 힘으로 보았다. 차이는 본질이 되었고, 동일성은 허상이 되었다.
리오타르(1924~1998)는 거대한 이야기들을 의심했다. 진리는 단일한 역사가 아니라, 서로 충돌하는 언어 게임들의 다발이었다.
데리다(1930~2004)는 모든 텍스트와 개념을 해체했다. 의미는 결코 닿을 수 없는 차이 속에서 미끄러졌고, 중심은 사라졌다.
철학은 이제 토대를 세우는 작업이 아니라, 토대 자체를 흔드는 일이 되었다.
세계는 흐르고, 부서지고, 새롭게 열렸다.

52 | 들뢰즈 1925~1995
반복은 어떻게 차이를 만들고 변화를 가져오는가

"우리는 흔히 모든 관념은 표상이라고 배워왔다. 하지만 관념의 본질을 이루는 것은 표상이 아니다. 그것은 차이다. 관념이란 서로 겹쳐지지 않고, 나뉘며, 갈라지는 차이들로 이루어진 하나의 체계다. 관념은 곧 복수성이다."

— 『차이와 반복』, 1968

서양 철학은 오랫동안 동일성과 본질을 중심으로 사고해왔다. 존재란 무엇인가라는 물음은 언제나 '무엇인지'를 규정하고, 그 규정 속에서 사유의 대상을 고정시키려는 충동으로 이어졌다. 그러나 20세기 후반, 프랑스 철학자 질 들뢰즈(Gilles Deleuze, 1925~1995)는 이 서양 철학적 전통에 근본적인 균열을 가하는 사유를 제안하였다. 그에게 철학은 동일한 것을 반복적으로 확인하는 작업이 아니라, '차이 différence'를 사유하고 다양성을 구성하는 창조적 실험이어야 했다.

차이와 존재: 생성, 반복

"차이는 존재의 근본적인 조건이다" – 들뢰즈는 서구 철학이 존재를 동일성과 불변성의 관점에서 이해해왔다는 점을 비판한다. 플라톤(BC

427~347)의 이데아, 데카르트(1596~1650)의 생각하는 나, 칸트(1724~1804)의 초월적 주체처럼, 전통 철학은 존재를 정적인 본질로 파악해왔다. 그러나 들뢰즈에게 존재란 고정된 본질이 아니라, 끊임없는 흐름과 차이 속에서 구성되는 것이다. 그는 존재가 차이 속에서만 가능하다고 주장하며, 차이를 대립이나 결핍이 아니라 존재 방식 그 자체로 본다.

"존재하는 모든 것은 차이를 통해 존재한다" – 들뢰즈에게 차이는 단순한 변형이나 변화가 아니라, 세계와 사유를 움직이는 생성의 힘이다. 이러한 맥락에서 들뢰즈는 철학을 고정된 본질을 설명하는 학문이 아니라, 차이를 통해 새로운 현실을 창조하는 행위로 본다. '철학은 개념을 창조하는 행위'라는 그의 말처럼, 사고는 동일성을 재생산하는 것이 아니라 끊임없이 차이를 만들어내야 한다. 존재 또한 완결된 실체가 아닌 '되기becoming'의 과정으로 이해된다. 존재란 고정된 것이 아니라, 관계와 흐름 속에서 끊임없이 만들어지고 변형되는 것이다.

"반복은 차이를 통해서만 가능하다. 차이가 없다면 반복도 없다" – 이 말은 반복이 단순히 같은 것을 되풀이하는 것이 아니라, 반복 안에 내재한 차이를 통해 새로운 의미와 현실을 창조하는 과정임을 시사한다. 들뢰즈가 말하는 반복은 두 가지로 나뉜다.

첫째는 통상적인 의미의 반복, 즉 외형적 동일성을 반복하는 것이다. 이는 일상적이고 예측 가능한 반복으로, 변화나 새로운 의미를 낳지 않는다.

둘째는 차이를 생성하는 반복이다. 이 반복은 겉보기에는 같은 것이 반복되는 것처럼 보이지만, 실제로는 매번 미묘한 차이가 개입되며 새로운 의미를 만들어낸다. 예를 들어 같은 멜로디가 반복될 때, 연주자의 감정, 연주 방식, 상황 등이 달라짐으로써 청자에게는 매번 다른 경험이 된다.

이처럼 들뢰즈에게 반복은 단순한 복제가 아니라 창조의 과정이다. 그는 반복 속에서 '차이'가 생성되며, 이 차이가 새로운 현실을 구성한다고 본다.

다양체: 차이의 공간

"다양체는 차이의 공간이다" – 들뢰즈는 전통 철학이 사유를 '이항 대립 binary opposition'으로 설명하는 방식을 거부하였다. 그는 존재가 단일한 범주로 나뉠 수 없으며, 무수한 차이 속에서만 이해될 수 있다고 보았다. 그는 이를 '다양체 multiplicity' 개념으로 설명하며, 모든 존재는 다양한 층위에서 관계를 맺으며 형성된다고 주장하였다.

"다양체는 동일성에 의해 환원될 수 없는 차이의 집합이다" – 전통적 사고는 여러 개의 개별적인 사물이 있고, 이것들이 모이면 다수가 된다고 보았다. 들뢰즈의 다양체 개념에 따르면, 개별적 요소들은 독립해서 존재하는 것이 아니라, 서로 연결되고 관계를 맺으면서 끊임없이 변화하는 과정으로 존재한다. 즉, 다양체는 단순한 개수적인 '많음'이 아니라, 차이들이 네트워크처럼 연결되어 있는 유동적인 전체를 의미한다. 들뢰즈에게 세계는 다양체이고, 다양체는 차이의 공간이다. 동일성에 의해 환원될 수 없는 차이의 집합이 곧 다양체이고 세계인 것이다.

들뢰즈는 다양체를 설명할 때, 이를 '이산적 다양체 discrete multiplicity'와 '연속적 다양체 continuous multiplicity'로 나누어 설명한다. '이산적 다양체'는 개별적인 요소들로 나뉘어 있는 다양체를 말한다. 예를 들면 나무의 개별적인 잎, 별자리 속의 별들, 사회 속 개별적인 사람들이 이산적 다양체이다. 하지만 이산적 다양체 역시 단순한 집합으로 존재하는 것이 아니라, 상호작용 속에서 차이를 형성하는 관계적 구조로 존재한다. '연속적 다양체'는 요소들이 명확히 분리되지 않고, 서로 연결되고 변화하는 다양체를 말한다. 물의 흐름, 음악의 리듬, 감정의 변화같은 것들이 대표적인 연속적 다양체이다. '연속적 다양체'는 개별적인 요소들을 나누는 것이 불가능하며, 하나의 고정된 점이 아니라, 끊임없이 변화하는 차이의 흐름으로 존재한다.

생성과 접속의 사유: 리좀과 배치

"리좀은 시작도 끝도 없이, 어디에서나 연결될 수 있다" – 들뢰즈는 펠릭스 가타리(1930~1992)와 함께 쓴 『천 개의 고원(1980)』에서 '리좀(Rhizome, 뿌리줄기)'과 '배치 Assemblage' 개념을 통해 세계를 고정된 실체가 아닌, 끊임없이 생성하고 접속하며 변화하는 이질적인 요소들의 역동적인 장場으로 파악하는 새로운 사유의 지평을 연다.

들뢰즈와 가타리는 전통적인 위계적 사유 모델을 '수목적(樹木的, arborescent)' 사유, 즉 하나의 뿌리에서 줄기가 뻗어 나가고 가지가 나뉘는 나무의 형상에 비유하며 비판한다. 이러한 모델은 중심과 주변, 원인과 결과, 본질과 현상이라는 이분법적 질서를 전제한다. 이에 대한 대안으로 제시된 것이 바로 '리좀'이다. 리좀은 시작도 끝도, 중심도 없는 수평적 연결망을 상징한다. 리좀은 어디서든 연결될 수 있고, 선형적이지 않으며, 끊임없이 변형되고 확장되는 개방적 체계이다. 인터넷, 신경망, 생태계, 사회적 네트워크 등은 리좀적 구조의 대표적인 예이다. 들뢰즈는 리좀이라는 개념을 통해 전통적인 계층 구조를 비판하고, 수평적이고 탈중심적인 사유 방식을 제시한다.

리좀적 사유는 접속 connection과 이질성 heterogeneity의 원리를 따른다. 리좀의 어떤 지점이든 다른 어떤 지점과 예기치 않게 접속될 수 있으며, 이 과정에서 서로 다른 종류의 요소들이 경계를 넘어 연결된다. 리좀은 어느 지점에서 끊어져도 소멸하는 것이 아니라, 다른 선을 따라 다시 시작하거나 새로운 연결을 생성하며 끊임없이 변이한다.

"배치는 무엇인가가 구성되는 방식이며, 구성된 것 자체가 아니다" - 리좀이 연결과 생성의 '원리' 또는 '논리'를 제시한다면, '배치'는 그러한 원리가 현실 속에서 구현되는 구체적인 구성체 또는 형성물을 의미한다. 그것은 언어적 기호, 비언어적 대상, 신체, 욕망, 사회 제도, 기술 등 온갖 이질적인 요소들이 특정한 관계 속에서 접속하여 함께 기능하는 역동적인 배열이다. 예를 들어, '책'이라는 배치는 단순히 종이와 잉크의 묶음이 아니라, 저자의 사유, 독자의 해석, 출판 자본, 유통 시스템, 사회적 담론 등이 복잡하게 얽혀 작동하는 기능적 단위이다.

배치는 고정된 실체가 아니라 끊임없는 운동 속에 있다. 들뢰즈와 가타리는 이를 영토화territorialization와 탈영토화deterritorialization라는 개념으로 설명한다. 배치는 한편으로는 안정적인 질서를 구축하고 경계를 설정하며 의미를 고정하려는 힘(영토화)을 갖지만, 다른 한편으로는 기존의 질서를 벗어나 새로운 연결을 생성하고 변화하려는 힘, 즉 '도주선 line of flight'을 동시에 내포한다.

들뢰즈와 가타리의 사유는 세계를 고정된 구조들의 총합이 아니라, 끊임없이 생성되고 해체되며 재배치되는 배치들의 역동적인 관계망으로 파악한다. 이는 존재보다는 생성에, 본질보다는 관계와 기능에 초점을 맞추는 철학적 전환을 의미한다. 위계와 중심, 불변의 본질이라는 낡은 틀에서 벗어나, 이질적인 것들의 접속과 다양체의 생성, 끊임없는 변화와 관계의 역동성에 주목한다.

질 들뢰즈의 철학은 고정된 존재, 전통적 인식론, 이항 논리를 해체하고,

차이와 생성, 연결의 철학을 제시하였다. 그는 존재를 개별적 실체가 아닌 차이와 관계 속에서 끊임없이 생성되는 과정으로 보았다. 그는 인식이 고정된 개념을 반복하는 것이 아니라, 차이를 감각하고 창조하는 과정임을 강조하였다.

들뢰즈의 사유는 철학적 비판을 통해 창조적 가능성을 탐구하는 데 초점을 맞췄다. 그의 철학은 정치, 사회 이론, 예술, 신경과학, 디지털 네트워크 등 다양한 분야에서 창의적 접근을 가능하게 하였으며, 현대적 문제들에 대한 새로운 해결책을 제시하는 데 기여하였다. 그는 철학이 고정된 답을 찾는 것이 아니라, 끊임없이 문제를 재정의하고 새로운 답을 창조해야 한다는 점을 보여주었다.

주요 저술

- **니체와 철학**(Nietzsche and Philosophy, 1962/이경신, 2001) | 프리드리히 니체의 철학을 새롭게 해석하며, 힘, 차이, 생성의 개념을 중심으로 니체의 사상을 분석하였다.
- **차이와 반복**(Difference and Repetition, 1968/김상환, 2004) | 차이를 철학의 중심으로 두고, 동일성 중심의 사고를 비판하며, 차이와 반복을 통해 존재와 생성의 문제를 탐구하였다.
- **천 개의 고원**(A Thousand Plateaus, 1980, 가타리와 공저/김재인, 2003) | 탈영토화와 재영토화 개념을 확장하며, 사회적·문화적 현상을 다층적이고 유동적인 네트워크로 설명한다.

53 | 리오타르 1924~1998
절대적 진리와 생각하는 나는 존재하는가?

"철학은 더 이상 존재의 본질을 설명할 수 없다. 이제 우리는 존재가 어떻게 구성되는지를 탐구해야 한다."
— 『포스트모던의 조건』, 1979

장 프랑수아 리오타르(Jean-François Lyotard, 1924~1998)는 전통적 형이상학적 사유가 근대 이후 해체되었으며, 더 이상 단일한 존재 개념으로 세계를 설명할 수 없다고 주장했다. 그는 '거대 서사 Grand Narrative'의 붕괴를 통해, 세계가 하나의 단일한 이론이나 체계를 통해 이해될 수 없다는 것을 보여주었다.

거대 서사의 붕괴: 포스트모더니즘 철학의 탄생 배경

"형이상학은 더 이상 절대적인 진리를 설명할 수 없다. 우리는 다원성과 불확실성 속에 존재할 뿐이다" – 계몽주의 이후 서구 사회는 '이성 Rationality'을 통해 사회를 진보시키고 인간의 자유를 확장할 수 있다는 굳건한 믿음을 가지고 있었다. 그러나 1차 세계대전(1914~1918)과 2차 세계대전

(1939~1945)은 이러한 믿음에 치명적인 균열을 냈다. 인간 이성의 발전은 오히려 대량 학살, 전체주의, 핵전쟁과 같은 참혹한 결과를 초래했다. 이성이 우리를 구원할 것이라는 거대 서사는 역사 속에서 산산이 부서져 버렸다.

전통적인 마르크스주의는 '노동자 혁명'을 통해 자본주의를 타도하고 평등한 사회를 건설할 수 있다는 거대 서사를 제시했다. 그러나 자본주의는 노동 계급을 프롤레타리아트Proletariat가 아닌 소비자Consumer로 변형시키며 새로운 국면을 맞이했다. 현대 사회는 노동자 계급의 단일한 혁명이 아닌, 다양한 소비 욕망과 문화적 차이가 복잡하게 얽혀 작동하는 체계로 변화했다. 마르크스주의적 거대 서사 역시 더 이상 현실을 설명하는 유효한 틀이 될 수 없게 된 것이다.

20세기 후반부터 본격화된 정보화 사회의 도래는 지식의 성격마저 변화시켰다. 지식은 더 이상 진리 탐구를 위한 순수한 도구가 아니라, 경제적·사회적 가치를 지닌 상품으로 기능하기 시작했다. 과학은 절대적 진리를 발견하는 객관적인 방법이 아니라, 다양한 이해관계가 얽힌 지식 권력 네트워크의 일부로 인식되었다. 과학이 객관적 진리를 제공한다는 믿음, 즉 과학적 실증주의라는 거대 서사마저 흔들리게 된 것이다.

20세기를 관통하는 역사적 격변은 계몽주의, 마르크스주의, 과학적 실증주의 등 근대를 지탱해왔던 거대 서사들의 붕괴를 초래했다. 이러한 거대 서사의 종말은 진리, 이성, 진보에 대한 보편적이고 절대적인 믿음이 더 이상 유효하지 않음을 의미했다. 리오타르의 포스트모더니즘 철학은 바로 이러한 역사적 맥락 속에서 탄생했으며, 거대 서사에 대한 불신과 다원주의, 상대주의, 차이를 강조하며 새로운 사유 방식을 제시했다. 리오타르가 선언한 '거대 서사에 대한 불신'은 포스트모더니즘 시대를 특징짓는 핵심적인 정신이 되었다.

대서사의 황혼과 지식의 위기

"진리는 더 이상 하나가 아니다. 진리는 다원적이며, 맥락에 따라 변한다" – 리오타르는 그의 저작 『포스트모던의 조건(1979)』에서 '거대서사'에 근본적인 균열이 발생했음을 진단한다. 그가 말하는 '포스트모던postmodern'이란 바로 이 거대 서사들에 대한 깊은 회의, 즉 대서사들에 대한 믿음을 잃는 것이다. 리오타르에게 탈근대는 단순히 연대기적인 시대 구분이 아니라, 근대가 스스로를 정당화하기 위해 동원했던 거대 서사들이 더 이상 그 '정당화의 힘legitimating power'을 발휘하지 못하는 상태, 즉 '정당화의 실패'를 인식하는 철학적 조건이다. 근대가 지식을 보편타당한 진리로 정립하고 이를 거대 서사를 통해 뒷받침하려 했다면, 탈근대는 바로 그 보편성과 정당화 능력 자체에 대한 근본적인 불신을 특징으로 한다. 거대 서사의 붕괴는 곧 지식의 지위와 정당성 기반에 대한 총체적인 위기를 의미한다.

탈근대의 또 다른 핵심 문제는 '진리Truth의 본질'이었다. 플라톤(BC 427~347) 이후 서구 철학은 보편적이고 절대적인 진리가 존재한다는 전제 아래 형성되었다. 그러나 리오타르는 진리가 단일한 원리에 의해 결정될 수 없으며, 특정한 시대적·사회적 조건 속에서 구성된다고 보았다. 근대 사회에서는 '거대 서사Gran Narrative'가 과학적 진리나 보편적 진보를 정당화하는 역할을 했다. 하지만 포스트모던 사회에서는 '미시적 서사Petit Récits'가 중심이 되며, 각각의 담론과 지식 체계는 고유한 언어 게임을 따른다. 즉, 과학, 법, 정치, 예술 등 다양한 분야는 저마다의 언어 게임을 가지고 있으며, 보편적이고 절대적인 기준으로 이들을 판단하는 것은 불가능하다. 과학, 철학, 정치, 예술 등 포스터모던 사회에서의 다양한 분야는 나름의 규칙과 맥락 속에서 진리를 구성하며, 어떤 진리도 절대적인 권위를 가질 수 없다.

언어게임과 주체의 붕괴

"지식은 담론의 다원적 언어 게임 안에서 구성된다" – 비트겐슈타인 (1889~1951)은 그의 후기 철학에서 '언어 게임 language game'이라는 개념을 사용하여, 언어의 의미가 고정된 것이 아니라, 특정한 사회적 맥락 속에서 형성되고 사용된다는 점을 강조했다. 언어는 마치 하나의 게임과 같아서, 각기 다른 규칙과 맥락 안에서 의미를 갖게 된다. 리오타르는 이러한 비트겐슈타인의 개념을 포스트모던 철학의 맥락에서 확장하여, 지식과 담론의 상대성을 강조하는 데 활용했다. 그는 '언어 게임 Language Game'이라는 개념을 통해 각각의 학문과 문화, 정치적 상황 속에서 서로 다른 방식으로 진리가 형성된다고 주장했다.

"다양한 언어 게임들이 서로 번역 불가능할 때, 우리는 판단을 보류해야 하며, 이 보류가 윤리적이다" – 진리는 단일한 체계에서 도출되는 것이 아니라, 각 언어 게임의 규칙 안에서만 유효하다. 예를 들어, 법정에서 통용되는 법적 언어 게임과 과학 실험에서 사용되는 과학적 언어 게임은 완전히 다른 논리 구조를 가진다. 따라서 한 체계의 논리를 다른 체계에 강요하는 것은 불가능하며, 이는 억압적인 행위가 될 수도 있다. 과학적 지식, 윤리적 판단, 예술적 표현 등은 각기 다른 언어 게임의 규칙을 따르며, 이 게임들 사이에는 우열을 가리거나 하나의 보편적 기준으로 통합할 수 있는 상위의 '메타-언어 게임' 즉, 거대 서사는 더 이상 존재하지 않는다. 과학은 효율성과 성능을 기준으로, 예술은 새로운 감각과 규칙의 창조를 기준으로 그 정당성을 확보하는 식이다.

지식은 더 이상 통일된 진리의 체계가 아니라, 이질적이고 때로는 서로 경쟁하며 공약 불가능한 다양한 이야기들의 파편화된 집합으로 이해된다.

이는 허무주의적인 상대주의로 귀결될 수도 있다는 비판도 존재하지만, 리오타르에게 이는 오히려 획일적인 전체성에서 벗어나 차이와 다양성, 그리고 기존의 규칙에 도전하는 새로운 발화paralogy의 가능성을 열어두는 사유의 전환점이다.

"나는 생각하지 않는다, 나는 담론 속에서 구성될 뿐이다" – 리오타르는 형이상학적 사유의 붕괴가 개인의 정체성에도 영향을 미친다고 보았다. 우리는 더 이상 고정된 존재가 아니라, 다양한 담론 속에서 규정되며 변화하는 존재다. 실제, 현대 사회에서 우리의 정체성은 SNS, 미디어, 정치, 소비문화와 같은 다양한 요소들 속에서 변화하며, 더 이상 하나의 고정된 형태로 존재하지 않는다. 우리는 유동적이고 다층적인 정체성을 가진 존재로 살아간다. 현대 사회에서 우리는 단일한 정체성을 가질 수 없고, 끊임없이 변화하는 존재일 뿐인 것이다. 근대 철학은 '주체'를 존재의 중심으로 삼았다. 리오타르는 이러한 주체 중심적 형이상학이 더 이상 유지될 수 없다고 보았다. 그는 인간의 인식이 주체적 사고의 결과가 아니라, '언어 게임'과 '담론' 속에서 형성된 것이라고 주장했다. 즉, 우리는 고립된 자아로서 세계를 바라보는 것이 아니라, 사회적·문화적 맥락 속에서만 존재할 수 있는 것이다. 주체는 더 이상 독립적인 존재가 아니라, 담론 속에서 구성된 결과물이다.

언어의 감옥과 침묵의 정의: 디페랑

리오타르는 거대 서사의 붕괴와 지식의 파편화를 말하는 것과 함께, 파편화된 세계에서 발생하는 소통의 불가능성과 정의의 심연을 깊이 파고든다. 그 중심에는 '디페랑differend'이라는, 번역하기 까다로우면서도 그의 후기 사상을 관통하는 핵심 개념이 자리한다. 디페랑은 단순히 의견 차이나 논쟁을 의미하는 것이 아니라, 어떤 고통이나 부당함이 존재함에도 불구하고 그것을 '말할 수 없는' 상태, 즉 피해를 증언하고 정의를 요구할 언어적 수단 자체가 부재하거나, 기존의 언어 체계 안에서 그 목소리가 인정받지 못하는 근본적인 간극과 침묵을 지칭한다.

"디페랑은 고통이 존재하지만, 그것을 말할 수 있는 언어 게임이 존재하지 않을 때 발생한다" – 리오타르는 어떤 피해가 발생했지만, 그것을 입증할 수단이 존재하지 않는 상태를 디페랑이라고 설명한다. 예를 들어, 역사 속의 학살 생존자나 특정 사회 구조로 인해 지속적인 고통을 겪는 소수자가 자신의 피해를 증언하려 할 때, 그들의 언어가 법정이나 공식적인 담론의 언어게임 규칙에 부합하지 않아 증언 자체가 불가능해지거나, 설령 말해진다 해도 '이해할 수 없는 헛소리'나 '증거 불충분'으로 기각되는 상황을 상상해 볼 수 있다. 피해는 분명히 존재하지만, 그것을 '피해'로서 인정하고 다툴 수 있는 공통의 판단 규칙이나 언어적 틀이 부재하는 것이다. 이는 의견 불일치나 소송과는 다르다. 소송은 적어도 양측이 동의하는 공통의 법 규칙 안에서 다투지만, 디페랑은 그 공통의 규칙 자체가 부재하거나 한쪽에게 결정적으로 불리하게 작용하여 애초에 공정한 다툼이 불가능한 상황, 즉 판단 불능성의 상황을 의미한다.

"철학은 침묵당한 고통이 스스로를 표현할 수 있는 새로운 언어 형식을 발명하여야 한다" – 말할 수 없는 고통, 표현되지 못하는 정의의 요청은 어떻게 다루어져야 하는가? 리오타르에게 철학의 임무는 이러한 디페랑의 존재를 망각하거나 섣불리 봉합하려 하는 대신, 그것을 민감하게 감지하고 증언하는 것이다. 철학은 지배적인 언어게임의 폭력성에 의해 침묵 당한 목소리들, 표현되지 않은 정의의 신호들에 귀 기울여야 한다. 이는 단순히 침묵을 기록하는 것을 넘어, 기존의 언어 틀로는 포착되지 않는 새로운 종류의 고통과 부당함을 표현할 수 있는 새로운 언어, 새로운 표현 형식, 즉 새로운 '구문phrase'이나 '숙어idiom'를 찾아내려는 끊임없는 노력을 요구한다.

리오타르는 형이상학적 탐구가 종말을 맞이했으며, 이제 철학이 해야 할 일은 존재의 본질을 탐구하는 것이 아니라, 우리가 존재를 어떻게 해석하고 구성하는지를 분석하는 것이라고 주장한다. 우리는 더 이상 절대적인 존재 개념이나 보편적 진리를 찾을 수 없으며, 오직 다원적이고 상대적인 세계 속에서 의미를 만들어가야 한다.

리오타르는 또한 '진리'와 '정의'라는 고전적 개념들이 해체된 곳에 표현될 수 없는 고통이 존재한다는 사실을 일깨우면서, 철학이 감당해야 할 언어의 책임을 강조한다. 그에게 사유란 권력과 제도의 언어 게임 너머에서 들리지 않는 목소리를 듣고자 하는 노력이며, 철학이란 어떤 규칙이나 합의보다도 앞서, 말해지지 못한 것의 고통을 의식하는 윤리적 행위였다.

리오타르는 철학을 이론의 장이 아니라, 말의 정의를 묻는 응답의 장소로 다시 호명했다. 리오타르의 사유는 우리로 하여금 말해질 수 없는 것을 외면하지 않을 용기, 언어의 경계를 자각하고 다시 여는 사유의 윤리를 요청한다.

✒ 주요 저술

- **포스트모던의 조건**(La Condition postmoderne: Rapport sur le savoir, 1979/유정완, 2018)
  | 포스트모던 사회에서 지식이 어떻게 변화하고 있는지를 분석한다. 근대 사회가 과학과 합리성을 중심으로 거대 서사를 구축했지만, 현대 사회에서는 더 이상 이러한 거대 담론이 유효하지 않다고 주장한다.

- **차이**(Le Différend, 1983) | 언어 게임 간의 충돌이 어떻게 억압과 불의(不義)를 초래할 수 있는지를 분석하고 있다. 정의와 언어 게임 간의 갈등을 다룬다.

54 | 데리다 1930~2004
의미의 구조가 바뀌면 세계도 변화하는가?

"기표는 언제나 또 다른 기표를 가리킬 뿐이며, 이 연결은 끝없이 이어진다. 차연은 하나의 단어나 개념이 아니다. 그것은 우리가 의미라고 부르는 것을 생산하는, 차이와 지연의 운동이다."

— 『그라마톨로지』, 1967

자크 데리다(Jacques Derrida, 1930~2004)는 프랑스의 철학자로, 해체주의를 창시하여 현대 철학과 비판이론에 지대한 영향을 미쳤다. 그는 서구 형이상학이 전통적으로 로고스 중심주의에 의존해왔다고 비판하며, 언어와 의미의 불확정성을 강조했다. 자크 데리다는 20세기 후반 철학의 중요한 전환점을 만든 사상가로, 그의 철학은 구조주의를 넘어 포스트구조주의를 정립하는 데 결정적인 역할을 했다.

시대적 격랑과 철학적 성찰

데리다의 지적 여정이 시작된 20세기 중반은 제2차 세계대전의 참상과 홀로코스트라는 전례 없는 비극을 경험한 직후였다. 이성의 이름으로 자행된 야만성은 서구 휴머니즘과 계몽주의적 진보에 대한 깊은 회의를 낳았으며, 철학은 인간과 세계에 대한 새로운 사유의 길을 모색해야 하는 절박한 과제에 직면했다. 이러한 시대적 분위기는 기존의 철학적 토대와 거대 서사에 대한 근본적인 의문을 품게 만들었다.

데리다의 초기 작업은 에드문트 후설(1859~1938)의 현상학에 대한 깊이 있는 분석에 집중되었다. 그는 순수 의식과 직관적 현존을 통해 의미와 진리의 확고한 토대를 마련하려는 후설의 기획을 면밀히 검토하면서, 언어와 기호(흔적, 차연)의 필연적인 매개 없이는 순수한 현존에 도달하는 것이 불가능함을 논증했다. 한편, 마르틴 하이데거(1889~1976)의 영향은 더욱 결정적이었다. 하이데거의 서구 형이상학 비판, 존재와 언어의 관계에 대한 주목, 형이상학적 개념들에 대한 '해체' 기획은 데리다 해체 작업의 중요한 선구자였다.

페르디낭 드 소쉬르(1857~1913)의 언어학은 언어가 개별 항목들의 본질이 아니라 기호들 간의 '차이'의 체계 속에서 의미를 발생시킨다는 통찰을 제공했다. 데리다는 이 '차이' 개념을 중요하게 받아들였지만, 소쉬르가 상정한 비교적 안정된 기호 체계(랑그)와 명확한 기표/기의의 구분을 문제 삼았다. 클로드 레비스트로스(1908~2009)의 구조주의 인류학에 대해서도, 데리다는 신화나 친족 구조 분석에 사용된 이항대립과 그 구조를 지탱하는 '중심'의 역할이 지닌 문제점을 지적하며, 고정된 중심 없이 차이들의 '놀이'가 이루어지는 가능성을 탐색했다.

지그문트 프로이트(1856~1939)의 무의식, 억압, 언어의 실수, 의미의 지연과 전치 등에 대한 이론은 데리다가 텍스트의 표면 아래에서 작동하는 다른 논리, 의미의 불안정성, 주체의 비동일성 등을 사유하는 데 영향을 주었다. 텍스트 안에는 언제나 스스로 통제할 수 없는 '다른 것'이 작동하고 있다는 생각은 해체적 독해와 연결되었다.

데리다는 말라르메(1555~1628), 루소(1712~1778), 조이스(1882~1941) 등 문학 텍스트에 대한 정밀한 독해를 통해, 철학이 부차적인 것으로 간주해 온 문학적 언어와 수사법이야말로 언어의 근본적인 불안정성과 복잡성을 드러내는 장임을 보여주었다. 그는 철학적/개념적 언어와 문학적/비유적 언어 사이의 위계를 해체하고자 했다.

자크 데리다의 철학, 특히 '해체 deconstruction'는 20세기 중반의 역사적 격동과 지적 도전들, 그리고 현상학, 구조주의, 정신분석학 등 서구 사상의 주요 흐름들과의 복합적이고 비판적인 대화 속에서 태동했다. 그는 단순히 과거의 사상을 계승하거나 거부하는 대신, 그 사상들의 내부 논리를 파고들어 숨겨진 전제와 모순, 배제의 지점들을 드러내고 전복시키는 독특한 독해와 사유의 방식을 발전시켰다.

'이중 결여': 해체주의 철학의 핵심 열쇠

"언어는 항상 어떤 결여가 포함된다" - 그의 철학에서 중요한 개념 중 하나가 바로 '이중 결여 La double absence'이다. 이 개념은 언어와 의미 형성의 문제, 즉 언어는 어떻게 의미를 전달하는가, 그리고 언어 속에서 원래의 의미는 어떻게 왜곡되거나 사라지는가라는 문제를 설명하는 데 핵심적인 역할을 한다. '이중 결여'는 언어와 의미 형성 과정에서 발생하는 본질적인 한계를 설명하는 개념이다. 이는 언어가 의미를 전달하는 과정에서, 원래의 의미가 항상 부분적으로 결여되거나 왜곡된다는 점을 강조한다.

"모든 기호는 현존을 대체하는 것이다. 그러나 그것은 단지 부재의 흔적으로서만 그 자리를 차지할 수 있다" - 첫 번째 결여는 발화의 부재 및 지시 대상의 부재이다. 우리가 어떤 단어를 사용할 때, 그 단어를 말하는 '화자'는 항상 부재할 수 있다. 즉, 글을 쓴 사람이나 말을 한 사람은 항상 우리 앞에 존재하는 것이 아니다. 예를 들어, 우리가 책을 읽을 때, 그 책을 쓴 작가는 우리 앞에 존재하지 않는다. 그러나 우리는 그 작가가 전달하려 했던 의미를 해석해야 한다. 또한 기호는 그것이 가리키는 대상이나 사태가 '지금 여기'에 없다는 사실에 기반하여 작동한다. 발자국은 동물이 (이미) 지나갔음, 즉 동물의 부재를 가리킨다. 기호는 부재하는 대상을 대신하여 존재한다. 따라서, 의미는 항상 원래의 '의도'와 분리될 수밖에 없다.

"기호 자체도 결코 자기 안에 현존하는 것이 아니다" — 두 번째 결여는 기표와 기의의 불완전한 연결이다. 데리다가 밝혀내는 더 근본적인 차원의 결여는 바로 이것이다. 단어(기표)는 원래 의미(기의)와 완벽하게 일치하지 않는다. 즉, 단어는 항상 원래 의미를 완벽하게 전달하지 못하며, 항상 미끄러진다. 예를 들어, '사랑'이라는 단어는 사람마다 다르게 해석될 수 있다. 어떤 사람에게 '사랑'은 '행복한 감정'일 수 있지만, 다른 사람에게는 '고통'을 의미할 수도 있다. 따라서, 기표는 항상 원래 의미를 충분히 전달하지 못하며, 의미는 항상 결여된 채로 남는다.

존재의 본질과 차연

"차연은 차이를 가능하게 하면서도, 그것을 지연시킨다" — 서구 형이상학은 존재를 동일성과 본질의 차원에서 설명해왔다. 즉, 존재란 무엇인가라는 질문은 언제나 존재의 본질을 규명하려는 시도였다. 하지만 데리다는 이러한 사유 방식이 존재를 절대적이고 중심적인 개념으로 전제하며, 의미를 고정된 실체로 바라본다는 문제점을 지닌다고 보았다. 서구 형이상학은 '로고스 중심주의', 즉 언어와 사유의 중심에 절대적 의미(예: 신, 진리, 본질,

주체)를 두려는 경향을 지닌다.

데리다는 이러한 존재 개념을 해체하면서 '차연(差延, différance, 디페랑스)' 개념을 제시한다. '차연 Différance'은 데리다가 만든 신조어로, 프랑스어 동사 'différer(다르다, 연기하다)'에서 파생되었다. 이 단어는 '차이 difference'와 '지연 deferment'이라는 두 가지 의미를 동시에 내포한다. 데리다는 이 개념을 통해 의미가 고정된 실체가 아니라, 끊임없이 다른 것과의 관계 속에서 유동하고 유예되는 과정임을 강조한다.

'존재'는 절대적인 본질로 존재하는 것이 아니라 항상 다른 것과의 '차이' 속에서 의미를 형성하고, 존재와 의미는 단번에 확정되는 것이 아니라 항상 '연기'되며 '지속'적으로 변화하는 과정이라는 의미를 '차연'은 담고 있다. 예를 들어, '진리'라는 개념은 그것 자체로 존재하는 것이 아니라 다른 개념들과의 차이를 통해 의미를 얻고, 또한 맥락에 따라 계속 달라지는 것이다. 따라서 어떤 '존재'도 단일한 본질로 환원될 수 없으며, 끊임없는 차이와 연기의 과정 속에서만 이해될 수 있다.

"우리는 결코 어떤 의미에도 도달할 수 없다. 의미는 언제나 다른 의미를 참조하며, 끝없이 미끄러진다" – 데리다의 철학에서 존재는 더 이상 고정된 본질이 아니라 '차이의 흐름'으로 존재한다. 이는 곧 '인식'의 과정도 절대적 진리를 발견하는 것이 아니라, 텍스트와 담론 속에서 의미를 구성하는 과정이라는 것을 의미한다. 모든 텍스트는 다른 텍스트들과 연결되며, 그 의미는 언제나 다른 해석에 의해 변화한다. 단어는 항상 다른 단어들과의 관계 속에서 의미를 지니므로, 언어는 단 한 번의 의미로 고정될 수 없으며, 끊임없이 다른 맥락에서 해석된다. 따라서 진리는 절대적이지 않고, 해석의 과정에서 지속적으로 생성되는 것이다.

보충: 중심과 주변의 전복

"보충은 완전함 자체를 가능하게 한다" – '보충Supplément'은 일반적으로 '어떤 것을 보완하는 것'이라는 의미로 사용된다. 그러나 데리다는 '보충'이 단순히 부족한 것을 채우는 행위를 넘어, 오히려 원래의 것(본질적인 것)을 변화시키고, 심지어 대체할 수도 있는 역동적인 힘을 가진 개념으로 재정의한다. 데리다는 '보충'개념을 발전시키면서, 전통 형이상학이 가정했던 '본질essence'과 '부차적인 것secondary thing'의 위계적 관계를 비판한다.

예를 들어, 플라톤(BC 427~347)은 '말'을 더 본질적이고 신뢰할 수 있는 것으로 간주하고, '글쓰기'는 단순한 '보충물'이며 원래의 의미를 변형시키는 부차적인 것이라고 보았다. 하지만 데리다는 글쓰기가 없으면, 말 자체도 존재하지 못하며, 의미는 사라진다고 주장하며 플라톤의 이분법을 해체한다.

장 자크 루소(1712~1778)는 인간의 '자연 상태natural state'를 본질적인 것으로 보고, 문명과 문화는 단순한 '보충물'이며 본래의 자연을 보완하는 것일 뿐이라고 보았다. 그러나 데리다는 루소의 논리를 분석하며, 문명과 문화가 없으면 자연 상태도 존재하지 않으며, 자연 상태도 보충을 통해 형성되며, 보충이 단순한 부차적인 것이 아니라, 원래의 것을 형성하는 역할을 한다는 점을 지적하였다.

"보충은 항상 이미 작동하고 있다" – 데리다의 '보충' 개념은 기존 철학이 가정했던 원래의 것(본질)과 추가된 것(부차적 요소)의 구분을 뒤흔든다. 우리는 어떤 것을 원래의 것 혹은 보충적인 것이라고 구분하지만, 사실은 보충이 없으면 원래의 것도 존재할 수 없다. 따라서, 원래의 것과 보충은 서로를 필요로 하며, 보충이 오히려 원래의 것을 형성하는 역할을 한다. 예를 들어, 우리는 '본질적 의미'를 '언어'를 통해 전달한다고 생각하지만, 실제로 언어가 없으면 본질적 의미도 존재할 수 없다. 즉, 언어는 본질을 보충하는 것이 아니라, 오히려 본질을 형성하는 것이라고 볼 수 있다.

의미가 변화하면 세계도 변화한다

"세계는 우리가 그것을 해석하는 방식에 따라 변화한다" – 사회는 항상 변동한다. 자본주의의 발전, 기술과 미디어의 혁신, 권력 관계의 재구성, 그리고 새로운 문화와 담론의 형성 속에서 세계는 정지하지 않고 끊임없이 움직인다. 그러나 이러한 변동은 물질적 조건의 변화에서만 비롯되지 않는다. 사회가 변한다는 것은 우리가 세계를 해석하는 방식, 즉 의미의 구조가 변한다는 것을 의미한다. 그는 세계가 언어와 담론 속에서 구성되며, 따라서 언어와 의미가 움직이는 방식 속에서 권력과 사회의 변동을 이해해야 한다고 주장했다. 세계가 움직인다는 것은 곧 의미가 고정되지 않는다는 것이다. 법, 정치, 사회적 규범, 도덕적 가치 등 우리가 당연하게 받아들이는 것들은 언어 속에서 구성된 것이며, 시간이 지나면서 재해석된다.

"최종적인 의미도, 기표를 초월하는 절대적 의미도 존재하지 않는다" – 의미는 단독적으로 정지하여 존재하지 않으며, 끊임없이 다른 의미와의 차이 속에서 계속 변화하면서 정의된다. 예를 들어, '정의 Justice'라는 개념은 시대와 문화에 따라 다르게 해석되며, 법적 개념으로 고정될 수 없다. '민주주의'나 '자유'와 같은 사회적 이념도 마찬가지로 하나의 고정된 개념이 아니라, 시대에 따라 변화한다. 개념이 움직인다는 것은 세계가 움직이는 것을 의미한다. 움직이는 세계에서 중요한 것은 고정된 개념을 받아들이는 것이 아니라, 그것이 어떻게 변화하고 해석되는가를 분석하는 것이다.

데리다의 철학은 존재를 있는 그대로 '붙잡으려는' 모든 기획을 흔든다. 그는 '우리가 말하는 모든 것은 이미 원천적 부재에 의해 구성되어 있음을, 의미란 언제나 부재를 감싼 흔적으로만 존재함을 보여준다. 이때 의미란 '지시'가 아니라, 지연되고 미뤄지며 끝없이 이동하는 차연différance 속에서 가능하다. 보충supplement은 이러한 부재를 메우기 위해 덧붙여지지만, 동시에 원본의 결핍을 전제한다.

데리다의 철학은 고정된 진리, 명확한 기원, 안정된 주체를 해체한다. 데리다의 해체는, 존재와 세계에 대한 새로운 책임의 방식이다. 해체는 자기 언어와 사유의 권력을 끝없이 되묻는 태도이며, 언어의 경계 위에서 타자의 목소리에 열려 있는 존재방식이다. 의미의 뒤를 따라가며, 부재의 흔적을 좇으며, 존재의 경계를 열어두는 사유. 이것이 데리다 이후의 철학이 감당해야 할 과제이자, 여전히 열려 있는 응답의 자리이다.

✒ 주요 저술

- **기하학의 기원**(Introduction à L'origine de la géométrie de Husserl, 1962/배의용, 2012) | 에드문트 후설의 저서 기하학의 기원에 대한 해설서로 후설의 현상학적 방법론이 기하학의 형성과 관련하여 어떻게 적용되는지를 분석한다. 수학과 형이상학 사이의 관계를 논의하며, 언어가 과학적 개념을 형성하는 방식에 대해 성찰한다.
- **그라마톨로지**(De la grammatologie, 1967/김성도, 2010) | 해체, 차연 등의 개념이 최초로 제시되었다. 데리다는 이 책에서 서구 형이상학이 언어를 어떻게 조직해왔는지 비판하면서, 기존의 의미 체계가 로고스 중심주의에 기반을 두고 있음을 지적한다.
- **글쓰기와 차이**(L'écriture et la différence, 1967/남수인, 2001) | 구조주의 철학과 후기구조주의 철학의 경계를 확립한 저서로, 서구 형이상학 전통을 비판하며 글쓰기와 차이 개념을 논의한다.

PART
19

앎의 균열 : 진리란 무엇인가?

우리는 무엇을 안다고 말할 수 있는가?
게티어(1927~2021)는 '정당화된 참된 믿음'이라는 전통적 지식 정의를 무너뜨렸다.
진리, 믿음, 정당화가 모두 갖춰져도, 지식이 아닐 수 있었다.
콰인(1908~2000)은 더 깊이 파고들었다. 인간의 지식은 경험과 논리, 언어가 얽힌 전체적인 그물망이었다. 어떤 믿음도 단독으로 검증될 수 없었다.
네이글(1937~)은 인간 주체를 넘어선 '객관적 시점'을 물었다. 우리는 어떻게 세계를 주관을 넘어 객관적으로 볼 수 있는가?
지식은 이제 단순한 축적이 아니었다.
알 수 있다는 믿음 자체가 다시, 깊게 의심되기 시작했다.

55 | 게티어 1927~2021
정당화된 참인 믿음은 항상 지식으로 되는가?

"(a) 그 명제는 참이다. (b) 그 사람은 그 명제가 참이라고 믿는다. (c) 그 믿음에는 정당화가 있다. 나는 이 세 조건이 모두 충족되는 경우임에도 불구하고, 그 사람이 지식을 가지고 있다고 말할 수 없는 사례들이 존재함을 증명하고자 한다"
—『정당화된 참된 믿음은 지식인가?』, 1963

고대 이래 철학은 인간이 무엇을 알 수 있는지, 그리고 그것을 어떻게 정당화할 수 있는지를 끊임없이 묻는 지적 탐색을 이어왔다. 오랫동안 철학자들은 지식을 믿음, 진리, 정당화라는 세 요소의 조합으로 정의해왔다. 정당화된 참 믿음 justified true belief이 곧 지식이라는 정의는 플라톤(BC 427~347) 이후 근대 인식론까지 널리 수용되어 온 기준이었다.

1963년, 에드먼드 게티어(Edmund Gettier, 1927~2021)가 짧지만 강력한 한 편의 논문을 발표하면서 이 고전적 정의가 흔들리기 시작했다. 그는 정당화와 진리, 그리고 믿음이 모두 성립되었음에도 불구하고, 이를 직관적으로 '지식'이라고 부르기에는 무언가 부족한 경우들을 제시함으로써, 지식에 대한 철학적 이해를 근본적으로 재고하게 만들었다. '게티어 문제'는 현대 인식론이 새로운 층위에서 질문을 다시 던져야 한다는 신호였으며, 오늘날까지 그 여진은 철학적 사유의 지평 속에서 이어지고 있다.

정당화된 참 믿음은 곧 지식이다

"지식이란 무엇인가?"

이 질문은 서양 철학의 역사만큼 오래되었고, 그만큼 다양한 답변이 시도되어 왔다. 그러나 고대부터 20세기 중반까지 가장 널리 받아들여졌던 지식의 정의는 단순하면서도 직관적인 하나의 명제에 담겨 있었다. 바로 '정당화된 참 믿음 justified true belief'이 곧 지식이라는 규정이다.

지식이 되기 위해서는 우선 어떤 명제에 대해 '믿음 Belief'이 존재해야 한다. "서울은 한국의 수도이다"라는 문장을 지식으로 간주하려면, 그 내용을 믿고 있어야 한다. 믿음이 없이는 지식도 존재할 수 없다. 예컨대, 어떤 명제가 참이라 하더라도, 내가 그것을 믿지 않는다면 그것은 '내 지식'이 아니다. 지식은 단지 주관적 믿음에 그치지 않고, 사실과 일치해야 한다. 내가 어떤 명제를 믿고 있더라도 그것이 실제로 거짓이라면, 그것은 지식이 아니라 오류에 불과하다. 예컨대, 내가 "오늘은 비가 올 것이다"라고 믿었지만 실제로 맑았다면, 그 믿음은 지식이 될 수 없다. 진리는 지식 개념에서 객관성의 보증이며, 고전적 인식론에서 진리는 명제와 세계 사이의 일치로 이해된다.

가장 논쟁적인 요소는 '정당화'다. 이는 어떤 믿음이 단순한 주관적 확신이나 추측이 아니라, 이성적 근거 혹은 인식론적 이유를 바탕으로 형성되었음을 의미한다. 다시 말해, 우연히 참인 믿음은 지식이 아니며, 참이 된 이유가 신뢰할 수 있는 인식 과정이나 합리적 근거에 의해 설명될 수 있어야 한다. 예를 들어, 내가 친구의 생일을 "6월 20일일 것 같아"라고 추측했는데 실제로 맞았다면, 이 믿음은 참이지만 정당화가 결여된 단순한 추측일 뿐이다. 반면, 친구가 직접 알려주었고, 내가 이를 정확히 기억하고 있다면, 이 믿음은 정당화된 참 믿음, 즉 지식이 된다. 정당화는 인식론의 핵심 쟁점 중 하나로, 철학자들은 이를 내면주의적 근거(주체가 자각할 수 있는 이유) 혹은 외부주의적 신뢰성(인지적 과정의 정확성) 등을 통해 정의해 왔다.

이제 우리는 "정당화된 참 믿음이 지식이다"라는 명제를 세 요소로 나누어 살펴보았다. 이 명제는 다음과 같은 방식으로 작동한다:
"나는 어떤 명제를 믿어야 하고belief, 그 명제는 참이어야 하며truth, 그 믿음에는 정당화가 있어야 한다justification."
이 세 조건이 동시에 충족될 때, 우리는 그 명제를 지식으로 인정한다. 이 정의는 플라톤(BC 427~347)의 『테아이테토스』에서 처음 등장한 이래, 근대의 데카르트(1596~1650), 로크(1632~1704), 흄(1711~1776), 그리고 현대 분석철학자들에 이르기까지 인식론의 표준적 개념으로 기능해왔다.

게티어 사례

그러나 이 정의는 1963년 에드먼드 게티어의 짧은 논문 하나로부터 철학적으로 큰 도전을 받는다. 그는 정당화된 참 믿음의 세 조건을 모두 만족해도, 그것이 지식이 아닐 수 있다는 반례를 제시했다. 게티어 사례들은 믿음이 참이 되더라도 그 이유가 우연하거나 왜곡된 경우, 우리는 그것을 직관적으로 '지식'이라고 인정하지 않는다는 점을 보여준다.

게티어의 논문은 겨우 두 페이지 분량이지만, 그 철학적 파급력은 매우 컸다. 그는 지식에 대한 고전적 정의(정당화된 참 믿음)가 충족된 경우임에도 그것이 지식이 아닌 것처럼 보이는 사례를 제시하였다.

- **사례 1**
스미스와 존스는 같은 회사의 일자리에 지원했다. 사장은 스미스에게

"존스가 채용될 것이다"라고 말했고, 스미스는 이를 근거로 "존스는 채용될 것이다"라는 믿음을 갖게 된다. 또한 스미스는, 존스의 주머니에 10개의 동전이 들어 있는 것을 직접 보았기에, 다음과 같은 믿음을 형성하였다.
"존스는 채용될 것이고, 그의 주머니에는 10개의 동전이 있다"
이 문장은 다음과 같이 표현할 수 있다.
P = '회사에 채용될 사람은 주머니에 10개의 동전을 갖고 있다'
스미스는 이 문장을 정당한 근거를 바탕으로 믿는다.
그러나 실제로 채용된 사람은 존스가 아니라 스미스 자신이며, 우연히 그의 주머니에도 10개의 동전이 들어 있었다. 이 경우 P는 참이며, 스미스는 이를 믿고 있었고, 그것을 정당화할 근거도 있었다. 그럼에도 불구하고, 그는 P를 진정으로 '안다'고는 할 수 없는 것처럼 보인다. 즉 문장 P는 '정당화된 참 믿음'임에도 올바른 지식은 아니다.

• **사례 2**

어느 날 아침, 스미스는 다음과 같은 믿음을 갖게 된다.
"존스는 포드 자동차를 소유하고 있다"
이 믿음은 다음과 같은 정당한 이유에 기반하고 있다. 스미스는 존스가 최근에 포드를 운전하는 것을 여러 번 보았고, 존스가 항상 "내 차"라고 지칭하는 것을 들었으며, 그 차를 유지 관리하는 존스의 행동도 관찰했다. 스미스는 이 믿음을 바탕으로 아래와 같은 명제를 구성한다.
"존스는 포드 자동차를 가지고 있거나 브라운은 바르셀로나에 있다"
이 복합 명제는 논리적으로 "A 또는 B" 형태의 문장이며, 스미스는 존스의 포드 소유에 대한 정당화된 믿음을 바탕으로 이 전체 문장을 믿게 된다. 그런데 다음과 같은 사실이 밝혀진다.

존스는 사실 포드 자동차를 소유하고 있지 않다. 그는 최근에 친구에게서 잠시 차를 빌려 탔던 것일 뿐이다. 반면 브라운은 정말로 바르셀로나에 있었다. 스미스는 이 사실에 대해서는 아무런 정보도 가지고 있지 않았다. 결과적으로, 스미스가 믿었던 명제 "존스는 포드를 갖고 있거나 브라운은 바르셀로나에 있다"는 참이다. 스미스는 이를 믿고 있었고, 그 믿음은 존스의 포드 소유라는 정당한 근거에 기반해 있었다. 그러나 브라운이 바르셀로나에 있다는 진짜 이유로 인해 이 명제는 우연히 참이 되었다. 이 경우 역시, 지식의 세 조건(참, 믿음, 정당화)은 모두 충족된다. 그럼에도 불구하고, 우리는 스미스가 이 명제를 '안다'고 직관적으로 판단하지 않는다.

게티어는 이 두 사례를 통해, 오랫동안 받아들여졌던 지식의 정의, 즉 '정당화된 참 믿음'이 지식이라는 견해가 불충분하다는 것을 보여주었다. 지식은 단순한 정당화된 참 믿음 이상의 어떤 것을 필요로 한다. 하지만 그 '추가적인 조건'이 무엇인지에 대해서 게티어는 해당 논문에서도 다루지 않았고, 후속 연구에서도 발표하지 않았다.

인식론에 남긴 철학적 충격

게티어의 1963년 논문이 던진 파급력은 실로 즉각적이고 엄청난 것이었다. 그의 간결하면서도 명료한 반례들은 수 세기 동안 인식론의 정설로 여겨졌던 JTB(정당화된 참된 믿음) 분석이 앎의 충분조건이 될 수 없음을 효과적으로 논파하였다. 이는 마치 코페르니쿠스(1473~1543)의 지동설이 천동설 중심의 세계관을 뒤흔든 것처럼, 인식론 분야에 거대한 지각 변동을 일으켰다. 게티어의 논문 발표 이후, 인식론 분야는 그야말로 '게티어 문제

Gettier Problem'라는 새로운 중심축을 갖게 되었고, 수많은 철학자들이 '우연히 참이 된 정당화된 믿음'의 문제를 해결하고 '앎'의 본성을 다시 규명하기 위한 지적 탐구에 경쟁적으로 뛰어들었다. 이들은 기존의 JTB 모형에 추가 조건이나 새로운 접근법을 도입하여 지식의 본질을 재정의하고자 했다. 그 결과 현대 인식론은 이전과는 비교할 수 없을 정도로 풍부하고 다양한 이론적 지형을 갖추게 되었다.

먼저 마이클 클라크(1932~)는 게티어 논문의 반례들을 수용하면서도, 지식의 정당화 과정에서 '무오류 조건'의 도입을 주장하였다. 클라크에 따르면, 지식이 정당화되었음에도 불구하고 잘못된 전제에 의존하는 경우, 이는 참된 믿음이더라도 '지식'으로 간주될 수 없다고 본다. 그의 주장은 '잘못된 소전제 금지 원칙 No False Lemmas'과 밀접한 관련이 있다. 이 접근법은 지식이 이루어지는 과정에서 단 한 번이라도 잘못된 정보를 포함하면 그 지식의 신뢰성이 훼손된다고 보며, 이를 통해 기존 논리의 한계를 보완하려는 시도로 평가된다. 이러한 논의는 인식론적 문제 해결에 있어 전통적 요소의 한계를 극복하려는 시도로서, 중요한 전환점을 제시하였다.

알빈 골드만(1938~)은 게티어 문제에 대한 대응으로 인식의 발생 원인에 주목하는 '인과론적 접근 Causal Theory'을 제시하였다. 골드만은 지식의 정당화에 있어 믿음의 형성 과정뿐만 아니라, 그 믿음이 외부 세계와 맺는 인과적 관계도 중요한 요소로 작용한다고 설명하였다. 골드만의 이론에 따르면, 단순히 참인 믿음을 갖는 것이 아니라, 그 믿음이 객관적 사실과 인과적 연결성을 가져야만 진정한 의미의 지식이라고 할 수 있다.

데이비드 암스트롱(1926~2014)은 인식론의 또 다른 측면인 믿음 형성 과정의 '신뢰성 Reliabilism'에 초점을 맞추었다. 암스트롱은 어떤 믿음이 형성되는 과정이 객관적으로 신뢰할 수 있는지, 그러한 신뢰성이 유지될 경우에만 이를 지식으로 인정할 수 있다고 주장하였다. 암스트롱의 논의는 겉보기에는 정당화된 참된 믿음이라 할지라도, 그 믿음이 만들어진 과정에 문제가 있다면 그것은 결코 '지식'으로 귀결될 수 없음을 강조한다.

어니스트 소사(1940~)는 인식론에 있어 개인의 인지적 덕 Virtue에 주목하는 '덕 기반 인식론 Virtue Epistemology'을 발전시켰다. 소사는 지식을 외부 사실과의 일치 혹은 신뢰성에 국한시키지 않고, 개인의 인지적 능력과 탁월함을 기초로 설명하였다. 그의 이론에 따르면, 어떤 믿음이 단순히 우연히 참일 뿐 아니라, 인식 주체의 인지적 능력 덕분에 도출되었다면, 그 믿음은 '지식'이라고 할 수 있다.

린다 작제브스키(1946~)는 어니스트 소사의 덕 기반 인식론을 더욱 확장 및 보완하는 방향으로 연구를 진행하였다. 그녀는 지식 형성 과정에서 인식 주체가 갖추어야 할 인지적 덕목들을 다양한 측면에서 분석하여, 덕 기반 인식론의 이론적 토대를 강화하였다. 작제브스키는 단순히 인식 주체의 능력 뿐만 아니라, 그 능력이 실천되는 맥락과 환경, 그리고 사회적 조건 역시 지식의 형성에 중대한 영향을 미친다고 보았다.

게티어의 문제제기는 지식이 외적 조건과 내적 신념의 결합으로 환원될 수 없다는 사실을 철학적으로 증명한 사건이었다. 이에 대한 철학자들의 대응은 정교화와 확장을 거듭하며, 인식론의 지평을 넓혀왔다. 이 모든 흐름은 지식이란 단지 '무엇을 아는가'의 문제가 아니라, '어떻게, 왜, 어떤 방식으로 그것을 아는가'를 묻는 철학적 여정임을 보여준다. 게티어 이후, 우리는 더 이상 지식을 단순한 명제적 조합으로 보지 않게 되었고, 지식은 우리가 세계와 맺는 책임 있는 관계로서 다시 정의되기 시작했다.

게티어는 철학의 역사를 바꾼 가장 짧은 논문을 쓴 철학자이다. 그의 문제기기는 단지 지식 정의의 기술적 수정을 요구한 것이 아니라, 지식이란 개념, 자체의 성격을 다시 묻게 만들었다. 우리는 이제 더 이상 '정당화된 참 믿음(JTB)'만으로는 만족하지 않는다. 게티어 사례 이후 인식론은 인식 주체와 인식 조건, 인식의 사회적·인지적 맥락까지를 포함하는 넓고 깊은 사유의 장으로 확장되었다.

그러나 게티어의 가장 깊은 파장은, 지식이라는 개념이 단지 논리적 조합이나 언어적 정의로 고정될 수 없다는 인식론적 겸허를 요청했다는 데 있다. 우리는 참과 거짓 사이에, 정당화와 우연 사이에, 설명과 직관 사이에 놓인 미묘한 틈들을 인식하게 되었고, 그 틈이야말로 지식에 대한 철학적 탐구가 끝나지 않는 이유임을 배웠다.

게티어는 새로운 정의를 제시하지 않았지만, 그는 정의되지 않은 곳에서 철학이 시작된다는 사실을 우리에게 상기시켰다. 지식은 더 이상 닫힌 개념이 아니라, 항상 다시 물어야 하는 열린 질문이 되었고, 그 물음 속에서 인식론은 더 깊고 풍부한 사유의 길을 걷게 되었다.

주요 저술

게티어는 1963년 단 3쪽짜리 논문 한 편만을 남겼다.

- **정당화된 참된 믿음은 지식인가?(Is Justified True Belief Knowledge?, 1963)** | Analysis 저널에 발표되었고, 이후 '게티어 문제(Gettier Problem)'라는 이름으로 불리며 철학사에 길이 남게 되었다.

56 | 콰인 1908~2000
철학은 과학의 바깥에 있을 수 있는가?

"경험적으로 의미를 지니는 단위는 과학 전체다. 과학이라는 총체는 경계 조건이 경험에 의해 규정되는 하나의 장(場)과 같다. 이 장의 주변에서 경험과 충돌이 발생하면, 내부의 이론 구조가 재조정된다. 진리값은 우리의 명제들 전체에 걸쳐 새롭게 분배되어야 하며, 어떤 명제를 재평가하면 그것과 논리적으로 연결된 다른 명제들도 함께 재평가된다."
―『경험론의 두 가지 도그마』, 1961

1969년, 미국 철학자 W.V.O. 콰인(Wilard Van Orman Quine, 1908~2000)은 전통 인식론의 중심을 뿌리부터 흔드는 선언을 한다. 그는 인식론은 심리학의 한 장이 되어야 한다고 주장하며, 철학의 가장 오래된 분과 중 하나였던 인식론을 과감히 '자연화'해야 한다고 선언한다. 이는 단지 인식론을 새로운 방식으로 이해하자는 제안이 아니라, 철학 그 자체의 방법과 경계를 재구성하는 철학적 전환이었다.

게티어 Edmund Gettier가 1963년 「정당화된 참된 믿음은 지식인가?」에서 '정당화된 참 믿음'이 지식 정의로서 충분하지 않다는 점을 두 개의 반례를 통해 제시한 이후, 다수의 철학자들이 전통적인 '정당화된 참 믿음' 정의에 대해 구성 요소를 분석하거나 보완하려 하였다. 콰인은 이런 흐름과는 달리 지식에 대한 정의의 전체 구조 자체를 폐기하는 방향으로 사유하였다.

그는 초기에는 논리실증주의의 영향을 받았지만, 점차 분석/종합 구분,

경험주의의 기초주의, 언어와 지식의 구분 가능성에 대해 회의를 품게 되었다. 콰인은 모든 참된 명제는 논리적으로 필연적인 진리(분석적)이거나 경험적으로 검증 가능한 진리(종합적)라는 이분법을 철저히 비판한다. 또한 개별 명제의 의미 역시 그 자체로 검증되는 것이 아니라 이론 전체의 구조 속에서 판단된다고 주장하였다. 이런 관점에서 콰인은 지식이 언어 전체, 신념 체계 전체 속에서 이해되어야 한다는 '지식의 전체론holism'을 주장한다.

그는 철학을 신화나 형이상학이 아니라, 설명 가능한 인간 활동의 일부로 이해하고자 한 것이다. 콰인의 사유는 인식론을 더 이상 고립된 사유의 탑이 아닌, 심리학, 생물학, 언어학과 만나는 열려 있는 탐구로 바꾸는 철학적 혁신이었다. 그는 철학의 전통적 권위보다는, 설명력과 조정 가능성, 그리고 과학과의 호환성을 철학의 새 기준으로 제시하였다.

경험론의 두가지 도그마

전통적인 경험론은 지식의 확실성과 언어의 의미를 찾기 위한 오랜 노력을 기울여 왔다. 특히 카르납(1891~1970) 같은 논리실증주의자들은 언어의 명제를 분석 명제(진리 조건이 논리나 정의에 의해 보장되는 명제)와 종합 명제(경험에 의해 검증 가능한 명제)로 구분하였고, 후자의 경우 각각의 명제는 독립적으로 경험에 의해 검증될 수 있다는 입장을 견지하였다. 즉, 의미 있는 문장이라면 곧 검증 가능한 문장이어야 하며, 그것은 특정한 경험적 조건을 충족시킴으로써 개별적으로 참인지 거짓인지 판별 가능하다는 것이었다. 콰인은 이 전제를 전면적으로 비판한다. 그는 1951년 발표한 논문 「경험론의 두 가지 도그마Two Dogmas of Empiricism」에서, 위와 같은 분석 명제와 종합명제의 구분, 개별 명제의 검증 가능성에 대한 믿음이야말로 경험론의 뿌리 깊은 도그마이며, 현실의 언어 사용과 과학 이론의 구조를 왜곡한다고 지적한다.

"분석 명제와 종합 명제 사이에는 경계가 없다" – 전통적으로 분석 명제란, 그 참 여부가 오직 개념의 내부 관계나 논리적 분석을 통해 결정되는 문장을 의미한다. 예컨대 "모든 총각은 결혼하지 않았다"는 문장은 '총각'이라는 개념 자체에 '결혼하지 않음'이 내포되어 있기 때문에, 별도의 경험 없이도 그 참을 확인할 수 있는 것으로 간주된다. 반대로, 종합 명제는 경험을 통해서만 그 참이 판별될 수 있는 문장으로, "오늘은 눈이 내린다"처럼 세계에 대한 실질적 정보를 포함한다.

콰인은 이 구분 자체가 철학적으로 정당화되지 않으며, 실제 사용 맥락에서는 유지될 수 없는 인위적 대립이라고 주장한다. 그의 핵심 비판은 다음과 같다. '의미'나 '동의어성'의 개념이 충분히 명확하게 규정되지 않는 한, 분석과 종합의 경계는 명확할 수 없다. 예컨대 "총각은 미혼 남자"라는 문장이 분석 명제인 이유는 '총각'과 '미혼 남자'가 동의어이기 때문인데, 그 동의어 관계 자체가 이미 분석적 판단을 전제하고 있다는 것이다. 어떤 문장이 분석적인지 여부는 결국, 우리가 그 문장에 어떤 개념적 체계와 언어적 규칙을 부여하느냐에 따라 달라진다는 것이다. 그에 따르면, 모든 명제는 언어적 배경에 의존하며, 의미란 고정된 대상이 아니라 신념 체계 전체 속에서 상호작용적으로 형성된다. 따라서 분석과 종합의 구분은 모두 언어라는 도구와 그것이 작동하는 경험 세계에 의해 상대화된다.

"명제들은 개별적으로 경험의 법정에 회부되는 것이 아니라, 오직 하나의 집단적 전체로서 회부된다" – 19세기 천문학자들은 뉴턴의 만유인력 법칙을 기반으로 수성의 궤도를 예측했지만, 실제 관찰 결과는 이 계산과 미세하게 어긋났다. 전통적 입장에 따르면, 수성의 괘도에 대한 단일 명제가 검증에 실패한 것처럼 보인다. 그렇다면 이 명제를 폐기하거나 수정해야 할까? 그러나 과학자들은 이 하나의 명제가 거짓이라고 단정하지 않았다. 그들은 측정 장비의 오차, 태양의 질량 분포, 빛의 굴절 가능성, 혹은 중력 법칙 자체를 포함한 전체 이론의 다양한 부분을 검토하였다. 결국 아인슈타인의 일반 상대성 이론이 뉴턴 이론을 대체함으로써 이 관측 결과를 설명할 수 있었고, 기존 체계 전체가 조정되었다. 즉, 하나의 관찰은 단일 명제를 겨냥하지 않고, 이론 전체의 구조와 연결된 방식으로 문제를 제기하며, 이에 대한 대응 역시 체계 전반의 수정으로 이루어진다. 콰인의 전체론은 바로 이러한 과학의 작동 방식을 철학적으로 설명한 것이다.

인식론적 기초주의의 해체

"경험적으로 의미를 지니는 단위는 과학 전체다" – 콰인의 인식론적 문제의식은, 철학이 오랫동안 전제해온 '인식론적 기초주의'에 대한 철저한 해체를 동반한다. '인식론적 기초주의'에 따르면, 인간은 먼저 감각 경험이라는 직접적이고 순수한 자료를 수용하고, 그 위에 논리적 추론과 개념적 구조를 통해 외부 세계에 대한 객관적 지식을 구축한다. 즉, 감각 경험은 인식의 기초이며, 그 위에 더 복잡한 이론과 명제들이 층층이 쌓인다는 것이다. 콰인은 이 전제를 뿌리째 의심한다. 그에 따르면, 감각 데이터라는 것은 결코 순수하거나 중립적인 것이 아니며, 이미 인간이 가진 언어적 체계와 이론적 전제 속에서 조직되고 해석된 경험일 뿐이다. 우리가 경험이라고 부르는 것조차도 언어와 이론에 의해 형성된 것이지, 철학적으로 자명한 토대가 아니라는 것이다.

"모든 지식은 경험에 따라 수정될 수 있는 하나의 그물망이다" – 콰인은 인식을 개인 내면의 확신이나 추론의 논리적 정당화로 환원하지 않는다. 그에게 인식이란, 고립된 주체의 내적 상태나 개별 명제의 평가가 아니라, 사회적으로 구성된 과학적 이론과 철학적 신념들이 복합적으로 연결된 하나의 '전체 체계'로 이해되어야 한다. 그는 이 복합적 구조를 '신념의 그물망 the web of belief'이라 부르며, 우리가 가진 모든 지식과 이론은 서로 긴밀하게 연결되어 상호 지지하거나 충돌하는 방식으로 구성된다고 본다.

의미는 어디에 있는가? – 번역 불확정성과 인식의 구조

"의미란 고정된 대응 관계가 아니라, 해석자의 전체적 신념 구조 속에서만 성립한다" – 콰인은 『단어와 대상』(1960)을 통해 인식론과 언어철학의 경계를 흔들며 근본적인 질문을 던졌다.

"언어란 단지 사물에 이름을 붙이는 수단인가, 아니면 사물 자체를 구성하는 틀인가?"

콰인은 '번역의 불확정성 indeterminacy of translation'이라는 개념을 제시한다. 그는 한 어떤 언어학자가 낯선 부족의 언어를 연구하는 상황 속에서 다음과 같은 사고실험을 제시한다. 어떤 부족원이 토끼를 보며 "gavagai"라고 외쳤을 때, 이 말이 '토끼'를 의미하는지, '토끼의 일부', '달리는 것', 혹은 '토끼가 나타나는 순간'을 의미하는지를 결정할 방법이 있는가? 콰인은 방법이 없다고 보았고, 이는 단순한 의사소통의 문제가 아니라, 언어와 경험 사이에 객관적인 연결이 없다는 철학적 결론을 내포한다. 결국 어떤 번역도 해석자의 신념 체계 안에서 이루어지는 구성일 뿐이며, 같은 감각 자극도 서로 다른 신념 구조에 따라 전혀 다른 의미로 해석될 수 있다는 것이다.

콰인의 사고실험은 더 나아가 의미에 대한 전통적인 이해를 뿌리째 흔든다. 의미란 단어와 대상 사이의 고정된 대응이 아니라, 해석자의 전체적인 신념 구조 속에서만 성립하는 상대적인 개념이다. 다시 말해, 의미는 언어와 경험, 그리고 신념이 서로 얽혀 있는 해석의 삼각형 안에서 그때그때 구성된다. 이로써 콰인은 프레게(1848~1925), 러셀(1872~1970), 초기 비트겐슈타인(1889~1951)이 추구했던 고정된 지시체 중심의 의미 이론과 결별하고, 의미가 언제나 다의적이며 번역이 불확정하다는 사실을 철학적으로 드러낸다.

이러한 주장들은 단지 언어철학을 넘어 인식론 전체를 재구성하는 데까지 나아간다. 만약 번역조차 객관적으로 성립할 수 없다면, 우리가 어떤 개념을 '이해한다'고 말할 때 그 의미는 어디에 근거하는가? 콰인의 '신념의 그물망 web of belief'이 곧 의미의 근거이다. 지식은 고립된 사실들의 축적이 아니라, 언어와 신념, 경험이 유기적으로 상호작용하는 해석적 구조다. 인식이란 객관적 현실을 그대로 반영하는 것이 아니라, 우리가 세계를 어떻게 해석하고 구성하느냐의 문제인 것이다.

콰인의 핵심 메시지는 "번역이 불확정하다"는 데 그치지 않는다. 그는 오히려 지식 자체가 번역과 다르지 않다고 말한다. 우리는 세계를 있는 그대로 인식하는 것이 아니라, 자신의 언어와 신념, 해석 틀을 통해 그것을 번역하고 이해한다. 이 통찰은 전통적 인식론의 객관주의를 해체하고, 언어철학과 의미론, 과학철학의 중심축을 다시 짜는 데 결정적인 전환점을 제공한다.

인식론의 자연화

"인식론은 더 이상 자율적이고 초월적인 철학의 영역이 아니라, 심리학의 한 장이 되어야 한다" – 콰인의 철학이 결정적인 전환점을 맞이한 것은 1969년 발표된 논문 「인식론의 자연화」에서였다. 그는 이 논문을 통해 철학의 방법과 과제를 근본적으로 재구성하자는 철학적 혁신을 제안한다.

전통적인 인식론은 감각 경험에서 시작하여, 외부 세계에 대한 정당한 믿음을 어떻게 확보할 수 있는지를 분석적으로 탐구해왔다. 그러나 콰인은 이러한 탐구 방식이 비현실적인 추상성과 순환 논리에 빠져 있다고 본다. 그는 외부 세계가 존재한다는 것을 어떻게 증명할 수 있는가라는 질문 자체가, 이미 언어와 이론에 의해 형성된 신념 체계 안에서만 제기 가능한 것이며, 철학이 이 문제를 순수한 논리나 분석적 정당화로 풀 수 있다고 믿는 것은 근대적 형이상학의 잔재라고 비판한다.

"과학철학은 그것만으로도 충분한 철학이다" – 콰인이 제시한 대안은 명확하다. 인식론이 진정으로 의미 있는 설명을 제공하려면, 인간이 실제로 어떻게 세계를 인지하고, 그 인지를 바탕으로 이론을 형성하고 수정해 나가는지를 실증적으로 탐구해야 한다는 것이다. 즉, 철학은 더 이상 인간이 어떻게 확실한 지식을 얻는가라는 초월적 문제를 탐구하는 대신, 인간의 인식이 어떻게 작동하는가라는 자연주의적 질문으로 방향을 바꾸어야 한다. 이러한 전환 속에서 콰인은 인식론을 고립된 철학적 분석이 아니라, 심리학, 언어학, 신경과학, 진화생물학 등 실증적 인지과학과의 연계 속에서 구성된 하나의 과학적 프로그램으로 제안한다. 이때 인식은 절대적 토대 위에 구축되는 진리 체계가 아니라, 환경과의 상호작용 속에서 진화해 온 생물학적, 행동적, 문화적 전략의 총합으로 이해된다. 인간이 세상을 어떻게 보는가에 대한 철학적 설명은, 인간의 두뇌가 정보를 어떻게 처리하고, 어떤 조건에서 신뢰 가능한 판단을 내리는지를 설명하는 과학적 이론으로 대체된다.

콰인의 철학은 전통 인식론의 일부 주장에 대한 비판에 그치지 않고, 인식론 자체의 좌표를 근본적으로 재설정하려는 시도였다. 그는 데카르트 이후 철학이 과학보다 우선하여 확실한 지식의 토대를 마련해야 한다는 '제일철학'의 지위를 거부하였다. 지식이란 더 이상 '정당화된 참된 믿음(JTB)'의 집합이 아니라, 경험과 언어, 논리, 과학 이론, 일상의 믿음들이 서로 얽혀 구성된 '신념의 그물망 web of belief'으로 보았다.

이러한 통찰은 '자연화된 인식론'으로 이어진다. 지식의 토대를 철학적 사유만으로 확보하려는 시도가 한계를 드러낸 이상, 인식론은 인간이 어떻게 지식을 형성하고 수정하는지를 인지심리학, 언어학, 뇌과학 등 경험과학의 일부로서 다루어야 한다는 입장이었다. 인식론은 이제 과학의 외부에서 군림하는 심판이 아니라, 과학과 함께 탐구하는 동료가 되어야 한다. 콰인의 철학은 철학과 과학, 언어와 경험, 이론과 관찰 사이의 경계를 허물고, 지식에 대한 우리의 관점을 근본적으로 변화시킨 20세기 지성사의 중요한 전환점이었다.

주요 저술

- **논리적 관점에서**(From a Logical Point of View, 1953/허라금, 1993) | 경험론의 두 가지 도그마, 존재하는 것에 대하여, 단어와 대상 등 콰인의 대표 논문 9개가 실려있다.

57 | 네이글 1937~
박쥐로서의 느낌을 관찰자가 알 수 있는가?

"의식적 경험은 매우 일반적 현상이다. 그것은 많은 동물에게서도 나타난다. 무기물 혹은 단순한 유기체에서도 의식적 경험이 있는지는 확신할 수 없으며, 그것이 있음을 증명하는 것은 매우 어렵다."
— 『박쥐가 되는 것은 어떤 것인가?』, 1986

토머스 네이글(Thomas Nagel, 1937~)은 의식을 인간 경험의 주관적 측면을 이해하는 데 필수적인 철학적 주제로 삼았다. 그는 의식이 단순히 물리적 데이터로 환원될 수 없으며, 각 존재가 세계를 느끼고 경험하는 '고유한 질적 상태 qualia'를 포함한다고 주장했다. 그의 대표적 사고 실험인 '박쥐로서의 느낌'은 '주관적 경험'과 '물리적 설명'이 근본적으로 다를 수 있음을 보여준다.

게티어(1927~2021)의 문제 제기가 전통 인식론의 정의 기반을 붕괴시키고, 콰인(1908~2000)의 사유가 철학적 질문의 방식 자체를 전환시켰다면, 토머스 네이글은 이러한 흐름 속에서 의식의 주관성이라는 질문을 던진다. 네이글은 인식의 객관성을 철저히 추구하면서도, 그 과정에서 배제되어온 주관적 경험의 불가해성을 정면으로 응시했다. '박쥐는 어떤 느낌일까'라는 물음은 인식론이 단지 외부 세계의 진리에 접근하는 논리적 과정이 아니라, '그 안에서 살아가는 존재의 시점'을 함께 고려해야 한다는 요청이었다.

박쥐로서의 느낌

"박쥐가 되어보는 것이 무엇인지를 아는 것은, 단지 박쥐처럼 행동하는 것이 아니다" – 네이글의 사고 실험은 박쥐가 초음파 반향을 사용해 환경을 인식하는 방식을 통해 의식의 본질을 탐구한다. 인간은 박쥐의 신경 구조와 초음파 메커니즘을 과학적으로 분석할 수 있지만, 박쥐가 초음파로 세상을 '느끼는' 경험 자체는 이해할 수 없다. 이는 주관적 경험의 고유성이 제3자의 관점에서 접근 불가능한 독특한 영역임을 드러낸다. 그는 이를 '무엇인지를-느끼는 성질'로 정의하며, 이 개념이 의식을 탐구하는 핵심이라고 보았다. 네이글은 이러한 주장을 통해 '물리주의'의 한계를 지적했다. 물리주의는 신경과학적 데이터와 생리학적 구조를 통해 의식을 설명하려 하지만, 이는 경험의 '질적 본성qualia'을 포착하지 못한다. 예를 들어, 박쥐의 초음파 반향이 뇌에서 처리되는 과정을 물리적으로 분석할 수는 있지만, 그 경험이 어떻게 느껴지는지에 대한 이해는 불가능하다.

"경험은 단지 구조와 기능으로 환원되지 않는다. 그것은 오직 내부로부터 접근될 수 있다" – 네이글은 의식을 이해하는 데 있어 '무엇인지를-느끼는 성질'을 필수적으로 고려해야 한다고 주장한다. 이는 행동이나 신경 작용을 설명하는 것을 넘어, 경험 자체의 내적 본질을 탐구하는 것이다. 주관적 경험은 물리적 데이터로는 설명되지 않는 고유한 영역으로, 의식 연구에서 독립적으로 다루어져야 한다. 물리주의자들은 신경과학의 발전이 의식의 본질을 설명할 수 있을 것이라고 주장하지만, 네이글은 '주관적 경험'이 과학적 설명을 초월하는 독립적 차원이라고 강조한다. 그는 철학적 탐구가 의식의 복잡성을 이해하는 데 필수적이라고 보며, 이는 물리적 설명이 다루지 못하는 질문들에 답할 수 있는 가능성을 제시한다.

주관성과 객관성의 충돌 문제

우리 인간은 세계를 어떻게 이해하는가?
이 질문은 오랜 철학적 탐구의 대상이었다. 토마스 네이글은 『어디에도 없는 관점(1986)』을 통해 '주관성'과 '객관성'이라는 두 가지 관점을 통해 인간 경험의 복잡성을 탐구하였다.

"주관적 경험을 이해하지 못한다면, 우리는 의식을 이해했다고 말할 수 없다" – 주관적 관점은 각 개인이 경험하는 세계를 의미한다. 이는 1인칭 경험이며, 개인이 직접 체험하는 감각, 감정, 사고 등을 포함한다. "나는 지금 기쁨을 느낀다"는 문장은 주관적 경험을 표현한 것이다. 주관적인 경험은 개인에게는 너무나도 생생하고 실제적이지만, 타인이 완벽하게 이해하기는 어렵다.

"객관성은 이해의 확장이지, 주관성을 제거하는 것이 아니다" – 객관적 관점은 개인의 경험을 넘어서 독립적으로 존재하는 세계를 의미한다. 이는 3인칭 관점에서 바라본 세계로, 과학적 설명과 논리적 분석을 통해 구축된다. "물은 H_2O이다"는 과학적 사실이며, 개인의 감각 경험과 무관하게 성립하는 객관적 진리다.

과학과 철학은 주로 객관적 진리를 탐구하며, 주관적인 경험을 객관적 법칙으로 환원하려는 시도를 해왔다. 객관적인 관점은 보편성과 객관성을 추구하며, 개인의 편견이나 감정에 영향을 받지 않는다. 현대 과학과 철학은 객관적 관점을 절대적으로 신뢰하며, 주관적 경험을 객관적 관점으로 환원하려는 경향을 보인다. 하지만 네이글은 '주관적 경험'이 환원될 수 없는 특성을 가지며, 이는 객관적 방법론만으로 설명될 수 없음을 강조한다.

네이글은 주관성과 객관성의 충돌을 통해 인간 경험의 다층적인 면모를 드러내고자 하였다. 그는 객관적인 과학적 방법론만으로는 인간 경험의 모든 측면을 이해할 수 없으며, 주관적인 경험 또한 그 자체로 의미를 가진다는 점을 강조했다. 마치 우리가 한 편의 영화를 볼 때, 객관적인 영화의 정보(감독, 배우, 줄거리 등)와 함께 영화를 보면서 느끼는 주관적인 감정과 해석이 함께 어우러져 영화에 대한 온전한 이해를 가능하게 하는 것과 같다.

중첩된 관점과 객관적 주관성

"우리는 자신을 벗어나 어디에도 없는 시점에서 세계를 보려 하지만, 결국 우리는 어디엔가 있는 누군가라는 사실을 피할 수 없다" – 네이글은 『어디에도 없는 관점(1986)』에서 객관성에 대한 인간의 깊은 열망을 분석한다. 인간은 자신의 특수한 위치와 경험을 넘어서, 마치 특정 시공간에 얽매이지 않는 '신의 눈'처럼 세계를 보편타당하게 이해하고자 열망한다. 이것이 바로 '어디에도 없는 관점'이라는 객관성의 이상이다. 철학과 과학은 이러한 객관적 이해를 추구하며 발전해왔다. 그러나 네이글은 이 객관성의 추구가 오히려 세계에 대한 온전한 이해로부터 멀어질 수 있다고 강력히 경고한다.

"진리를 향한 객관적 탐구는 주관성을 제거하는 것이 아니라, 그것을 온전히 인정하는 것이다" – 우리는 누구나 특정 세계 속에서 감정과 감각을 통해 직접 경험하며 살아가는 주관적 존재이자, 동시에 이성과 과학을 통해 그 세계와 경험을 분석하고 객관화하려는 존재이다. 토마스 네이글은 이처럼 '살아간다'는 주관적 실존과 '이해한다'는 객관적 지향 사이의 필연적인 긴장에 주목한다. 네이글은 객관적인 세계 설명과 주관적인 경험이라는 서로 다른 층위를 인정하고, 이 둘을 동시에 사유하는 '중첩적 관점 layered perspective'을 요청한다. 이는 하나의 시각으로 세계를 완전히 설명하려는 환원주의적 태도에 대한 비판이자, 철학적 절제의 요구이다. 존재와 인식은 단일한 방식으로 설명될 수 없는 다층적인 현상이며, 진정한 철학적 깊이는 이 다층성을 외면하지 않고 견디며 함께 사유하는 데서 나온다는 것이다.

"다른 존재를 이해하기 위해 필요한 것은 데이터가 아니라, 객관적 지식에 의해 인도되는 상상력이다" – 나아가 네이글은 이러한 중첩적 관점의 틀 안에서, 주관적 현상을 객관적으로 탐구하려는 구체적인 방법론적 시도로서 '객관적 주관성 objective subjectivity' 개념을 발전시킨다. 이는 주관성을 제거하는 대신, 객관적인 방법을 통해 주관적 경험의 구조와 본질에 접근하려는 노력이다. 이 접근법은 다음 단계들을 포함할 수 있다. 1) 탐구 대상(타자의 의식, 감정 등)이 지닌 주관적 성격을 인정하고 존중한다. 2) 해당 주관적 경험과 관련된 객관적 정보(뇌 과학적 데이터, 행동 패턴, 환경 조건 등)를 최대한 수집하고 기술한다. 3) 수집된 객관적 정보를 바탕으로 대상의 관점을 '상상적으로 이입 imaginative projection'하여 재구성하려 노력한다. 4) 이러한 이입과 분석을 통해 얻은 통찰을 바탕으로, 기존의 객관적 언어로는 포착하기 어려웠던 주관적 경험의 측면을 표현할 새로운 언어, 개념, 비유 등을 개발하여 '객관적 표현을 확장'한다. 5) 이 과정을 반복하며 이해를 심화시키고 수정해 나간다.

경계 위의 앎: 중첩된 인식의 철학

"사물 그 자체가 어떤지를 이해하려면, 그것이 우리 같은 존재에게 어떻게 나타나는지를 이해해야 한다" – 네이글의 사유는 인식의 구조에 관한 분석에 머무르지 않는다. 그는 '인식하는 자' 자체를 묻는다.

"나는 무엇을 알 수 있으며, 어디까지 나를 넘어서 사유할 수 있는가?" 이 물음은 인식론을 존재의 조건을 반성하는 실존적 행위로 끌어올린다. 네이글은 우리에게 다음과 같은 인식론적 태도를 요구한다. 우리는 끝내 완전히 객관적일 수 없기에, 오히려 더욱 겸손해야 하며, 완전히 주관적인 틀에 갇혀 있지 않기에 더욱 치열하게 탐색해야 한다. 나의 시점을 완전히 벗어날 수 없다는 사실은 패배가 아니라, 그 자체가 사유의 출발점이 된다.

"객관성은 중립성이 아니다. 그것은 자신 바깥으로 한 걸음 나아가 보다 진실한 그림을 그리는 방식이지만, 완전한 탈출은 아니다" – 그는 인식의 조건이자, 동시에 한계로서의 주체를 직시하게 만든다. 네이글의 철학은 인식의 가능성과 제한을 동시에 끌어안는다. 그는 객관성과 주관성을 고립된 대립항으로 보지 않고, 서로를 비추며 반성할 수 있는 '교차의 지점'으로 사유를 이끌어낸다. 그가 '박쥐로서의 느낌'을 통해 드러내고자 했던 것은, 세계를 이해하는 데 있어 단일한 틀만으로는 충분하지 않다는 점이며, 우리가 알고자 할 때 필연적으로 그 시점을 중첩시키고, 의식화하고, 반성해야만 한다는 철학적 요청이었다. 인식이란 단순히 대상에 대한 정보가 아니라, 그 대상을 바라보는 나의 위치에 대한 자각이라는 점을 그의 철학은 묵직하게 되새기게 한다.

"객관성은 나의 관점을 부정하는 것이 아니라, 그것을 더 넓은 현실 개념 속에 포함시키는 시도다" – 우리는 완전히 주관적인 위치에 머물 수도 없고, 완전히 객관적인 위치로도 벗어날 수 없기 때문에, 그 둘 사이의 겹침과 반성을 통해 보다 정직한 인식을 형성할 수 있다. 이러한 철학은 단지 인식론에 국한되지 않는다. 현대 사회에서 벌어지는 가치관의 대립, 정체성의 충돌, 윤리적 딜레마에 이르기까지, 서로 다른 관점을 교차해보려는 시도는 갈등을 넘어서는 길을 제시한다. 중첩된 관점은 상대의 시점을 완전히 소유하려는 것이 아니라, 그 시점을 겹쳐보고, 나 자신의 시점 또한 성찰하는 것이다. 현대가 요구하는 철학은 단정이 아닌 반성, 확신이 아닌 거리두기다. 네이글은 우리에게 이렇게 말한다:
"인식은 언제나 시점의 문제이며, 그 시점을 의식하는 것이야말로 앎의 성숙이다."

토마스 네이글의 철학은 인간이 세계를 이해하고자 할 때 피할 수 없는 시점의 조건을 끝까지 밀고 나간 사유였다.

우리는 모두 고정된 위치에서 세계를 바라보는 것이 아니라, 끊임없이 자신을 벗어나 보려는 시도와 다시 돌아오게 되는 한계를 반복하며 살아간다. 네이글은 이 반복과 중첩 속에서 철학의 가능성을 보았다. 철학은 절대적 관점을 제시하지 않으며, 오히려 완전히 벗어날 수 없는 나의 시점과 그 한계에 대한 인식을 통해 더 깊은 이해로 나아간다.

✒ 주요 저술

- 박쥐가 되는 것은 어떤 것인가?(What Is It Like to Be a Bat?, 1974) | 그는 우리가 박쥐가 어떻게 초음파로 세계를 인식하는지를 물리학적으로 설명할 수는 있어도, 박쥐의 주관적 경험이 어떤 느낌인지는 결코 이해할 수 없다는 점을 강조한다.

- 이 모든 것은 무엇을 의미하는가?(What Does It All Mean? A Very Short Introduction to Philosophy, 1987/조영기, 2014) | 철학의 주요 질문들을 명료하고 간결하게 소개한 초심자를 위한 철학 입문서이다.

- 어디에도 없는 관점(The View from Nowhere, 1986) | 객관성과 주관성의 갈등을 논의하며, 인간 경험에서 두 관점의 조화를 모색한 철학적 저술이다.

PART 20

존재의 최전선 : 실재, 생성, 의미의 귀환

철학은 다시 세계를 마주 보았다. 불확실성과 해체 이후에도, 세계는 사라지지 않았다.
메이야수(1967~)는 인간 인식과 무관한 '사실성'을 주장했다. 실재는 인간의 조건 없이 존재하며, 절대적 우발성에 열려 있었다.
바라드(1956~)는 존재와 인식, 물질과 의미를 분리할 수 없다고 말했다. 세계는 고정된 객체들의 집합이 아니라, 관계 속에서 생성되고 변형되는 과정이었다.
가브리엘(1980~)은 실재를 '의미의 장' 안에서 다시 정의했다. 세계는 하나가 아니라, 수많은 의미의 세계들로 이루어져 있었다.
존재는 여전히 살아 있었다. 그러나 그것은 과거의 실체가 아니라, 열려 있고 생성되고 있는 다층적 세계였다. 철학은 이제, 이 새로 열린 존재 앞에서 다시 시작해야 했다.

58 | 메이야수 1967~
거대한 외부는 사유될 수 있는가?

"우리가 실재 자체에 대해 선험적으로 확립할 수 있는 유일한 절대적 필연성은 바로 필연적 존재의 부재, 즉 모든 존재의 근본적인 우발성이다. 존재하는 모든 것은 존재하는 데 아무런 이유가 없으며, 따라서 지금과는 전적으로 다르게 될 수 있을 뿐만 아니라, 실제로 그렇게 되어야만 한다."

— 『유한성 이후』, 2006

현상학, 해석학, 구조주의와 포스트구조주의까지, 지난 세기 철학은 세계를 이해하는 틀을 인간의 인식, 언어, 의미작용에 의존해 왔다. 세계는 인간 없이는 말해질 수 없고, 존재조차 논의될 수 없다는 입장이 보편적이었다. 이 철학적 인간 중심주의는, 결국 세계 그 자체에 대해 말할 수 있는 가능성을 닫아버렸다. 21세기 현 시점에서 존재론의 최전선을 달리고 있는 '사변적 실재론Speculative Realism'은 이 지점을 문제 삼는다.

세계는 인간의 인식 너머에서도 존재하며, 인간이 없더라도 '무엇인가'로서 지속된다. 이는 존재론적 상상력의 회복이자, 철학이 다시 '실재'를 말할 수 있어야 한다는 요구다. 이런 흐름 속에서 '사변적 실재론'의 길을 연 퀑탱 메이야수(Quentin Meillassoux, 1967~)는 '상관주의'라는 이름의 오래된 철학적 직관을 해체하고, 인간 바깥의 '거대한 외부Le grand dehors'를 질문한다.

상관주의 철학과 메이야수의 혁명적 전환

"우리는 상관주의의 감옥에서 벗어나야 한다. 우리는 사유와 세계의 관계에 대한 우리의 선입견을 버려야 한다" – 퀑텡 메이야수가 『유한성 이후(2006)』에서 정식화한 '상관주의correlationism'는 사유와 존재의 상관관계를 벗어난 철학적 사유가 원천적으로 불가능하다고 보는 입장이다. 즉 우리는 세계를 인식하거나 이해할 때, 언제나 주체와 객체, 사유와 세계, 현상과 실재 사이의 관계 속에서만 세계에 접근할 수 있으며, 사유되지 않은 세계, 즉 '세계 자체'는 철학적으로 다룰 수 없는 영역으로 간주된다는 전제가 철학의 기반이 되어 왔다.

이러한 전통은 칸트(1724~1804)로부터 본격화된다. 칸트는 『순수이성비판(1781)』에서 '물 자체'는 인간 이성에 의해 인식될 수 없으며, 우리가 인식할 수 있는 것은 어디까지나 '현상'일 뿐이라고 주장하였다. 이는 우리가 세계를 인식하는 데 있어서 외부 대상 자체를 파악하는 것이 아니라, 그것이 주체에게 어떻게 나타나는가에 의해서만 세계를 알 수 있다는 뜻이다. 칸트는 이를 '코페르니쿠스적 전회'라 부르며 철학의 방향을 실재로부터 인식 조건으로 돌려놓았다.

메이야수는 바로 이 전환이 철학을 '실재에 대한 직접 사유'가 아니라 '우리에게 나타나는 방식에 대한 사유'로 제한시켰다고 본다. 그는 칸트 이후의 주요 철학자들 대부분이 이러한 상관주의의 테두리 안에 갇혀 있다고 비판한다. 피히테(1762~1814), 헤겔(1770~1831), 셸링(1775~1854)같은 독일 관념론 철학자들은 자아와 세계의 구조적 통일 속에서 존재를 이해했고, 후설(1859~1938)은 '지향성' 개념을 통해 모든 존재는 의식 속에 나타나는 현상으로 파악된다고 보았다. 하이데거(1889~1976)는 존재를 '드러남'

혹은 '은폐 – 현현의 사건'으로 해석하며 인간, 즉 '세계-내-존재'를 존재 해석의 핵심 조건으로 삼았다. 데리다(1930~2004)는 의미를 '차이의 끝없는 지연' 속에서만 구성되는 것으로 파악하였다. 요컨대 현대 철학의 주요 흐름은 실재 자체에 접근하기보다는 사유와 실재의 관계, 또는 해석과 의미의 체계에만 머물러 있었던 것이다. 메이야수는 이러한 경향 전체를 관통하는 하나의 '상관주의' 명제를 도출한다. 바로 "존재는 사유와의 관계를 통해서만 철학적으로 정당화될 수 있었다"는 주장이다.

메이야수가 말하는 '상관주의'란, 철학이 사유와 존재의 관계 바깥을 사유하지 못하도록 제한한 일종의 인식론적 감옥이다. 이에 대한 메이야수의 비판은 철학이 다시 사유 바깥의 실재를 말할 수 있어야 한다는 근본적인 요청으로 이어진다.

상관주의의 감옥을 넘어서: 절대적 우발성

"실재는 인간의 인식과 무관하게 존재한다" – 메이야수는 이 상관주의의 견고한 벽을 허물고 실재 자체에 대한 사유의 가능성을 다시 열고자 대담한 시도를 감행하였다. 그가 제시한 핵심 열쇠는 바로 '절대적 우발성 absolute contingency'이다.

메이야수는 먼저 상관주의의 근본적인 난점을 드러내기 위해 과학, 특히 우주론이나 지질학에서 다루는 '조상적 진술 ancestral statements'에 주목하였다. 이는 지구의 탄생, 생명의 출현 이전, 즉 어떠한 인간 의식이나 사유 주체도 존재하지 않았던 시기의 사건들에 대한 과학적 주장들이다. 상관주의의 관점에서 이러한 진술들은 심각한 문제를 야기한다. 만약 모든 실재가 사유와의 상관 관계 속에서만 의미를 갖는다면, 사유 자체가 존재하지 않았던 시기의 실재에 대한 진술은 어떻게 이해해야 하는지에 대한 문제가 제기된다. 상관주의는 이를 현재의 데이터를 바탕으로 과거를 소급하여 재구성한 것, 즉 '우리를 위한 과거'의 모습일 뿐이라고 설명하려 하였으나, 메이야수는 이러한 설명이 과학적 진술이 갖는 본래적 의미, 즉 사유와 독립적으로 존재했던 실재에 대한 객관적 탐구라는 의미를 온전히 담아내지 못한다고 비판하였다. '조상적 진술' 자체가 이미 상관주의의 틀을 넘어서는 실재의 존재를 암시한다고 메이야수는 보고 있다.

"어떤 법칙이든 언제라도 바뀔 수 있다는 사실 자체는 절대적으로 분명하다" – 칸트의 '물 자체'에서 보여지듯, 상관주의자들은 우리가 세계의 필연적인 법칙이나 근본적인 이유를 결코 알 수 없다고 주장한다. 메이야수는 바로 이 지점에서 상관주의의 핵심 주장을 뒤집는다. 만약 상관주의가 주장하듯이 실재 자체에 대한 어떠한 필연적인 원리(신, 형이상학적 법칙 등)도 우리가 알 수 없다면, 그리고 실재가 정말로 그러한 필연적 원리에 의해 지배되지 않는다면, 그렇다면 실재가 '필연적 이유 없이 존재한다'는 사실, 즉 '우발성 그 자체'야말로 유일하게 필연적이고 절대적이라는 결론에 이른다.

"어떤 것도 필연적으로 존재해야 할 이유가 없으며, 따라서 모든 것은 언제든 예고 없이, 아무런 이유 없이 지금과는 다르게 될 수 있다" – 이 결론이 바로 메이야수가 '절대적 우발성'이라고 부르는 것이다. 상관주의는 모든 것을 사유와의 관계 속으로 제한하려 하였지만, 바로 그 과정에서 모든 것(심지어 물리 법칙까지도)이 근본적인 이유 없이 존재하며 소멸할 수 있다는 이 극단적인 우발성만큼은 상관 관계를 넘어서는 절대적인 실재의 속성으로 드러난다는 점이다.

메이야수는 자연법칙조차도 우발적이라고 본다. 우리가 경험하거나 과학이 발견한 자연법칙은 '현재 이 순간'에 작동하는 패턴이긴 하지만, 그 법칙이 언제까지나 동일하게 유지될 것이라고 장담할 근거는 없다는 것이다. 예컨대 지금까지 빛의 속도가 일정하다는 법칙이 확인되었다고 해서, 그것이 내일도 영원히 그대로 유지될 것이라고 보장할 만한 '필연성'은 전혀 없다는 얘기다. 그렇다고 해서 메이야수가 현실 세계가 언제라도 갑자기 물리 법칙을 바꿀 것이라고 예측(또는 과학을 부정)하는 것은 아니다. 그는 과학적 법칙은 현재까진 경험적·실험적으로 증명된 패턴임을 인정한다. 다만, 그 법칙이 반드시 그래야만 하는 근거가 없다는 점이 핵심이다. 법칙이 바뀔 가능성 자체가 실제로는 매우 작더라도, 그 가능성이 원칙적으로 사라지지 않는다면, 그것은 '절대적 우발성'으로서 인정되어야 한다.

결론적으로, 메이야수가 상관주의를 넘어 우리가 실재 자체를 알 수 있다고 주장하는 핵심 근거는, 바로 이 '절대적 우발성'의 발견이다. 이것은 우리가 직접 경험하거나 관찰해서 얻는 지식이 아니라, 상관주의적 사유의 극한까지 밀고 나아감으로써 역설적으로 도달하게 되는 철학적 통찰이다. 이 절대적 우발성은 사유와의 상관 관계에 갇히지 않는 실재 자체의 근본적인 특징이며, 우리가 사유를 통해 파악할 수 있는 '거대한 외부'의 모습이다. 메이야수는 이 절대적 우발성이라는 발판 위에서, 수학적 사유 등을 통해 사변적 실재론의 새로운 길을 모색하며, 오랫동안 닫혀 있던 실재 자체에 대한 철학적 탐구의 문을 다시 열어젖히고 있다.

절대적 우발성의 나침반: 수학

메이야수는 '상관주의'의 오랜 지배를 넘어서 '절대적 우발성'이라는 실재 자체의 속성을 사유함으로써 현대 철학에 새로운 지평을 열었다. 이는 상관주의의 감옥에서 벗어나 '위대한 외부'를 사유할 가능성을 제시하였지만, 동시에 중요한 질문을 남겼다. 그렇다면 이처럼 근본적인 이유나 질서가 부재하는, 절대적으로 우연한 실재에 대해 우리는 단지 그것이 '우연하다'고 말하는 것 이상으로 무엇을 더 알 수 있는가? 이 혼돈처럼 보이는 실재를 탐구하고 기술할 구체적인 방법이나 도구는 있는가? 메이야수는 이 질문에 대해 놀랍도록 명확한 답변을 제시한다. 그것은 바로 수학이다.

"수학은 절대적인 것으로 가는 왕도이다. 왜냐하면 그것은 관찰자가 필요하지 않는 세계를 기술하기 때문이다" - 메이야수가 수학을 절대적 우발성의 실재를 탐구하는 특권적인 도구로 간주하는 이유는 수학이 가진 독특한 성격 때문이다.

첫째, 수학적 사유는 경험적 관찰이나 감각 데이터에 의존하지 않는다. 수학적 진리는 우리가 실제로 경험하는 세계가 어떠한 모습인지와는 무관하게 성립하는 것처럼 보인다. 예를 들어, '2+2=4'라는 명제는 우주의 물리 법칙이 다르거나 생명체가 존재하지 않는다고 해도 참일 것으로 여겨진다. 이러한 비-경험적 특성 덕분에 수학은 사유와 존재의 '상관 관계' 내부에서만 작동하는 경험 과학과 달리, 상관 관계 자체를 벗어나 실재 자체의 구조적 속성에 접근할 잠재력을 가진다.

둘째, 수학은 '필연성'이 아니라 '가능성'과 '구조' 자체를 사유하는 능력이 있다. 갈릴레이(1564~1642)가 "자연이라는 책은 수학의 언어로 쓰여 있다"고 말했을 때, 그는 자연의 필연적인 법칙을 수학이 드러낸다고 생각하였다. 그러나 메이야수는 이를 다르게 해석한다. 수학이 접근하는 것은 실재의 필연적인 법칙(그러한 것은 절대적 우발성 하에서는 존재하지 않는다)이 아니라, 절대적으로 우연한 실재가 취할 수 있는 가능한 구조들의 총체이다. 수학은 '왜' 그러한 구조가 나타나는지를 묻지 않고, '어떠한' 구조가 논리적으로 가능한지를 탐구한다. 이는 근본적인 이유는 없다는 메이야수의 '우발성의 원리'와 부합한다. 수학은 모든 가능성이 아무런 이유 없이 실현될 수 있는 그 실재의 '통시적 diachronic' 구조, 즉 시간이 흘러도 변하지 않는 필연적 법칙이 아니라 끝없이 다르게 될 수 있는 변화 가능성 자체의 어떤 형식적 속성을 포착할 수 있다는 것이다.

수학은 단지 현실 세계를 묘사하는 도구가 아니다. 오히려 그것은 현실 너머의 가능성들, 심지어 존재하지 않는 세계의 논리까지도 사유할 수 있는 장場이다. 바로 이 점에서, 퀑탱 메이야수가 주장하는 '절대적 우발성'이라는 사유와 수학은 철학적으로 깊이 호응한다. 예컨대 고전 수학에서 존재하지 않았던 허수의 개념은 실재하지 않는 것으로 출발했지만, 세계의 수많은 구조를 '형식적으로 설명할 수 있는 가능성'을 열었다. 그는 현실의 법칙들이 결코 필연적이지 않으며, 수학은 바로 그 '법칙이 달랐을 수도 있는 세계'를 사유하게 하는 도구라고 본다. 허수는 존재하지 않음에도 불구하고 실재의 구조를 표현하는 데 핵심 역할을 함으로써, 메이야수가 말한 '실재의 우연성'을 수학이 포착할 수 있음을 보여준다. 에우클레이데스(BC 300경)의 『원론 Elements』은 2천 년이 넘는 시간 동안 '참된 공간의 논리'로 간주되었다. 특히 다섯 번째 공리인 평행선 공준은 의심할 여지 없는 진리로 여겨졌다. 하지만 19세기, 로바체프스키(1792~1856)와 리만(1826~1866)에 의해 이 공준이 필연적이 아니라는 사실이 드러났다. 평행선이 하나 이상이 될 수도 있고, 아예 존재하지 않을 수도 있다는 가정이 성립되면서, 다양한 비유클리드 공간이 수학적으로 정립되었다. 이러한 발견은 단지 수학적 호기심을 넘어서 자연법칙 자체가 우리의 직관이나 경험에 기초한 필연적 진리가 아님을 드러낸다.

메이야수의 주장처럼, 우리가 인식하는 세계의 법칙은 어떤 근거 위에 고정된 것이 아니라, '무근거성 factiality'의 기반 위에 놓인 것이다. 비유클리드

기하학은 바로 이러한 철학적 사유의 한 사례로 볼 수 있다. 우리는 다른 공간, 다른 법칙, 다른 존재론적 구조를 상상할 수 있고, 이를 수학적으로 포착할 수 있음을 이 사례들을 통해 확인할 수 있다. 메이야수는 철학이 존재의 우발성을 다시 사유할 수 있어야 한다고 주장한다. 그리고 그는 수학을 사유의 출발로 삼는다. 수학은 우리가 경험하지 못했거나, 실재하지 않는 것이라 여겼던 가능성을 정합적 체계 속에서 사유 가능한 실체로 만들어낸다.

사변의 귀환, 실재를 향한 모험

"우리는 변하지 않는 것을 믿어야 할 이유가 없다" – 메이야수 철학의 가장 핵심적인 함의는 상관주의적 사유의 한계를 넘어서려는 시도 그 자체에 있다. 상관주의가 인간 주관과 세계 사이의 관계만을 사유의 대상으로 삼음으로써 철학을 일종의 인식론적 겸손함 속에 가두었다면, 메이야수는 '조상적 진술'의 문제를 통해 이 틀의 불충분함을 지적하였다. 그리고 '절대적 우발성'을 도출함으로써, 사유와 독립적인 실재 자체에 대해 적어도 그것이 아무런 필연적 근거 없이 존재한다는 점, 즉 그 급진적 우발성만큼은 절대적으로 알 수 있다고 주장하였다. 이는 철학이 다시금 인간 중심주의적 관점을 벗어나 실재 자체의 본성에 대한 형이상학적 탐구, 즉 '사변 speculation'을 감행할 수 있다는 선언과도 같았다.

이러한 사유는 철학과 과학의 관계를 재정립할 가능성을 내포한다. 상관주의 아래에서 과학적 진술은 종종 '우리를 위한 현상'의 기술로 해석되었지만, 메이야수는 우주론이나 지질학 등이 명백히 사유 이전의 실재에 대해 이야기하고 있음을 강조하였다. 그의 철학은 이러한 과학적 담론을 철학적으로 정당화하고, 과학이 탐구하는 대상이 단지 인간적 현상이 아니라

'거대한 외부'의 일부일 수 있음을 시사함으로써, 철학과 과학이 실재 탐구라는 공동의 목표 아래 더욱 긴밀히 협력할 수 있는 이론적 토대를 마련하고자 하였다. 또한, 그의 '사변적 유물론speculative materialism'은 실재를 경험적으로 주어진 물질 덩어리가 아니라, 수학적 사유를 통해 접근 가능한, 예측 불가능한 새로움을 창조할 잠재력을 지닌 역동적인 과정으로 파악함으로써 전통적 유물론에 대한 새로운 관점을 제시하였다.

메이야수의 '절대적 우발성' 개념은 신학 및 전통 형이상학에 대한 근본적인 도전이기도 하다. 만약 실재의 궁극적인 특징이 필연성이 아니라 우연성이라면, 모든 존재의 궁극적 근거나 필연적 원인으로서의 신God이나 절대자 개념은 설 자리를 잃게 된다. '우발성의 원리'는 존재에 대한 궁극적인 '왜'라는 질문 자체가 무의미하며, 실재는 어떤 필연적 이유 없이 그저 존재하고 변화할 뿐임을 강조한다. 이는 세계를 이해하는 방식에 있어 근본적인 전환을 요구하며, 철저하게 비-형이상학적이고 비-종교적인 세계관의 가능성을 탐색한다.

물론 메이야수의 철학에 대한 비판도 만만치 않다. 절대적 우발성을 도출하는 논증의 타당성 문제, 수학이 과연 상관주의로부터 자유로운 특권적 접근 경로를 제공하는지에 대한 의문, 그리고 그의 철학이 궁극적으로 허무주의나 상대주의로 귀결될 수 있다는 우려 등이 제기되어 왔다.

절대적 우발성 철학의 계보적 맥락

현대 철학의 지형에서 퀑탱 메이야수의 『우연성 이후(2006)』는 일견 급진적인 돌출처럼 보인다. 그는 철학의 가장 깊은 습관, 즉 존재의 '이유'를 묻는 전통에 반기를 들고, 세계 자체가 아무 근거 없이 존재하며, 심지어 그 안의 법칙조차 언제든 무작위적으로 바뀔 수 있다는 충격적인 명제를 내놓는다. 그러나 이 사유는 무無에서 나온 것이 아니다. 그것은 오히려 철학사와 과학사의 가장 깊은 균열들 속에서 자라난 철학적 요청에 대한 응답으로 보는 것이 타당하다.

메이야수의 철학은 서구 형이상학의 틀 안에서 전개되었지만, 그 핵심 개념인 무근거성과 절대적 우발성은 불교철학, 특히 중관학파의 공空 사상에서도 찾아볼 수 있다. 불교에서 모든 존재는 자성自性 없이 연기緣起에 의해 생겨난다고 보며, 실체적이고 고정된 본질은 없다고 본다. 이는 존재의 필연성과 본질을 해체한다는 점에서, 메이야수의 철학과 구조적으로 유사하다. 다만 불교는 이 무근거성을 윤회와 괴로움의 극복이라는 윤리적·해탈적 맥락에서 다루는 반면, 메이야수는 그것을 존재론적이고 형이상학적인 사유의 출발점으로 삼는다. 둘은 다른 목적을 향하지만, 필연성의 해체와 존재의 열림을 전제로 한다는 점에서 친연성을 지닌다.

필연성과 질서에 대한 믿음은 오랜 시간 서구 철학의 중심에 있었다. 플라톤(BC 427~347)의 이데아론, 아리스토텔레스(BC 384~322)의 목적론, 데카르트(1596~1650)의 기하학적 신, 뉴턴(1643~1727)의 절대 시간과 공간… 이러한 전통은 세계를 이유 있는 존재, 조화롭고 불변하는 법칙의 장으로 그려왔다. 그러나 그 균열 속에서, 우연성이라는 기묘한 사유의 줄기가 꾸준히 흘러왔다. 고대 원자론자인 에피쿠로스(BC 341~271), 중세 신학자 윌리엄 오컴(1285~1347), 데이비드 흄(1711~1776)의 인과론에 대한 부정 등의 사유는 각기 다른 시대에 살았지만, 공통적으로 세계는 필연에 의해 구성되지 않았으며, 언제나 다른 방식으로 전개될 수 있었다는 사유를 펼쳐냈다.

메이야수의 철학은 과학, 특히 양자역학quantum mechanics의 물리적 현실 인식과도 놀랍게 호응한다. 고전역학이 결정론의 세계였다면, 양자역학은 사건이 특정 확률에 따라 '발생할 뿐', 어떤 사물도 고정된 실체나 필연적 궤도를 지니지 않음을 보여준다. 입자의 위치와 운동량을 동시에 알 수 없다는 하이젠베르크의 불확정성 원리, 진공상태에서도 입자들이 무작위로 생성·소멸하는 양자요동 quantum fluctuation, 현대 우주론에서 주장되는 우주의 '미세 조정 fine-tunning'과 그에 따른 다중우주론 multiverse 가설, 이러한 것들은 메이야수가 말하는 '절대적 우발성'의 물리적 근거가 된다. 물론 메이야수는 과학을 철학의 '증명' 도구로 삼지 않는다. 그는 오히려 과학이 우발성과 비결정성의 실험적 세계를 드러내고 있음에 주목하며, 그것을 사유할 수 있는 철학적 형이상학의 토대를 새롭게 제안한다. 즉, 우발성은 과학적 현상일 뿐 아니라, 철학적 존재론의 핵심 구조라는 것이다.

메이야수의 철학은 결코 단절의 돌출이 아니다. 그의 사유는 인간 사유의 본질적 한계, 즉 상관주의에 대한 비판을 극단까지 밀어붙여 절대적 우연성과 무근거성이라는 개념으로 응답한 것이다. 메이야수는 우리가 세계의 '궁극적 이유'를 알 수 없다면, 역설적으로 세계에는 '그 어떤 필연적 이유도 없다'는 명제를 확언할 수 있다고 본 것이다. 즉, '알 수 없음' 자체가 곧 절대적 무근거성의 기반이 된다. 그가 전개하는 형이상학은 필연적 질서를 구축하는 것이 아니라, 모든 필연성을 정지시키는 철학의 해방적 공간을 연다. 메이야수는 철학에게 묻는다.

"우리는 존재가 있어야 할 이유를 증명할 수 있는가?"

그에 대한 대답이 바로, "우리는 오직 그것이 이유 없이 존재한다는 사실만을 절대적으로 확언할 수 있다"는 것이다.

이 대답은 철학의 한계를 직시하면서도 그 너머를 사유하려는 21세기적 사유의 용기이며, 철학사가 그동안 축적해온 '불확실성과 우연'의 계보가 도달한 하나의 응축된 귀결이기도 하다.

메이야수의 절대적 우발성 개념은 전통 철학의 필연적, 고정된 법칙과 본질에 대한 믿음을 철저히 뒤집는다. 그는 모든 것이 언제든 변할 수 있는 우연적 상태에 놓여 있음을 강조하며, 현대 철학과 과학이 새로운 사유의 지평을 열어야 한다는 메시지를 전달한다.

메이야수의 철학은 철학이 스스로 걸어 잠갔던 문을 다시 여는 시도다. 그는 인간 중심의 사유 틀을 넘어, 인간 없이도 존재하는 세계에 철학이 다시 말 걸 수 있어야 한다고 주장한다. 이는 철학 본연의 과제, 즉 '실재'에 대해 묻고 말하는 것으로 돌아가려는 급진적이면서도 필연적인 전환이다. 그것은 철학이 오랫동안 외면했던 질문을, 다시 정면으로 마주하려는 징후다. 그리고 메이야수는 그 질문을 가장 날카롭게 던지고 있다.

주요 저술

- **유한성 이후**(After Finitude: An Essay on the Necessity of Contingency, 2006/정지은, 2024) | 메이야수의 대표 저작으로, 칸트 이후 철학의 상관주의에 도전하며 실재의 우발적 조건을 논증하였다.
- **기타 논문 및 에세이**: 메이야수의 여러 에세이와 논문 다수가 국제 철학 학술지와 앤솔로지에 게재되었다. 특히, 2011년 발간된 『Speculative Turn: Continental Materialism and Realism』에 메이야수의 핵심 에세이들이 포함되어 있다.

59 | 바라드 1956~
물질과 의미는 회절되는가?

"존재는 관계에 앞서 존재하지 않는다. 존재론적으로 분리될 수 없는 내재작용하는 행위자들인 현상이 실재의 기본 단위이다. 실재는 사물 자체나 현상 너머의 사물로 구성된 것이 아니라, 현상 속의 사물로 구성된다."

— 『우주와의 반쯤 만남』, 2007

　서양 철학은 대체로 존재와 인식 주체를 분리하여 사유하는 경향을 보여 왔다. 실재는 우리의 인식과 무관하게 저기에 존재하며, 인식은 그러한 실재를 반영하거나 파악하는가의 문제로 여겨졌다. 그러나 20세기 물리학, 특히 양자역학의 발전은 이러한 이분법에 근본적 질문을 던졌으며, 관찰 행위가 관찰 대상과 분리될 수 없음을 보여주었다.
　캐런 바라드(Karen Barad, 1956~)는 이러한 과학적 통찰에 기반하여 존재와 인식, 물질과 의미, 자연과 문화의 경계를 허무는 급진적인 사유를 펼쳐낸다. 그의 '행위적 실재론 Agential Realism' 혹은 넓은 의미에서의 '신 유물론 New Materialism'은 세계가 미리 주어진 개체들의 상호작용으로 이루어진 것이 아니라, 분리 불가능한 요소들의 '내재작용'을 통해 끊임없이 '수행'되고 물질화되는 과정임을 역설하며, 우리 시대의 존재론과 인식론, 나아가 윤리학에 새로운 사유의 길을 제시한다.

측정과 실재는 나눌 수 없다

캐런 바라드 사유의 매우 중요한 뿌리는 20세기 물리학의 거인이자 양자역학의 철학적 토대를 마련한 닐스 보어(1885~1962)에게 닿아 있다. 양자 세계는 우리의 일상적 직관과는 너무나 다른 방식으로 작동한다. 예를 들어, 빛이나 전자는 어떤 때는 파동처럼 행동하고 또 어떤 때는 입자처럼 행동하는 이중성을 보인다. 보어는 이런 기묘한 현상 앞에서, 우리가 양자적 대상 '자체'가 무엇인지 독립적으로 이야기할 수는 없다고 주장하였다. 대신 그는 '현상'이라는 개념을 중시하였는데, 이는 우리가 관찰하고자 하는 미시적 대상뿐만 아니라, 그것을 관찰하기 위해 사용하는 '측정 장치'까지 포함한 전체적인 상황을 의미한다.

"물질은 사물이 아니다. 그것은 행위성의 응집, 하나의 작용이다" – 캐런 바라드는 보어의 이러한 통찰을 더욱 급진적으로 밀고 나아간다. 보어가 주로 우리가 무엇을 '알 수 있는지'(인식론)의 한계에 초점을 맞추었다면, 바라드는 이것이 단순히 앎의 문제를 넘어 무엇이 '존재하는지' 또는 어떻게 실재가 '구체화되는지'(존재론)에 대한 근본적인 문제라고 주장한다.

바라드는 측정이나 관찰 행위를, 이미 존재하는 세계에 대한 정보를 수동적으로 읽어내는 과정으로 보지 않는다. 대신 그것은 세계의 특정 속성들이 (이전에는 불확정적이었을지라도) 비로소 구체적인 값이나 상태로 '결정되도록' 만드는, 적극적이고 물질적인 '행위적 실천'이다. 여기서 '행위성 agency'은 실험을 설계하는 인간 과학자에게만 있는 것이 아니라, 실험 장치, 측정 대상, 그리고 그들 사이의 상호 연관성을 포함한 전체적인 얽힘 속에서 분산되어 발현된다. 바라드는 보호받는 주체 subject와 관찰되는 객체 object의 이분법을 해체하고, 존재는 언제나 상호관계 속에서 구성된다고 주장한다. 즉, 존재는 관계 이전에 독립적으로 존재하는 것이 아니라, 관계 속에서 동시에 형성된다.

행위적 잘라내기

"관계하는 존재는 관계에 앞서 존재하지 않는다" – 전통적인 '상호작용' 개념은 마치 당구공들이 각자 존재하다가 서로 부딪히는 것처럼, 이미 완성된 개체entity들이 먼저 있고 그 후에 그들 사이에 관계가 형성된다고 가정한다. 그러나 바라드는 이 순서를 뒤집는다. 바라드에게 관계적 '얽힘entanglement'이야말로 근원적이며, 개체(혹은 그것의 경계와 속성)는 바로 이 '얽힘'이라는 역동적인 과정 안에서 비로소 구별되고 형성된다. 즉, 관계가 개체에 선행하며, 개체는 관계의 산물이다. 전자는 특정 실험 장치(예: 파동성을 측정하는 장치 또는 입자성을 측정하는 장치)와의 '내재작용intra-action'을 통해서만 비로소 파동 또는 입자라는 구체적인 속성을 드러낸다. 실험 장치와의 얽힘 이전에 전자가 독립적으로 어떤 본질적인 속성을 가지고 있다고 말할 수 없다. 이러한 관점에서 실재는 레고 블록처럼 주어진 부품들의 집합이 아니라, 끊임없이 흐르고 변화하며 서로를 규정하는 역동적인 관계적 생성 과정 그 자체이다.

"행위적 잘라내기란, 하나의 현상 속에 내재된 존재론적 불확정성에 대해 특정한 방식으로 해소하는 것이다" – 이처럼 모든 것이 근본적으로 얽혀있고 유동적인 과정이라면, 우리는 어떻게 세계 속에서 특정한 대상들을 인식하고 의미 있는 구분을 만들어낼 수 있는가? 여기서 바라드는 '행위적 잘라내기agential cut'라는 또 다른 핵심 개념을 도입한다. '행위적 잘라내기'는 이 연속적이고 얽혀있는 실재의 흐름 속에서 특정한 경계를 설정하고 구분을 만들어내는 행위를 의미한다. 이는 우리가 세계를 이해하고 측정하기 위해 '무엇'을 '대상'으로 삼고 '무엇'을 '관찰 도구'(여기에는 우리 자신도 포함될 수 있다)로 구분하는 행위와 같다. 중요한 것은 이 '잘라내기'가 단순히 인간의 머릿속에서 일어나는 임의적인 개념적 분리가 아니라는 점이다. 그것은 특정한 물질적-담론적 실천material-discursive practice, 예를 들어 특정 실험 장치를 설치하고 사용하는 행위나 특정 언어적 규범을 따르는 행위 속에서 구체적으로 '수행perform'된다. 이 '잘라내기'는 단순한 구분 행위를 넘어 '행위성agency'을 갖는다. 즉, 어떻게 잘라내느냐에 따라 세계가 우리에게 드러나는 방식, 즉 존재론적 결과 자체가 달라진다. 어떤 잘라내기는 특정 현상을 명확하게 드러내는 반면, 다른 가능성들은 보이지 않게 만들거나 배제한다. 이 '행위성'은 의도나 의식을 가진 인간 주체에게만 국한되지 않는다. 그것은 내재작용에 참여하는 모든 요소들, 즉 인간, 실험 장치, 관찰 대상, 사용되는 개념과 언어 등에게 분산되어 있으며, 이들의 얽힘 속에서 발생한다. 실험 장치도, 심지어 측정되는 대상 자체도 이 잘라내기 과정에 참여하여 결과에 영향을 미치는 '행위자'로서 역할을 하는 것이다.

얽힘의 존재론과 회절적 앎

"물질과 의미는 분리된 요소가 아니라 얽힌 현상이다" – 바라드의 출발점은 물질matter과 담론discourse을 분리된 실체로 간주하는 전통적인 사고방식에 대한 비판이다. 그는 언어나 담론이 객관적으로 존재하는 물질세계를 수동적으로 반영하거나 재현하는 도구가 아니라고 주장한다. 오히려 담론은 물질세계의 형성과 변화에 적극적으로 개입하는 '수행적performative' 힘을 지닌다. 동시에, 물질적 조건과 배열 역시 담론의 형성, 유통, 그리고 의미화 과정에 결정적인 영향을 미친다. 즉, 물질과 담론은 서로 독립적으로 존재하다가 상호작용하는 것이 아니라, 처음부터 분리 불가능하게 얽혀 서로를 구성하고 규정하는 '내재작용' 관계에 놓여 있다. 바라드는 이처럼 물질과 의미가 분리될 수 없이 함께 실천되는 과정을 '물질-담론적 실천'이라고 명명한다.

"담론적 실천은 그것 자체로 물질적 수행이다" – 이처럼 세계가 근본적으로 '얽힘'의 상태에 있다는 존재론적 인식은 필연적으로 새로운 인식론적 접근을 요구한다. 바라드는 기존의 지배적인 인식론적 모델인 '반사reflection'를 비판하고, 그 대안으로 '회절diffraction'을 제안한다. 반사 모델은 마치 거울이 대상을 비추듯, 우리의 지식이나 이론이 외부의 객관적인 실재를 정확하게 재현하거나 반영해야 한다는 재현주의적 가정에 기반한다. 이 모델에서 앎은 이미 존재하는 실재를 발견하는 과정이며, 관찰자는 대상과 분리된 채 객관성을 유지해야 한다. 바라드에게 이러한 분리와 재현의 모델은 물질과 담론이 얽혀 있는 세계의 실상을 파악하는 데 부적합하다. 얽힘의 세계에서는 관찰자와 대상, 앎과 존재가 분리될 수 없으며, 인식 행위 자체가 세계에 개입하여 변화를 만들어내는 물질-담론적 실천의 일부이다.

"회절은 차이의 얽힘을 주의 깊게 읽는 방법론이다" – 바라드는 빛이 좁은 틈(슬릿)을 통과할 때 퍼져나가며 서로 간섭하여 복잡한 무늬를 만들어내는 '회절' 현상에 주목하였다. 회절적 방법론은 서로 다른 이론, 관점, 혹은 데이터들을 단순히 비교하거나 종합하는 것이 아니라, 마치 빛이 슬릿을 통과하듯 '함께 통과시켜 읽음reading through one another'으로써 그들 사이의 차이, 간섭 효과, 그리고 그 결과로 생성되는 새로운 패턴과 의미에 주목하는 방식이다. 회절은 지식 생산이 객관적 실재를 수동적으로 발견하는 과정이 아니라, 다양한 요소들의 얽힘 속에서 적극적으로 '차이를 만들어내는

making a difference' 창조적이고 개입적인 과정임을 강조한다. 이는 연구자 혹은 인식 주체가 세계와 분리된 객관적인 관찰자가 아니라, 연구 대상과 얽혀 상호작용하며 지식 구성 과정에 참여하는 책임 있는 행위자임을 의미한다. 회절적 읽기는 각 이론이나 관점이 가진 고유한 통찰과 맹점을 드러내는 동시에, 그것들이 서로 교차하고 간섭하면서 발생하는 예기치 않은 효과와 새로운 가능성을 탐색하게 한다.

신유물론: 물질의 재발견과 세계 이해의 새로운 지평

신유물론New Materialism은 21세기 들어 철학, 사회학, 문화 이론, 페미니즘, 과학기술학 등 다양한 학문 분과를 가로지르며 부상한 중요한 지적 흐름이다. 이는 물질matter을 수동적이고 불활성적인 대상으로 간주했던 전통적인 관념에서 벗어나, 물질 자체의 능동성, 역동성, 그리고 행위성에 주목하며 세계를 이해하는 새로운 방식을 제안한다. 캐런 바라드, 제인 베넷(1957~), 로지 브라이도티(1954~), 마누엘 데란다(1952~)와 같은 대표적인 사상가들은 각기 독창적인 개념과 논지를 통해 신유물론적 사유의 지평을 확장하였다. 이들은 공통적으로 정신과 물질, 주체와 객체, 자연과 문화, 인간과 비인간을 엄격하게 나누었던 이분법적 사유의 한계를 비판하고, 이들이 복잡하게 얽혀 상호작용하는 현실을 포착하고자 시도한다.

이러한 물질관은 세계를 안정된 '존재'가 아닌 끊임없는 '과정'과 '되기'의 흐름으로 파악하는 것으로 이어진다. 신유물론은 개별 실체의 독립성을 강조하는 원자론적 사고 대신, 모든 존재는 복잡한 관계망 속에서 상호 구성된다는 '관계성'과 '얽힘'을 강조한다.

또한, 신유물론은 '인간 중심주의'에 대한 근본적인 비판을 제기하며 '포스트휴머니즘'적 관점을 견지한다. 행위성은 의식이나 의도를 가진 인간에게만 국한되는 것이 아니라, 인간과 비인간 요소들 사이에 '분산'되어 나타나는 현상으로 이해된다. 기술, 환경, 미생물 등 다양한 비인간 행위자들의 역할을 인정하는 것은 인간 예외주의를 넘어서, 인간과 비인간이 공존하는 세계의 복잡성을 보다 깊이 있게 이해하게 한다.

신유물론은 물질과 의미, 자연과 문화 사이의 견고한 장벽을 허물고자 한다. 바라드가 강조하듯, 현상들은 순수한 물질적인 것도, 순수한 담론적인 것도 아닌, 이 둘이 분리 불가능하게 얽혀 있는 '물질-담론적 material-discursive' 실천을 통해 구성된다. 우리의 몸, 감각, 정동은 이러한 얽힘을 경험하고 이해하는 중요한 통로이며, 이는 이성 중심주의가 간과했던 신체적 차원의 중요성을 부각시킨다.

캐런 바라드를 포함한 신유물론 철학자들은 물질의 능동성과 관계성, 분산된 행위성에 주목하며 세계 이해의 패러다임 전환을 추동하는 동시대의 중요한 지적 기획을 시도한다. 비록 각 사상가들의 강조점과 접근 방식에는 차이가 존재하지만, 이들은 공통적으로 이분법적 사고를 넘어서 얽힘의 현실을 사유하고, 인간 중심주의를 비판하며, 물질과 의미, 자연과 문화, 인간과 비인간의 관계를 재정의하려 시도한다. 이러한 노력은 생태, 기술, 정치, 윤리 등 다양한 영역에서 새로운 질문을 던지고 대안적 사유의 가능성을 모색하는 데 중요한 이론적 자원과 영감을 제공한다.

캐런 바라드의 행위적 실재론은 존재론, 인식론, 윤리학, 과학철학, 페미니즘 이론 등 다양한 분야에 걸쳐 심오한 질문과 도전 과제를 던진다. 그의 사유는 주체-객체, 정신-물질, 자연-문화, 앎-존재 등 서구 철학의 근간을 이루어 온 이분법들을 해체하고, 모든 것이 근본적으로 얽혀 있으며 끊임없이 생성되는 과정으로서 세계를 이해하는 새로운 방식을 제안한다.

이러한 사유는 단지 철학적 추상에 머물지 않는다. 바라드의 '회절'은 사회적, 정치적, 과학적, 젠더적 사유가 교차하는 지점에서 '차이의 간섭'을 분석하고 읽어내는 방법론으로 기능한다. 우리는 더 이상 '무엇을 반영하고 있는가?'를 묻기보다, '어떤 얽힘 속에서 우리는 의미를 생성하고 있는가?', '그 의미가 누구에게, 어떻게 영향을 미치는가?'를 묻게 된다. 이처럼 바라드의 이론은 우리가 '지식을 얻는 존재'이기 이전에, 지식 속에서 존재로 형성되는 존재임을 일깨운다. 그녀는 말한다.

"우리는 세계 바깥에 있지 않다. 우리는 세계의 일부이며, 그래서 우리는 안다는 것이다."

비록 그녀의 언어가 때로 난해하고 그 함의가 급진적이지만, 행위적 실재론은 인간 중심주의를 넘어서고 물질성을 진지하게 고려하며 책임의 문제를 새롭게 사유하려는 동시대 지성들에게 풍부하고 강력한 이론적 자원을 제공하고 있다.

✒ 주요 저술

- **우주와의 반쯤 만남**(Meeting the Universe Halfway: Quantum Physics and the Entanglement of Matter and Meaning, 2007) | 양자물리학(특히 보어(Bohr)의 해석)을 바탕으로, 존재론과 인식론, 윤리학을 엮어 설명한다. 주체-객체 구분을 해체하고, 모든 존재는 '인트라-액션(intra-action)'을 통해 관계적으로 생성된다고 주장한다.

- **포스트휴머니즘적 수행성**(Posthumanist Performativity: Toward an Understanding of How Matter Comes to Matter, 2003) | 물질은 단순한 배경이나 수동적 객체가 아니라, 스스로 의미를 만들어내는 활동적인 존재라는 것을 설명한다. 바라드 철학의 요점을 압축적으로 정리하고 있는 대표적 논문이다.

60 | 가브리엘 1980~
존재는 의미장에서 나타나는가?

"세계는 존재하지 않는다. 이는 존재하는 모든 것을 담아내는 단일하고 통일된 영역이 존재하지 않는다는 뜻이다. 오히려 실재는 무한히 많은 의미장의 집합으로 구성되며, 각각의 의미장은 특정한 대상들의 존재를 가능하게 하는 틀을 제공한다."

— 『왜 세계는 존재하지 않는가』, 2013

철학은 그 기원부터 인간 존재와 세계에 대한 근본적인 질문을 던져왔다. 그 중심에는 두 개의 상호 긴장된 질문이 자리하고 있다. 하나는 무엇이 존재하는가라는 존재론적 질문이고, 다른 하나는 인간은 세계를 어떻게, 어디까지 알 수 있는가라는 인식론적 질문이다. 이 두 질문은 철학사 전체를 관통하며, 인간과 세계, 주체와 객체, 실재와 인식의 관계를 끊임없이 사유하게 만들었다.

21세기 현재, 메이야수(1967~)가 상관주의의 한계를 넘어 절대적 실재에 대한 사변적 사유의 가능성을 탐색하고 캐런 바라드(1956~)가 물질과 담론의 얽힘 속에서 역동적으로 수행되는 실재를 분석하였다면, 마르쿠스 가브리엘(Markus Gabriel, 1980~)은 이들과는 또 다른 독창적인 길을 통해 21세기 실재론의 새로운 지평을 제시한다. 가브리엘 역시 실재론적 입장을 견지하지만, 그의 접근 방식은 메이야수가 추구하는 '절대적 실재'나 바라드가 천착하는 '얽힌 실재'의 문제 설정과는 근본적으로 구별된다. 그의 사유는 '세계the World'라고 명명되는, 즉 존재하는 모든 것을 남김없이 포괄하는 단 하나의 총체적 영역이나 궁극적인 틀의 존재 자체를 단호히 부정하는 데서 출발한다. 이러한 혁신적인 주장은 그가 '신실재론New Realism'이라고 명명한 철학적 기획의 핵심적인 토대를 이룬다.

세계 부재 선언

마르쿠스 가브리엘 신실재론의 가장 도발적이면서도 핵심적인 출발점은 "세계는 존재하지 않는다"라는 명제이다. 이 주장은 우리가 발 딛고 사는 행성 지구나 물리학적 우주, 혹은 우리 주변의 수많은 사물들이 존재하지 않는다는 의미가 아니다. 가브리엘이 여기서 '세계'라고 지칭하며 그 존재를 부정하는 것은, 전통 형이상학이 암묵적으로 혹은 명시적으로 상정해온 '모든 것을 포괄하는 단 하나의 총체적 영역domain of all domains'이다. 즉, 존재하는 모든 것들, 과거, 현재, 미래의 모든 대상과 사실, 심지어 가능한 모든 것들까지 남김없이 담고 있는 궁극적이고 유일한 전체 집합 혹은 틀로서의 '세계'는 실제로 존재하지 않는다는 것이 그의 핵심 주장이다.

이러한 '세계'의 부재 선언은 곧장 '형이상학적 전체주의metaphysical totalitarianism'에 대한 근본적인 비판으로 이어진다. 형이상학적 전체주의란, 존재하는 모든 것을 단 하나의 원리, 하나의 실체, 혹은 하나의 법칙 체계로 설명하거나 환원하려는 철학적 야망을 의미한다. 예를 들어, 세상 만물은 궁극적으로 물질과 에너지로 이루어져 있다는 물리주의physicalism, 혹은 모든 실재가 정신이나 관념의 현현이라고 보는 관념론idealism 등이 이러한 전체주의적 경향을 보여주는 대표적인 사례이다. 가브리엘에 따르면, 이러한 시도들은 존재하지도 않는 '세계'라는 총체적 대상을 전제하고 있기 때문에 필연적으로 실패할 수밖에 없다. 만약 모든 것을 담는 단 하나의 궁극적인 틀로서의 '세계'가 없다면, 그 '세계 전체'를 설명하는 단 하나의 궁극적인 이론이나 원리 역시 성립할 수 없다. 따라서 "세계는 존재하지 않는다"는 명제는, 실재에 대한 통일적이고 최종적인 설명을 제공하려는 형이상학의 오랜 기획 자체에 대한 근본적인 도전이며, 이는 필연적으로 존재론적 다원주의의 가능성을 열어놓는다.

무한한 의미장과 실재의 다원성

"존재한다는 것은 하나의 의미장에서 나타나는 것이다" – 단 하나의 포괄적인 '세계'의 존재를 부정한 마르쿠스 가브리엘은, 그 대안으로서 대상들이 실제로 어떻게 존재하는지를 설명하는 독창적인 틀, 즉 '의미장 존재론Fields of Sense Ontology'을 제시한다. 이는 그의 신실재론의 핵심적인 내용을 이루며, 존재와 실재에 대한 근본적으로 다원적인 관점을 펼쳐 보인다. 가브리엘에게 존재론의 기본 단위는 '의미장Sinnfeld'이다. 의미장이란 특정 대상들이 특정한 방식과 속성을 가지고 우리에게 또는 서로에게 '나타나는' 맥락 혹은 영역을 의미한다. 여기서 '존재한다' 것은 바로 어떤 특정한 의미장 안에 '나타난다'는 것과 같다. 즉, 존재는 대상 자체에 내재한 어떤 속성이 아니라, 그 대상이 나타나는 해당 '장field'의 속성으로 이해된다. 어떤 것이 존재한다는 것은 그것이 나타날 수 있는 적어도 하나의 의미장이 있다는 것을 의미한다.

중요한 점은 이러한 의미장이 단 하나이거나 유한하지 않다는 것이다. 가브리엘에 따르면, 의미장은 원리적으로 무한히 많으며 그 종류 또한 극도로 다양하다. 실재는 하나의 거대하고 통일된 구조물이 아니라, 무수히 많은 서로 다른 의미장들이 때로는 중첩되고 때로는 분리된 채 복잡하게 얽혀 있는 다원적이고 파편적인 모자이크와 같다. 이러한 의미장의 다양성은 구체적인 예를 통해 이해할 수 있다. 우리 눈앞의 책상이나 컴퓨터와 같은 물리적 대상들은 '물리적 시공간'이라는 의미장 안에 나타난다. 숫자 7이나 원주율 π와 같은 수학적 대상들은 '수학적 공리 체계와 담론'이라는 의미장 속에서 존재한다. 그리스 신화의 제우스나 소설 속의 햄릿과 같은 신화적 또는 허구적 대상들은 '신화' 혹은 '문학 텍스트'라는 각자의 의미장에서 실재한다. 또한, 내가 지금 느끼는 기쁨이나 슬픔과 같은 감정 상태, 또는 나의 의식 속 생각들은 '의식'이라는 내적 경험의 의미장 안에 나타난다. 이 외에도 역사적 사건들이 존재하는 '역사적 서술'의 의미장, 법적 권리나 의무가 존재하는 '법'의 의미장, 국가나 가족 같은 '사회 제도'의 의미장 등 무한히 다양한 의미장들을 상정할 수 있다.

"사물 자체, 즉 의미 맥락과 무관하게 독립적으로 존재하는 대상은 없다" – '의미장'은 가브리엘 철학의 가장 핵심적인 개념이다. 이는 우리가 어떤 대상을 인식하고 이해할 수 있게 만드는 의미 구성의 조건이자 실재가 드러나는 장소이다. 과거의 철학이 인식을 주체의 능력 또는 언어의 구조로 환원시켰다면, 가브리엘은 실재가 의미를 통해 '나타난다'는 차원에서 인식과 존재를 동시에 새롭게 사유한다. 존재란 그저 '거기에 있는' 것이 아니라, '어떤 방식으로 나타나는가'라는 구조 안에서만 의미를 가진다. 이런 점에서 '의미장'은 칸트(1724~1804)의 선험적 범주와 비슷한 구조를 가지면서도 훨씬 더 개방적이며 다원적인 지평이다. 그는 실재란 이러한 의미의 장들 속에서만 '존재한다'고 주장하며, 존재란 그 자체로 다차원적이고, 인식은 그러한 장들의 조화와 긴장 속에서 이루어진다고 본다.

이러한 구조는 인간 인식의 제한성과 주관성을 인정하면서도, 그것을 곧장 회의주의로 빠뜨리지 않는다. 오히려 그는 의미의 장이 구성하는 방식과 그 층위들을 분석함으로써, 우리가 진리에 도달할 수 있는 다양한 경로를 철학적으로 복원한다. 포스트모더니즘이 진리의 가능성을 완전히 해체한 데 비해, 가브리엘은 진리와 실재의 회복을 시도하지만, 그 방식은 단일한 객관성 대신 열린 다원성 위에 세워진다. 의미장 존재론은 실재에 대한 극단적인 다원주의를 함축한다. 제우스는 물리적 의미장에는 존재하지 않지만 신화라는 의미장에는 분명히 존재하며, 숫자 7은 물리적 대상은 아니지만 수학이라는 의미장에서는 객관적으로 존재한다. 중요한 것은 이러한 다양한 의미장들 사이에 어떤 위계질서나 포함 관계를 설정하려는 시도, 예를 들어 물리적 의미장이 가장 근본적이고 다른 모든 의미장은 그것으로 환원될 수 있다고 주장하는 과학주의적 환원주의를 거부한다는 점이다. 대상이 타당하게 나타나는 모든 의미장은 그 자체로 실재의 한 영역을 구성하며, 각각의 고유한 존재론적 위상을 가진다.

존재론적 다원주의와 과학주의 비판

"과학은 실재가 드러나는 무수한 의미장 중 하나만을 설명할 뿐이다" – 다원주의적 실재론의 핵심적인 함의는 특정 의미장이 다른 모든 의미장을 포괄하거나 다른 의미장들의 존재론적 기초가 된다는 식의 위계적 환원주의를 거부한다는 점이다. 특히, 현대 지성사에서 강력한 영향력을 발휘해 온 '과학주의scientism'는 가브리엘의 다원주의적 실재론이 정면으로 비판하는 대상이 된다. 과학주의는 흔히 자연과학적 방법론만이 객관적 지식을 산출하는 유일한 길이며, 자연과학이 기술하는 대상들(주로 시공간 내의 물질적 존재)만이 진정으로 실재하거나 혹은 가장 근본적인 실재라는 믿음을 지칭한다. 이러한 관점에서는 과학적 방법으로 직접 검증하거나 물리적 실체로 환원하기 어려운 수학적 진리, 윤리적 가치, 미적 판단, 역사적 의미, 심지어 우리 자신의 주관적 의식 경험과 같은 영역들의 실재성이 의심받거나 부차적인 것으로 격하되기 쉽다.

"실재는 과학이 포착할 수 있는 것보다 훨씬 더 풍부하다" – 자연과학이 탐구하는 물리적 세계는 무한히 다양한 의미장들 중 하나일 뿐이며, 결코 존재의 전체 영역을 독점하거나 다른 모든 영역의 존재를 판가름하는 최종적인 기준이 될 수 없다. 수학적 대상은 수학적 증명의 의미장에서, 도덕적 의무는 윤리적 논증의 의미장에서, 역사적 사실은 역사적 증거의 의미장에서 각자의 타당성과 실재성을 확보한다. 이들의 존재를 인정하기 위해 반드시 물리적 세계의 일부로 편입시키거나 과학적 실험의 대상으로 삼을 필요는 없다. 각 의미장은 그 나름의 존재 조건과 인식 방법을 가지며, 과학주의는 이러한 실재의 풍부한 다원성을 부당하게 축소하고 단일한 기준으로 재단하려는 편협한 태도에 불과하다고 비판받는다. 따라서 가브리엘의 다원주의적 실재론은 과학의 중요성을 인정하면서도, 그것이 설명하지 못하거나 설명할 필요가 없는 다양한 실재 영역들의 고유한 존재 방식과 가치를 철학적으로 옹호하는 강력한 논거를 제공한다.

존재론을 넘어 윤리적 책임으로

"윤리와 존재론은 분리될 수 없다" – 마르쿠스 가브리엘의 철학적 탐구는 실재가 어떻게 구성되어 있는지, 즉 '의미장'들의 다원적 구조를 밝히는 존재론적 분석에만 국한되지 않는다. 그의 사유는 여기서 더 나아가, 철학이 현실 세계의 문제에 적극적으로 개입하고 윤리적 실천성과 공공적 책임을 회복해야 한다는 강한 실천적 지향점을 드러낸다. 가브리엘에게 철학은 단지 세계를 해석하는 데 그치는 것이 아니라, 더 나은 세계를 구성하는 데 기여해야 할 본연의 임무를 지닌다.

"실재의 다원성을 인정하는 것은 다양한 존재 방식을 존중하고, 우리가 그것들과 관계를 맺는 방식에 대해 책임지는 것을 요구한다" — 이러한 맥락에서 가브리엘은 윤리를 다양한 의미장 속에서 우리 자신과 더불어 나타나는 타자들 및 다른 존재들의 고유한 존재 방식을 존중하고, 그들을 향한 책임감을 가지고 돌보는 태도로 이해한다. 존재론적으로 실재가 다원적이라면, 윤리적으로 고려해야 할 대상 역시 다원적일 수밖에 없다. 그는 이처럼 존재에 대한 탐구(형이상학/존재론)와 올바른 삶에 대한 탐구(윤리학)가 분리될 수 없다고 강조한다. 우리가 어떤 존재론적 입장을 취하는가는 필연적으로 우리가 세계와 타자를 어떻게 대하고 어떤 윤리적 선택을 내릴 것인지에 직접적인 영향을 미친다.

21세기 실재론의 한 축: 신실재론의 위상과 특징

21세기에 접어들며 철학계, 특히 유럽 대륙 철학을 중심으로 '실재론적 전회 realistic turn'라고 불릴 만한 주목할 만한 지적 움직임이 나타났다. 이는 20세기 후반을 풍미했던 언어적 전회, 포스트모더니즘, 급진적 사회 구성주의 등이 실재 reality 자체의 중요성을 간과하거나 해체했다는 반성 위에서, 철학이 다시금 실재의 문제에 정면으로 마주해야 한다는 요청에 부응하는 흐름이다. 이러한 큰 흐름 속에서 마르쿠스 가브리엘과 마우리치오 페라리스(Maurizio Ferraris, 1956~) 등이 주창하는 '신실재론 New Realism'은, 메이야수 등이 이끄는 '사변적 실재론Speculative Realism'이나 캐런 바라드 등이 전개한 '신유물론New Materialism'과 어깨를 나란히 하기도 하고, 정면으로 부딪치기도 하며 독자적인 목소리를 내는 중요한 철학적 경향으로 자리 잡고 있다.

사변적 실재론(특히 메이야수)은 이성, 논리, 수학 등의 사변적 사유 능력을 통해 상관주의의 원환을 깨고 '거대한 외부', 즉 사유와 독립적인 절대적 실재(의 우발성) 자체에 접근할 수 있다고 주장한다. 즉, 사변적 실재론은 어떻게든 '사유 너머의 실재 자체'를 포착하려는 강한 형이상학적 충동을 보여준다. 반면, 가브리엘의 신실재론은 '세계'라는 단일한 전체 틀 자체를 부정함으로써, 사유가 접근해야 할 '단 하나의 외부'라는 문제 설정 자체를 해체한다. 즉, 상관주의가 문제 삼는 '사유와 세계의 관계'에서 '세계'라는 항을 제거함으로써 문제를 다른 방식으로 풀어낸다. 실재는 접근 불가능한 단일한 심연이 아니라, 우리가 이미 속해 있는 무수한 의미장들의 다원적 집합이다.

신유물론 역시 이원론을 비판하고 물질의 중요성을 강조한다는 점에서 표면적 유사성이 있지만, 핵심적인 강조점과 존재론적 함의에서 차이를 보인다. 신유물론은 물질 자체의 '능동성', '활력', '행위성'을 핵심적으로 강조한다. 물질은 수동적인 재료가 아니라 스스로 생성하고 변화하며 다른 존재들과 복잡하게 '얽혀' 상호작용(혹은 '내재작용')하는 역동적인 과정으로 이해된다. 또한 인간 중심주의를 비판하며 행위성이 인간과 비인간 요소들 사이에 '분산'되어 있음을 주장한다. 이에 비해 신실재론은 물질의 능동성 자체보다는 실재의 '다원성'이나 '저항성'에 더 주목하는 경향이 있다. 가브리엘의 의미장 속에는 물질적 대상 외에도 비물질적 대상(수학, 허구 등)이 동등하게 존재하며, 물질이 특별히 더 근본적인 행위성을 갖는다고 보지 않는다. 신유물론이 실재를 '과정'과 '얽힘'의 관점에서 파악하려 한다면, 가브리엘의 신실재론은 '구조'(의미장)와 '다양성'의 관점에서 파악하는 경향이 강하다.

이런 점에서 특히 메이야수와 가브리엘은 철저히 대립한다. 메이야수는 의미 이전의 실재, 이유 없는 존재를 사유하고자 하는 반면, 가브리엘은 의미 없는 존재는 존재하지 않는다고 주장한다. 바라드 역시 존재는 항상 물질적이면서도 의미적이며, 행위 안에서 구성된다고 주장함으로써 메이야수와는 대립적 사유를 보여준다

그럼에도 이들 3인이 대표하는 21세기 존재론은 존재를 고정된 실체로부터 해방시키는 운동이다. 메이야수는 존재의 절대적 우연성을 통해 실재의 무근거성을 폭로하고, 바라드는 존재가 과학과 정치, 윤리적 실천 속에서 구성되는 과정을 분석하며, 가브리엘은 존재를 의미의 다양성과 충돌 속에서 사유 가능한 것으로 재규정한다. 이들은 서로 다른 길을 걸으면서도, 모두 "존재를 사유하자"는 철학의 가장 오래된 질문에 새로운 방식으로 응답하고 있다. 이들은 우리가 세계를 어떻게 의미화하고, 관계 맺고, 구성하는가를 통해, 존재가 단지 '있는 것'이 아니라, 형성되고 발생하며 출현하는 것임을 보여준다.

마르쿠스 가브리엘은 오늘날 철학의 위기를 정면으로 응시하며, 그것을 존재의 재사유, 실재의 다원화, 윤리의 재정립을 통해 극복하려는 새로운 세대 철학자의 전범을 보여준다. 그는 '세계는 존재하지 않는다'는 급진적인 명제를 통해, 오히려 다수의 세계들, 다수의 의미의 장 속에서 우리가 다시 인간다운 사유와 실천을 회복할 수 있는 철학적 가능성의 장을 열어 보인다.

가브리엘의 신실재론은 우리가 지각하고 사유하는 것들만이 아니라, 비

가시적이고 개념적으로 구성된 것들, 예컨대 윤리, 법, 예술, 픽션, 사회제도, 상징, 숫자 또한 실재함을 인정한다. 신실재론은 물리주의를 극복하면서도, 진리와 존재에 대한 합리적 사유를 지속시키려는 노력이다. 신실재론은 실재의 회복이 아니라, 실재의 확장이다. 그것은 감각적 대상에 머무르지 않고, 개념적·관계적·심지어 허구적 실재들까지 포괄하는 보다 풍부한 존재론의 사유를 가능하게 한다. 철학이 여전히 '존재'를 묻고, '진리'를 구하며, '세계'를 사유해야 한다면, 마르쿠스 가브리엘의 신실재론은 21세기 존재론이 그 질문을 새롭게 구성하는 방법 중 하나로 중요한 출발점이 될 것이다.

주요 저술

- **왜 세계는 존재하지 않는가**(Why the World Does Not Exist, 2013/김희상, 2017) | "세계는 존재하지 않는다"는 선언과 함께, 의미장의 다원성을 통한 신실재론(New Realism)을 전개하였다.
- **의미장**(Fields of Sense: A New Realist Ontology, 2015) | 의미장의 개념을 체계화하며, 존재론을 다원적이고 구조적으로 새롭게 제안하였다.
- **나는 뇌가 아니다**(I am Not a Brain: Philosophy of Mind for the 21st Century, 2017/전대호, 2018) | 신경철학(neurophilosophy)을 비판하며, 인간 정신을 뇌에 환원할 수 없다고 주장하였다. 정신은 '의미장의 등장'이라는 틀로 설명해야 한다고 강조한다.
- **허구의 철학**(Ein philosophischer Grundriss, 2020/전대호, 2024) | 허구적 존재(예: 해리 포터, 제우스)는 단지 상상 속에만 있는 것이 아니라, '허구적 의미장' 안에서 실제로 존재한다고 주장한다.

거인의 어깨에서
존재와 참을 묻다

초판 1쇄 | 2025년 8월 1일

지은이 | 벤진 리드 · 진승혁
펴낸이 | 진승혁
진행 | 김하연

디자인 | 기민주
인쇄 | 상지사 피앤비
펴낸곳 | 도서출판 준평
임프린트 | 자이언톡
주소 | 서울시 서초구 방배로19길 18, 남강빌딩 301호
전화번호 | 02-6959-2050
팩스 | 070-7500-2050
홈페이지 | http://www.giantalk.com
전자우편 | pungseok@naver.com

ISBN 979-11-968279-7-7 04100

- 자이언톡은 인류 역사의 위대한 거인들의 사유와 삶을 다룹니다.
- 이 책은 저작권법에 따라 보호 받는 저작물이므로 무단 전재와 복제를 금합니다.
- 책의 가격은 뒷면 표지에 표기되어 있습니다.